두 가지 믿음
두 가지 구원

KB192473

두 가지 믿음
두 가지 구원

지은이 남병희
발행일 2023년 11월 30일

펴낸이 최선화
펴낸곳 도서출판 등과 빛
주소 부산광역시 동구 중앙대로260번길 3-11
전화 051-803-0691
등록번호 제335-제6-11-6호(2006년 11월 8일)
　　　　　　제2017-000005호(2017년 11월 19일)

값 23,000원

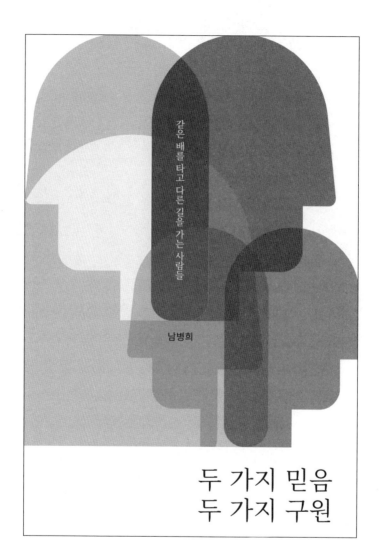

같은 배를 타고 다른 길을 가는 사람들

남병희

두 가지 믿음
두 가지 구원

도서
출판 등과 빛

현 우리 감리교회가 가진 교역자들 가운데 열 손가락에 꼽을 수 있는 사상가를 골라낸다고 가정하면 그중에 반드시 끼어야 할 숨은 사상가는 남병희 목사님이다. 그는 감리교신학대학 졸업생들 가운데서 보기 드문, 영어와 독일어에 통달한 실력 있는 학자요, 불운의 병으로 오랜 세월 건강을 위해 투쟁해 온 인생고(人生苦)를 아는 사상가요, 뼈 있고 특유한 관찰력을 동원한 알찬 설교가요, 하나님을 의지하고 사람에 의지하지 아니하던 고독한 목회자였다.

글로 적는다고 다 설교문이 되는 것이 아니다. 그 배후에는 정성 어린 연구와 사색과 체험이 쌓여, 잘 익은 열매처럼 사상이 미(美)로서 햇빛을 보게 되어야 한다. 그의 강해설교집은 그가 50여 년을 설교로 생활해 오며 가꾸어 온 사상을 그의 긴 병상 생활에서 정리해 출판을 보게 된 것이다. 고로 그의 설교는 어수룩한 것으로 대담하게 이야기해 버리는 설교 내용도 아니며, 단순히 설교를 위한 효과보다는 기독교 진리를 드러내는 묘미를 느끼게 만든다. 남 목사님의 성경강해와 설교집이 나와서 읽힐 때 진리에 메마른 기독교 신앙인 중에 생수를 마시는 듯 느끼는 사람이 많으리라 기대하고, 평신도와 신학도는 물론 현역 교역자들도 많이 참고하여 그의 사상에 접하기를 희망하며 추천하는 바이다.

남병희 목사님은 현재 감리교단이 안고 있는 설교자 가운데서는 독특한 위치를 점유하고 계시는 목사님이시다. 실상 한국 교회의 설교 경향이 설교 말씀을 듣는 청중들을 기복성이 강한 신앙 형태로 만들어 가고 있다. 그러나 남병희 목사님은 복음의 더 깊은 차원을 청중들에게 제시하고 보다 고차원적인 신앙의 질을 분명히 꼬집어 제시하는 내용을 많이 담고 있는 설교를 펴왔다. 남 목사님의 설교는 다른 설교자들이 보지 못한 면, 각도, 범주, 관찰력이 담뿍 들어 있는 말씀으로 가득 차 있다. 참 기쁨이 무엇이냐를 제시하는, 참 의미가 무엇인지를 보여 주는, 고통을 알고 슬픔을 아는 경험 있는 설교자가 아니면 도저히 지적할 수 없는 신앙의 질을 지적해 보여 주는 설교라고 말할 수 있다. 막연히, 허공을 휘젓는 옛날 어휘와 단어들을 계속 나열하는 다른 많은 설교자의 종교용어, 신앙용어와는 달리, 남병희 목사님의 말씀은 길거리의 말, 시장 사람들의 단어, 달동네 사람들의 표현을 익히 닮은, 무식한 사람들이나 유식한 사람이나 다 알아들을 수 있는 현실적이고도 생생한 일상용어를 많이 사용하신, 산 신앙의 증언이요, 신앙생활의 길잡이라고 할 수 있다.

　　그의 설교는 이치에 맞는, 도리가 틀림없는 사상과 이론의 발전을 담고 있고, 듣는 사람으로 욕심에 끌려 살게 하기보다는 자기의 잘못을 뉘우치고 자기의 행위를 반성하게 만드는 훈계로 가득 찼으며, 세상 영화에 대한 매서운 심판과 인간 정신을 부패시키는 갖가지 안일한 처세술에 대한 비웃음이 깔린 진실을 보게 하고, 진리를 살게 만드는 예리한 관찰력을 불러일으키는 말씀으로 가득 차 있다. 다 아는 내용을 새 소식처럼 생색을 내며 고함지르는 대다수 설교자의 판에 박은 설교 말씀과는 달리, 조용히 아픈 데를 쑤셔대고, 곪은 곳의 고름을 뽑아내는 실질적인 인간 치료의 구원의 말씀, 해방의 선언이 여기저기 스며 있는 설득력 있는 타이름이 계속되는 설교이다.

남병희 목사님의 설교를 받아 읽을 때마다 내가 가지는 감회는 그가 독자와 청중에게 아부하지 않는 예리한 통찰력의 소유자요, 인간의 질병에 대한 정확한 진단과 처방을 내리는 신통한 지도자라는 확신이다.

신앙도 잘못되기 쉽고 오염되기 쉬우며, 관행과 고집으로 인하여 미신, 교만, 위선 같은 곰팡이로 부패할 수 있다. 그래서 종교 행위도 이성의 도전과 비판을 받아야 한다. 불신자의 의심과 비방이 필요할 때가 있고, 기만과 속임수가 목사와 장로라는 판매원에 의해 교회라는 가게에서 가짜 상품으로 판매될 수 있어서 종교가 고장 났을 때는 이성을 선용할 필요가 있다. 빈부 귀천을 막론하고 사람은 자신이 병을 알지 못하고 지내는 경우가 많으며 일단 병에 걸린 것을 알면 그 병을 퇴치하기 위해 총력을 기울여 집중적으로 치료를 받으며 특별한 극기 생활과 자숙의 길로 들어가는 것이 통상이다.

남병희 목사님의 신학은 바로 이런 종교관을 가진 광야의 외치는 소리와 같다. 만일 의사인 설교자가 환자에게 문제의식을 불러일으키지 못하거나 문제에 정확한 진단과 처방을 내리지 못하고 횡설수설 우왕좌왕한다면 환자에게 치료의 기회를 잃게 할 수가 있다. 설교는 단순한 의사소통의 수단이 아니라 하나님의 창조적인 말씀이요, 치유적인 약이요, 신의 의도를 이해하도록 설득하는 작업이다. 설교란 단순히 듣는 자로 알게만 하는 것이 아니라 알고 깨닫게 만드는 것으로, 지식과 행동 사이에 심각한 거리 간격을 메우는 하늘의 훈계 작업이요 신심(神心)의 전달 작업이다.

인간 만세에 기분 내는 세대, 세속생활에 만족하는 세대들이 들어야 하고 경청해야 할 이치와 진리를 담은 유익한 책이라 믿어 널리 읽혀지기를 바라는 마음 간절하다.

구 덕 관
전 감리교신학대학장

진리의 순례자 남병희 목사

목사에게 있어 설교는 그 자신의 신앙과 인격의 실상이다. 따라서 목사의 설교는 자신에게는 생명이요 듣는 사람들에게는 진리와 은혜가 되어야 한다. 이것이 글이 되어 나타날 때는 목사의 삶의 현장인 교회와 사회의 시대 상황에 대한 증언이요 역사이기도 하다. 그런 뜻에서 설교는 목사와 교회를 위해서는 진실한 고백이기도 하고 시대를 위해서는 책임 있는 고발이기도 하다.

남병희 목사는 몸은 약하지만 인간 영혼을 사랑하며, 역사를 통찰하는 마음은 뜨겁고 건강하기 그지없는 선배이다. 그만한 양심과 상식에 근거하여 자신의 신앙과 목양에 정진하는 목사가 과연 몇 사람이 될 것인가를 되새겨 본다.

그의 설교는 자기 내면생활의 분출이요, 같은 믿음을 가진 사건들의 응답(아멘)이요, 같은 시대인과의 결속이기도 하다. 그런 의미에서 그의 설교는 고독한 명상이요, 절규가 아니라 동시대인의 공동고백이요, 공동증언이라 하여도 틀림없을 것 같다. 나는 그의 설교를 통해 그의 사람 됨을 믿어 의심치 않는다.

그는 어떤 것에도 미련을 갖지 않는다. 또한 타인의 이목으로부터도 자유로운 사람이다. 그러면서도 무엇이든지 방치해 두

지 않는다. 한 마디로 순례자 정신의 소유자이다. 진정한 설교
는 순례자만이 선포할 수 있다. 세속적인 것에 집착하거나 영향
받는 사람의 설교는 자유 정신의 설교가 될 수 없다. 그러면서
세속적인 것에 대한 깊은 관심과 통찰을 게을리하지 않음으로
써 그의 귀착지는 시대의 구원이다.

그는 결코 말을 즐기는 사람이 아니다. 그런데 그는 설교하기
를 기뻐하고 또 그것을 글로 남기기를 자랑스럽게 생각한다. 그
의 생애에 있어서 입으로 하는 말 중에서 설교가 차지하는 몫은
거의 전부라 해도 과언이 아닐 것이다. 그만큼 설교를 사랑하며
소중히 여기며 즐기고 있다. 그러면서도 그는 침묵의 사람이다.
그의 침묵이야말로 제2, 제3의 설교가 되고 있다. 글로 쓰인 설
교에는 그의 침묵이 그대로 투영될 것으로 생각하며 그의 설교
집이 선보이게 된 것을 기뻐한다.

많은 목사가 이사할 준비를 하면서 목회에 종사한다. 그 회
수가 거듭될수록 자신의 임무에 대해 피곤을 느끼며 회의와 좌
절에 빠져들기도 한다. 그러나 진리를 향한 진정한 순례자는 오
직 자신의 설교를 갈급하게 기다리는 사람들을 찾아 계속 움직
인다. 자신의 안전이나 명예 같은 것 때문에 머뭇거리거나 망설
이지 않는다. 그런 뜻에서 남병희 목사야말로 참 진리의 순례자
요, 자유 정신의 소유자요, 하나님의 명령에만 따르는 나그네

된 목사라 생각하며 그의 기나긴, 그리고 다양한 세계에서의 삶을 담은 설교집 간행을 축하하며 일독을 권장하는 바이다.

장기천 감독
전 기독교대한감리회총회

| 일러두기 |

1. 본서는 남병희 목사님 유고집입니다. 목사님께서 소천하시기 전 몇 해 동안, 햇빛 아래 잠시 시력이 회복되실 때마다 기록하신 글들과 그마저 힘들게 되시자 전화 통화로 받아 적게 하셔서 모은 글들입니다. 하여 다소 반복되는 내용도 있으나, 조금씩 다른 맥락과 주제 안에서 이런저런 뉘앙스로 반복되기도 하고, 무엇보다 거짓 복음이 난무하는 혼잡한 때, 참믿음(회개)과 온전한 행함(중생, 성화)으로 이루어 가는 구원의 감격과 기쁨과 신비를 독자들에게 전하려는 목사님의 간절함이 반복되는 그 문장들 속에 스며 있어 Delete 키를 누를 수가 없었습니다. 이 점 널리 혜량해 주시고, 책장을 넘겨 비슷한 내용을 만나시거든 주님을 따르는 지난하고도 복된 순례의 여정을 마치고 주님의 품에 안식하신 목사님을 대하듯 반겨 주시길 바랍니다.

2. 본서의 추천사는 2007년 발행된 『남병희 강해설교집』 추천사에서 발췌한 글입니다. 남 목사님 삶과 인격, 사상과 설교에 관해 구덕관 님과 장기천 님의 추천사보다 더 나은 추천의 글은 없지 않나 생각합니다. 하여, 두 분이 이미 고인임에도 두 분의 추천사를 다시 본서에 게재했습니다.

3. 남병희 목사님의 문서전도사역과 본서 출판에 함께해 주신 〈좁은 길 선교회〉의 송 권사님, 이 권사님, 이 목사님, 그 외 회원분들과 통화로 남 목사님 말씀을 듣고 타이핑해 주신 전 권사님, 이 권사님과 남 목사님의 글에 삽화를 그려 넣은 전도용 소책자를 만들어 선교지에 보급하신 〈Disciples Mission〉의 이 권사님께 감사를 전합니다.

세상에서 나타나는 축복까지도 복되고 온전하므로 풍성한 열매이라야 ...

... 이웃을 겨울에 따뜻하게 지내게 하고 하는 모든 가족 마다의 사랑이 중요...

... 없는 사람이 되므로 하고 ~~하~~ ... 이라 믿는 삶 입니다.

... 의 모시지 미행으로 ...

1) 갈림배를 타고 다른길을 가는 사람들

세상의 모든 단체 들은 엇비슷한 사람들의 모임 입니다. ...

... 모여앉아 중요중에 숟 엇비슷한 냄새와 엇비슷 ... 을 가로 ...

... 역시 마찬가지 입니다. ~ 그 중에도 회사도 운동도, 군대도 ...

충실로 살려고 살려는 가정사람들의 단체 입니다 ...

... 교회는 모든 별에서 버무려진 많은 사람들 ...

... 사람들의 모임 입니다. 엇면 생으로 그러고 ...

1 어진 사람과 사악한 사람

한평생을 살다 보니 감당할 수 없으리만큼 어진 사람도 만나고, 그런가 하면 감당하기 어려운 악한 사람도 만날 수밖에 없었습니다. 낮과 밤이 있는 것같이 언제나 두 종류의 사람들이 내 주변에 있었습니다.

어진 사람들은 내가 감당할 수 없으리만큼 높은 점수를 나에게 주셨고, 악한 사람들은 내가 견디기 어려우리만큼 최하의 점수, 낙제점수를 나에게 주셨습니다. 어진 사람들은 분에 넘치도록 과도하게 나를 높여 주었고, 악한 사람들은 잔인하리만큼 나를 비하하고 혐오했습니다. 어진 사람들은 내가 감당할 수 없으리만큼 과찬해 주시고 이에 반해 악한 사람들은 근거도 없이 나를 음해하고 모해했습니다. 어진 사람들은 나의 단점을 너그럽게 봐주시면서 장점만 확대해서 크게 인정해 분들인 데 반해 악한 사람들은 나에게 있는 장점은 보려 하지는 않고 약점과 단점만 침소봉대해서 보는 사람들이었습니다.

어진 사람은 남의 단점을 보는 데는 무능하나 남의 장점을 보는 데는 유능한 사람이고, 악한 사람은 남의 장점을 찾는 데는 장님이나 남의 약점을 보는 데는 혜안을 가진 사람입니다. 어진 사람은 자기의 잘못을 보는 데는 천재이나 남의 잘못을 보는 데는 둔재인 데 반해, 악한 사람들은 자기의 잘못을 보는 데는 아둔하나 남의 잘못을 찾아내는 데는 귀재입니다. 어진 사람은 죄는 미워하되 사람은 미워하지 않는 사람인 데 반악한 사람은 죄를 미워하지 않고 죄를 지은 사람만 미워하는 사람입니다. 어진 사람에게는 그것이 자기에게 이익이 되든 손해가 되든, 자기편이든 반대편이든 '의는 의', '악은 악'인 데 반해, 악인에게는 그것이 어떤 것이든, 그 사람이 누구든 자기에게 이익이 되는 것은 선이고 자기에게 해가 되는 것은 악입니다.

극악한 사람의 눈에는 '죽일 놈들'뿐입니다. 성경 말씀대로 의인은 없으니 하나도 없습니다. 어쩌면 그렇게도 마귀의 말과 하나님의 말씀이 일치되는지요? 그러나 그 '뜻'은 다릅니다. 하나님의 말씀은 죄는 미워하고 죄인은 사랑하시는 데에서 나오는 말씀이고, 마귀의 말은 곧 악인의 말은, 죄가 아니라 사람을 증오하고 미워하는 데서 나오는 말입니다. 악인들은 사랑이 아니라 의분을 견디지 못하고 정의감을 억제할 수가 없어서 예수님을 배반하는 피비린내 나는 정의의 투사가 되지 않았던가요?

2 알 수 없는 진리와 확실한 진리

너무도 많은 사람이 너무도 귀한 시간과 정력과 돈을 너무도 헛된 일과 헛된 것에 낭비합니다. 낭비하는 물질이 유용하게 사용되는 시간과 물질보다 더 많고, 쓸데없이 말하는 말과 쓸데없이 생각하는 생각과 쓸데없이 걱정하는 걱정이 꼭 해야 할 생각과 걱정보다 더 많습니다. 인생은 짧고 시간이 없다고 하면서도 낭비하는 시간이 더 많고, 돈이 없다고 하면서도 돈의 대부분이 낭비되고 있습니다.

걸작품인지 아닌지도 모르면서 억대를 호가하는 그림을 사다가 벽에 걸어 놓고 사는 보람을 느끼며, 아무 쓸모 없는 수백 캐럿 다이아몬드를 수백억의 돈을 주고 사다가 보관해두고 도둑맞을까 봐 단잠만 설치고, 알지도 못하고 한번 만나본 일도 없는 위인의 사진을 벽에 걸어 놓고 감탄과 존경을 아끼지 않습니다. 무슨 뜻인지도 모르는 난해한 책만 사다가 책꽂이에 진열해두고 지식인을 자부합니다. 이해할 수도 없는 강의를 듣고 해석도 되지 않는 난해한 책을 읽으면서 갑자기 손뼉을 치고 무릎을 치며 일어서서 대오 대각이라도 한 척합니다. 단 한 번 읽어 본 일도 없고 읽어 봐도 읽어 봐도 오리무중 속 같은 책들만 금은보화같이 자손 대대로 소장해 둡니다. 어떤 철학자는 버트런드 러셀(Bertrand Russell)의 책 한 페이지를 읽는 데도 몇 달이 걸렸다고 합니다.

그러면, 그렇게 힘들여 읽고 나서 깨달은 진리는 어떤 것일까요? 도교에서 말하는 '도(道)'같이 알쏭달쏭한 것? 알 듯 모를 듯한 것? 아롱거리는 것? 잡은 것 같은데 빈손이고 가득 채운 줄 알았는데 텅텅 비어 있고, 그런가 하면 텅텅 비어 있는 줄 알았는데 가득 차 있는 것? 그런 게 진리일까요? 괴테(Goethe)의 파우스트(Faust) 박사가 깊은 사색과 탐구 끝에 도달한 지식의 정점에서 발견한 것은 전보다 더 갈피를 잡을 수 없이 얽히고 얽혀 있는 미로와 미궁입니다. 과학과 경제의 세계에서는 만능 천재이던 인간의 이성도 진리 앞에서는 맹인입니다. 그래서 욥이 말하지 않았던가요? "만물의 이치를 헤아려 알 자 누구뇨?"

박종홍 교수가 한 말이 생각나는군요. "내가 인생을 알고 진리를 알았다면 어찌 여기 서서 철학 강의나 하고 있겠는가?"

예수님께서 말씀하지 않으셨던가요? "내가 곧 길이요 진리요 생명이니" 예수님께서는 와서 신학 강의를 들으라고 하지 않으시고, 와서 보라고 하셨습니다. 신학이나 철학이나 교리가 진리가 아니라 예수님이 진리입니다. 예수님같이 사는 것이 진리입니다. 예수님과 같은 생각을 하는 것이 진리가 아닙니다. 그리고 진리를 공부하는 방식은 강의실에 앉아서 교리로 진리를 공부하는 것이 아니고 예수님을 믿고 사랑하고 예수님을 따라서 사는 것입니다. 예수님같이 사는 것입니다.

진리는 삶 속에 계시고 삶 자체이시고, 진리 공부도 삶 속에 있고 깨달음도 삶 속에 있습니다. 머리로는 설명할 수도 없고 가르칠 수도 없고 깨달을 수도 없는 것이 진리입니다. 그리고 삶 속에 있는 진리만이 확실합니다. 진리를 증언하는 것은 삶입니다. 학문의 세계에서는 박식한 사람만이 진리의 옷단이라도 만져볼 수 있겠지만, 진리의 세계에서는 무식한 사람도 살아 있는 참 진리를 체득할 수 있습니다.

최근에는 일단의 신학자들이 성경을 학문적으로 연구하고 나서 그 책은 전설 덩어리요 신화 뭉치에 불과하면서 가죽값밖에는 가치가 없는 책이라고 했다지만, 그 말이 학문적으로 일리가 있는 말인지는 몰라도 진리의 세계에서는 일고의 가치도 없는 망언입니다. 성경의 권위는 그 책이 학문적으로 오자가 없고 역사적으로나 과학적으로 오류가 없다는 데 있지 않습니다. 그 속에서 살아 계시는 하나님이 말씀을 하시기 때문에 성경은 권위

있는 책입니다.

살아 있는 진리는, 살아 계시는 하나님은 성경을 연구하는 사람이 아니라 하나님을 사랑하는 사람만이 압니다. 학문의 세계에서 지식을 자랑하는 것은 있을 수도 있는 일이지만, 진리(종교)의 세계에서 지식을 자랑하는 사람은 유치를 면할 수 없습니다.

3 영혼의 샘터

육체는 음식을 먹고 살고 영혼은 하나님의 사랑(죄 사함)을 먹고 삽니다. 회개는 행복의 샘이며 화목의 샘이며 성화의 샘이며 영생의 샘입니다. 회개는 영생수가 솟아 나오는 오직 하나의 샘입니다.

4 운명을 만들어 나가는 사람들

예수님께서는 풍랑 중 제자들이 두려움으로 떨고 있는 가운데서도 곤한 잠을 주무셨습니다. 그리고 십자가 형틀에서도 구세주의 사명으로 사형수의 운명을 바꾸어 버리셨습니다. 법정에서는 피고 바울의 운명을 대사도의 운명으로 바꾸어 버렸고,

빌립보의 옥중에서는 죄수의 운명을 승리의 노래로 바꾸어 버렸습니다.

그리스도인은 복을 비는 사람이 아니라 복을 만들어 내는 사람이며, 복을 받는 사람이 아니라 복을 나누어 주는 사람입니다. 그리스도인은 가난의 저주를 가난의 복으로 바꾸어 버리고, 비천의 운명을 낮아지는 자의 복으로 바꾸어나가는 사람들입니다. 박해당하는 불운을 박해당하는 영광으로 바꾸어나가는 사람들입니다. 그리스도인은 팔자 타령하는 사람들이 아니라 팔자를 바꾸어나가는 사람이며, 사주팔자 타령하는 사람이 아니라 사주팔자를 다시 쓰는 사람입니다. 성격 타령이나 DNA 타령이나 체질 타령이나 재질 타령하는 사람이 아니라 체질과 성질과 재질, DNA의 고삐를 잡고 삼두마차를 몰고 다니는 사람입니다. 환경을 탓하고 사람을 잘 만나지 못한 것을 탓하고 때를 만나지 못한 것을 탓하는 사람이 아니라 환경을 만들어 나가고 사람을 다스려 살 줄 아는 사람입니다. 운이 좋고 복을 받아서 만사형통하고, 승리만 있고 패배는 없는 사람이 아니라 역경과 패배까지도 성공의 도약대로, 순경(順境)으로 바꾸어나가는 사람입니다. 어떤 형편에서든지 자족할 줄 아는 사람이며, 모든 것 곧 순경뿐 아니라 역경까지도 연합해서 '선', 성공이 아니라 '선'을 이루게 하는 사람입니다. 환경의 산물이 아니라 환경의 주인인 사람입니다. 역사의 주인인 사람입니다.

세상에서 성공하는 사람들은, 부자가 되고 높은 사람이 되고 저명인사가 되는 사람들은, 복을 받은 사람이고 팔자가 좋은 사람이고 사람을 잘 만나기도 하고 때를 잘 만난 사람이기도 하지만, 하나님의 나라에서 성공하는 사람들은 하나같이 복을 만들어 내는 사람이며 운명을 바꾸어나가는 사람입니다.

그런데 세상에서 성공한 사람들은 육체의 소욕(所欲)을 따라 자기의 뜻을 이루는 대신 하나님의 뜻은 뒷전으로 미루고 인격을 잃어버린 사람인 데 반해, 하나님의 나라에서 거듭난 사람들은 성령을 따라 하나님의 뜻, 인격, 영혼을 얻는 대신 세상은 내어버린 사람들입니다. 그 중간에 이것도 아니고 저것도 아닌 사람들, 세상도 얻고 하나님의 나라도 얻고자 하는 사람들은 하나님 나라 소속인지, 세상 소속인지 소속이 분명치 않은 사람들이고 국적이 분명치 않은 사람들입니다. 사람의 눈으로 볼 때는 세상도 얻고 하나님의 나라도 얻는 것이 '성공 같은 성공'으로 보이나, 하나님 나라의 눈으로 볼 때는 '성공 같은 실패'입니다.

세상에서 복을 받고 사는 사람들은 복도 받고 팔자도 좋은 사람들이지만, 하나님의 나라에서 거듭난 사람들은 세상 복을 받는 사람들이 아니라 복을 만들어 내는 하나님의 나라의 복을 받은 사람들입니다.

5 삶은 삶을 위해서 있고 믿음은 믿음으로 살기 위해서 있습니다

공기는 숨을 쉬고 살기 위해서 있고, 물은 마시고 살기 위해서 있고, 음식은 먹고 살기 위해서 있습니다. 극소수의 전문가들과 장사꾼들을 제외하고는…….

갓난아기들은 공기가 뭣인지 알기도 전에 숨을 쉬고 음식이 뭣인지 알기도 전에 먹고 마십니다. 사람들은 인생이 뭣인지도 모르면서 살고 사랑이 뭣인지도 모르면서 연애하고 결혼도 하고 아이도 낳습니다. 살아가면서 인생이 뭣인지도 알아가고 사랑이 뭣인지도 알아갑니다. 그러나 영원히 인생이 뭣이고 사랑이 뭣인지를 아는 사람은 없습니다. 사랑할 뿐이고 살아갈 뿐입니다. 그러다가는 죽음이 뭣인지도 모르면서 죽어갈 뿐입니다.

삶의 현장에서 지식은 그다지 중요한 것이 아닙니다. 인생은 철학을 위해서 있는 것이 아니고 신앙은 신학을 위해서 있는 것이 아닙니다. 철학자가 된다고 해서 인생을 알게 되는 것도 아니고 세상을 더 잘살게 되는 것도 아니며, 신학을 한다고 해서 믿음(하나님)을 알게 되는 것도 아니고 믿음이 더 돈독해지는 것도 아닙니다. 도리어 그 반대일 경우가 허다합니다.

그것이 해탈의 도든, 구원의 도든 '도(진리)'의 세계에서 지식(학문)이 차지하는 분야는 미미할 뿐입니다. 도의 세계는 앎의 세계가 아니라 삶의 세계입니다. '도'의 세계에서 깨달음은 머리나 감정에 일어나는 사건이 아니라 삶의 현장에서 일어나는 사건입니다. 인생을 아는 사람은 지식의 날개를 펴고 오묘와 난해의 베일 속 깊이 숨어 있는 진리를 꿰뚫어 본 젊은 철학가가 아니라 산전수전을 다 겪고 인생의 쓴맛 단맛, 시금털털한 맛, 비린 맛, 아니꼽고 메스꺼운 맛을 다 겪어 본 노인입니다. 말할 줄 몰라서 무식한 노인으로 통하고 있는 바로 그 노인입니다. 신앙에 대해서도 그 깊은 비밀을 아는 사람은 그 방면의 권위자인 신학자, 유식하기는 해도 하나님을 한 번도 만나본 일이 없는 신학자가 아니라 거듭나서 한평생을 하나님과 함께 살아온 노인입니다. 사랑 역시 마찬가지입니다. 사랑에 대한 지식을 가장 많이 가지고 있고 사랑의 시를 가장 많이 쓰고 사랑의 노래를 가장 많이 부르는 사람이 아니라 가장 많이 사랑한 사람이 진정 사랑을 아는 사람입니다.

도의 세계에서 깨달음은, 구원은, 머리에 있지 않고 감정에도 있지 않습니다. 삶 속에 있습니다. 기독교는 불교같이 불당의 깊은 사색과 명상에서 나온 종교도 아니고 유교같이 서당의 깊은 학문에서 나온 종교도 아닙니다. 기독교는 그 말 그대로 아브라함과 이삭과 야곱의 하나님, 서민 예수님과 그의 제자들에게서 나온 종교입니다. 서민들의 삶에서 나온 종교입니다. 우리는 영원히 인생이 뭣이며 사람이 누구이며 하나님이 누구신가를 알 수는 없어도, 그러나 하나님과 같이 살 수는 있습니다. 생사와 고락을 같이하면서 100년을 해로한 노부부가 서로를 아는 것같이 하나님을 알 수는 있습니다. 지적으로는 아니지만, 인간적으로 인격적으로 이심전심으로.

6 하나님의 나라에서 부자가 떳떳하게 살 수 있는 길

하나님의 나라에서 높은 사람들과 저명인사들과 부자들이 떳떳하게 살 수 있는 길은 하나밖에 없습니다. 하나님의 나라에서 높은 사람들이 떳떳하게 살 수 있는 길은 높은 사람이 되지 않는 것이고, 떳떳하게 살 수 있는 길은 무명 인사로 사는 것이고, 부자들이 떳떳하게 살 수 있는 길은 부자가 되지 않는 것, 즉 가난하게 사는 것입니다.

높은 사람들은 계급이나 직위와는 상관없이 언제나 똑같은 하나의 인간으로 살 때만, 직무에 충실하다가 보니 높은 자리에 앉게 되어도 계급의식 없이 살 때만, 앉아 있는 자리에서 긍지를 찾거나 사는 보람을 찾지 않고 계급에 따라 푸르락누르락하는 계급의 꼭두각시가 되지 않고 언제나 똑같은 하나의 시민으로 섬길 때만, 특별대우를 받은 때라도 그것은 계급장이 받는 대우일 뿐 자기가 받는 대우가 아님을 알 때만, 언제나 똑같은 고유명사로 살 때만, 언제나 똑같은 종의 자세로 살 때만 하나님의 나라에서 얼굴을 들고 살 수 있습니다. 계급의식이 생기는 순간은, 계급의 노예가 되는 순간은 곧 하나님의 나라에서 버림당하는 순간입니다.

아무리 온 세상이 기립 박수하는 유명 인사가 돼도 언제나 똑같은 무명 인사로 살 때만, 환호 소리와 인파에는 관심도 없이 무명 인사로 살 때만, 하나님의 나라에 설 자리를 얻을 수 있습니다. 어떤 사람은 자기가 세계적인 유명 인사가 된 까닭을 몰랐다고 하고 어떤 사람은 자기에게 퍼부어지는 우레 같은 박수 속에서 그 박수 소리가 누구에게 쏟아지는 줄도 모르고 엉뚱한 사람에게 박수를 보냈다고 합니다. 금메달에는 관심도 없이 달리기만 하고, 노벨상에는 관심도 없이 글만 쓰고 그림만 그리는 사람처럼 영원한 무명 인사만이 하나님의 나라에 그 이름을 올릴 수 있을 것입니다.

다음은 부자입니다. 부자 역시 하나님의 나라에서 당당하고 떳떳하게 살 수 있는 길은 부자가 되지 않는 것입니다. 가난하게 사는 것입니다. 영원한 청빈의 사람이 되는 것입니다. 어떤 사람은 자동차회사를 창립해서 세계적인 기업체를 이루었으나 수입은 언제나 사원들처럼 똑같이 받는 월급이 전부이고 주택은 창업 당시에 건축한 서민주택이 평생 그의 집이 되었다고 합니다. 어떤 사람은 회사가 커지자 주식을 사원들에게 골고루 나누어 주었다고 하며, 어떤 의사는 히터와 에어컨 시대에 구공탄을 피우며 절약한 돈을 가족에게 상속하지 않고 자선단체에 기증하고 떠났다고 합니다. 어떤 사람은 재산의 상한선을 설정해 놓고 절대로 무슨 일이 있어도 그 선은 넘지 않았다고 합니다. 부자들이 하나님의 나라에 들어갈 수 있는 길은, 절대로 부자가 되지 않는 데 있습니다. 가난하게 사는 데 있습니다.

마지막으로 한 말씀 드립니다. 명색이 기독교인이라면 "모든 것을 버리고 나를 따르라." 하신 말씀이나 "너희를 부르신 거룩한 이처럼 너희도 모든 행실에 거룩한 자가 돼라." 하신 예수님의 말씀을 궁극적 삶의 목표로 삼아야 하는 것이 아닐까요?

7 거듭난다고 하는 말

옛날 니고데모가 "거듭나지 않으면 하나님 나라를 볼 수 없다." 하신 예수님의 말씀을 듣고 "그게 실제로도 가능한 일이겠느냐?"라고 반문한 것같이, 사람이 정말 거듭날[重生] 수도 있는 것일까요? 다시 태어날 수도 있는 것일까요? DNA가, 그 사람의 성질과 재질과 체질이 그 사람의 이력서라고 하는 말도 있고, 성격이 운명이라는 말도 있는데 사람이 자기의 성격과 DNA까지 바꿀 수 있는 것일까요? 사실이 이와 같음에도 예수님께서는 분명히 말씀하십니다. "거듭나지 않고서는 결단코 하나님의 나라를 볼 수 없다."

어떤 사람이 말세에 관한 예언 강의를 하면서 칠년대환난의 마지막 순간에 휴거가 있는 것이라고 하자 누군가가 묻더군요. 그렇다면 그날에 들림을 받을 사람은 과연 누구일까요? "거듭난 사람들입니다." 그 말을 듣고 "누가 거듭난 사람이냐?"고 묻자 "구원이, 거듭남이 영적인 실체이고 실제가 된 사람입니다." 라고 했습니다.

그러나 이런 대답만 가지고는 아직도 아리송하실 것입니다. 그러면 좀 더 실제로 거듭난 사람, 중생한 사람이란 어떤 사람일까요? DNA는 옛날 그대로지만, 성질과 재질과 체질은 옛날 그대로지만, 주요 관심사와 소원이 달라지기 시작한 사람입니다. 한순간에 완전히 달라져 버린 사람이 아니라 달라지기 시작한 사람입니다. 성화로 이어지는 중생입니다.

주요 관심이 세상에서 그의 나라와 그의 의로, 내 소원을 이루는 데서 하나님의 뜻을 이루는 것으로, 사람들에게 인정받고 칭찬을 듣는 것에서 하나님을 기쁘시게 해 드리는 것으로 변해 가는 것을 뜻합니다. 사는 보람도, 성공도 행복도 세상에서 찾으려고 하지 않고 하나님에게서, 일 자체에서, 자기 자신 속에서 얻어 내는 사람으로 변해 가는 것을 뜻합니다.

보이지 않는 세계는 막연하기만 하고 보이는 세계만이, 세상만이, 육체만이 확실시하던 사람이 보이는 세상이 꿈만 같고 그 대신 보이지 않는 세계만이 확실하게 되어가는 것을 뜻합니다. "보이는 것은 누가 바라리요 보이는 것은 잠깐이요 보이지 않는 것은 영원함이니라"(고후 4:18). 꿈은 현실이 되고 현실은 꿈으로 변해 가는 것을 뜻합니다. 높은 자리에 앉으면 눈에 보이는 것이 없고, 돈방석에 앉으면 세상에 부러운 것이 없고, 환영 인파의 환호성에 싸이면 천사에 둘러싸인 사람이라도 된 것같이 하늘 높은 줄을 모르던 사람이 세상의 부귀와 영화를 부끄럽게 여기는 사람으로 바뀌어 가는 것을 뜻합니다. 체질이나 재질이나 성질이 아니라 마음이, 소원의 관심이 변해 가는 것을 뜻합니다.

온갖 질병의 거주처가 되어 아프고 괴로워하고 신음하면서 죽어가던 육체가 신비한 약 한 첩에 건강을 회복하는 것같이, 육체의 구원이 육체 속에서 이루어지는 것같이 중생도, 영혼의 구원도 머리나 감정 속이 아니라 마음속에서 이루어지는 사건입니다. 신비체험을 통해서나 깊은 사색을 통해서 단번에 이루어지는 게 아니라 마음속에서 점진적으로 이루어져 나가는 사건입니다. 영혼의 병을 치료하는 신비약(神祕藥)은 말할 것도 없이 죄 사함을 받는 체험, '하나님의 사랑' 체험이고요.

8 수학(修學)의 길과 수도(修道)의 길 (학문의 세계와 종교계)

학문의 세계에서는 공부해서 얻은 깨달음이 깨달음이고 연구하고 실험해서 발견한 진리가 진리입니다. 그 이상의 깨달음이나 그 이상의 진리는 없습니다. 그래서 이 진리는 법칙이 되기도 하고 원리가 되기도 하고 공식이 되기도 하고 방정식이 되기도 합니다. 이 진리를 터득한 사람들은 명실공히 학자가 되고 권위자가 되고 전문가가 됩니다. 그래서 누구든 의학계의 전문가인 의사 앞에 서면 그는 어린아이같이 배우고 어린아이같이 순종합니다. 배를 갈라도, 가슴을 쪼개도 두말하지 못하고 순종합니다. 과학계의 진리는 절대적입니다. 따라서 학자들과 전문가들은 절대적입니다.

그러나 도덕계와 종교계는 다릅니다. 도의 세계는 다릅니다. 여기서는 단지 공부해서 깨달은 진리, 단지 머리를 굴려서 터득한 진리는 참된 깨달음으로 들어가는 첫발에 불과하고 참된 진리로 인도하는 안내판에 불과합니다. 진리 탐구는 이제부터입니다. 사랑에는 이기적인 사랑인 에로스(eros)도 있고, 가족 간의 사랑인 스토르게(storge)도 있고, 희생적이고 몰아적인 사랑인 아가페(agape)도 있다는 사실을 공부로 깨달았다고 해서 '사랑' 즉 진리를 깨달은 것은 아닙니다. 단지 지적인 깨달음은 '사랑', '진리'에 관한 한두 가지의 정보를 얻은 것에 불과합니다. 진짜 진리 탐구는 이제부터입니다. 하나님처럼 자기 원수를 자기 자신같이 사랑하는 사람이 됐을 때만 비로소 진리를 깨달은 사람이 됩니다.

단지 진리를 머리로 공부해서 학자가 된 사람들은, 신학을 전공하고 윤리학을 전공한 사람들은, 과학이나 의학이나 법학을 전공한 사람들이 누리는 권위만큼도 누리지 못하고 대우도 받지 못합니다. 신학자들과 철학자들은, 문외한들과 애송이들에게까지 걸핏하면 말도 안 되는 소리라고 빈정대는 냉대를 받습니다. 하나님이 누구시며 사람이 누구이며, 사람은 어디서 왔다가 어디로 가는지 근본적인 질문에 관해서는 확실하게 대답할 수 없다고 하는 점에서 권위자도 까막눈이나 다를 바 없기 때문입니다. 이런 까닭으로 종교계와 도덕계의 권위자들에게는 의사나 변호사에게 순종하듯이 순종하는 사람도 없고 배우려고 줄 서는 사람도 없는 것이 아니겠습니까?

돌이켜 보니, 나는 이미 청년 시절부터 머리로는 인생의 허무라는 사실과 파랑새는 먼 곳이 아니라 내 집에, 내 안에 있다는 사실을 깨달았습니다. 그러나 어림도 없는 얘기였습니다. 진리의 세계에서 머리의 깨달음은, 전문적인 지식은 새 발의 피에 불과하고 빙산의 일각에 불과합니다. 나는 허무도 깨닫고 인생도 깨달은 체를 하면서도, 행복은 밖에 있지 않고 내 안에 있는 것을 누구보다도 깊이 깨달은 체를 하면서도 밖에 나가면, 세상에 나가면 중학교 다니는 선배만 보아도 부러워했고 사각모를 쓴 대학생을 보면 우러러보기까지 했습니다. 옛날 시골에서는 중학교에 다니는 사람도 희귀했고 대학생은 만나볼 수조차 없었거든요.

그리고 이층집에 사는 사람은 딴 세상에 사는 사람만 같아서 부러워했습니다. 한번은 난생처음으로 이층집에 초대받아 올라가 본 일이 있는데 설레면서 올라갔다가, 그들도 단층집에 사는 사람들이 먹는 것과 같은 음식을 먹고 이불도 단층집에 사는 사람들이 덮는 이불과 같은 것을 보고, 단층집에 사는 사람들과 아무것도 다른 것이 없는 것을 보고 얼마나 놀랐는지요? 그러면서도 허무를 입에 달고 다녔습니다. 머리의 깨달음, 학문적인 깨달음과 삶의 깨달음은 천지 차이입니다. 머리의 깨달음은 깨달음의 시작일 뿐입니다.

그럼, 여기서 한번 묻겠습니다. 누가 하나님을 아는 사람일까요? 신학을 전공한 사람일까요? 누가 예수님을 아는 사람일까요? 기독론을 공부한 사람일까요? 누가 기독교를 아는 사람일까요? 교리학을 터득한 사람일까요? 말만 들어보면 분명히 그 사람들이 권위자일 것입니다. 그러나 사실은 아닙니다.

사도 바울은 고백했습니다. "내가 살아도 주를 위하여 살고 죽어도 주를 위하여 죽나니" "내가 사는 것이 아니요 오직 내 안에 그리스도께서 사시는 것이라" "나에게는 사는 것이 그리스도니 죽는 것도 유익함이라" "나의 자랑을 두고 단언하노니 나는 날마다 죽노라" "내가 내 몸에 예수의 흔적(상처투성이의 몸)을 지니고 있노라" "근심하는 자 같으나 항상 기뻐하고, 가난한 자 같으나 많은 사람을 부요하게 하고 아무것도 없는 자 같으나 모든 것을 가진 자로다." "답답한 일을 당하여도 낙심하지 아니하며 박해를 받아도 버린 바 되지 아니하며 거꾸러뜨림을 당하여도 망하지 아니하고" 바울은 참으로 예수님을 아는 사람이었습니다. 그의 삶이 증언하고 있지 않습니까?

진리 탐구의 길은 요원하고도 영원합니다. 하나님의 사람들은, 진리의 사람들은 이 땅에서 나그네입니다. 순례자입니다. 그래서 도덕계와 종교계는 오묘하고 심오한 것이 아니겠습니까? "오묘하고도 오묘하도다! 오묘하도다!"

가장 깊은 진리는, 가장 본질적이고도 궁극적인 진리는 연구하거나 탐구해서 발견할 수도 없고 실험실에서 증명할 수도 없습니다. 진리는 사람이 사용하는 말에 담을 수도 없고 사람의 머리로는 이해할 수도 없습니다. 설명할 수도 없고 깨달을 수도 없습니다. 이성의 세계에서 궁극적인 진리는 영원한 비밀입니다. 진리는 경배와 순종을 요구할 뿐입니다. 진리 앞에는 사건과 사실, '삶'이 있을 뿐입니다. 놀램과 감탄과 감사가 있을 뿐입니다. 진리를 놓고 토론하는 것은 돼지가 진주를 물고 뜯고 하는 것과 같습니다. 진리를 모셔 놓고 말이 많은 교회는 먹을 것 없는 빈말 잔칫집이 될 수밖에 없을 것입니다. 진리는 영원히 순종과 경배의 대상이 될 뿐입니다. 진리 앞에는 "오묘하도다! 심오하도다!" "기기묘묘하도다!" 하면서 감탄과 경탄을 금치 못하는 거듭난 성도들이 있을 뿐입니다. 다윗은 "이 지식이 내게 너무 기이하니 높아서 내가 능히 미치지 못하나이다."라고 하지 않았던가요?

진리는 머릿속에 있지 않고 말에 있지 않고 삶 속에 있습니다. 공부할 수는 없고 다만 살 수만 있는 것이 진리입니다. 갓난아기들이 자기가 어떻게 태어난 줄도 모르고 태어나서 잘 살기만 하는 것같이 거듭난 성도들도 말로는 표현할 수가 없는 신비 속에서 거듭나서 잘 살기만 합니다. 종교는, 신앙은 공부가 아니라 삶입니다.

9 기독교는 명실공히 타력 종교일까요?

기독교는 사람이 해야 할 일이라고는 아무것도 없는 그 말 그대로의 타력 종교일까요? 기독교의 구원은 사람의 선택이나 뜻이나 행위와는 상관없이 전적으로 하나님의 예정과 선택으로 이루어지는 것일까요? 언약으로 이루어지는 것일까요? '아담의 죄'로 인해 잘못한 것도 없이 죄인이 된 것같이 '예수님의 의'로 인해 잘한 것 없이, 행함과는 상관없이 의인이 되는 것일까요? 죄 없는 사람이 되는 것일까요? 의인이 되기 위해서, 죄 사함을 받기 위해서 인간이 해야 할 일은 아무것도 없는 것일까요?

예수님의 대속의 십자가로 말미암아 인류의 모든 죄가 사함을 받았으므로 죄 사함을 받았다는 그 사실을 알고, 믿기만 하면 되는 것일까요? 사람들이 해야 할 일은 없는 것일까요?

혹자는, 흑암 없이는 빛도 있을 수 없으므로 어두움도 빛과 같이 선한 것이어서 죄란 애당초 존재하지도 않는다고 합니다. 하나님께서는 빛뿐 아니라 흑암도 좋다고 하셨는데 거기 어찌 더 이상의 회개가 필요하겠느냐고 합니다. 본질적으로 죄는 존재하지도 않는다는 사실과 모든 죄는 이미 사함을 받았다는 사실 그 자체가 구원이라고 합니다. 그래서 죄의식 자체가 불신앙이고 양심 자체가 속임수라고 합니다. 양심에 속지 말고 죄의식에서 벗어나라고 합니다. 그것이 구원이라고 합니다.

혹자는, 한번 죄 사함을 받은 사람은 단번에 모든 죄가 영원히 사함을 받았는데 더 이상의 회개가 뭣이 필요하겠느냐고 합니다. 그러므로 구원받기 위해서는 더는 아무것도 할 일이 없이 됐으니 생긴 그대로, 있는 그대로, 이 모양 이대로, 그 모습 그대로 바람 따라 물결 따라 신바람 나게 살기나 하라고 합니다. 그리고 구원은 전적으로 하나님의 일이니 구원받을 사람은 구원받기만 하면 그만인데, 구원은 사람 밖에서 이루어지는 하나님의 일인데, 구원은 인간의 조건과는 상관이 없는 하나님의 일방적인 사역인데, 구원의 조건으로서든 구원의 결과로서든 구원의 조건이나 구원의 증거를 자기 자신에게서 찾으려고 하느냐고 합니다. 그야말로 명실공히 타력 종교입니다. 사람이 해야 할 일이 아무것도 없습니다. 회개와 믿음조차도 하나님의 선물입니다. 성령님의 감동입니다. 그뿐 아닙니다. 구원을 땀 한 방울 흘리지 않고 손가락 하나 까딱하지 않고 받을 뿐 아니라, 덤으로 세상까지 구하는 대로 주신다고 합니다. 그것도 불신자들처럼 땀 흘려서가 아니라, 구하기만 하면 기적적으로 그야말로 피 한 방울 흘리지 않고 털끝 하나 상하지 않고 '하나님 나라와 세상'의 두 마리 토끼를 다 잡는다고 합니다. 타력 종교입니다. 공짜 종교입니다. 도박판 종교입니다.

오늘날 이런 기독교가, 이런 복음이 인파를 이루면서 큰 무리를 열광시키고 있습니다. 그야말로 하는 일 없이 앉아서 "믿습니다! 믿습니다!" 주문을 외우기만 하면 하늘과 땅을 양손에 거머쥘 수 있는 타력 종교입니다. 오직 하나님의 은혜의 종교요 오직 믿음의 종교입니다.

그러면 여기서 한번 묻겠습니다. 이런 것이 기독교의 참모습일까요? 무엇인가 잘못되어가고 있는 것은 아닐까요? 이런 것이 오직 믿음과 오직 하나님 종교의 전부일까요? 아닙니다. 기독교는 결코 실없는 사람들의 종교가 아닙니다.

아무리 회개와 믿음조차 하나님께서 주시는 선물이라고 해도, 마음의 문을 여는 것은 사람이 아닐까요? 아무리 전능하신 하나님이라 하셔도 허락 없이 사람들의 마음의 문을 열고 출입하시지 않고 문밖에서 노크하시면서 열어주기를 기다리시기 때문입니다. 이것이 인간에게 주어진 '자유'입니다. 선택의 자유가 없는 인간은 이미 사람이 아닙니다.

그리고 아무리 구원이 인간 밖에서 이루어지는 하나님의 일이라고 해도, 인간의 행위와는 상관이 없는 것이라고 해도, 구원을 받는 것은 하나님이 아니라 사람이 아닌가요? 구원까지 하나님이 받는 것은 아니지 않나요? 구원받을 사람이 없는 구원이 어떻게 있을 수 있겠습니까? 신생아가 없는 순산이 어떻게 있을 수 있겠습니까? 그리고 어떻게 구원받는 사람이 구원받기 전의 사람과 아무것도 달라진 것이 없을 수 있겠습니까? 어떻게 중생 없는 구원이 있을 수 있겠느냐 말씀입니다. 어떻게 병 고침을 받은 사람이 중환자실에 누워 있는 중환자와 같은 생활을 할 수 있으며, 어떻게 무죄 석방 받은 사람이 감옥살이하는 죄수와 똑같은 생활을 할 수 있겠습니까? 구원이 사실이라면 어찌 중생이 없을 수 있겠습니까?

그래서 그런지 구원을 받기 전의 기독교는 속수무책으로 하나님의 구원만 기다리는 타력 종교이었는지는 몰라도, 그러나 구원받은 기독교, 중생한 기독교는 더는 죽치고 앉아서 하는 일 없이 좋으신 하나님만 찬양하는 종교가 아닙니다. 중생한 기독교는 이 세상에 둘도 없는 행동의 종교요 삶의 종교입니다. 유교는 서당에 앉아서 사서삼경을 공부하고 불교는 불당에서 목탁을 두들기며 명상하고 좌선하고 있을 때, 기독교는 거리로 달려 나와 행동을 개시한 종교입니다. 유교는 공부하는 종교이고 불교는 좌선하는 종교이지만, 기독교는 행동하는 종교입니다.

기독교 신앙은 그 자체가 삶입니다. 그래서 그런지 기독교같이 행동이 넘치는 종교는 또다시 없습니다. 기독교같이 땅끝까지 찾아다니면서 전도하고 사건을 만들어 내고 변화를 일으키고 고난을 많이 당하고 핍박을 많이 당하고 순교자를 많이 낸 종교는 또다시 없습니다. '오직 믿음과 오직 하나님의 은혜'의 사도요 선구자인 사도 바울을 보십시오! 세상에 어느 누가 바울보다 더 많이 행함에 힘을 썼던가요? 세상에 어느 누가 바울보다 더 많이 달음질했을까요? 어느 누가 바울의 발보다 더 먼 길을 걷고 더 험한 길을 가고 더 위험한 경험을 했을까요? 어느 누가 바울보다 더 많이 고생하고 더 많이 핍박당하고 더 많이 매를 맞고 상처투성이가 되었을까요?

사도 바울의 일생이야말로 오직 하나님의 은혜로 구원받은 성도들의 모델입니다. 여기서 타력 종교인 기독교는 다른 어떤 종교보다도 더 행함에 힘쓰는 타력 종교가 됩니다. 이 모든 행함을 자기의 공로로, 자기가 한 일로 자부하지 않고 자기 속에 들어와 계시는 예수님께서 하신 일로 알고 모든 영광을 하나님께만 돌리기 때문입니다. 여기서 분명하게 말씀을 드리는데, 구원 이전의 기독교만 알고 구원 이후의 기독교 곧 중생을 모르는 교인은 기독교를 아는 교인이 아닙니다. 그런 교인들은 단지 머리와 감정, 말로만 입술로만 하나님을 믿는 교인일 수밖에 없습니다.

기독교는 공짜 종교가 아닙니다. 떨이 세일 종교가 아닙니다. 기독교의 하나님은 돈과 감투밖에 보이는 것이 없는 사람들이 구하는 대로 무엇이든 주시는, 사람들이 시키는 대로 움직이시는 사람들의 노예가 아닙니다. 사람들에게 자기를 부인하고 욕심을 버리고 자기 소원을 버리고 하나님의 뜻을 따를 것을 요구하시는 엄위하신 하나님이십니다.

기독교는 사람들에게 오복을 약속하는 종교가 아니라 모든 것을 버릴 것을 요구하는 종교입니다. 희생뿐 아니라 목숨까지도 요구하는 종교입니다. 구원(중생) 이전의 기독교와 구원 이후의 기독교는 동명이인입니다. 중생 이전의 교인들은 예배를 드리고 기도를 드리면서도 마음은 콩밭에 있는 사람들이고, 이에 반해 중생 이후의 교인들은 세상일에 동분서주하면서도 마음은 하나님의 나라에 있는 사람들입니다.

10 행함이 있어야 한다는 말

어떤 사람들은 오직 믿음으로만 구원받는다고 하면서 행함은 입 밖에 내는 것조차 금기시하고, 이에 반해 어떤 사람들은 행함이 없는 믿음은 죽은 믿음이라고 합니다. 그러면 성경이 말하는 행함이란 어떤 행함을 뜻하는 것일까요?

살아 있는 모든 생물에게는 행함이 있습니다. 생명 자체가 행함입니다. 움직임입니다. 식물은 자라나는 것이 행함이고, 사과나무는 사과를 맺는 것이 행함이고, 장미꽃은 향기를 풍기는 것이 행함이고, 새는 날아다니는 것이 행함이고, 개미는 기어 다니는 것이 행함입니다. 그러나 동식물의 행함은 자연현상에 불과하고 본능에 불과하므로 행함이라고 하지 않고 선택의 자유가 있는 인간의 활동만을 행함이라고 합니다.

그러면 성도들의 행함에는 어떤 것들이 있는 것일까요? 그 말 그대로 부지기수입니다. 물론 그중에는 행함 같지도 않은 행함이 있기도 합니다.

꿀벌은 쉴 새 없이 날아다니면서 꿀을 물어오는 것이 행함이고, 베짱이나 매미는 하는 일 없이 한가하게 종일 노래 부르는 것이 행함이고, 앵무새는 말을 하는 것이 행함이고, 가제는 바위나 돌멩이 밑에 납작 엎드려 있는 것이 행함입니다. 그것들이 할 수 있는 일은 그 일 하나밖에 없기 때문입니다. 사람도 자기가 할 수 있는 일을 통해서 행합니다. 자기가 할 수 있는 일을 통해서 하나님의 뜻, 자기의 뜻이 아니라 하나님의 뜻을 이루는 것이 행함입니다. 그런데 여기서 문제가 되는 것은 너무도 많은 사람이, 꿀벌같이 개미같이 행하는 것만 행함으로 알고 앵무새같이 가제같이, 매미같이 행하는 것은 행함이 아닌 줄로 착각을 하는 데 있습니다.

여기서 분명한 한 가지 사실을 깨달으시길 바랍니다. 하나님의 뜻을 이룰 수 있는 길은, 행함의 길은 사람마다 다르고 사람의 성격과 능력과 직업과 환경과 상대에 따라 다르다고 하는 사실을! 그래서 바울과 바나바 사이에도 언쟁이 있고 충돌을 피할 수 없었던 것이 아니겠습니까? 노래를 부르는 직업인 가수는 노래를 통해서 하나님의 뜻을 이루는 것이 행함이고 그림을 그리는 사람은 그림을 통해서, 글을 쓰는 문필가들은 글을 써서, 언론인들은 말로 하나님의 뜻을 이루는 것이 행함입니다. 그러니 어떻게 가수들이 노래만 부르고 행함이 없고, 언론인들이 말만 하고 행함이 없다고 열불을 낼 수 있겠습니까?

이솝 우화를 보면 개미는 부지런하고 근면한 일꾼이고 이에 반해 베짱이는 게으르고 나태한 한량을 상징하고 있는데, 모르는 소리입니다. 쉴 새 없이 일한 개미같이 온종일 노래만 부르던 베짱이도 충성스럽게 하나님의 뜻을 이룬 행함이 있었습니다.

사람들은 눈에 보이는 행함, 몸으로 행하는 행함이나 물질적인 행함과 사회적인 행함만 행함이라고 생각하지만, 재판도 증거물이 있고 증빙서류가 있고 증인이 있는 범죄만 처벌하지만, 그러나 하나님께서는 나타나는 행위는 보지도 않으시고 중심만 보십니다. 나누어 줄 것이 있는 사람이 말로만 "추운 겨울에 따뜻하게 지내십시오." 하는 것은 가증스럽지만, 나누어 줄 것이 없는 사람이, 자기 먹고살 것도 없는 사람이 송구스러워하며 말로만 하는 빈말은, 인사말은 행함입니다. 행함은 행위에 있지 않고 하나님만이 보시는 마음속에 있습니다.

11 같은 배를 타고 다른 길을 가는 사람들

세상의 모든 단체의 구성원들을 보면 엇비슷한 사람들의 모임입니다. 초등학교에도 엇비슷한 나이의 학생들이 모여 있고 중고등 학교에도 엇비슷한 나이와 엇비슷한 학력을 가진 학생들이 모여 있고 대학 역시 마찬가지입니다. 관공서도 회사도 은행도 군대도 계급에 따라 직급에 따라 대동소이한 학력과 실력을 지닌 사람들의 단체입니다.

그런데 교회는 다릅니다. 교회는 모든 면에서 너무나도 다른 사람들, 맞지 않는 사람들, 어울리지 않는 사람들의 모임입니다. 연령상으로도 그렇고 학력으로도 그렇고 재력이나 사회적인 지위나 취미에 있어서까지 그렇습니다. 그야말로 어중이떠중이 잡동사니의 단체입니다. 그런 단체가 조용하기도 하고 평화스럽기도 한 것이 신기할 따름인데, 먹고사는 문제와 죽고 사는 문제가 걸려 있는 치열한 정권 다툼이나 이권 다툼이나 자리 다툼 같은 것이 없기 때문일 것입니다.

그중에도 너무나 다른 두 종류의 교인들이 있는데, 좁은 문으로 들어가는 교인과 넓은 문으로 들어가는 교인, 곡식 교인과 가라지 교인, 양 교인과 염소 교인입니다. 좋으신 하나님을 찬양하면서 천국문으로 들어가는 교인과 똑같이 좋으신 하나님을 찬양하면서 지옥문으로 들어가는 교인입니다.

첫 번째는 거듭난 교인으로, 구원받은 것만으로도 분에 넘쳐서, 하나님의 나라를 얻은 것만으로도 분에 넘쳐서 자기를 부인

하고 자기 뜻을 버리고 자기 소원을 접고 오직 하나님의 뜻을 이루고 하나님의 뜻을 따르는 교인입니다. 두 번째는 거듭나지 못한 교인으로, 아직도 하나님의 나라를 얻은 것이 분명치 않아서 하나님의 뜻을 이루는 것은 둘째로 제쳐 놓고 우선은 자기 소원과 자기 뜻을 이루기 위해서, 세상을 얻기 위해서 신앙생활을 하는 교인입니다. 신앙을 이용하고 하나님의 도우심을 받아서 세상을 얻는 것이 목적인 교인입니다. 두 번째 교인은 단지 머리와 가슴(감정)으로만 신앙생활을 하는 교인으로, 예배 시간에만 설교를 듣고 찬송을 부르고 기도를 드리는 동안만 신앙생활을 하는 교인입니다. 두 번째 교인은 세상에 나가면 불신자들과 다름없이 사는 사람인 데 반해, 첫 번째 교인은 마음으로 삶속에서 신앙생활을 하는 사람으로 삶 자체가 신앙생활이 되어버린 사람입니다.

그런데 거듭나지 못한 교인은 바람 따라 물결 따라 둥글둥글 모나지 않게 사는 사람이어서 교회에서도 세상에 나가서도 잘 어울려서 무탈하게 지내면서 환영을 받고 돈도 벌고 권력도 잡을 수 있는 데 반해 거듭난 교인은 바람을 안고 물결을 거슬러서 오직 하나님의 말씀만 바라보고 사는 사람이어서 교회에서도 외톨이가 되고 세상에 나가서도 목구멍에 걸린 가시와 개밥에 도토리가 되기 일쑤입니다. "이런 사람들에게는 이 세상이 살 만한 곳이 되지 못했습니다." 히브리서에 있는 말씀입니다. 아무리 그래도, 이 사람들은 낙심은커녕, 약속받은 것을 얻지도 못했어도 그것을 멀리서 바라보고 기뻐했으며 이 땅에서는 자기들이 타향 사람이며 나그네에 불과하다는 것을 인정했습니다. 그들은 이렇게 함으로써, 자기네가 본향을 찾고 있다는 것을 분명히 밝힌 것이라고 히브리서는 기자는 말합니다. 예수님의 말씀대로 이들은 세상에서는 미움을 당합니다. 그것은 세상이 예수님을 미워하기 때문입니다. 그러나 주님께서 말씀하셨습니다. "너희가 환난을 당하나 담대하라! 내가 세상을 이기었노라!"

설교자 중에도 두 종류가 있습니다. 그중 하나는 믿기만 하면, 구하기만 하면 하늘과 땅을 모두 얻을 수 있으니 머리가 되어 최고의 영광을 하나님께 돌리라고 가르치는 거짓 교사이고, 다른 하나는 아무것도 없는 자 같으나 모든 사람을 부요하게 하는 참 교사입니다. 그들은 낮은 자리로 내려가서 제왕들보다 더 위대한 인생을 살라고 가르치는 참 스승입니다. 무명한 자 같으나 유명한 자입니다. 이 둘은 같은 배를 타고 가면서도 동상이몽입니다. 똑같은 신앙을 고백하면서도 꿍꿍이속은 천양지판입니다. 각양각색입니다.

이 땅의 교회는 좋으신 하나님을 찬양하면서 천국으로 올라가는 교인들과 지옥으로 내려가는 교인들을 싣고 동시에 정반대의 방향을 향해서 달리는 신비에 쌓인 방주입니다.

12 차원이 다르다고 합니다

제가 신학교 다니던 시절의 감리교회 신학교는 고등학교만

나오면 들어갈 수가 있고 장로교회 신학교는 대학을 졸업해야 들어갈 수 있어서, 감리교회의 목사와 장로교회의 목사는 차원이 다르다고들 했습니다. 물론 교회가 교육기관이라면 그럴 수도 있을 것입니다. 그러나 교회는 종교단체이지 공부하는 학교가 아닙니다. 그럼, 여기서 한번 물어보겠습니다. 만에 하나 박사학위가 있어야 입학할 수 있는 신학교가 있다면 어떨까요? 그때는 차원이 다른 정도가 아니라 눈이 부시도록 까마득하겠군요? 그 사람 앞에서는 머리도 들지 못하고 많은 인파가 물밀듯이 몰려들겠네요?

그러나 사실은 그게 아닙니다. 지상 최초와 최고의 신학교인 예수님의 학교는 학벌과는 상관없이, 모든 것을 버리고 일사 각오를 하는 사람만이 입학할 수 있었습니다. 그 신학교에는 교과서도 없고 강의실도 없었습니다. 그런데도 역사상 최고의 목회자들을 양성할 수 있었습니다. 로마 제국을 굴복시키고 세상을 변화시키는 목회자들을 키워 낼 수 있었습니다.

그런데 그 신학교는 성공은 그만두고 죽을 각오를 한 사람만이 입학을 할 수 있었습니다. 그리고 그 신학교의 교수님이 하신 일은 먹을 것 하나 없이, 머리 둘 곳 하나 없이 앞서가시면서 제자들에게 "나를 따르라." 하시고 매일 한결같이 목숨을 거는 설교를 하신 것이 전부였습니다. 제자들과 생사고락을 같이하신 것이 전부였습니다. 십자가를 지고 가는 삶의 현장이 신학교였고 삶 자체가 교과과정이었습니다. 여기서 지상 최고의 목회자들이 양성되어 나왔습니다. 세상을 이기는 목회자 말입니다.

오늘날의 신학교가 가진 문제는 학벌이 좋은 사람과 학위가 높은 사람이 없다는 데 있는 것이 아니라, 세상의 모든 낙과 허황한 꿈은 버리고, 목숨까지 버리고 예수님의 뒤를 따를 지망생이 없다는 데 있는 것은 아닐까요?

학벌과 학위와 계급장과 돈이 위세를 떨치는 교회는 이미 권위를 상실한 교회요, 세상에 구걸하는 교회요, 아첨하는 교회입니다. 세상의 시녀 교회입니다.

13 이 세상은 이 모양 이대로 종말을 보게 될 것입니다

우리가 이 모습 이대로 구원을 받듯이 세상도 이 모양 이대로 종말을 맞이할 것입니다. 세상이 달라지기를 원하지 않는 사람은 없고 세상을 바꾸어 보겠다고 하는 정치인들도 있고 새 세상을 만들어 보겠다고 호언장담하는 민중 선동가들도 없는 것은 아니지만 말입니다. 아무리 구하는 대로 받고 믿음대로 된다고 해도, 세상은 옷만 갈아입으면서, 달라진 체하면서…… 이 모양 이대로 끝이 날 수밖에 없을 것입니다.

가정은 남편 마음대로도 되지 않고 아내 마음대로도 되지 않습니다. 세상은 누구의 말도 듣지 않고 제멋대로 굴러갑니다. 학교는 선생님들 마음대로도 되지 않고 학생들 마음대로도 되지 않습니다. 회사는 고용주 마음대로도 되지 않고 고용인들 마음대로도 되지 않습니다. 나라는 대통령 마음대로도 되지 않고 국민들 마음대로도 되지 않습니다. 소원은 소원이고 이상은 이상일 뿐입니다. 비전은 비전일 뿐이고 꿈은 꿈일 뿐입니다. 이 세상에는 소원을 다 이룬 사람도 없고 이상을 다 실현한 사람도 없고 할 일을 다 하고 죽는 사람도 없습니다. 세상은 세상대로 돌아갈 뿐입니다.

아무리 개혁하고 혁명을 해도, 아무리 제도를 바꾸고 법을 고쳐 보아도 배우가 달라질 뿐 세상이 연출하는 영화의 각본은 달라지지 않습니다. 공산주의 국가 가치가 자본주의 국가가 돼도, 기독교 국가가 돼도, 불교 국가가 돼도 강자는 강자이고 약자는 약자일 뿐입니다. 부자는 부자이고 빈자는 빈자일 뿐입니다. 주객이 전도되는 것뿐입니다. 사람이 달라지지 않는 한은, 자기 개혁이 없는 한은 혁명도 의미가 없고 개혁도 의미가 없습니다. 이 세상에서 의미가 있는 것은 자기 개혁뿐입니다.

아무리 지식이 발전하고 기술이 발전하고 문명이 발전해도 세상은 아무것도 달라지지 않고 옛날 그 모양 그대로, 지금 이 모양 이대로 돌아갈 수밖에 없을 것입니다. 약자는 먹이가 되고 강자는 포식자가 되고, 약자는 옛날에는 종신 노예였지만 지금은 시간제의 노예가 되고, 강자는 주인이 되고 부자는 풍요롭게 살고 빈자는 가난하게 살고, 허송세월을 살아도 돈만 많으면 부자가 되고, 불량배라도 표만 많이 얻으면 대통령이 되고, 위선자라도 교인 수만 많으면 신령한 하나님의 종이 되는 세상입니다. 세상은 아무것도 달라지는 것이 없이 이 모양 이대로 돌아갈 것입니다. 제멋대로 돌아갈 것입니다. 이 모양 이대로 종말을 맞이하게 될 것입니다.

새 세상을 만들어 보려고 해도 허사입니다. 하늘 아래에는 새

것이 없습니다. 아무리 능치 못함이 없는 사람도 뭣 하나도, 누구 하나도 자기 마음대로 되어주지는 않을 것입니다. 그래서 예수님께서도 세상을 바꾸는 천지개벽은 하지 않으시고 내 나라는 이 세상에 속한 것이 아니라고 하시면서 인간 개조, 자기 개혁을 요구하신 것이 아니겠습니까? "하나님의 나라는 너희 가운데 있느니라!"

따라서 우리에게 남은 길은, 우리가 해야 할 일은 마음대로 되지 않는 부자가 되려고 하지 말고 자기 개혁을 시작하는 것입니다. 부자를 부러워하지 않고 부자가 부러워하리만큼 행복하게 사는 인격을 이루는 것입니다. 바울의 고백입니다. "나는 어떤 처지에서도 자족하는 법을 배웠습니다." 높은 사람들 앞에서 비굴하지 않고 아부하지 않고 도리어 높은 사람들이 우러러보고 무릎을 꿇는 위대한 인격을 이루는 것입니다. 바울같이, 베드로같이, 성자들같이…….

세상 돌아가는 꼴이 꼴도 보기 싫어서, 아니꼽고 메스꺼워서 불평분자가 되고 비관론자가 되고 냉소주의자가 되어 버리면 끝장입니다. 인간쓰레기가 되고 맙니다. 지금도 성공하는 사람은 대해에서 나와도 인물은 옛날과 다름없이 개천에서 나오는 것을 잊지 마시기를 바랍니다.

저 자신이 예수님 안에서 새 생명을 얻어서 겨우겨우 쓰레기 인생을 면할 수 있었기에 드리는 말씀입니다.

14 목청을 다해서 의인을 찬양하는 악인들

십자가상의 예수님을 찬양하는 성가대원들의 바닷소리와 같은 우렁찬 합창에 감동을 금하지 못하면서 여러 가지 생각이 꼬리를 물었습니다.

왜 오늘날의 교인들은 마음을 다하고 뜻을 다하고 힘을 다해서 그토록 눈물겹도록 앙망하고 찬양하는 예수님을 옛날의 유대 교인들은 그토록 이를 갈고 치를 떨면서 "십자가에 못을 박아 죽이라!" 하며 아우성을 쳤을까? 오늘날의 교인들은 의인들뿐인데 옛날의 유대교인들은 악인들뿐이었을까? 옛날의 유대교인들은 모두가 말뿐인 교인인데 오늘날의 교인들은 모두가 속속들이 거듭난 교인들뿐일까? 그러자 예수님의 말씀이 생각났습니다. 옛 선지자를 가장 크게 칭송하고 존경하는 사람들이 지금 당장 자기들 눈앞에 나타난 선지자는 가장 극렬하게 증오하고 핍박한다고 하신 말씀이 생각났습니다. 눈앞에 나타난 선지자 예수님을 가장 극렬하게 증오한 그 사람들이 동시에 옛 선지자를 가장 큰 목소리로 찬양한 바로 그 사람들이었던 것입니다.

역사상에 나타난 선지자나, 남의 나라에 있는 선지자나, 자기와 아무 상관이 없는 선지자에게 경의를 표하는 경우는 앞장서서 큰 소리로 경의를 표할수록 덩달아 자기의 주가도 그만큼 올라가지만, 현장의 선지자 곧 자기의 잘못을 책망하는 참 선지자에게 경의를 표하는 경우는 사정이 다릅니다. 그때는 경의를 표할수록 자기의 잘못을 인정하는 것이 되고 자기 비하를 뜻하게 되기 때문입니다. 그래서 먼 데 있는 선지자들에게는 최대의 찬사를 보내면서 존경을 받는 사람들이 눈앞에 있는 선지자에게는 최대의 모욕을 가합니다.

악인들은 먼 데 있는 위인들에게만 존경을 표하지만, 의인들은 가까이에 있는 선지자에게 고개를 숙이고 순종을 합니다. 악한 사람들은 자기 죄는 "사람이 어떻게 죄를 짓지 않고 살 수가 있냐!" 하면서 너그럽게 봐주지만, 남의 잘못은 치를 떨고 머리털까지 곤두세우면서 "죽일 놈! 망할 놈!" 하면서 "절대 용서하지 못하겠다." 합니다. 이에 반해 의인은 남의 죄에는 역지사지하면서 자기 죄는 가차 없이 다스립니다. 회개합니다. 남의 잘못이나 세상의 죄를 보고 가장 열불을 내면서 흥분하고 가장 큰 소리로 정의를 부르짖고 나서는 것은 의인들이 아니라 악인들입니다. 남이 벌을 받고 책망을 듣는 것을 보고 가장 신바람 나서 춤추는 것은 의인이 아니라 악인들입니다. 그래서 언제나 의인은 악인 같고 정의감이 없는 사람 같고 이에 반해 악인들은 정의의 투사들만 같습니다.

결론적으로 말씀드립니다. 2천여 년 전에 십자가에 매달려 계시던 예수님을 가장 크고 가장 아름다운 목소리로 찬양하고 있는 사람들이 가장 열불을 내며 예수님을 십자가에 못 박아 죽이라고 아우성을 치는 무리가 될 수도 있다는 사실을 명심하시기 바랍니다. 그중에도 남의 잘못을 찾기에 바쁘고, 남의 잘못을 침소봉대해서 이 사람 저 사람에게 전하고 다니기에 바쁘고, 남의 잘못을 전해 듣기만 해도 통분을 금치 못하는 사람들은 가장 의로운 사람 같은데 사실은 가장 악한 사람들입니다.

악인들은 자기네들이 앞장서서 가장 큰 소리로 외쳐대던 정의의 소리에 따라 심판받을 것입니다. 악한 사람들이 더 열불을 내며 울부짖는 정의의 소리가 들려 올 때, 의의 최후의 승리를 의심할 수가 없습니다. 더욱 확신하게 됩니다.

15 환영을 받아야 할 의인은 배척을 당하고

대환영을 받아야 할 의인은 가족들에게도 핍박당하고 자기편 사람들에게도 배척당하지만, 배척을 당해야 할 악인은 가족들에게도 대환영을 받고 자기편 사람들에게도 절대적인 지지를 받습니다. 의인은 내 편과 네 편을 차별하지 않고 동등하게 사랑하고 평등하게 아끼는 사람인 데 반해 악인은 자기편 사람과 반대편 사람을 냉정하게 차별하고 무자비하게 구별하는 사람이기 때문입니다. 악인은 자기 가족을 유별나게 사랑해서 처자식들이 남들보다 잘 먹고 잘살게 하기 위해서는 남의 가족이야 망하든 말든 개의치 않는 사람들이고, 자기 나라 백성들이 태평성대를 누리게 하기 위해서는 남의 나라야 망하든 말든 개의치 않는 사람이기 때문입니다. 침략도 사양하지 않는 사람이기 때문입니다. 도륙도 학살도 약탈도 사양하지 않는 사람이기 때문입니다. 자기편이 하는 일은 무조건 잘하는 일이고 반대편이 하는 일은 무조건 잘못이라고 하는 사람이기 때문입니다. 자기편은 무조건 사랑하고 반대편은 무조건 증오하는 사람이기 때문입니다. 이런 사람들이 가정에서는 존경받아서 부상(父像)이 되고 나라에서는 절대적인 지지를 받아서 영웅이 됩니다. 당에서는 당수(黨首)가 되고요. 이에 반해 의인은 내 편과 네 편, 내 가족과 남의 가족, 내 나라와 남의 나라를 동등하게 사랑하고 공평하게 평가하는 사람이기에 가족에게서도 따돌림을 당하고 백성들에게도 미운털이 박혀 매국노가 되기 일쑤입니다.

악한 사람은 돈 벌고 출세한 다음에는 가족들에게 남들보다 더 큰 집도 마련해 주고 더 고급스러운 승용차도 마련해 주고 비밀과외도 시켜서 특목고에도 진학시켜 주고 가는 곳마다 특권과 특혜를 누리게 해 주어서 세상에 우리 남편 같은 남편은 또다시 없고 우리 아버지 같은 아버지도 다시없지만, 그러나 의로운 사람은 돈도 벌고 출세했음에도 자기 식구와 남의 식구를 공평하게 아끼는 마음으로, 자기 것을 자기 것으로 여기지 않는 마음으로 남들보다 더 큰 집에서 살게 해 주지 않고 더 좋은 차를 타게 해 주지 않고 재산까지 자기네들에게 상속해 주지 않고 사회에 환원해 버리니, 가족들에게까지 미움받고 핍박당합니다. 악인이 흥하고 의인이 핍박당하는 까닭이 여기 있습니다.

의인은 물에 물을 탄 것 같은데 악인은 자기 가족이나 자기 편 사람이나 자기 당 사람이나 자기에게 유익을 주는 사람에게나 자기 나라에 대해서는 유별나게 사랑이 많고 유별나게 정성을 쏟아붓는 사람입니다. 악한 사람이란 모든 사람에게 악한 사람이 아니라 자기 자신과 자기 주변 사람과 가까운 사람과 추종자들에게 유별난 애착과 열성과 정열을 가진 사람입니다. 그래서 많은 추종자와 환영 인파에 둘러싸여 정상에 오르기도 하는 것이 아니겠습니까? 이에 반해 누구에게나 공평한 의인은, 내 편과 네 편, 심지어 내 나라와 남의 나라까지 구별하고 차별할 줄 모르는 의인은 이 땅에서는 낙동강 오리알이 될 수밖에 없는 까닭이 여기 있습니다. 이 땅에서는 내 식구와 네 식구, 내 편과 네 편, 우리 당과 반대 당, 내 나라와 남의 나라, 내 교회와 네 교회를 철저하게 차별할 줄 아는 사람만이 성공할 수 있습니다.

16 현실 세계와 음악의 세계

　뉴스를 듣고 있노라면 저 자신도 모르게 어느새 경쟁과 대립과 충돌과 갈등과 분쟁이 그치지 않는 현실 세계로 끌려내려 갑니다. 해답이 없는 문제와 끝이 보이지 않는 문제가 꼬리를 물고 따라다닙니다. 그 말 그대로 혼미와 혼돈입니다. 무질서와 혼란입니다. 불안과 무의미와 가도 가도 끝이 보이지 않고 아무리 헤매고 다녀도 출구를 찾을 수 없는 미로요 미궁 속만 같습니다. 그러다가도 라디오를 틀어서 흘러나오는 합창곡과 교향악을 듣고 있노라면, 갑자기 신천지가 펼쳐집니다. 음악의 신출귀몰하는 묘기와 묘미와 신기에 따라 새로운 세계가 펼쳐집니다. 화합이 있고 조화가 있고 아름다움이 있는 세계입니다. 질서가 있고 조화가 있는 세계입니다. 진리가 살아 있고 의가 살아 있고 아름다움이 있는 세계입니다. 소망이 있고 영원이 있는 세계입니다. 소망이 보이는 세계입니다. 눈물을 닦아 주고 새 힘을 주는 세계입니다. 절망과 소망, 슬픔과 기쁨, 죽음과 생명이 손에 손을 잡고 춤을 추는 세계입니다. 여기서 내 영혼은 샤워를 하고 목욕을 하고 잔치를 합니다.

17 진리와 거짓이 분명치 않고 선과 악이 애매한 시대, 진리의 바벨탑 시대

지금은 올라가는 것인지 내려오는 것인지가 분명하지 않고 나누어 주는 것인지 탈취하는 것인지가 분명하지 않은 시대입니다.

옛날에는 사람들의 생활이 단순해서 나누어 주는 사람과 빼앗는 사람, 높아지려는 사람과 섬기려는 사람을 쉽게 구별할 수 있었습니다. 식별할 수도 있었습니다. 그러나 현대에 이르러서는 인간 생활의 내막이 너무도 복잡하여져서, 교만한 사람과 겸손한 사람, 욕심이 없는 사람과 탐욕스러운 사람을 알아보기 어렵게 되었습니다. 탐욕스러운 사람이 나누어 주기 위해서 돈을 번다고 하고, 교만한 사람이 더 많은 사람을 주인으로 섬기기 위해서 높아져야 한다고 떠벌리기 때문입니다. 대통령이 되려고 하는 사람들은 국민을 두려워하고 국민을 주인으로 섬기겠다고 하고 재벌총수들은 수백만 수천만의 사람을 먹여 살리느라고 등골이 빠진다고 하기 때문입니다. 몽땅 나누어 주려고 모으고 종같이 섬기려고 정권을 얻겠다고 합니다. 낮아지는 것과 높아지는 것, 섬김을 받는 것과 섬기는 일을 동시에 하겠다고 합니다. 동시에 나누어 주기도 하고 빼앗기도 하겠다고 합니다. 동시에 가난한 사람도 되고 부자도 되겠다고 합니다. 총회장이 되고 감독이 되겠다고 유세하고 다니며 향응을 제공하고 표를 주거니 받거니 해도 그것이 십자가를 지고 예수님의 뒤를 따르는 길이며 온 교회를 머슴같이 섬기는 길이라고 합니다. 그래도 그럴듯하게 통합니다.

"낮추어라. 그러면 높임을 받을 것이다. 나누어 주어라. 그러면 누르고 또 눌러서 백 배로 받을 것이다."라고 합니다. 그러니! 높아지자고 하는 이야기인지 낮아지라고 하는 얘기인지 그것도 분명치 않고, 나누어 주라고 하는 얘기인지 백배로 이윤을 남기라고 하는 얘기인지 그것도 분명하지 않습니다. 정말 알쏭달쏭한 진리입니다. 귀에 걸면 귀걸이이고 코에 걸면 코걸이입니다. 말하기에 달렸고 해석하기에 달렸습니다.

중세기에는 법왕(교황)의 말이 있을 뿐이었습니다. 교황의 말이 하나님의 말씀이었습니다. 교황무오설(교황무류설)이 그것입니다. 교회는 조용했습니다. 엄숙하게 성례를 거행할 뿐이었습니다. 그러다가 문예부흥기를 맞아서 말이 하고 싶어도, 하고 싶은 말이 많아도 말하지 못하고 살던 사람들이 입을 열기 시작했습니다. 드디어 인권과 인문의 시대가 도래했습니다. 민중의 시대와 언론의 시대가 포문을 열었습니다. 때를 같이 해서 나온 종교가 개신교의 등장입니다. 개신교회는 오직 믿음과 오직 하나님 말씀의 기치를 들고 일어나서 교황의 멍에를 벗어던졌습니다.

자유와 함께 언론이 홍수같이 터져 나왔습니다. 신학자들이 일어나서 제각기 다른 학설을 발표하고 교파들은 제각기 다른 교리를 만들어 냈습니다. 같은 교단에 소속한 목사들이라도 설교는 각양각색이었고 똑같은 하나님의 말씀이라도 그 해석은 천차만별이 되어버리고 말았습니다. 말의 홍수 시대에 설교가 범람했습니다.

그리하여 '오직 하나님 말씀'을 들고 일어선 개신교회는 어느새 사람들의 말이, 신학자들의 말이나 교리가 하나님의 말씀을 압도하는 교회가 되고 말았습니다. 개신교회에는 사람들의 소리가 너무 크고 인간의 수단과 방법이 도를 넘고 있습니다. 말! 말! 사람의 말들이 개신교회를 시끄럽게 하고 있습니다. 사람이 모일 때마다 성경 공부와 교리 토론이요 회의장마다 열띤 공방전입니다. 과연 말의 바벨탑 시대입니다.

개신교회에는 복음이 너무 많고 진리가 너무 많고 성경해석이 너무 제멋대로입니다. 과연 군웅이 할거하는 난세입니다. 정치단체도 아닌 교회가 중대 사안까지도 평신도들이 합석하고 총회에서 다수표로 결정하고 교리 문제까지도 평신도들이 채택합니다. 어려운 수학 문제를 학생총회에서 투표로 가결하는 형국입니다. 말이 많다는 얘기는 먹을 것이 없다는 얘기입니다. 남편이 많다는 얘기는 남편이 없다는 얘기입니다. 복음이 많다는 얘기는 복음이 없다는 얘기입니다.

그렇다면 개신교회에 복음은 없는 것일까요? 그건 아닙니다. 그러면 복음은 어디에 있는 것일까요? 신학이나 교리 속이 아니라, 교파 속이 아니라, 말이나 문자 속이 아니라, 머리나 감정이나 입술이 아니라, 마음속에 있습니다. 삶 속에 있습니다. 회개하고 믿고 죄 사함을 받고 거듭난 사람의 마음속에 있습니다. 그리고 이 복음은 하나뿐인 복음입니다. 확실한 복음입니다. 그러나 복음은 말이나 문자나 지식에 담을 수 있는 진리는 아닙니다. 말로 설명할 수 있는 진리도 아니고, 머리로 이해해서 알 수 있는 진리도 아니고, 단지 살(live) 수만 있는 진리입니다. 삶과 사건 속에만 있는 진리입니다. 사랑 역시 공부만 하는 사람은 모르고 사랑을 하는 사람만이 아는 진리가 아닐까요? 문자나 머릿속에는 없고 삶 속에만 있는 진리가 아닐까요?

18 세상에서는 머리가 좋은 사람이 성공하고 하나님 나라에서는 마음이 좋은 사람이 성공합니다

세상에서는 머리가 좋은 사람들이 성공합니다. 시험에 합격해서 명문대학으로 진학하는 것도 머리가 좋은 사람이고, 공부를 잘해서 학위를 취득하는 것도 머리가 좋은 사람이기 때문입니다. 공무원 시험에 합격해서 공무원이 되고 의사고시에 합격해서 의사가 되는 것도 머리가 좋은 사람이고, 사법고시에 합격해서 판검사가 되는 것도 머리가 좋은 사람이기 때문입니다. 이런 일쯤이야 누구나 알고 있는 사실이니 어찌 이 이상의 설명이 필요하겠습니까?

원시 시대에는 동물계같이 힘만 세면 왕이 될 수 있었겠지만, 지금은 머리가 좋아야 대통령도 될 수 있습니다. 그러나 하나님의 나라에서는 마음이 좋은 사람이 성공합니다.

예수님께서는 마음이 가난한 사람, 애통해하는 사람, 온유한 사람, 의에 주리고 목마른 사람, 긍휼히 여기는 사람, 마음이 청결한 사람, 화평하게 하는 사람, 의를 위해서 핍박을 당하는 사람이 복 있는 사람이라고 하셨는데, 이들 모두는 마음이 좋은 사람입니다. 그리고 믿음과 소망과 사랑은 항상 있을 것이라고 하셨는데, 믿음이 좋은 사람은 마음이 좋은 사람이고 소망이 넘치는 사람도 마음이 좋은 사람이고 사랑이 많은 사람도 마음이 좋은 사람입니다. 그리고 욕심을 버리라고 하셨는데, 욕심이 없는 사람도 마음이 좋은 사람이고, "회개하라!"고 하셨는데 회개하는 사람도 마음이 좋은 사람입니다. 똑같이 강도질해도 마음이 악한 강도는 회개하지 않아서 멸망하고 마음이 좋은 강도는 회개하고 구원을 얻습니다. 똑같은 죄를 범해도 회개하지 않는 사람은, 잘못이 없다고 하는 사람은 마음이 악한 사람입니다. 그러나 회개하는 사람은 실수로 죄를 범하기는 하지만, 마음이 악한 사람이 아닙니다. 그래서 회개하고 구원을 받습니다.

성경에는 머리가 좋은 사람의 얘기가 많지 않은데, 머리가 좋은 사람을 칭찬하는 얘기는 더더욱 찾아볼 수가 없습니다. 구약에 나오는 솔로몬왕은 머리가 좋아서 말은 번지르르하게 하면서도 타락한 생활을 면하지 못했고, 신약에 나오는 머리 좋은 사람들은 제사장들과 서기관들인데 이들 역시 하나님을 등에 업고 출세했지만, 입으로는 하나님을 찬양하면서 실제로는 하나님을 십자가에 못 박아 시해했습니다. 그리고 예수님의 열두 제자 중에는 가룟 유다가 제일 머리가 좋은 사람이었다고 하는 데 배신자가 되었습니다. 성경에서 머리가 좋은 사람들은 별로 환영받은 사람들이 아닙니다. 요주의인물 정도입니다. 머리도 좋고 마음도 좋은 사람은 예외지만, 머리도 좋고 마음도 좋은 사람들은 세상도 얻고 하나님의 나라도 얻을 수 있겠지만, 발람 선지자의 길은 가지 않도록 흑백을 분명히 하는 것이 필수조건입니다.

세상에 있는 교회 곧 땅에 있는 교회는 천국의 열쇠를 위임받은 하나님의 나라의 지점이요 분점이기에 당연히 마음이 좋은 사람이 성공하는 곳이어야 하지만, 사실은, 현실은 이상과는 다르게 머리가 좋은 사람들이 성공합니다. 교회도 조직이 되어 버리면 조직악(組織惡)을 면할 수 없기 때문입니다. 실제로 예수님 당시에 하나님의 나라에서는 회개한 강도와 세리와 창기가 성공했지만, 예수님께서도 하나님의 나라에서 성공한 창기를 세상에 있는 교회에서 성공한 제사장보다 더 높이 평가하시면서 창기가 너희들보다 먼저 하나님의 나라에 들어갈 것이라고 하셨지만, 세상에 있는 교회는 세리와 창기를 죄인시하고 저주하면서 제사장들과 서기관들에게만 최고의 경의를 표하지 않았던가요? 역시, 세상에 있는 교회에서 성공하는 것은 마음이, 믿음이 좋은 사람들이 아니라 머리가 좋은 사람들이 아닐까요?

겸손이라고 하는 말이나 겸손에 대한 지식이 겸손이 아니라, 겸손이 겸손입니다. 하나님이라고 하는 말이나 신학이 정의한 하나님이 하나님이 아니라, 하나님이 하나님입니다. 하나님은 문자 속에도 계시지 않고, 머릿속에도 계시지 않고, 생각 속에도 계시지 않고, 감정 속에도 계시지 않고, 마음속에 계시며 삶 속에 계십니다. 회개도 믿음도 구원도 중생도 머릿속에서 이루어지는 사건이 아니라, 삶 속에서 일어나는 사건입니다. 사랑도 진실도 희생과 봉사도 말이나 형통 속에 있지 않고 마음속에 있으며 삶 속에 있습니다. 대욕(大慾)을 충족시키기 위해서 큰 뇌물을 내어놓을 수도 있고 대권을 쟁탈하기 위해서 큰 희생을 감수할 수도 있기 때문입니다.

사랑이나 믿음이나 중생의 삶을 살 수는 있어도 곧 사랑할 수는 있어도, 믿을 수는 있어도, 거듭날 수는 있어도 설명할 수는 없는 신비입니다. 지식에 담을 수는 없는 비밀입니다. 사람의 머리로는 이해할 수가 없는 암호입니다. 그래서 인간의 마음은 비밀창고입니다. 밀봉된 비밀창고입니다. 삼라만상 중에 가장 중요한 것도 마음이고, 가장 알 수 없는 것도 마음입니다. 이 세상에는 사람의 영혼보다 더 귀한 것도 없고 사람의 영혼보다 더더욱 깊은 베일에 싸여 있는 것도 없습니다. 우리는 단지 사랑할 수 있고, 믿을 수 있고, 거듭날 수 있을 뿐입니다. 인생이 뭣인지는 몰라도 살 수 있고, 지식으로 하나님이 누구신지는 몰라도 믿을 수 있고, 구원이 어떤 것인지는 몰라도 구원받을 수 있을 뿐입니다. 이것이 우리가 진리를 알고 하나님을 알 수 있는 유일한 길입니다.

인간이 사람을 알 수 있는 길은, 사람의 마음을 들여다볼 수 있는 길은 그 사람의 마음에서 나오는 말과 행동입니다. 외모를 통하지 않고는 알 길이 없습니다. 아무리 사람을 외모로 판단하지 말라고 하셨어도 외모를 보고 사람을 판단할 수밖에 없는 것이 인간의 한계입니다. 그런데 문제는 인간은 기계나 동물과 달라서 속 다르고 겉 다른 존재라는 데 있습니다.

악한 사람들은 악의 원주인 마귀를 닮아서 하나같이 연기파입니다. 명배우입니다. 필요에 따라 임기응변으로 무제한 변모할 수 있는 명배우입니다. 아낌없이 주는 것이 자기에게 이익이 될 때는 천만금이라도 푼돈까지 흩어 줍니다. 선물(뇌물)은 악한 사람들이 제일 많이 합니다. 그들은 정권을 잡는 데 겸손이 필요하면 땅바닥에 엎드려 발가락이라도 핥습니다. 자기에게 이익이 되는 일에는, 자기의 목적을 달성하기 위해서는 그때그때 천태만상으로 변모합니다. 이런 사람들은 머리가 아주 뛰어납니다. 힘 있는 자 앞에서는 사냥개같이 꼬리를 치고, 백성들 앞에서는 사자같이 포효합니다. 머리가 좋은 사람들은 이처럼 팔방미인이 되어 필요에 따라, 상대에 따라 유효적절하게 변모함으로 모든 사람에게 환영받고 신임받고 존경까지 받고 성공의 가도를 달려 올라갑니다.

바로 여기 이 세상은 머리가 좋은 사람들이 묘기를 연출할 수 있는 무대입니다. 여기서 의인은 악인으로 몰려서 처형당하고 악인은 의인으로 둔갑하는 괴변이 일어나기도 합니다. 검소한 생활도, 검소한 가난한 사람이 속속들이 검소하게 실천하면 인정받지 못합니다. 부자가 된 다음에 검소한 연기를 하면 칭송이 자자한 게 세상입니다.

구원도 무학(無學)한 사람이 중심으로만 믿고 받으면, 자기가 받은 구원을 성서적으로 신학적으로 간증할 수 없어서 구원받지 못한 사람처럼 보이고, 본인 자신도 구원을 모르는 사람처럼 구원 공부를 하러 다닙니다. 이에 반해 공부를 많이 해서 단지 머리와 감정으로만 구원받은 사람은, 중심으로는 구원받지 못한 사람은, 실상은 구원을 모르는 사람은, 구원론에 정통해서 구원받은 사람으로 자타가 공인함으로 신앙계의 거성이 됩니다. 그 결과 땅에 있는 교회에서도 성공하는 것은 머리가 좋은 사람입니다.

마음이 좋은 사람은 착하기만 해서, 세상을 살아가는 요령이 없어서, 난 대로 생긴 대로 솔직하기만 해서, 반듯하게 갈 줄밖에 몰라서 윗사람 아랫사람을 구별할 줄도 모르고, 내 편과 네 편 가릴 줄도 모르고, 때와 장소를 가릴 줄도 모르고, 무턱대고 옳게만 살고 바른말만 합니다. 그래서 좌충우돌이요 여기서도 저기서도 어울리지 못하고 거추장스러운 존재가 되어 버립니다. 오해받기 일쑤입니다.

머리가 좋은 제사장들은 교인들의 눈높이에서 명연기를 펼쳐서 대제사장이 되어 백성들의 경배를 받았습니다. 그런데 예수님과 그의 제자들은 곧이곧대로 하나밖에 몰라서, 연기할 줄 몰라서 오해받았으니, 기도도 드리지 않고 먹기나 즐기는 불량배들과 한 패거리 잡인들로, 신성을 모독하는 배교자들로 몰려서 처형받지 않았던가요? 이런 연유에서 세상에 있는 교회는 어쩔 수 없이 마음이 좋은 사람들이 아니라 머리가 좋은 사람들이 성공하는 곳입니다.

땅에 있는 교회는 모든 교인이 거듭난 그리스도인이어서 거룩한 하나님의 도성이 아니라, 복음이 선포되고 구원받는 교인들이 있는 곳이어서, 그리고 많은 교인이 물이 동하기를 기다리고 있는 곳이어서 거룩한 하나님의 도성입니다.

19 조직은 죄를 낳고 죄를 품어서 키우는 곳입니다

개인이 신나게 자기를 자랑하고 다니면 웃음거리가 됩니다. 그러나 모교를 자랑하고 다니면 애교하는 사람이 되고, 고향을 자랑하고 다니면 애향하는 사람이 되고, 나라를 자랑하고 다니면 자랑스러운 애국자가 됩니다. 개인이 극단적으로 자기의 이익을 추구하면 주변 사람들에게 따돌림을 당합니다. 그러나 당원이 반대당이야 망하든 말든 자기 당의 이익만 추구하면 애당자가 되고 표창장을 받고, 국민의 한 사람이 남의 나라야 몰살하든 말든 자기 나라의 번영만 추구하면 애국자가 됩니다. 훈장을 받습니다. 똑같은 일도 개인의 이름으로 하면 잘못이 되고 조직의 이름으로 하면 잘한 일이 됩니다. 조직이 죄를 숨겨 주는 곳이요 키우는 곳입니다.

개인이 분노를 참지 못해 사람을 죽이면 살인범이 됩니다. 그러나 조직의 이름으로 사람을 죽이면 애국자가 되고 많은 사람을 죽이면 영웅이 됩니다. 나라마다 가장 존경하고 가장 추앙하는 위인은 남의 나라에 큰 피해를 주고 남의 나라 사람을 가장 많이 죽인 사람입니다. 나라마다 곳곳에 우뚝우뚝 서 있는 동상들이 그런 사람들의 동상입니다. 나폴레옹이 그렇고 알렉산더가 그렇고 칭기즈칸이 그렇습니다. 마오쩌둥은 수많은 반대 세력을 반동분자로 몰아 잔인하고 비정하게 숙청해 버렸다고 합니다. 죄가 가장 안전하게 표창까지 받아 가면서 숨어 있는 곳이 조직입니다. 조직이 강대해지고 복잡해질수록 더더욱 안전한 죄의 피신처가 됩니다.

　예수님 당시에는, 사도 시대에는, 초대교회 당시에는 교회에 조직이 없었습니다. 모임은 있었으나 조직은 없었고, 집사와 장로는 있었으나 녹을 먹는 성직자는 아니었습니다. 그 당시 교회가 가장 순수한 교회요 가장 교회다운 교회였습니다. 세상을 이기는 교회였습니다. 세상에 변화를 가져오는 교회였습니다. 그러나 동시에 핍박당하는 교회요 쫓겨 다니는 교회였습니다. 모든 것을 빼앗기고 갈대밭 속으로, 동굴 속으로 숨어 들어가는 순례자들의 교회요 순교자들의 교회였습니다. 한 사람이 순교할 때마다 감동하여 평균 스무 명의 새 신자들이 교회로 몰려들어왔다고 합니다. 교회가 대부흥을 했습니다. 로마 제국을 굴복시키고 말았습니다. 이 세상에서 가장 방대하고 가장 강력한 조직이 생겼습니다. 몰려오는 많은 성도를 보호하고 바른 신앙의 길로 인도하기 위한 조직이었습니다. 그런데 조직에는 조직원들의 개인적인 소원과는 다른 조직 나름의 생리가 있는 게 문제입니다. 모든 생물에게 'will to live'가 있고 'will to power'가 있는 것같이 조직에는 조직을 보호하고 조직을 확대하고 강화하려는 의지가 있는 것이 문제입니다.

　가톨릭은 범세계적인 조직을 가지게 되었습니다. 웅장하고도 웅대한 예배당을 건축했습니다. 그 안에 성자들과 순교자들의 동상을 세웠습니다. 세계 최고의 예술작품들로 내부를 장식했습니다. 성당 안에 들어가면 신도들은 엄숙하게 옷깃을 여미고 경외감으로 무릎을 꿇을 수밖에 없었습니다. 그 안에서 엄숙하고도 엄위한 종교의식들이 거행되고 거룩한 성례가 집행되었습니다. 이 땅의 교회는 그 말 그대로 하나님의 나라가 되고 교황의 말은 하나님의 말씀이 되는 것만 같았습니다. 교황무오설이 그것입니다. 교황의 말이 하나님의 말씀이 되고 신부(神父)들은 하나님의 대행자, 그 말 그대로 신부, 하나님 아버지가 되었습니다. 신부에게 고해성사하는 것은 곧 하나님께 고해성사하는 것이 되고 신부에게 죄 사함을 받으면 하나님께 죄 사함을 받은 것이 되었습니다. 성만찬의 떡은 그 말 그대로 진짜 예수님의 살이 되고 포도주는 진짜 예수님의 피가 되어 누구든지 성만찬의 떡과 포도주를 먹고 마시기만 하면 믿음 여부와는 상관없이 구원받을 수 있었습니다. 그 결과 교회에 다니면서 세례를 받고 성만찬의 떡을 먹고 고해성사를 하고 교회의 각종 행사에 동참하는 것이 신앙생활의 모든 것이 되고 말았습니다. 살아계신 하나님과 살아 있는 하나님의 말씀은, 성경은 뒷전으로 밀려나가고 말았습니다.

다음은 개신교회입니다. 개신교는 '오직 말씀'과 '오직 믿음'의 교회입니다. 그런데 개신교회 역시 교인들이 몰려오니 조직을 만들 수밖에 없었습니다. 그런데 교황의 굴레를 벗어던진 개신교회는 제각기 조직을 만들어 여러 교파로 분립하게 됩니다. 그런데 개신교회 역시 조직이 되어 버리자 조직의 본능에 따라 교인들 개개인의 영혼 구원의 문제보다 조직의 발전에 주력할 수밖에 없었습니다. 나라들이 국가의 발전을 구실로 국민의 자유를 제한하려고 나서는 것같이. 그래서 교파들마다 교인들 개개인의 건전한 신앙보다는 조직의 부흥과 발전에 걸맞은 신학과 교리와 성경해석과 설교를 개발할 수밖에 없었고 교회의 양적인 부흥과 발전에 걸맞은 각종 행사와 프로그램을 개발해 나갈 수밖에 없었습니다. 그런데 교인들이 원하는 것은 쉽게 받는 구원입니다. 공짜 구원입니다. 세상 사람들이 원하는 것 역시 할 수만 있으면 꿈같이 용상에 앉고 기적같이 돈방석에 앉는 행운이듯이 말입니다.

그리하여 교회들은 슬그머니 쉽게 받는 구원을 전하기 시작했습니다. 구원의 결과로 나타나는 행함조차 없는 '오직 믿음'의 구원을 전하기 시작했습니다. 회개도 없고 죄 사함도 없고 중생도 없고 성화도 없는 '오직 믿음'의 구원을 전하기 시작했습니다. 구원의 조건이 되는 행함뿐 아니라 구원받은 증거가 되는 행함도 자기 자신에게서 찾아서는 안 된다고 하는 오직 믿음의 구원 말입니다. 그 정도가 아니라, 구원받으면 하나님의 나라뿐 아니라 세상까지 덤으로 얻게 된다고 하는 복음 말입니다. 그런데 이보다 더 큰 문제는 그 믿음조차도 마음에서 우러나오고 삶 속에서 일어나오는 참믿음이 아니라, 말로만 하는 믿음, 단지 머리와 감정에서 나오는 믿음이라고 하는 사실입니다. 아니! 가짜 믿음이라는 사실에 있습니다. 행함 없는 사랑이 없는 것같이, 행함 없는 믿음도 없기 때문이지요.

구원은, 회개와 믿음과 죄 용서받음과 중생과 성화는, 그 모두가 시작부터 끝까지 단지 머리와 감정 속에서 이루어지는 사건이 아니고 삶 속에서 이루어지는 사건으로, 그 자체가 그 전체가 행함입니다. 구원의 조건이 되는 온전한 행함뿐 아니라 구원에 이르는 불완전한 행함도 있고, 구원의 열매로 나타나는 깜냥대로의 행함도 있는 것을 모르고서, 구원에서 행함을 말하면 무조건 백안시하고 이단시까지 합니다. 그리하여 행함이 없는 공짜 믿음이 최고의 믿음이 됩니다. 이것이 하나님께서 가장 가증스럽게 여기시는 입술의 종교입니다. 회칠한 무덤입니다. 지옥 자식을 만드는 교회입니다. 여기서, 똑같은 아비와 어미인 아담과 하와에게서 가인과 아벨이 나오고, 똑같은 설교를 들으면서 에서와 야곱이 나온 것같이, 똑같은 하나님을 찬양하고 똑같은 성경을 공부하고 똑같은 설교를 들으면서 전혀 다른 두 종류의 교인이 나옵니다.

하나는 말과 감정으로 신앙생활을 하는 교인이고 다른 하나는 삶 전체가 신앙생활이 되는 교인이며, 하나는 하겠습니다 말만 하고 하지는 않는 하나님을 희롱하는 교인이고 다른 하나는 순종하고 복종하는 교인이며, 하나는 하나님을 이용해서 자기의 소원을 이루려는 교인이고 다른 하나는 자기를 부인하고 자기의 소원은 버리고 하나님의 뜻을 따르는 교인이며, 하나는 『천로역정』(天路歷程, The Pilgrim's Progress)의 기독도(基督徒, Christian)같이 세상은 버리고 장망성(將亡城, City of Destruction)을 떠나서 좁은 길로 천국을 오르는 교인이고, 다른 하나는 세상까지 얻어서 등에 업고 예수님을 따라가려는 교인입니다. 롯의 처같이 장망성을 떠나기라도 하는 교인이 아니라, 천성을 향해 가면서 뒤를 돌아다보는 교인이 아니라, 세상을 통째로 업고 천국에 들어가려는 교인입니다.

하나는 초대교회 교인들같이 남아 있는 한 가마니마저 풀고 나서 이웃들과 공동생활을 하는 교인이고 다른 하나는 빈 창고를 가득가득 채운 다음에 더는 들여놓을 곳이 없게 되면 나누어 주겠다고 하는 교인입니다. 하나는 원수를 사랑하는 교인이고 다른 하나는 십자군같이 무자비하게 뱃속의 태아까지 끄집어내어 창끝에 매달고 다니면서 하나님께 더 큰 영광을 돌리는 교인입니다. 조직이 죄를 낳고, 조직이 죄를 감싸고, 조직이 죄를 번식시키고, 조직이 교회를 타락시킵니다.

그런데 교회를 타락시키는 주범은 조직들이 가지고 있는 교리나 신학 사상 이상으로 교회들이 가지고 있는 전통과 관습과 풍토와 분위기입니다. 아무리 귀하고 강인한 나무라도 한대지방의 나무를 열대지방에 이식하면 살아남는 길이 없기 때문이지요. 교회가 세속에 뒤엉겨 뿌리를 내리면 살길이 묘연합니다. 타락할 뿐입니다. 그러니, 신학이나 교리보다 더 중요한 것이 교회들이 가지고 있는 전통과 관습과 풍토와 분위기입니다. 교인들이 모여서 예배를 드리는 예배당의 분위기는 공연장이나 음악회장이나 강연장의 분위기와 얼마나 다른가? 판이한가? 아무것도 다른 것이 없는가? 공연장에는 가벼운 마음으로 들어갈 수가 있어도 예배당에 들어서면 경외감으로 숨소리를 죽이게 되는가? 세상의 모임에 참석하면 높은 사람들과 부자들 틈바구니에서 기를 펴지 못하다가도 예배당에만 오면 만인 평등이라 살맛이 나는가?

20 하나님의 말씀은 영혼의 음식입니다

"인자의 살을 먹지 아니하고 인자의 피를 마시지 아니하면 너희 속에 생명이 없느니라 내 살을 먹고 내 피를 마시는 자는 영생을 가졌고"(요 6:53~54).

하나님의 말씀은, 그 밖에도 도덕계와 종교계에서 가르치는 교훈들과 진리는, '지식'이 아니라, 유식한 사람을 만들어 내는 지식이 아니라 '영혼의 양식'입니다. 영혼이 먹고 사는 양식입니다. 사람을 살리는 말씀이고 거듭난 사람이 먹고 사는 음식입니다. 그런데도 종교계에서까지 말씀을 전하는 사람들이나 말씀을 전해 듣는 사람들이나 영혼의 음식인 말씀을 지식으로 착각하는 데서 혼선이 빚어지고 타락이 옵니다. 다시 한번 말씀드리거니와 설교와 설법은 지식 전달이 아니라 음식 제공입니다. 설교를 듣는 시간은 공부하는 시간이 아니라, 강의를 듣는 시간이 아니라, 식사를 하는 시간입니다.

그런데도 오늘날 대부분의 교회에서 설교 시간이 지식을 전달하는 시간이 되어 버리고, 평신도들에게는 성경을 공부하는 시간이 성경 지식을 취하는 시간이 되고 말았습니다. 하나님의 말씀을 먹는 사람이 아니라 듣고 받아 적기만 하는 사람이 대부분이 되어 버렸기 때문입니다.

그러면 하나님의 말씀을 먹는 사람은 누구일까요? 하나님의 말씀은 목마른 사람이 시냇물을 찾듯이 하나님의 말씀을 앙망하고 갈망하고 갈급해하는 사람입니다. 하나님의 말씀에 배가 고프고 목이 마른 사람입니다. 하나님의 말씀을 먹지도 못하고 마시지 못하면 살 수가 없게 된 사람입니다. 거듭난 사람들 말입니다. 그런데 그런 사람이 많지 않습니다.

오늘날 교인들은 대부분 설교를 듣지 않아도 의식주 문제만 해결되면 잘 살아갈 수 있습니다. 그래서 하나님의 말씀은 영혼의 양식이 되지 못하고 지식이 될 수 있을 뿐입니다. 그 결과 영양실조가 되어 영혼의 피골이 상접할 뿐입니다.

그러면 하나님의 말씀을 먹지는 않고 지식으로 받아들여 머릿속에 축적해 두면 어찌 될까요? 유식한 사람이 되기만 하면 어찌 될까요? 감화와 감동은 처음 몇 번이지 결국은 천사의 말을 들어도 시큰둥한 사람이 되고 새 지식을 얻는 기쁨도 처음 얼마 동안뿐이지 결국은 '또 그 말'이 되어 버리고 포식한 사람같이 반찬 타박이나 하는 사람이 되어 버립니다. 그래서 천사의 진수성찬도 입맛을 돌리지 못합니다. 천주교인들은 설교를 많이 듣지 않아서 꽁치만 구워 놓아도 맛있게 먹지만, 개신교인들은 TV와 라디오와 테이프와 유튜브에서 쉴 새 없이 흘러나오는 명설교와 스릴 넘치는 설교를 너무 많이 들어서 아무리 진귀하고 화려한 천하의 요리를 대령해도 식욕이 일어나지 않습니다. 반찬 타박만 합니다. 그래서 모두 설교 심사관이 되어 버립니다. 그래서 설교를 듣고 나서 "좋았었다."라고만 해도 그 설교는 합격입니다.

여기서 나오는 것이, 자기는 구원도 믿지 못하고 거듭나지도 못했으면서도 하나님의 말씀은 공부해서 믿음 좋은 체를 하고, 자기변명을 전보다도 더 능숙하게 해내고 남의 잘못은 전보다도 더 예리하게 비판하는 바리새교인 같은 교인이며, 유식하게 돼서 서기관같이 명설교가가 되고 유능한 목회자가 되어 한 시대를 주름잡는 위선자들입니다.

하나님의 말씀을 먹는 사람은 복도 받고 구원도 받지만, 하나님의 말씀을 공부만 하는 사람은 심판을 받습니다. 우리 앞에 있는 밥상은 맛있게 먹으라고 차려 놓은 것이지 결코 연구하라고 차려 놓은 것이 아닙니다. 설교를 가장 잘하신 분은 예수님이십니다. 지상 최고의 설교는 삶 속에서 전해지고 삶 속에서 공부하는 설교입니다. 밥을 먹이듯이 하고 약을 먹이듯이 하는 설교가 명설교입니다.

21 지금은 진리 자체가 (복음 자신이) 타락한 시대

지금은 사람들이 하는 말이나 행동만 타락한 시대가 아니라 사람 자신이 타락한 시대입니다. 진리 자체가, 종교 자체가, 예배와 설교와 기도 자체가 타락한 시대입니다. 하나님이(?) 타락하고 예수님이(?) 타락했습니다. 초대교인들이 믿고 예배했던 하나님과 현대 교인들이 믿고 예배하는 좋으신 하나님도 다르고, 초대교인들이 믿고 찬양했던 예수님과 현대 교인들이 믿고 찬양하는 참 좋으신 예수님은 다릅니다.

예배도 타락했습니다. 하나님 경배인지 사탄 숭배인지 점검해 봐야 하는 시대입니다. 설교도 타락했습니다. 하나님의 말씀인지 사람의 말인지 분별하는 영의 눈을 떠야 합니다. 설교하기보다 설교를 바로 듣고 바로 깨닫기가 더 어려운 시대입니다.

기도도 타락했습니다. 자기의 소원을 이루어 달라고 으름장을 놓고 밤을 새우는 기도인지 하나님의 뜻을 따르도록 해 달라는 기도인지 알 수가 없습니다. 가장 탐욕스러운 사람들과 요행 성향이 많은 사람이 가장 화끈하게 밤을 새워 가면서 기도를 드립니다. 기도 왕이 됩니다. 인생 도박꾼들이 예배당을 흥분의 도가니로 몰고 갑니다. 구한 대로 주신다고 하면서, 예수님의 이름으로 구하고 믿기만 하면 능치 못함이 없다고 하면서 말입니다. 이때 예수님의 이름은 위조 사인일 뿐입니다. 그런데 하나님께서는 예수님의 기도에 대해서조차 "이 잔을 나에게서 떠나게 하여 주시옵소서" 하는 기원에는 응답하지 않으시고 "그러나 내 원대로 마옵시고 아버지의 원대로 하옵소서." 하는 기도에만 응답하신 것을 잊지 마시기 바랍니다.

선교까지 타락을 했습니다. 예수님의 말씀대로 지옥 자식을 만드는 선교가 되어 버렸습니다. 고기를 낚아 올리기 위해서 낚싯밥을 던지는 것 같은 선교 말입니다.

이처럼 위선자들이 가장 고상하고 또 아름다운 말씀과 가장 감동적이고도 심오한 명언과 명답과 명문으로 복음을 전하고, 거짓 사도들이 가장 겸손하고도 가장 인자한 모습으로 자선사업을 벌리자, 이제는 명문도 하나님의 말씀도 감화력을 잃어버리고 말았으니, 사람들은 진리라고 하는 말이나, 진실이라고 하는 말이나, 양심이라고 하는 말이나, 순결이라고 하는 말이나, 고상한 말에 대해서까지 역겨움을 느끼고 거부감을 느끼게 되었습니다. 진리의 세계가 자중지란을 직면하게 된 것입니다.

자선도 타락했습니다. 선행도 자선사업도 믿을 수가 없습니다. 야심이 큰 사람들이 가장 대대적으로 자선사업을 벌리기 때문입니다. 대어를 잡고 대권을 노리는 사람들 말입니다. 그래서 겸손도 믿을 수 없습니다. 가장 높은 자리에 오르려고 하는 사람들이 가장 깊이 허리를 굽히는 시대이기 때문입니다. 겸손도 믿을 수가 없는 시대입니다.

지금은 의인도 없고 죄인도 없는 시대입니다. 그런데 동시에 모든 사람이 다 의인이며 악인인 시대입니다. 반대편 사람이 보면(원수가 보면) 모든 사람이 악인이고, 내 편 사람이 보면 모든 사람이 의인입니다. 자기 눈으로 보면 모든 사람이 다 의인이고 남의 눈으로 보면 모든 사람이 다 악인입니다. 사람 같은 놈은 단 한 사람도 없습니다. 양심이 타락해 버린 시대입니다. 인간 자신이 타락해 버린 시대입니다. 진리 자체가 타락해 버린 시대입니다. 도덕과 종교까지 타락해 버린 시대입니다. 나침반이 없는 시대입니다. 혼란과 혼돈의 시대입니다.

머릿속에만 있고 생각 속에만 있고 감정 속에만 있고 문자 속에만 있는 하나님, 지식일 뿐인 하나님은 참 하나님이 아닙니다. 자기 생각과 감정 속에서만 일어나는 회개와 믿음과 구원과 중생 역시 참 구원이 아닙니다. 달라진 것이 없기 때문입니다. 큰 것을 바라는 사람들 말입니다. 마음과 삶 속에 살아 계시는 하나님만이 참 하나님입니다. 마음과 삶 속에서 일어나는 회개와 믿음과 구원과 중생만이 참된 구원입니다. 인격과 생활에 변화를 창조하는 구원만이 참된 구원입니다. 교리가 될 수 없는 복음만이, 지식이 될 수 없는 복음만이, 신학적인 연구나 토론의 대상이 될 수 없는 복음만이 참 복음입니다.

무신론보다 더 무서운 것이 가짜 하나님이며, 비진리보다 더 무서운 것이 가짜 진리이며, 순복음보다 더 무서운 것이 가짜 복음이며, 불신자보다 더 악한 것이 가짜 신자이며, 반기독교인보다 더 무서운 것이 가짜 사도입니다. 대박을 꿈꾸는 목회자와 횡재를 바라는 교인은 가짜입니다.

이 세상에서 가장 무서운 악은 종교적인 악입니다. 선으로 완벽하게 위장을 한 악이기 때문입니다. 이 세상에서 가장 치유 불능의 죄 역시 종교적인 죄입니다. 온갖 구실로 죄가 없다고 하는 죄, 의를 확신하는 죄이기 때문입니다. 잘못된 신앙은 양심을 마비시키는 마약입니다.

22 믿음은 말이나 행동이나 감정보다 깊은 곳에 있습니다

사람은 누구나 필요에 따라 만나는 사람에 따라 다른 말을 하고, 상황에 따라 일과에 따라 다른 행동을 하고, 감정은 변덕스럽게 수시로 변합니다. 그러함에도 사람은 이때나 그때나 언제나 똑같은 그 사람입니다. 말이 달라지고 행동이 달라질 때마다 사람까지 딴 사람으로 변하는 것은 아닙니다.

착한 사람도 악할 때가 있고 잘못을 저지를 때가 있습니다. 이에 반해 악한 사람도 착할 때가 있습니다. 자기에게 이익이 되는 사람에게는. 사랑이 많은 사람도 미워할 때가 있고 악마도 사랑할 때가 있습니다. 자기 처와 자기 자식에게는. 그러함에도 악한 사람은 악한 사람이고 착한 사람은 착한 사람입니다. 사람이 착하고 악한 것은 말이나 행동에 달린 것이 아니라 안갯속 같은 마음에 달려 있습니다.

믿음이 없는 거짓 선지자가 믿음 좋은 참 선지자보다 더 희생적인 행동을 할 수도 있고, 훨씬 더 감동적인 설교도 할 수 있고, 훨씬 더 거룩한 신비체험도 할 수 있는 것입니다. 그러함에도 거짓 선지자는 거짓 선지자이고 참 선지자는 참 선지자입니다. 사랑은, 믿음은, 말이나 행동이나 감정보다 더 깊은 곳에 있습니다.

따라서 특히 종교계에서는 외모만 보고, 나타난 행동이나 발설한 말만 듣고 사람을 판단했다가는 천추의 한을 남기게 될 것입니다. 더군다나 단 한 가지의 행동이나 단 한마디의 말을 전하는 단 한마디의 말만 전해 듣고 사람을 판단했다가는 하나님을 십자가에 매다는 대죄를 재연할 수밖에 없을 것입니다.

다시 한번 말씀드리거니와 믿음은 인간의 의나 감정이 아닙니다. 똑같은 믿음도, 하나님의 존재와 부활과 최후의 심판과 구원에 대한 확신도 때에 따라, 환경에 따라, 육체의 조건에 따라 수시로 변합니다. 어떤 때는 손으로 잡은 것같이 눈으로 보이는 것처럼 확실한데 어떤 때는 오리무중으로 막연하기만 합니다. 여기서 정신을 차려야 합니다. 그런 변화는 믿음 자체의 변화가 아니라 감정의 변화일 뿐임을 잊지 마시기 바랍니다. 믿음은 감정이 아닙니다. 지식도 아닙니다. 지적인 확신도 아닙니다.

임종을 맞이하게 됐을 때는 인생 최후의 위기를 맞이하게 될 것입니다. 그날이 오면 기력도 쇠진해 버리고 의식도 없어서 선악을 판단할 수도 없을 것입니다. 그래서 마음에도 없는 소리를 하고 헛소리하게 될는지도 모릅니다. 체면도 지키지 못하고 어린이같이 앙앙 울어댈지도 모릅니다. 그러나 염려하지 마십시다. 그런 일들은 단지 육체에서 나오는 행동으로 그 사람 실제나 믿음과는 상관없는 것이니, 믿음을 의심하지도 말고 구원을 의심하지도 마시기를 바랍니다.

믿음은, 영혼은, 말이나 행동이나 감정보다, 육체보다 깊은 곳에 있습니다. 믿음은, 영혼은, 육체가 먼저 흙이 되어 버린 후에도 건재할 것입니다. 영원할 것입니다. 그런고로 앞으로는 교인이 천사의 얼굴을 하고 영면하셨다고 해서 구원으로 확신하거나, 마귀 상을 하고 세상을 떠나셨다고 해서 속앓이하지 마시기를 바랍니다. 그런 것이 바로 미신입니다.

23 공짜 종교와 운수 대통의 신앙

세상의 모든 개혁은, 정치개혁도 그렇고 교육개혁도 그렇고 시대에 뒤떨어지지 않도록 앞으로 가는 것이 개혁입니다. 그러나 종교개혁만은 다릅니다. 종교개혁만은 뒤로, 원천으로, 예수님에게로 성령으로 돌아가는 것이 개혁입니다. 시대에 앞서가는 종교개혁은 타락입니다. 자멸의 길입니다.

많은 사람이 모여서 조직을 만들면, 그 조직이 커질수록 교회는 세속화를 면할 수가 없습니다. 그래서 종교개혁이 일어납니다. 원점으로 돌아가는 개혁입니다. 천주교회에서 개신교회의 개혁이 나온 것같이. 그러나 그 개신교회도 처음에는 참신하다가도 세월이 흐르고 조직이 비대해지면 또다시 타락이 옵니다. 그래서 감리교회의 타락을 개탄하며 성결교회가 일어난 것이 아니겠습니까? 그러나 그 성결교회 역시 세월이 흐르고 조직이 비대해지면 똑같은 타락을 반복할 수밖에 없습니다. 이렇게 장구한 세월이 흘러가다 보면 똑같은 하나님을 경배하고 똑같은 예수님을 찬양하고 똑같은 성령님을 신봉하면서도 전혀 다른 교회가 출현하게 됩니다. 그래서 똑같은 하나님을 경배하고 똑같은 예수님을 찬양하는 교인들 사이에 전쟁까지 일어나게 되는 것이 아니겠습니까? 유대교인들이 기독교인들을 핍박하고 천주교인들이 개신교인들을 학살하고.

그러면 초대교회는 어떤 교회였을까요? 먼저는 교회의 머리이신 예수님입니다. 예수님께서는 방에서도 태어나지 못하시고 외양간에서 태어나셨습니다. 태어나자마자 헤롯의 칼을 피해 애굽으로 피신해야 했습니다. 시골 마을의 목공소에서 목수 노동자로 자라셨습니다. 출사표를 던지신 후에는 방 한 칸 없는 노숙자였습니다. 그리고 마지막에는 온 무리의 칭송 소리가 아니라 저주와 야유 속에서 처형당하셨습니다. 이것이 예수님의 일생이었습니다.

예수님의 제자들 역시 모든 것, 자신의 전부인 고깃배와 그물을 버려두고 예수님의 뒤를 따랐지만, 이 땅에서도 본전의 백배로 받을 것이라고 하는 예수님의 약속까지 있었지만, 버린 것은 버린 것으로 끝이 나고 아무것도 돌려받지 못했습니다. 백배로 돌려받은 것은 하나님의 나라뿐이었습니다. 그들의 일생은 가는 곳마다 핍박당하고 폭행당하는 것이 전부였습니다. 그리고 끓는 기름 가마 속에서 살아나온 사도 요한 한 사람을 제외하고는 전원이 순교로 세상을 떠났습니다.

사도 바울의 일생은 그 말 그대로 고생과 고난과 고행이 전부였습니다. 발바닥은 쉴 곳을 찾지 못했고 가는 곳마다 온갖 폭력과 폭행으로 상처투성이였습니다. 어디 사도들만이었나요? 초대교인들은 예수님을 영접하는 시간이 모든 것을 빼앗기고 거리의 나그네가 되는 시간이었습니다. 이리 떼에게 쫓기는 양의 무리같이 이리 쫓겨 다니고 저리 쫓겨 다녀야 했습니다. 모두가 장망성을 등진 크리스천들이었습니다. 원형극장에서는 힘없이 맹수들의 먹이가 되었습니다. 만장(滿場)한 구경꾼들의 야유 속에서 가장 약한 그 교회, 아무것도 가진 것이 없는 그 교회가 유일무이하게도 세상과 씨름해서 이긴 가장 강한 교회였습니다. 모든 것을 버린 교회가 가장 강한 교회였습니다. 역사가들의 말에 의하면 한 사람이 순교의 피를 흘릴 때마다 평균 스무 사람의 새 신자가 개종해서 예수님께로 돌아왔다고 합니다.

초대교회에 비하면 오늘날의 한국교회는 얼마나 달라져 버린 교회가 된 것일까요? 초대교회는 구원을 받은 것, 죄 사함을 받은 것, 하나님의 나라와 영생을 유업으로 받은 것만 해도 감사해서 아무것도 바라지 않고 이 땅에서는 나그네를 자처하면서 살았는데 오늘날의 교인들은 어떤가요? 초대교회는 날 구원해 주신 예수님이 너무나 고맙고 고마워서 예수님의 말씀대로 자기를 부인하고 십자가를 지고 예수님의 뒤를 따랐는데 오늘날의 교인들은 어떤가요?

그러면 오늘날 교인들의 신앙의 문제점은 어디에 있는 것일까요?

첫째는, 이 모양 이대로 오직 믿음으로 구원을 받은 것까지는 좋은데, 문제는 이 모습 이대로 구원받고 새사람이 된 후까지도 손가락 하나 까딱하지 않고 중생 없이 성화 없이 그 모양 그대로 살려고 하는 데 있습니다. 오직 믿음으로, 오직 하나님의 은혜로 구원을 받는 것까지는 나무랄 데가 없는데, 오직 믿음으로 구원은 받고 새로운 피조물이 된 다음에도 구원의 열매 없이 오직 믿음으로만 살아가는 것이 문제입니다. 구원의 열매로 나타나는 행함까지, 중생과 성화까지 이단시하는 것이 문제입니다. 예정이니 선택이니 언약이니 하면서, 한 번 모든 죄가 사함을 받으면 영원히 죄가 없다고 하면서, 단번에 예수님께서 모든 죄를 사해 주신 이상 이제는 회개해야 할 죄조차 없다고 하면서, 구원받은 후까지도 옛 사람 그대로 살려고 하는 것이 문제입니다. 문자 그대로 공짜 종교 기독교로 무료입장권으로 만들어 판매하는 것이 문제입니다. 피 한 방울은 차치하고 땀 한 방울 눈물 한 방울 흘리지 않고 머리카락 하나 상하지 않고 단돈 한 푼도 손해 보지 않고 하나님께 가장 큰 영광을 돌리려고 하는 것이 문제입니다.

둘째는, 초대교회는 모든 것을 버리고 나서 가장 큰 영광은 하나님께 돌렸는데 오늘날의 교인들은 모든 것을 손에 쥐고 나서 하나님께 가장 큰 영광을 돌리려고 하는 것이 문제입니다. 부자가 된 다음에 금수레를 타고 많은 보화를 싣고 와서 하나님께 가장 큰 영광을 돌리고, 왕이 되고 나서 만조백관을 거느리고 와서, 사령관이 되고 나서 백만대군을 거느리고 와서 하나님께 큰 영광을 돌리려고 하는 것이 문제입니다. 초대교회는 하나님의 나라 하나로 만족했는데, 현대 교회는 하나님의 나라와 세상을 둘 다 얻겠다고 하는 것이 문제입니다. 두 주인을 섬기겠다고 하는 것이 문제입니다. 그것도 힘을 쓰고 노력해서가 아니라, 정정당당하게 경쟁해서가 아니라, '오직 믿음으로' '오직 하나님의 은혜로'만……. 그 말 그대로 대박 종교요, 운수 대통 종교요, 승리만 있고 패배는 없는 전쟁이요, 만사형통 종교요, 기적 종교입니다.

초대교회와는 이름만 같은 기독교일 뿐, 그 내용은 너무나도 다른 종교입니다. 이름만 같고 실물이 다른 종교, 똑같은 하나님을 찬양하면서 동상이몽을 사는 종교를 예수님께서는 사탄의 회라고 하셨습니다. 하나님의 영광을 가로채는 것이 사기 왕 사탄의 숙원이거든요. 믿기만 하면, 구하기만 하면, 하나님의 나라도 공짜로 얻고 세상도 공짜로 얻고 그야말로 대욕(大慾)의 종교입니다. 공짜를 좋아하는 백성에게는 안성맞춤의 종교입니다.

24 고난의 학교

"고난당한 것이 내게 유익이라 이로 말미암아 내가 주의 율례들을 배우게 되었나이다"(시 119:71). 성경을, 하나님의 말씀을 성경 공부나 신학 강의 시간에 배우지 않고 고난 중에서 배웠다고 합니다. 쉽게 이해가 되지 않는 말씀입니다. 어찌 된 일일까요? 하나님에 대한 지식은 책 속에 있어서 성경 공부 시간에 배울 수 있지만, 하나님은 문자 속에 계시지 않고 마음속에 계시고 삶 속에 계셔서 하나님을 만난 사람만이 알 수 있기 때문이며, 복음과 구원에 대한 지식은 문자 속에 있어서 머리로 공부해서 알 수가 있지만, 복음과 구원은 마음속에서 일어나는 사건이어서 구원받은 사람만이 아는 비밀이기 때문입니다.

믿음과 소망과 사랑에 대한 지식은 성경책 속에 있어서 전공하면 알 수가 있지만, 믿음과 소망과 사랑 자체는 마음속에만 있고 삶 속에만 있는 비밀입니다. 그리고 믿음과 영원한 소망과 아가페의 사랑이 있는 곳에는 고난이 있습니다. 진리는 고난과 같이 있습니다. 그래서 고난 중에서만 하나님을 알게 되고 구원을 알게 되고 사랑을 알게 되고 영원한 소망도 알게 됩니다. 가장 큰 고난을 겪는 사람이 가장 큰 사람입니다. 가장 큰 고난, 예수님과 생사와 고락을 같이한 믿음만이 보지 못하는 것의 증거가 됩니다.

가장 목이 말랐던 사람이 가장 시원한 물을 마시고 가장 배가 고팠던 사람이 가장 맛있는 음식을 먹습니다. 사람에게 행복을 가르쳐 주는 것은 고난입니다. 고난이 최고의 스승입니다. 죽을 고비를 수도 없이 넘긴 사람이 삶에 대한 감사, 살아 있다는 사실에 대한 감사를 알고 먹기를 굶듯이 하던 사람만이 먹을 것과 입을 것이 있으니 족한 줄 알고 사는 도를 터득합니다. "어떠한 형편에든지 나는 자족하기를 배웠노니"(빌 4:11). 깊은 학문도 아니고 높은 수도(修道)도 아니고 고난이 행복을 가르쳐 주는 최고의 스승입니다. 고난이 항상 감사하라고 하신 주님의 율례를 가르쳐 주는 최고의 스승입니다. 자족의 도를 학문적으로 가르쳐 주는 스승이 아니라 범사에 감사하고 사는 사람으로 변화시켜 주는 스승입니다.

그런데 고난 중에도 최고의 고난은 자진해서 당하는 고난입니다. 자진해서 짊어지는 십자가입니다. 이 고난이야말로 위대한 인격과 위대한 인물을 키워주는 지상 최고의 스승입니다. 예수님께서 제자들에게 "모든 것을 버리고 십자가를 지고 나를 따르라!" 하신 말씀의 뜻이 바로 이런 고난입니다. 예수님이 제자들에게 가난한 자가 복이 있다고 하신 것은, 모든 것을 버리고 나를 따르라고 하신 것은, 결코 무능해서 가난하게 살고 게을러서 거지가 되라는 말씀이 아닙니다. 예수님께서 제자들에게 섬기는 자가 되라고 하신 것은 무기력하고 나태해서 남의 눈치나 보고 사는 노예가 되라는 말씀이 아닙니다. 그와는 정반대입니다. 자진해서 없는 사람들에게 먹을 것을 주고, 억압당하는 약자들을 일으켜 세우기 위해서 자진해서 가난하게 살고 자진해서 섬기는 자가 되라는 말씀입니다. 합법적으로, 여봐란듯이 가난한 사람들을 착취해서 부자가 되고 정정당당하게 경쟁에서 승자가 되어 약자들을 억압하는 높은 사람들, 고위층 인사들보다도 더 위대한 인물이 되라는 말씀입니다. 지면 역적이 되고 이기면 정승이 되는 진흙탕 싸움에서 승자가 된 재벌들이나 권력자들보다 까마득하게 높은 인류의 스승, 위인이 되고 인물이 되고 성인이 되라는 말씀입니다.

우리 눈앞에 온 인류의 존경과 숭배의 대상이 된 진리의 전당이 있습니다. 그 진리의 전당을 경영하는 사람들은 이 땅에서 성공한 재벌들과 권력자들입니다. 그리고 그 집 문 앞에서 안내하는 사람들은 학자들과 예술가들입니다. 그러면 그 진리의 전당 안에는 어떤 분들을 모시고 있는 것일까요? 놀라지 마십시오. 거기서 우리는 우리의 눈을 믿을 수 없을 만큼 기상천외의 인물들을 보게 될 것입니다. 그 첫 번째는 십자가 형틀에 매달려 있는 나사렛 예수입니다. 그다음은 먹지도 못하고 잠을 자지도 못해서 벌레들에게 물리고 뜯기고 빨려서 피골이 상접한 싯다르타입니다. 그다음은 평생 마땅한 직업도 얻지 못해서 온 나라를 편력(遍歷)하고 다니던 공자입니다. 십자가에 거꾸로 매달려 있는 베드로입니다. 쇠고랑을 차고 있는 바울입니다. 엄동설한에도 맨발로 거리거리를 누비고 다니면서도 웃음을 폭발시키고 다니던 프란시스입니다. 이교도들에 린치당한 후 시신이 썩은 우물 속에 내던져진 썬다 싱입니다. 그 속에서도 행복해했던 썬다 싱입니다.

사람들은 자기네들이 가장 무시하고 멸시하고 질시하고 경시하고 모멸하던 사람들을 가장 존경합니다. 그러다가도 그 어른들이 다시 살아나서 자기 앞에 나타나면 그때는 조상들과 합세해서 자기네들이 가장 존경하고 경배하고 숭배하는 사람들을 또다시 멸시와 천대와 학대로 대접합니다. 그러면 어찌 그런 있을 수 없는 일이 되풀이되는 것일까요? 그 까닭은 간단합니다. 남들이 책망을 듣는 것을 보면 가장 기뻐하는 사람들이 자기가 그 책망을 들으면 가장 노발대발하기 때문이지요.

"하늘에 계신 너희 아버지의 온전하심같이 너희도 온전하라!" 이것이 우리의 영원한 목표입니다. 여기서 갑자기 생각이 나는데 세상이 감당할 수 없으리만큼 큰 인물 중에 세상의 눈으로 볼 때는 효성스러운 자식이 없습니다. 프란시스와 썬다 싱은 부모는 물론 친족과도 동족과도 절교해야 했으니까요. 이 사람들은 대부분 독신이었지만 결혼했다고 하더라도 자상스러운 남편이나 자애로운 아버지가 될 수는 없었을 것입니다. 예수님의 열두 제자들의 처자식들은 세상 사람들의 눈으로 볼 때 얼마나 불행했겠습니까? "아버지나 어머니를 나보다 더 사랑하는 자는 내게 합당하지 아니하고 아들이나 딸을 나보다 더 사랑하는 자도 내게 합당하지 아니하며"(마 10:37). "무릇 내게 오는 자가 자기 부모와 처자와 형제와 자매와 더욱이 자기 목숨까지 미워하지 아니하면 능히 내 제자가 되지 못하고"(눅 14:26).

큰 인물을 키우는 스승은 '고난'과 '고독'입니다. '오해'입니다.

25 직업과 사람

여기에 두 사람이 있습니다. 한 사람은 대학에서 성경을 가르치면서, 희생과 봉사를 가르치는 교수직으로 월급 받아서 아파트에서 생활하고, 다른 한 사람은 같은 대학에서 경제학을 가르치면서 이익 추구를 가르치는 교수직으로 월급을 받아서 같은 아파트에서 생활합니다. 둘의 수입과 지출의 깊은 내막은 알 수가 없고……, 이런 경우 한 사람은 희생과 봉사를 강의하기에 성자가 되고 성직자가 되고, 다른 한 사람은 이익 추구만 가르치기에, 돈 얘기만 하기에 돈밖에 모르는 속인이 되는 것일까요?

여기 또 다른 두 사람이 있습니다. 한 사람은 보건복지부에 근무하면서 약자들, 유약자들과 병약자들과 노약자들과 경제적인 약자들, 가난한 사람들을 도와주는 일만 합니다. 좋은 일만 합니다. 이에 반해 한 사람은 검찰청에 근무하면서 남의 단점과 약점만 쑤셔대고 남의 잘못만 찾아내고 수사해서 기소만 합니다. 이런 경우 한 사람은 좋은 일만 하니 좋은 사람이고 다른 한 사람은 나쁜 일만 하니 악한 사람일까요?

여기 또 다른 두 사람이 있습니다. 한 사람은 소방관이 돼서 위급한 일을 당한 사람들과 위험한 일을 당한 사람들만, 교통사고를 당한 사람들과 강도를 만난 사람들과 물에 빠진 사람들과 불길에 싸인 사람들과 목숨이 경각에 달린 사람들만 찾아다니면서 응급차와 구급차와 소방차를 몰아서 구출합니다. 구인하고 구조합니다. 다른 한 사람은 군인이 돼서 매일 전쟁 준비와 전쟁 연습만 하고, 전쟁이 나면 싸움터로 달려가서 사람을 죽이는 일만 합니다. 그래서 한 사람은 구인하는 천사가 되고 성자가 되고, 다른 한 사람은 사람을 죽이는 악마, 살인자가 되는 것일까요?

직업으로 하는 일도 사실 그대로 선한 일은 선한 일이 되고 악한 일은 악한 일이 되는 것일까요? 아니면 직업으로 하는 일은 본인의 의사와는 상관없이 기계적으로 하는 일이므로 선한 일도 악한 일도 피차 없는 것일까요? 현장에서 사형을 집행하는 사람을 살인죄로 체포하는 나라가 있을까요? 사람을 많이 죽였다고 해서 개선장군을 현장에서 체포하는 나라도 있을까요? 그러나 직업을 선택하는 것은 사람인데 어떻게 직업적으로 하는 일은 무조건 선도 악도 되지 않는다고 할 수 있을까요? 직업으로 하는 일은 모두가 선한 일도 될 수 없고 악한 일도 될 수 없다고 할 수 있을까요?

여기 딜레마가 있습니다. 예수님을 십자가에 못 박아 죽인 사람은 실제로 자기 손으로 예수님의 몸에 못을 박은 로마 병정일까요? 아니면 현장을 총지휘하는 백부장일까요? 아니면 사형을 언도한 빌라도일까요? 아니면 빌라도에게 압력을 가한 민중일까요? 아니면 민중을 사주하고 선동한 대제사장 가야바일까요?

다음은 바울 사도의 말입니다. "나를 판단하실 이는 주시니라."

26 인자가 올 때에 믿음을 보겠느냐? (죄가 없는 기독교)

신명(神命)을 위반해서 선악과를 따먹은 죄보다 더 큰 죄가 앞(죄)을 가린 죄입니다. 죄를 회개하지 않고 하나님을 피해서 숨은 죄입니다. 죄보다 더 큰 죄는, 죄가 없다고 하는 죄입니다.

옛날의 교회는 죄를 회개하고 죄 사함을 받는 교회였지만, 오늘날의 교회는 죄 없다고 하는 교회로 어느새 변해 버리고 말았습니다. 하나님께서 모든 죄를 사해 주셨기 때문에 죄가 없고, 하나님은 사랑이시기 때문에 심판도 없고, 예수님께서 모든 죄를 단번에 영원히 사해 주셨기 때문에 죄가 없다고 합니다. 죄를 범해도 육체가 범한 죄일 뿐이기 때문에 영혼에는 죄가 없다고 합니다.

큰 부자가 되려고 하는 것은, 과욕은 더 많은 사람을 구제하기 위한 수단에 불과하므로, 욕심이 아니라 희생이므로 죄가 되지 않고, 권력 투쟁도 교권 다툼도 가장 큰 영광을 하나님께 돌리려는 일편단심에서 나온 일로 헌신이므로 죄가 되지 않고, 그뿐 아니라 예수님께서는 우리의 죄를 사해 주셨을 뿐 아니라 의롭다고 하셨으니 우리의 죄는 예수님의 죄가 되고 예수님의 의는 우리의 의가 되었다며 의인 행세까지 합니다. 의인을 자칭하고 의인을 자부하기까지 합니다.

자기는 할 짓 못 할 짓, 막말 쌍소리를 다하고 다니면서도 세상의 죄를 개탄하고 사람들의 타락을 규탄하고 의분을 금치 못합니다. 밤을 새워 가면서 불쌍한 영혼들을 위해 통곡합니다. 구원의 확신이 있어야 한다고 하니까 자기 최면을 걸어서도 구원을 확신하고, 거듭나야 한다고 하니까 양심도 없는 사람들이 이 정도의 연극은 있어야 승산을 확신합니다. 인조 확신입니다. 자작극입니다. 이성도 없고 상식도 없고 믿음만 좋습니다. 광신이요 미신입니다. 예수님의 이름을 찬양하며 예수님으로 가장한 마귀를 섬겨 왔기에 영락없는 마귀의 자녀입니다. 예수님의 말씀을 빌리면 일곱 마귀가 증원된 타락한 심령입니다. 이런 교인들이 죄가 없다는 교인입니다.

그런데 이 사람들에게는 죄가 없어서 회개도 하지 못하고, 회개가 없으니 구원도 받지 못하고, 죄 사함을 받지 못했으니 중생도 없고 성화도 없습니다. 이 사람들의 구원은 난대로 생긴 대로 그 모양 그대로 받을 뿐 아니라 구원받은 후에도 난대로 생긴 대로 그 모습 그대로 신앙생활을 할 수밖에 없습니다. 이 사람들이 받은 구원은 단지 머리와 감정으로, 자기 생각대로, 자기 기분에 따라 말로만 회개하고 입술로만 믿고 받은 구원, 중생이 없는 구원이기 때문에 아무것도 달라지는 것이 없는 말뿐인 구원과 말뿐인 중생이 될 수밖에 없습니다. "이전 것은 지나갔으니 보라 새것이 되었도다!"라고 하는 신앙고백이나 "보이는 것을 누가 바라리요?"라고 하는 말씀이나 "그리스도를 위하여 모든 것을 잃어버리고 배설물로 여김은" 이런 말씀들과 전혀 상관이 없는 사람들입니다. 물론 말로야 조석으로 하늘을 오르내리는 사람들이지만? 그래서 이 사람들은 어쩔 수 없이 행함이 없는 신앙, 말뿐인 신앙생활을 할 수밖에 없습니다.

구원의 조건이 되는 온전한 행함은 아무도 행할 수 없는 행함이기 때문에 그가 누구라도 오직 믿음으로 구원받을 수밖에 없지만, 이건 구원의 열매로 자연 발생적으로 나타나는 행함, 불완전한 행함과 인간이 행할 수 있는 행함, 누구나 마음만 먹으면 행할 수 있는 행함, 깜냥대로의 행함까지 부인하는 일입니다. 구원의 조건이 되는 행함뿐 아니라 구원받은 증거가 되는 행함까지도 자기 자신 속에서 찾으면 또다시 행함으로 구원을 받는 것이 되고 만다고 합니다. 인간 조건과는 상관없이, 인간의 선택이나 행함과는 상관없이, 하나님의 예정이나 선택이나 언약에 의해서 이루어지는 구원만이, 하나님의 절대권을 인정하는 구원만이 온전한 믿음이라는 얘기입니다.

우리가 육신의 부모의 아들이나 딸이 된 것이 우리의 선택이나 노력과 무슨 상관이 있느냐는 얘기입니다. 그리고 한번 부모님의 자식이 되면 영원히 부모님의 자식이지 어떻게 우리의 잘잘못이 부자 관계에 영향을 미칠 수 있느냐는 얘기입니다. 그 말 그대로 온전한 믿음입니다. 온전한 자유인이 되게 하는 믿음입니다. 그러나 그 내막을 들여다보면 공짜 믿음입니다. 거저먹기식의 믿음입니다. 그래서 대환영을 받고 그래서 군중을 몰고 다니는 믿음입니다. 그런데 그 정도가 아닙니다. 하나님의 나라를 공짜로 얻을 뿐 아니라 세상도 공짜로 덤으로 얻는 믿음입니다. 그 말 그대로 '오중 축복과 삼박자 구원'의 복음입니다.

하나님의 나라를 피 한 방울 흘리지 않고 그 자리에 앉아서 "믿는다!"라고 말 한마디만 하면 얻는 것같이 세상도 땀 한 방울 흘리지 않고 구하기만 하면 얻고 믿기만 하면 얻습니다. 그것도 웬만한 것이 아니라 큰 것을? 그야말로 대박 신앙이요 운수 대통 복음입니다. 그래서 이와 같은 복음이 전해지는 곳에는 언제나 흥분이 있고 설렘이 있습니다. 증권시장과 복권시장과 복덕방과 경마장과 도박장에는 언제나 흥분이 있고 설렘이 있듯이, 며칠씩 밤을 새워도 졸음이 오지 않는 흥분과 스릴이 넘치듯이. 그래서 대부흥이고, 매머드 성전이며, 초대형 교회들이 등장합니다. 교회의 대혼란과 대타락도 함께.

그렇게 해서 이제는 죄가 완벽하게 의로 변장하고 나서 '의'로 무사통과하게 되었고, 사탄의 복음이 완벽하게 십자가 복음으로 분장을 마치고 나서 많은 신도를 거느리게 되었습니다. 십자가를 짊어지고 예수님의 뒤를 따르던 교인들이 지금은 변해서 손에 금고 열쇠를 거머쥐고 백만대군을 거느리고 노예들을 채찍질하면서 예수님의 뒤를 따르게 되었습니다. "하나님께 가장 큰 영광을 돌리기 위해서." "믿는 사람들이 너무 못사는 것도 하나님께 영광이 되지 않아서."라고 외치며 십자가를 지고 예수님의 뒤를 따르는 심정으로…….

27 동창회인가 잡탕회인가?

학벌과 학위를 모두 다 내려놓고 학창 시절로 돌아가서 학우로나 친구로 만나는 것이 동창회가 아닐까요? 그럴진대 학벌과 학위들을 들고 와서 박사와 석사와 학사와 고졸자와 중졸자를 차별하면서, 상석과 말석을 차별하면서 만나는 것이 어떻게 동창회가 될 수 있겠습니까?

그리고 사회적인 지위와 직장에서의 계급장들은 다 떼어놓고 순수하게 친척으로, 혹은 아버지와 아무개로 혹은 아저씨와 조카로, 혹은 형님과 동생으로 만나는 것이 친족회가 아닐까요? 그런데 저마다 계급장을 달고 와서 장군들과 영관들과 하사관들과 병졸들이 계급과 서열을 따져 가면서 친인척관계, 친인척의 위계질서를 무시하고 세력 과시하는 것이 어떻게 친족회가 될 수 있겠습니까?

세상의 모든 차별, 빈부귀천과 종족과 사상과 여당과 야당까지도 초월해서 적나라한 인간으로 돌아와서 평등한 인간의 자격으로 하나님을 알현하는 곳이 교회가 아닐까요? 그런데 하나님 앞에 나와서까지 세상의 학위와 직위와 심지어 메달과 훈장과 심지어 축복까지 들고나와서 인간을 차별한다면 어떻게 그런 모임이 교회일 수 있겠습니까? 잡동사니 모임이지…….

아무리 돈이 좋고, 감투가 좋고, 권력이 좋고, 학위가 좋고, 노벨상이 좋아도 사람을 팔아먹어서는 안 되는 것이 아닐까요? 그 모두가 사람 존중을 위한 것이 되어야 하는 것은 아닐까요?

28 사람이 존경받는 사회와 계급장이 존경받는 사회

사람은 사람을 처음 만나면 그의 모든 것을 알고 싶어 합니다. 남의 사생활의 내막까지 모든 것이 궁금합니다. 피차 내밀한 개인 생활의 비밀까지 알고 있는 사이, 비밀이 없는 사이가 가장 가까운 사이입니다. 모든 것을 다 알고 난 다음에는 "이건 나만 아는 사실인데……" 하면서 또 다른 친구에게 귓속말로 알리고 다닙니다. 사람들은 남들의 내밀한 비밀 얘기를 듣고 흥분의 도가니가 됩니다. "그래? 정말? 금시초문인데?"

그런데 처음 만나는 사람의 모든 것을 알아야 하는 데는 또 다른 이유가 있습니다. 그것을 알아야 상대를 어떻게 대하고 어떻게 대접해야 할지 결정할 수 있기 때문입니다. 그래서 사람을 처음 만나면, 그보다 더 시급한 일이 어디 있겠습니까? 출신학교와 학벌과 학위와 재산 정도와 직업과 직위, 아니 가족 상황과 친척 친구 관계에 따라 한 사람 한 사람을 엄격하게 차별해서 대하지 않았다가는 무슨 봉변을 당할지 모릅니다. 어떤 결례를 범하게 되는지 모릅니다. 가족이나 친척이나 친구(동창) 중에서도 높은 사람은 높은 사람 예우를 해 주어야 합니다. 올려다볼 사람과 내려다볼 사람을 가려야 할 뿐 아니라 얼마나 올려다보고 얼마나 내려다보아야 할 사람인 것까지 가려내야 합니다. 그래서 다른 한 편에서는 자기 자랑과 가족 자랑과 조상 자랑과 동창 자랑까지 하느라 얘기들이 끝이 없이 꼬리를 물고 계속 꽃이 핍니다.

우리는 왜 이렇게 학위와 돈과 감투에 관심이 그토록 유별난 것일까요? 학위와 돈과 감투를 유별나게 좋아하기 때문입니다. 학위와 돈과 감투를 사실 이상으로, 시가 이상으로 귀하게 보고 높이 평가하고 애지중지하기 때문입니다. 학위와 돈과 감투가 붙어 다니는 부가가치가 실물 가격보다 더 크기 때문입니다. 월급보다 보너스가 더 많고 실물보다 거품이 더 크기 때문입니다. 학위와 돈과 감투를 우상화하고 신격화까지 하기 때문입니다. 눈이 어두워져서 높은 학위나 많은 돈이나 높은 계급장을 달고 있는 사람을 보통 사람들과 다른 특별한 사람으로 우상화하기 때문입니다. 보통 사람들은 아래에서 나온 사람에 불과한데 큰 재벌이나 제왕은 하늘이 보낸 사람으로 보기 때문입니다. 대재벌은 운이 좋아서 잠시 잠깐 돈방석에 앉아 있는 사람일 뿐인데도, 우리와 똑같은 사람일 뿐인데도 이 씨나 이 서방이라고는 부르지 못하고 '회장님'이라고만 부르고 회장님이 고유명사가 되어 버리고, 대통령은 선거전에서 다수표를 얻어서 잠시 잠깐 권좌에 앉아 있는 것뿐인데도, 우리와 똑같은 사람일 뿐인데도 우리와 똑같이 이 씨나 박 씨라고는 부르지 못하고 대통령 각하라고만 부르고 대통령이 고유명사가 되어 버리는 데서 인간차별이 나옵니다.

학위와 계급장과 직함을 사람과 구별하지 못합니다. 한 번 대통령은 언제까지나 어디까지나 영원히 대통령이 되어 버리는 데서 인간차별이 나옵니다. 한 번 장관은, 한 번 박사는, 한 번 판사는 언제나 어디서나 영원히 장관행세 박사행세 판사행세를 합니다. 현직에 있는 사람까지도 자기가 고유명사 대통령인 사람이 되지 말고 단지 임기 동안만 대통령의 직책을 수행하고 있는 사람으로 남아 있어야 하거늘!

그러면 임기가 끝난 후에도 한번 장관은 영원한 장관이 되고 한번 장군은 어디서나 사석에서까지도 장군이 되게 해 주는 사람들은 누구일까요? 돈과 감투와 계급장을 우상화하는 사람들입니다. 돈이 많거나 계급이 높은 사람을 특별한 사람으로 하늘이 낸 사람으로 신격화하는 사람들입니다. 보통명사와 고유명사를 구별하지 못하는 사람들입니다.

그런 문화는 어떻게 이 땅에 정착하게 되었을까요? 너무나도 오랫동안 강대국들의 탄압과 압제에 쫓기고 시달리고 기를 펴지 못하고 가난하게 밑바닥에 깔려 살아오다 보니 그게 한이 되어, 한번 부자가 되어 여봐란듯이 살고, 한번 출세해서 본때 있게 사는 게 숙원이 되고 염원이 되었기 때문입니다. '억울하면 돈부터 벌고 봐야지! 억울하면 출세부터 해야지!' 그러다가 집한 칸이라도 마련하고 학위라도 하나 얻고 작은 감투라도 얻어 쓰게 되면 그때는 천하를 얻은 듯 기고만장해서 사람을 내려다보게 되고, 남이 그런 것을 얻는 것을 보면 부럽다 못해 눈이 부셔서 허리를 깊숙이 꾸부려 신격화하게 됐을 것입니다. 여기서 나온 것이 인간차별 문화입니다. 학벌에 따라 직업과 직급에 따라 재산에 따라 사람을 차별하는 문화 말입니다.

그런데 예외는 있겠지만 미국인들은 대부분이 남의 신상이나 남의 가정이나 남의 일에 대해서는 알고 싶어 하지도 않고 이것저것 캐묻지도 않습니다. 개인주의 문화라 그런지 가족들 사이에서조차 서로의 '프라이버시'를 존중합니다. 그야말로 'that is not your business'입니다. 'that is my business'입니다. 자기 얘기나 자기 집 얘기를 남에게 자랑스럽다는 듯이 얘기하는 사람도 없고 그런 얘기를 흥미롭게 들어 주는 사람도 없습니다. 남의 얘기나 남의 집 얘기를 신바람이 나서 전해 주는 사람도 없고 그런 얘기를 흥미진진하게 들어 주는 사람도 없습니다. 하물며 남의 흠을 보고 다니는 소리이겠습니까?

그래서 같은 직장이나 같은 교회에 수십 년씩 다니면서도 피차에 개인의 신상이나 가정 문제에 대해서는 뭣 하나 아는 것이 없습니다. 출신학교가 어디인지, 직장은 어디인지, 하는 일은 뭣인지, 직급이 뭣인지 등등 도무지 아는 것이 없습니다. 혹시 높은 학벌과 까마득한 계급을 얘기해도 눈을 크게 뜨는 사람도 없고 입을 크게 벌리는 사람도 없습니다. "그게 나와 무슨 상관이 있다고?" 말을 한 사람이 무안할 지경으로 시큰둥할 뿐입니다.

직장동료들끼리 몰려다니면서 회식하는 일도 없고 예배 후에 회식하는 일도 없기 때문입니다. 그래서 자연스럽게 평등사회가 됩니다. 그 사람이 사람이라는 사실 외에는 아는 것이 없으니, 피차에 사람으로밖에는 대할 수가 없기 때문이지요. 이것저것 알게 되면 어쩔 수 없이 사람을 차별할 수밖에 없고, 가까워지고 자주 만나면 어쩔 수 없이 문제가 생기고 분규가 생길 수밖에 없지 않겠습니까?

미국에는 향우회나 친족회나 동창회 같은 모임이 없습니다. 반상회도 없습니다. 직장동료들끼리 몰려다니는 것도 볼 수 없습니다. 원로 목사회도 한국의 원로 목사들에게는 있지만 미국의 원로 목사들에게는 없습니다. 고향 사람이라고 해서 특별히 봐줄 일도 없고 동창이라고 해서 특별히 봐줄 일도 없습니다. 부자간과 형제간도 남남 같습니다. 부모의 재산을 상속받을 생각을 하는 자식도 없고 자식에게 재산을 물려줄 생각을 하는 부모도 없습니다. 예외는 있겠지만, 대재벌의 경우는 예외인 것 같지만? 그야말로 정이 없는 사회입니다. 오만 정이 떨어지는 사회입니다. 그래서 인간차별이 없는 평등한 사회가 되고 정의로운 사회가 되는 것이 아니겠습니까?

그러면 정이 많아서 인간차별이 극심한 사회에서 발생하는 폐단은 뭘까요? 거짓 문화입니다. 돈이나 계급장이 사람보다 존경받는 사회에서 돈을 벌어서 부자가 되거나 재주가 좋고 재수가 좋아서 고위층 인사가 된 사람은 초인이라도 된 것같이 대우받으려고 합니다. 따라서 가난한 사람들이나 계급장이 없는 사람들이, 자기네들이 원하는 대로 특별 대우해 주지 않으면 불쾌감을 나타내기도 하고 친교를 끊어 버리기도 하고 해임하기도 합니다. 그래서 어쩔 수 없이 속으로는 '엿 먹으라!' 하면서 고개를 깊숙이 숙이고, 내심으로는 '이 도둑놈아!' 하면서 큰절을 합니다. 그러다 보니, 거짓 문화가 자리를 잡아 버립니다. 속에도 없는 말을 하고 속에도 없는 행동을 하지 않고서는 살아갈수가 없기 때문입니다. 여기서 나오는 것이 허례와 허식입니다.

그러나 사람이 돈이나 감투보다 존경받는 사회에서는 모든 사람을 똑같이 사람으로만 대하고 사람대우만 해 주면 무사통과입니다. 계급장보다 사람을 존중하는 사회에서는 대통령도, 장관도, 임기 동안만 그 자리에 앉아 있는 사람일 뿐인 데 반해, 계급장을 사람보다 높이는 사회에서는 대통령도 장관도 대장도 잠시 잠깐 그 자리에 앉아 있는 사람이 아니라, 자신이 대통령이나 장관이나 대장이 되어 버립니다.

그래서 사람이 존경받는 사회에는 대통령을 Mr. Reagan이라고 불러도 결례가 되지 않고 대통령 부인을 Mrs. Reagan이라고 불러도 결례가 되지 않지만, 계급장이 사람보다 더 존경받는 사회에서는 대통령을 '박 씨'라고 부른다든지 대통령의 부인을 '박 씨 부인'이라고 불렀다가는 불경죄가 되어 어떤 봉변 어떤 처벌을 받게 되는지 모릅니다.

사람이 계급장보다 존경받는 사회에서는 이름으로 부르는 것이 최고의 경의를 표하는 것이 되고, 계급장이 사람보다 존경받는 사회에서는 이름으로 부르는 것이 경멸이 됩니다. 계급의 이름으로 불리는 사람들만이 고위층 인사요, 존경받는 상류층 인사들입니다. 계급이 너무 높은 사람들은 계급 명으로도 부르지 못하고 '각하'니 '대통령님'이니 '장관님'이니 '장군님'이니 하면서 감히 얼굴을 쳐들지 못합니다.

그래서 사람이 존중받는 나라에서는, 계급장에 따라 사람대우가 달라지지 않는 사회에서는, 직위와 지위야 높든 말든 사람은 누구나 똑같이 사람대우받을 뿐인 사회에서는, 직업에 귀천이 없는 사회에서는 청소부를 청소부라 부르고 운전사를 운전사라고 부른다고 해서 거부감을 느끼는 사람이 없습니다. 장사꾼을 장사꾼이라고 농사꾼을 농사꾼이라고 부르고 박씨 부인을 박씨 부인이라고 부르고 예산댁을 예산댁이라고 부르는 데는 추호도 경멸감이나 멸시의 감정이 섞여 있지 않기 때문입니다.

그러나 계급에 따라 사람을 차별하는 사회, 학위에 따라 사람을 올려다보기도 하고 내려다보기도 하는 사회에서는 사정이 다릅니다. 청소부를 청소부라고 부르고, 박씨 부인을 박씨 부인이라고 부르고, 지수 엄마를 지수 엄마라고 부르는 것이 거부감을 불러일으키고 반감을 유발하기도 합니다. 자칫했다가는 무슨 날벼락을 맞을는지도 모릅니다. 왜일까요? 그 말에는 사람을 얕보고 우습게 보는 감정이 함축되어 있기 때문입니다.

여기서 나온 것이 과대한 존칭들과 기상천외의 경칭들입니다. 미국에서는 지위고하를 가리지 않고 Mr. Kim, 김 서방, 박씨, 박씨 부인이라고 불러도 무사통과지만 한국에서는 다릅니다. 한국에서 그랬다가는 무슨 참변을 당할는지 모릅니다. 장관이 대통령을 '윤 씨'라고 부르면 어찌 되고 사병이 사령관의 부인을 정씨 부인이라고 부르거나 개성댁이라고 부르면 어찌 되겠습니까? 그래서 모든 사람이 다 남자는 선생님이 되고 여자는 모두 사모님이 되고, 장사를 하는 사람들은 모두 사장님이 되고 점원들은 모두 전무님과 상무님이 됩니다. 영부인이 되고 여사가 되고 할아버지가 되고 아저씨가 되고 오빠가 되어서 거짓말을 하지 않고서는 살 수가 없는 세상이 되어서 거짓말이 보편화되고 상용어가 됩니다.

진실하게 살려고 하면 당장 반격에 부딪힙니다. "이거 왜 이래! 좀 더 솔직해지라고! 우리 사이에서까지 그러긴가?" "위선자!" 소리를 들어야 합니다. 하기야 선생도 아닌 사람을 보고 '선생'이라고 하지 않는 사람은 없고, 사모님도 아닌 사람을 보고 사모님이라고 거짓말을 하지 않는 사람은 없을 테니까!

29 신앙 진찰법, 생명에는 움직임이 있습니다

맥박이 없고 심장의 고동 소리가 없고 숨소리가 없는 사람은 죽은 사람입니다.

어떤 한의사께서는 청진기로 저의 맥박을 몇 번씩 검진해 보더니 맥박이 없고 맥박이 나오지 않는다고 이상해하시면서 맥박이 없는 사람이 어떻게 여기까지 오셨냐고 했고, 어떤 의사께서는 제게 빈혈이 극에 달했다고 하시면서 이 정도의 빈혈이면 앉아 있을 수도 없을 텐데 걸어 다니는 것은 습관성 때문일 것이라고 하셨습니다. 아무리 그래도 혈액순환이 안 되고 맥박이 없는 사람은 죽은 사람입니다.

한방에는 진맥뿐 아니라 견진(見診)도 있고 문진(問診)도 있고 청진(聽診)도 있습니다. 그와 같이 사람들의 신앙을 진찰하는데도 견진과 문진과 청진이 있습니다.

두말할 것도 없이 우리는 '그 모습 그대로' 오직 믿음으로 구원을 받습니다. 그러나 오직 믿음으로 그 모습 그대로 사는 사람은, 중생이 없는 구원은, 성화가 없는 중생은, 구원받은 것이 아닙니다. 구원이라는 말 자체가, 거듭난다는 말 자체가 변화를 뜻하기 때문입니다. "그리스도 안에 있으면 새로운 피조물이라. 이전 것은 지나갔으니 보라 새것이 되었도다!" 중생은 새 생명을 뜻하고 성화는 계속되는 변화를 뜻합니다.

생명은 변화입니다. 움직임이 없고 변화가 없고 성장이 없는 생명은 죽은 생명입니다. 중생 역시, 새 생명 역시 예외가 아닙니다. 새 생명은 쉴 새 없이 자라나고 쉴 새 없이 변화합니다. 그것이 성화입니다. 성화가 없는 구원은 죽은 구원입니다. 그 모습 그대로 구원을 받은 것은 정통신앙이지만, 구원받은 다음에도 그 모습 그대로 사는 신앙은 죽은 신앙입니다. 구원의 조건으로 내세우는 행함은 이단 신앙이지만, 구원의 열매로 나타나는 행함은 정통신앙입니다. 혼전의 처녀가 아이를 낳는 것은 불륜이지만, 결혼한 여자가 아이를 생산하는 것은 축복입니다.

구원받은 지가 언제인데 언제까지나 그 모습 그대로 '오직 믿음으로' 구원받은 얘기나 하실 작정인지요? 학위를 얻은 지가 언제인데 학위 자랑이나 하고 대학을 졸업한 지가 언제인데 학벌 얘기 입학시험 얘기만 하실 작정인지요? 이미 구원받았으니,

이미 거듭났으니, 구원의 열매 성화로 나날이 새로워져서 하나님께 영광을 돌려야 할 때가 아닐까요? 지금은 그 모습 그대로는 안 되고 이 모습 이대로도 안 됩니다. 새로워져야 합니다. 여기는 믿음으로 구원받는 차원이 아니라 성화로, 행함으로, 하나님께 영광을 돌려야 할 차원입니다.

그러면, 여러 교우께서는 구원받은 후에, 거듭난 후에, 얼마나 달라지셨는지요?

하나님의 나라를 유업으로 받은 성도들은, 모든 죄가 사함을 받고 하나님의 나라를 얻은 것만 해도 너무 커서 그래서 더는 구할 것이 없어서 감사기도만 있을 뿐이라고 하는데, 그래서 섬기는 자가 되고 나누어주는 자가 되게 해 달라는 기도가 있을 뿐이라고 하는데, 그런데 성도님들께서는 지금도 여전히 세상을 달라고 기도를 드리고 계시지나 않으신지요?

대궐과 궁궐을 부러워하던 초대교회 성도들은 구원받고 거듭나자마자 "초막이나 궁궐이나 내 주 예수 모신 곳이 그 어디나 하늘나라"가 돼서 초가삼간마저 버리고 예수님을 따라 거리의 사람으로 변했는데, 혹시라도 여러 교우님께서는 구원받은 후에도 여전히 부자들을 부러워하고 고위층 인사를 우러러보고 계시지나 않으신지요?

예수님께서는 학벌이 좋은 그 많은 제사장과 서기관들을 물리치시고 사람만 보시고 어부들과 세리 같은 사람들을 제자로 삼으셨는데, 그런데 성도님들께서는 아직도 사람을 만나면 학벌이나 사회적인 지위나 재산만 보고 사람은 보지 않고 인물평을 하고 계시지 않으신지요? 예배를 드리는 동안만 교인이지 실제 생활의 현장에서는 구원받기 전이나 세상 사람과 아무것도 다른 것이 없는 것은 아닌지요? 행복이나 삶의 보람이나 긍지를, 성공과 실패를 신앙(자기 자신)에서 찾지 않고 세상에서 찾고 계신 것은 아닌지요?

그럼, 마지막으로 신앙진단을 하겠습니다. 이런 얘기를 듣고 사업하는 사람이 일확천금할 기회라도 만난 것같이, 관가에 있는 사람이 벼락감투를 얻어 쓸 기회라도 만난 것같이 호기심과 흥미로 귀를 기울이는 사람은 구원받은 사람이고, 그러나 자기 생각이나 자기가 지금 살고 있는 생활에 맞지 않는 소리라고 해서 슬그머니 꼬리를 사리고 얼굴을 돌리고 거부반응을 일으키는 사람은 아직도 구원받지 못한 사람입니다. 왜냐고요? 거듭난 사람은 살기 위해서 끊임없이 변화를 추구하고 성장을 즐기지만, 구원받지 못한 사람은 변화를 기피하고 두려워하며 더 이상 피 한 방울은 물론 땀 한 방울도 눈물 한 방울도 흘리지 않고 언제까지나 이 모습 이대로 오직 믿음으로 구원받는 생각만 하기 때문입니다.

이미, 오직 믿음으로, 그 모습 그대로 구원받은 성도들은, 거듭난 사람들은 단지 좋은 일을 하면서도 좋은 일을 하는 줄을 모르고, 오른손이 하는 일을 왼손이 모르고, 그리고 잘못한 일은 자기가 책임지고 회개하면서도 잘한 일은(행함은) 자기가 한 일이 아니고 자기 안에 살아계시는 예수님께서 하신 일이라고 생각하기 때문에 '오직 믿음'으로 구원을 받는 것뿐입니다. 구원의 열매인 성화로 하나님 아버지를 닮아감으로, 나날이 새로워지는 변화를 통해서 하나님께 영광을 돌릴 뿐입니다.

30 중생 이전의 생활(연애생활)과 중생 이후의 생활(결혼생활)

연애생활은 꿈을 꾸는 생활입니다. 이상 속의 생활입니다. 소설이나 사랑의 시나 사랑의 노래나 영화나 소설 가운데 나오는 주인공들을 실재하는 인물로 착각하고 자기 자신이 바로 그 사람이라도 된 것같이 착각하고 흥분하고 행복해하는 생활입니다. 행복하기만 하고 아름답기만 하고 고상하기만 한 생활입니다. 평범한 여자를 선녀로 착각하고 보통 남자를 영웅이라도 된 것같이 착각하고 연모하며 우러러보는 생활입니다. 약점과 단점과 결점은 드러나지 않고 좋은 점만 드러나는 생활입니다. 가장 멋진 옷만 입고 가장 멋진 말만 하고 가장 고상한 말만 하고 가장 세련된 행동만 하는 생활입니다. 같이 괴로워하고 같이 땀을 흘리고 같이 눈물을 흘리지는 않고, 같이 경치 좋은 곳만 찾아다니고 같이 최고급의 식당만 찾아다니는 최고의 행복만 나누는 생활입니다. 꿈같은 행복과 스릴 만점의 생활입니다.

중생 이전의 신앙생활이 이와 같습니다. 예배만 드리고, 그 말 그대로 값없이 대가 없이 구원만 받고, 성경을 탐독하면서 은혜 충만하고, 명설교를 들으면서 감동만 받고, 찬양예배를 드리면서 황홀경에 빠지고, 즐거운 친교를 나누고, 구하는 대로 받고 나서 좋으신 하나님을 찬송하고, 신비체험이나 하고 나서 영생을 유업으로 받고, 그러나 십자가를 지고 예수님의 뒤는 따르지 않고, 예수님처럼 의를 위하여 핍박당하지는 않고, 예수님과 같이 땀을 흘리고 눈물은 흘리지 않고, 예수님과 희로애락을 같이 나누지는 않고, 장망성에서 거룩한 성을 향해 가는 기독도(Christian)같이 순례자는 되지 않고, 세상에서 소원성취하고 승승장구 만사형통하는 넓은 길을 달려가면서 승리의 노래만 부르는 생활 말입니다.

그러면 중생 이후의 신앙생활은 어떤 생활일까요? 결혼생활입니다. 결혼생활은, 애인을 그리워하고 밤이나 낮이나 애인을 생각하는 그런 시절이 아닙니다. 사랑의 시를 쓰고 사랑의 노래를 부르고 사랑의 편지나 이메일을 주고받으면서 사랑의 감정을 만끽하는 그런 생활이 아닙니다. 만나고 나서도 또다시 만나고 싶고 포옹하고 나서도 또다시 안아 주고 싶은 그런 시절이 아닙니다. 사랑을 속삭이는 시절이 아닙니다. 천년이 하루 같은 시절이 아닙니다. 스릴과 낭만이 계속되는 영화 같은 시절이 아닙니다. 결혼생활은 사랑할 뿐인 시절입니다. 사랑을 말하고 사랑을 노래하는 시절이 아니라 생활 자체가 사랑이 되어 버린 시절입니다. 사랑한다는 말은 더는 필요하지 않게 되는 생활입니다. 늘 함께 있으니 그리움도 없습니다. 만남의 기쁨도 없습니다. 그래서 사랑이 없는 것만 같습니다. 그래서 결혼은 사랑의 종점이라고 하는 사람이 있는 것이 아니겠습니까? 그러나 알고 보면 사랑이 죽은 것이 아니고 사랑이 삶 자체가 되어 버린 것입니다. 같이 먹고 같이 자고 같이 일하고 같이 웃고 같이 울고 같이 아이를 낳고 같이 아이를 기르고 같이 밤을 새우고……. 희로와 애락과 빈부와 귀천을 함께할 뿐입니다. 사람 자체가 사랑입니다. 더는 말이나 감정은 필요 없게 됩니다.

중생 이후의 신앙이 이와 같습니다. 말과 감정과 종교의식과 행사에 그치던 신앙이 여기에 이르러서는 생활이 되어 버립니다. 생활 전체가 신앙생활입니다. 생활 자체가 예배요 기도요 감사입니다. 중생 이전에는 예배를 드리고 찬양하고 교회 일을 할 때만 신앙생활을 했지만, 지금은 생활 전체가, 가정생활과 직장생활과 사회생활 전체가 신앙생활이 되어 버립니다. 생활 자체가 예배가 되고 쉬지 않고 드리는 기도가 되어 버립니다. 그 말 그대로 온 땅이 하나님의 성전이요 동네 사람이 모인 곳이 교회가 되어 버립니다. 그래서 문외한들의 눈으로 볼 때, 중생 이후의 신앙은, 거듭난 사람들의 신앙은, 예수님과 예수 제자들의 신앙생활로 보이지 않고, 종교의식을 행할 때만 신앙생활을 하는 중생 이전의 신앙 곧 현실뿐인 신앙생활을 하는 사람들의 신앙만이 거룩해 보입니다. 그래서 바리새교인들이 모범적인 교인으로 추앙받았던 것이 아니겠습니까?

연애 시절의 사랑만이 살아 있는 사랑 같고 결혼한 부부의 사랑은 사랑의 묘지로 보이는 것같이, 아이 하나 낳지 못하는 말뿐이고 감정뿐인 연애(형식적인 신앙)는 참신앙으로 보이고 아이를 낳아서 키우는 참사랑은, 결혼생활은, 죽은 사랑 죽은 믿음처럼 보입니다.

나는 주님 안에 주님은 내 안에 하나님과 동거하고 있는 사람만이 참으로 거듭난 사람입니다. 때때로 데이트 시간에만 하나님을 만나서 은혜 충만하고 기쁨 충만한 사람은 아직도 하나님과 혼전 데이트만 즐기고 있는 사람입니다.

31 신앙은 학문적인 문제가 아니라 삶의 문제

과학적인 지식은 자기를 활용해서 행복하게 살라고 하고, 도덕적인 지식은 순종을 요구합니다. 세상의 지식은 자기를 이용해서 세상을 얻으라고 하고, 하나님의 말씀은 헌신을 요구합니다. 따라서 하나님의 말씀을 공부해서 머릿속에 사재기나 하고 이용만 하는 사람에게는, 남을 비판하거나 자기변명을 하거나 학위를 얻거나 강의하거나 설교하거나 저술이나 해서 진리를 장사하는 사람에게는, 하나님의 말씀이 심판이 되고 독이 될 뿐이어서 공부하면 할수록 점점 더 마귀를 닮아갑니다. 이에 반해 하나님의 말씀을 지식으로 사재기하지 않고 영의 양식으로 받아먹는 사람은 변화 받아서 점점 예수님을 닮아갑니다. 영생을 얻습니다. 똑같은 하나님의 말씀에서 마귀의 자녀와 하나님의 자녀가 나옵니다. 양과 염소가 나옵니다. 하나님의 말씀을 공부하는 사람은 죽고 하나님의 말씀을 먹는 사람은 삽니다.

그러면 하나님의 말씀을 공부하는 사람은 누구이고 하나님의 말씀을 먹는 사람은 누구일까요? 이건 보통 중대한 문제가 아닙니다. 예수님께서도 "내 살을 먹고 내 피를 마시는 자는 영생을 가졌고"라고 하시지 않으셨던가요? 그런데 하나님의 말씀을 귀로 듣고 머리로 공부만 하는 사람은 하나님의 말씀을 먹는 사람이 아닙니다. 하나님의 말씀을 마음으로 받아들여서 삶의 양식을 삼는 사람만이 하나님의 말씀을 먹는 사람입니다. 세상으로, 세상이 주는 것으로 만족할 수 있고 행복하게 살 수 있는 사람은, 배가 부른 사람은 하나님의 말씀을 공부나 할 수밖에 없고, 천하를 다 준다고 해도 세상이 주는 것으로는 만족할 수도 없고 삶의 의미를 찾을 수도 없는 사람만이, 배가 고픈 사람만이 하나님의 말씀을 먹을 수 있습니다. 영혼의 갈증과 굶주림이 있는 사람 말입니다.

진학 경쟁과 취업 경쟁과 승진 경쟁에서 승자가 되어 정상에 오르고 이권 다툼에서 승자가 되어 부호가 되고 운동경기의 승자가 되어 야구왕이나 축구왕이 되는 것으로 세상에 태어난 보람을 느끼고 더는 바랄 것이 없는 사람은, 배가 부른 사람은 성경을 공부해서 유식한 사람은 될 수 있어도 하나님의 말씀을 먹고 영생을 얻을 수는 없습니다. 자기가 원하는 모든 것을 손에 쥐고서도, 그랬다고 해서 달라지는 것은 아무것도 없어서, 자기 자신이 달라진 것도 아무것도 없어서, 삶의 무게가 해결된 것도 죽음의 문제가 해결된 것도 행복의 문제가 해결된 것도 아니어서, 그래서 절망하고 허무를 느끼고 산 바울같이, 끝이 보이지 않는 죄의 두려움을 느끼고 "오호라 나는 곤고한 사람이로다 이 사망의 몸에서 누가 나를 건져내랴?" 울부짖는 사람만이, "오직 의인은 믿음으로 살리라." 하시는 하나님의 말씀 한마디를 받아먹고서 죽음의 병에서 치료받고 영생의 기쁨을 만끽할 수 있습니다. 하나님을 만나기 전에는, 하나님의 말씀을 먹지 않고는 살 수 없게 된 사람만이 하나님을 만날 수 있고 하나님의 말씀을 먹고 병 치료도 받을 수 있습니다. 냄새 나는 한 구의 시신으로 끝날 젊은이들의 희망에 넘치는 웃음의 서글픔과 하나님 없는 세상의 무질서와 부조리와 혼돈과 무의미와 조종사도 없이 의미도 없이 미친 듯이 달리고 있는 인류 역사의 절망과 두려움을 체감하고 실감하는 사람만이, 죄의 깊이를 아는 사람만이 하나님의 말씀을 먹고 죽음의 과정에서 구원받을 수 있는 것입니다. 결국, 신앙은 학문적인 문제가 아니라 삶의 문제입니다.

이제까지는 하나님의 말씀을 먹는 문제에 대해서만 말씀을 드렸는데 이제부터는 하나님의 말씀을 전하는 문제입니다. 여기에도 두 가지 일이 있는데 음식을 준비하는 일과 식욕을 돋우는 일입니다. 식욕이 왕성한 교인들을 양육하는 일입니다. 식욕을 잃어버린 교인들, 병든 교인들에게는 산해진미도 맛이 없고 진수성찬도 메스껍기만 할 뿐입니다. 옛사람들이 하는 말이 있습니다. "뭐니 뭐니 해도 배고픔이 최고의 반찬이라니까!" 배가 부른 사람에겐 맛이 있는 음식이 없습니다.

그와 같이 설교에 체하고 설교에 배가 부른 교인들에게는 명설교도 짜증만 더하고 졸음을 재촉할 뿐입니다. 남아돌아 갈 정도로, 구역질 날 정도로 많은 설교도 금물이고, "인제 그만!" 할 정도로 너무 긴 설교도 금물이고, 너무 감미롭기만 한 설교도 금물이고, 너무 흥분시키는 설교도 금물입니다. 아편 설교도 금물입니다. 너무 자주 하는 설교도 금물입니다. 배고플 때 식사하고 목마를 때 물을 마시는 것같이 영혼이 배고파할 때 설교해야 합니다. 무시로 시도 때도 없이 하는 설교는 위장병을 유발할 수 있는 것입니다. 음식은 한두 수저만 더 먹고 싶을 때 끝내는 것이 좋은 것같이, 어떤 식당은 음식을 약간 모자라는 듯하게 내어놓음으로 대박을 터트렸다고 하는 것같이, 설교도 약간 더 듣고 싶어 할 때 끝내는 것이 좋습니다. 좋은 음식도 너무 많이 먹으면 구역질이 나고 좋은 말도 너무 많이 들으면 짜증이 나는 것같이 설교도 너무 많이 들으면 역효과를 초래하게 될 것입니다.

그러면 마지막으로 얘기 하나만 하겠습니다.

똑같은 얘기를 개신교회의 평신도에게도 한 일이 있는데, 개신교회의 평신도는 그런 얘기는 이미 너무 많이 들었다는 듯이 시큰둥한 데 반해, 한 천주교인은 생물학 교수인데도 오히려 얘기하는 당사자가 놀랄 정도로 "그런 기가 막힌 얘기는 난생처음"이라고 감탄하는 까닭은 어디에 있는 것일까요? 하나님의 말씀은 지식이 아니라 영혼의 양식이며 문제해결의 열쇠입니다. 하나님의 말씀은 연구하라고 있는 것이 아니고 먹고 살라고 있는 것이며, 유식한 사람이 되라고 있는 것이 아니고 시도 때도 없이 일어나는 난제들을 해결해 나가기 위해서 있습니다.

생명의 비밀을 아는 사람은 없어도 사람들은 살고 있으며, 인생이 뭣인가를 아는 사람은 없어도 사람들은 제각기 자기의 갈 길을 갑니다. 그것이 인생입니다. 삶에 대한 지식이 인생이 아니라 삶이 인생이기 때문입니다. 그래서 사람들은 학문적으로 정의하지는 못해도 인생을 압니다. 그들이 알고 있는 것이 그들의 인생입니다. 믿음은 머릿속이나 교리 속에 있지 않고 삶의 현장에 있습니다. 그 믿음으로 죄의 문제도 해결하고 영생도 얻고 세상이 주지 못하는 생수도 마시고 세상을 이기는 힘도 얻고 삶의 보람도 찾고 어떤 형편에서든지 자족하는 생활을 합니다. 이것이 복음이요 이런 것이 믿음입니다.

하나님의 나라는, 복음은, 믿음은, 진리는 말에 있지 않고 교

리에 있지 않고 머릿속에 있지 않고 '능력'에 있습니다. 삶 속에
있습니다.

32 중생은 행동의 변화가 아니라 마음의 변화입니다

중생은 사람들의 눈에 보이는 행동의 변화라기보다는 하나
님만이 아시는 중심의 변화입니다. 그런데도 사람들은, 사람의
마음을 들여다볼 수가 없는 사람들은 행동의 변화와 외모의 변
화를 보기만 하면 거듭났다고 합니다. 주일인지 평일인지도 구
별하지 못하던 사람이 주일을 사수하게 되고, 예배 시간에는 졸
기만 하던 교인이 변해서 희색이 만연하게 되고, 주일헌금을 바
치는 것도 아까워하던 교인이 십일조까지 바치게 되고, 자기 몸
하나 끌고 나오기도 힘들어하던 사람이 변해서 친구들까지 끌
고 교회에 나타나는 것을 보면 사람들은 '거듭났어요' 할 수밖
에 없을 것입니다. 그러나 중생은 행동과 외모의 변화가 아니라
중심의 변화입니다. 중심의 변화가 행동과 외모에도 나타나지
않는 것은 아니지만…….

물론 행동의 변화만으로도 지상의 교회가 요구하는 모범적인
교인이 될 수는 있을 것입니다. 그러나 바리새교인들은 누구였
지요? 지상의 교회가 요구하는 가장 모범적인 교인들로 존경을
한 몸에 받고 있던 사람들이었습니다. 그러나 하나님의 눈으로
보실 때는 예수님을 십자가에 못 박아 죽인 바로 그 사람들이었

습니다.

다시 한번 말씀드립니다. 중생은 외모 변화라고 하기보다는 마음의 변화입니다. 마음의 변화에는 행동을 수반하는 것이 사실이지만, 행동보다 더 중요한 것이 사람들의 눈에 보이지 않는 행동의 동기입니다. 똑같은 장사를 하면서도 장사하는 목적이 달라지고, 똑같은 직장생활을 하면서도 직장생활 하는 동기가 달라지고, 똑같은 설교를 하고 똑같은 목회를 하고 똑같은 전도를 하고 똑같은 봉사를 하면서도 그 목적이 달라지고, 똑같은 기도를 드리면서 자기 소원을 이루어 달라고만 하던 기도가 하나님의 뜻을 이루어 달라고 하는 기도로 변하고, 머리가 되게 해 달라고 하던 기도가 섬기는 자가 되게 해 달라고 하는 기도로 변하는 바로 이런 것이 참된 중생입니다.

예수님의 말씀과는 정반대로 남들이 보도록 밤이 새도록 중언부언 기도를 드리고 남들이 알도록 금식하면서 기도를 드리고 남들이 듣도록 큰소리로 기도를 드리던 사람이 변해서 아무도 모르게 은밀한 기도를 드리고, 일 한번 하면 자화자찬이 많고 공치사가 많은 사람이 변해서 아무도 모르게 손을 펴는 사람이 되고, 안하무인이던 사람이 변해서 남들을 존경하게 되는 변화, 곧 일시적인 행동의 변화나 전시용 행동의 변화가 아니라 사람 자신의 변화와 중심의 변화가 성경이 말하는 중생입니다.

알아주는 사람이 있는 외모 변화가 아니라 알아주는 사람이 없는 내심의 변화이며, 박수를 받고 성공하는 변화가 아니라 도리어 오해받고 핍박당하게 되기까지 이르는 변화가 성경이 말하는 변화입니다. 외모의 중생에 성공한 바리새교인들은 환영받으면서 교권의 정상에 오르고, 내심의 중생을 체험한 예수님의 제자들은 백성들의 오해와 핍박 속에서 순례자의 길과 순교자의 길을 갈 수밖에 없지 않았던가요?

신앙을 형식화(행사화)하는 사람들은 존경을 받습니다. 형식에는 과시 효과가 있기 때문입니다. 반면에 신앙을 생활화는 사람들은 알아주는 사람이 없습니다. 생활이 되어 버렸기 때문입니다. 신앙을 상업화 수단화하는 사람들은 성공하고, 신앙을 헌신의 제단으로 섬기는 사람들은 십자가를 집니다. 전자에게는 십자가가 실패지만, 후자에게는 십자가를 지고 예수님의 뒤를 따르는 것이 성공이기 때문입니다.

모든 것을 버리고 예수님의 뒤를 따르는 길은, 참된 그리스도인이 되는 길은 모든 것을 버리고 예수님의 뒤를 따르는 사람들이 존경받는 문화권에서는 야심 찬 천하 대사이고, 십자가를 지고 예수님의 뒤를 따르는 그런 사람들도 있는가 보다 하는 문화권에서는 한번 해 볼 만한 일이지만, 본격적으로 십자가를 지고 예수님의 뒤를 따르는 사람들이 사회적으로 조롱거리가 되고 매장당하는 나라에서는 죽기보다도 더 어려운 일입니다.

33 의인은 심판을 받고 죄인은 구원을 받습니다

기독교는, 죄인이 구원받는 종교입니다. 의인은 죄가 없어서 구원(죄 사함)받지 못합니다. 여기서 말하는 의인과 죄인은 두

말할 것도 없이 자칭 의인이며 자칭 죄인입니다.

　다음은 예수님의 비유에 나오는 얘기입니다. 한 집에는 두 아들이 있었습니다. 그중 큰아들은 가사에 충실하며 나무랄 데가 없었으나 둘째는 문제투성이 아들이요 사고투성이 아들이었습니다. 그러다가 마침내 둘째가 큰 사고를 치고 말았습니다. 아버지에게 재산상속을 강요하다시피 해서 챙겨 들고 가출했습니다. 예상했던 대로 사치와 낭비와 주색잡기로 순식간에 상속받은 전 재산을 탕진해 버리고 말았습니다. 거지가 되었습니다. 병주머니가 되었습니다. 돼지가 먹는 쥐엄나무 열매로 배를 채웠습니다. 드디어 한계점에 이르렀습니다. 자기 죄를 알았습니다. '아버지에게로 돌아가자, 다른 방법이 없지 않은가?' 그는 고향을 향해 발걸음을 돌렸습니다. 언덕 위에 오르니 아버지의 집이 내려다보였습니다. 산을 넘어오는 작은 아들을 제일 먼저 발견한 것은 아버지였습니다. 얼굴을 알아볼 수는 없었지만 걸음걸이만 보아도 알 수 있었습니다. 아들을 본 아버지는 측은히 여기며 달려갑니다. 아버지는 아들의 목을 껴안았습니다. 아들은 달려가서 아버지를 안지도 못하고 무릎을 꿇었습니다. "저는 하늘과 아버지께 죄를 지었습니다. 이제 저는 감히 아버지의 아들이라고 할 자격이 없습니다. 저를 품꾼으로라도 써 주십시오." 그러나 아버지에게는 거지가 되어도, 죄인이 되어도 아들은 영원한 아들이었습니다. 목욕을 시키고 새 옷으로 갈아입히고 손에 반지를 끼우고 발에 신을 신기고 동네 사람들을 다 초대해서 큰 잔치를 열었습니다.

　그런데 집으로 돌아오는 형의 얼굴은 굳어 있었습니다. 얼음장 같았습니다. 아버지에 대한 불만과 불평, 공의롭지 못한 세상에 대한 불만과 불평이 가득했습니다. 온갖 죄로 더럽혀진 동생과는 상종하고 싶지도 않았습니다. 세상이 더러웠습니다. 사람들이 개같이 천하게 보였습니다. 그리하여 비판을 일삼는 정의의 투사가 되어버리고 말았습니다. 이것이 교인의 의무에 충실하고 범죄 사실이 없다고 해서 기껏 십계명 수준의 도덕적인 잘못이 없다고 해서 비판과 정죄를 일삼는 형식적인 교인들, 중생 이전의 교인의 모습입니다.

이에 반해 죄 사함을 받은 동생은 감사뿐이었습니다. 아들로 받아 주신 것만 해도, 죄 사함을 받은 것만 해도 감사해서 더는 바랄 것이 없었습니다. 구원받은 것만 해도 감사가 넘치고 넘쳤습니다. 남의 잘못이나 실수를 보아도 자기 자신을 돌아다보고, 남은 이해심과 동정심을 가지고 바라보았습니다. 환자와 병자를 바라보듯 하였습니다.

형은 불평과 분노와 정의감과 심판뿐인데 동생은 감사와 용서가 있을 뿐이었습니다. 이것이 거듭나지 못한 교인과 거듭난 교인의 차이입니다. 기독교는 허물이 없는 사람, 그래서 교만하고 그래서 비판을 일삼고 그래서 남의 잘못을 절대로 용서하지 못하는 사람, 그래서 회개하지 않는 사람이 구원받는 종교가 아니라 허물이 커도, 그래서 겸손하고 그래서 남의 잘못은 덮어줄 줄 아는 사람, 그래서 회개하는 사람이 구원받는 종교입니다. 죄가 없는 사람은 구원받지 못합니다. 죄인이 구원받는 종교입니다.

그래서 세리 마태는 구원받았지만, 가야바는 구원받지 못한 것이 아니겠습니까?

34 영원한 믿음만이 믿음이고
영원한 사랑만이 사랑입니다

　머리에서 나오고 가슴에서 나오는 믿음은, 생각이 날 때만 믿고 감정이 동할 때만 믿는 믿음은, 그때 잠시뿐인 믿음은, 생활에 변화도 일으키지 못하는 믿음은, 자기 마음대로 할 수 있는 믿음은 믿음이 아닙니다. 성령님의 감동으로 마음속에서 우러나오고 삶 속에서 우러나오는 믿음만이, 마음과 삶에 변화를 가져오는 믿음만이 '믿음'입니다. 이성이 이의를 제기할 때도 믿고 감정이 의심할 때도 믿는 믿음만이, 자기 마음대로 할 수 없는 믿음만이, 삶에 변화를 일으키는 믿음만이 영원한 참믿음입니다.

　자기 생각에서 나오고 자기감정에서 나오는 사랑은, 자기가 필요해서 사랑하고 매력이 있어서 사랑하고 성욕이 일어나서 사랑하는 사랑은, 그때뿐인 사랑은, 불장난 같은 사랑은 사랑이 아닙니다. 사랑에 빠져 버려서, 사랑에 사로잡혀서 자기도 마음대로 할 수 없는 사랑만이, 인격과 생활에 변화를 일으키는 사랑만이 참된 사랑입니다. 잉꼬부부의 사랑같이 홀어머니의 자식 사랑같이, 사랑하지 않을 때도 사랑하고 미워할 때도 사랑하고 잠자고 있을 때도 사랑하는 영원한 사랑만이 성경이 말하는 사랑입니다. 사랑은 이성 이상의 것이며 감정 이상의 것입니다.

이성에 불과한 사랑이나 감정에 불과한 사랑이 사랑이 아닌 것같이 이성(지식)에 불과한 믿음은 믿음이 아니고, 종교 감정에 불과한 믿음은 믿음이 아닙니다. 사랑이 삶 자체인 것같이 믿음은 삶(행함) 자체입니다.

평안도 걱정할 일이 없을 때만 평안한 평안은 평안이 아닙니다. 육체의 평안은 성경이 말하는 평안이 아닙니다. 바람 부는 날에도 평안한 평안이, 언제나 평안한 평안이, 영원한 평안만이 성경이 말하는 평안입니다. "내가 너희에게 주는 평안은 세상이 주는 것과 같지 아니하니라." 예수님의 말씀입니다. 불안 가운데 있는 평안, 불안해하면서도 그 불안을 이기는 평안만이 영원한 평안입니다.

용기 역시 조금도 두렵지 않아서 대담무쌍한 용기가 아닙니다. 그런 용기는 기껏해야 목석의 용기와 군마의 용기가 될 수밖에 없을 것입니다. 참된 용기는 두려움 가운데 있는 용기입니다. 두려워하면서 동시에 그 두려움을 이기는 용기입니다. 조금도 무섭지 않다고 하는 사람은 정신이상자일 것입니다.

하나님께서 성도들에게 주시는 새 생명은, 그것이 믿음이든, 사랑이든, 평안함이든 만사형통과 환영 인파 속에서 터져 나오는 승리의 노래가 아니라 온갖 시험과 유혹 속에서, 육체의 포위망 속에서, 적진에서 고군분투하는 영혼의 승전고입니다.

35 병든 교인들이 기도를 많이 드립니다

가정에서 부모에게 가장 많은 것을 요구하는 것은 효자들이 아니라 불효자식들입니다. 부모님의 말씀을 잘 듣고 부모님의 마음을 기쁘게 해 주는 자녀가 아니라 부모님의 말씀에 일일이 토를 달고 항변하고 부모님의 마음을 아프게 하는 그 자녀가 부모님에게 가장 많은 것을 요구합니다. 부모님에게 불평과 원망이 많은 것도, 잔소리가 많다고 불평이 많고 긍정적인 말은 해 주지 않고 부정적인 말만 한다고 원망이 많은 것도, 말썽을 피우지 않는 자식이 아니라 사고투성이의 자식이며 쉴 새 없이 말썽을 일으키는 문제아입니다. 공부방을 따로 마련해 주지 않는다고, 족집게 선생님을 데려와 주지 않는다고, 용돈을 많이 주지 않는다고 원망하는 것은 공부 잘하는 자식이 아니라 공부하지 않는 자식입니다. 뒷받침이 없어서 대학에 다니지 못한다고 하소연하는 것은 공부를 잘하는 자식이 아니라 공부하지 않는 자식입니다. 공부를 잘하는 자식은 공부방이 없어도, 족집게 과외수업을 받지 않아도, 돈이 없어도 불평 없이 가정형편이 여의치 못한 까닭임을 알고 두말없이 공부해서 명문대학에 합격하고 장학금 타고 아르바이트해서 학업을 마칩니다. 어느새 취업도 하고 어느새 내 집 마련도 합니다. 집을 마련할 때는 부모님의 집까지 마련합니다. 언제나 불평이 많고 말이 많고 문제가 많은 것은 모범생이 아니라 낙제생입니다. 학교에서 선생님을 가장 골치 아프게 하고 마음 아프게 하고 힘들게 만드는 것은 우등생이 아니라 문제아입니다. 가정에서도 학교에서도 불평불만 요구가 많은 것은, 기도를 많이 하는 것은 모범생이 아니라 문제생입니다.

그런데 교회에서도 하나님께 가장 많은 것을 요구하고 쉴 새 없이 밤을 새워 가면서 기도를 드리는 것도 신앙생활을 잘하고 있는 교인들이 아니라 신앙생활을 잘못하고 있는 교인들입니다. 하나님의 뜻을 따르고 있는 사람들이 아니라 하나님의 뜻을 거역하고 있는 사람들입니다. 욕심을 버리라고 하셨는데 욕심을 버리기는커녕 욕심을 채우려고 하는 사람들이며, 하나님과 맘몬을 겸해서 섬길 수는 없다고 하셨는데 하나님의 나라와 세상의 두 마리의 토끼를 한꺼번에 잡으려고 하는 사람들이며, 섬기는 자가 되라고 하셨는데 머리가 되려고 하는 사람들이며, 가난한 자가 복이 있다고 하셨는데 부자가 되려고 하는 사람들이며, 십자가를 지고 나를 따르라고 하셨는데 죽어도 십자가만은 지지 않게 해 달라고 아우성을 치는 사람들입니다. 세상에서도 그렇고 하나님의 나라에서도 그렇고 벌을 받아야 할 사람들이 가장 큰 상을, 가장 큰 복을 받겠다고 합니다.

가정에서도 세상에서도 낙오자들과 문제아들이, 자기 문제를 스스로 해결해 나가지 못하는 사람들이 말이 많습니다. 요구하는 것도 많고 간구하는 것도 많고 도와주지 않는다고 불평도 많습니다. 그러다가 불의한 세상을 심판하는 정의의 투사가 됩니다.

그런데 교회에서도 신앙생활을 잘못하는 사람들이, 거듭나지 못한 사람들이, 광신자(狂信者)들과 미신자(迷信者)들이, 욕심을 버린 교인들이 아니라 가장 욕심이 많은 문제아가 하나님께 간구하는 것도 많고 요구하는 것도 많습니다. 하나님의 뜻을 이루어 달라는 기도가 아니라 모두가 자기의 소원을 이루어 달라는 기도입니다. 세상을 달라는 기도입니다. 자식이 시험 치면 합격시켜 달라고 기도를 드리고, 경기하면 이기게 해 달라고 기도를 드리고, 윷놀이하면 모가 나오게 해 달라고 기도를 드리고, 도박하면서 큰돈을 따게 해 달라고 기도를 드립니다. 모두가 자기만 잘되고 남들은 쫄딱 망하게 해 달라는 기도입니다. 철야기도도 드리고 금식기도도 드립니다. 이렇듯 기도를 많이 드리고 있기 때문에 최고의 믿음을 자처하고 자부합니다. 예배당을 시끄럽게 하는 사람들입니다.

그런데 가정에서도 세상에서도 교회에서도 모범생들은, 우등생들은, 선두 주자들은 말없이 묵묵히 자기의 갈 길을 갈 뿐입니다. 자기가 할 일을 할 뿐입니다. 앞만 바라보고 달릴 뿐입니다. 이미 받은 것만으로도 감사하면서, 죄 사함을 받은 것만으로도 감사하면서, 구원받은 것만으로 감사하면서……. 성자들에게는 감사와 찬양이 있을 뿐입니다. 기도는 생활이 되어 버리고, 기도는 호흡이 되어 버립니다. 세상에 숨을 쉬는 시간을 정해 놓고 숨을 쉬는 사람이 어디 있겠습니까? 예수님께서는 일주일에 두 번씩의 금식기도를 거절하심으로 바리새인들에게 먹고 마시기나 하는 사람으로 비난받으실 수밖에 없었습니다.

36 믿는 사람이 너무 못사는 것도 하나님께 영광이 되지 않는다는 말

믿는 사람들이 가난한게 살면 하나님께 영광이 되지 않는다는 말은 가난한 자가 복이 있다고 하신 말씀이나 섬기는 자가 되라고 하신 말씀을, 모든 것을 버리고 나를 따르라고 하신 말씀을, 먹을 것과 입을 것이 있은즉 족한 줄로 알라고 하신 말씀을, 먹고사는 문제 하나 해결하지 못해서 걸식이나 하고 다니는 거지가 되고 우마같이 굴종이나 하는 노예가 되라는 말씀으로 오해한 데서 나온 얘기 같은데……, 세상에 그토록 천부당만부당한 오해는 또다시 없을 것입니다.

어떻게 하나님께서 당신의 자녀가 모두 거지 떼가 되고 우마 떼가 되기를 바라실 수 있겠습니까? 무능해서 거지가 된 거지는 그 말 그대로 거지지만, 자진해서 거지가 된 거지는 성인이고 못나서 하인이 된 하인은 그 이름 그대로 하인이지만, 자진해서 온 인류를 섬기는 종이 된 예수님이나 싯다르타는 온 인류가 우러러보는 성인이십니다.

예수님 당시에는 로마의 모든 재물과 모든 권력을 한 손에 쥐고 있던 티베리우스가 가장 위대한 인물이었을까요? 아니면 집 한 칸은 고사하고 방 한 칸 없이 베개 하나 없이 이 집 저 집을 전전하시던 예수님이 위대한 인물이었을까요? 가장 큰 영광을 하나님께 돌리기 위해서 교권을 장악한 가야바가 하나님께 가장 큰 영광을 돌렸을까요? 아니면 하나님께 가장 큰 영광을 돌리기 위해서 모든 것을 버리고 십자가를 지고 이리저리 쫓겨 다니고 피해 다니기나 하던 바울이 하나님께 가장 큰 영광을 돌렸을까요? 제왕이 되고 대통령이 되고 부자가 되고 저명인사가 되고 교황이 되고 추기경이 된 사람들이 하나님께 가장 큰 영광을 돌렸을까요? 아니면 모든 것을 버리고 청빈의 성자가 된 프란시스나 썬다 싱이나 데이비드 리빙스턴이나 그 밖의 많은 순교자가 하나님께 가장 큰 영광을 돌렸을까요?

　머리가 되거나 부자가 되어서 하나님께 큰 영광을 돌린 사람이 단 한 사람이라도 있을까요? 그래도 믿는 사람들이 너무 못 사는 것도 하나님께 영광이 되지 않는다고 하시겠는지요? 각 교단의 창업주들은, 루터나 칼뱅이나 웨슬리 같은 사람들은 조직을 만들고 그 수장이 된 사람이기에, 머리가 된 사람이기에, 성공한 사람이기에 가장 큰 영광을 돌린 사람 같으면서도 하나님께 가장 큰 영광을 돌린 사람들이 아닙니다. 모든 것을 버리지 않았기 때문입니다.

37 이중 원리는 없습니다 (새 계명은 하나뿐입니다)

　다음은 예수님의 말씀입니다. "하늘에 계신 너희 아버지의 온전하심과 같이 너희도 온전하라!" "원수를 사랑하라!" "네 이웃을 너 자신같이 사랑하라!" "사람의 원수가 자기 집안 식구다!" "처자식을 미워하라!" "세상을 사랑하지 말라!" "돈을 사랑하지 말라!" "하나님과 세상을 겸해서 섬길 수 없다!" "욕심을 버려라!" "부자가 되지 말라! 가난한 자가 복이 있다!" "섬기는 자가 돼라! (성공하지 말라.)" "핍박당해라! (핍박당하는 자는 복이 있다)" "모든 사람이 너희를 칭찬하면 화가 있다!" "살려고 하지 말고 죽어라! (살고자 하는 자는 죽고 죽고자 하는 자는 살 것이

다.)"

그러나 하루 벌어서 하루 먹고사는 평신도들이 어떻게 돈을 사랑하지 않을 수 있으며, 진학하려고 공부하는 학생들이나, 진급하려고 좌천되지 않으려고 업무에 열혈을 기울이고 있는 회사원이나, 금메달을 목에 걸려고 트랙을 달리고 있는 사람들이 어떻게 머리가 될 생각을 안 할 수 있겠습니까? 그래서 어떤 사람들은 예수님의 새 계명은 성직자들에게만 해당이 되는 교훈이라고 말합니다. 그럴듯하기도 하고 일리가 있는 얘기이기도 합니다. 그러나 성직자들은 예수님의 새 계명을 행할 수 있을까요? 아닙니다. 모든 것을 버리고 예수님을 따라나선 제자들 사이에도 자리다툼이 있었습니다. 아무도 이 교리를 극복할 수 없습니다.

만일 새 계명이 성직자들을 위한 지상명령이라면 평신도들을 위한 새 계명은 어디에 있는 것일까요? 이것이 문제입니다. 그렇다면 평신도들에게는 새 계명이 없으니 본능 따라 성깔 따라 감정 따라 그때그때의 충동에 따라 물욕 따라 음욕 따라 권세욕 따라 형편 따라 상황 따라 물결 따라 바람 따라 적당히 되는 대로 생긴 대로 난대로 될 대로 되라는 식으로 살면서 믿기만 하면 구원을 받는 것일까요? 양심 불신론을 뜻하고 도덕 무용론을 뜻하는 것일까요? 그렇지는 않습니다. 어찌 공의의 하나님이 그런 이중 잣대로 계명을 우리에게 주셨겠습니까?

새 계명은 성직자와 평신도의 구별 없이 모든 사람에게 주신 지상명령입니다. 어찌 하나님 앞에서까지 성직자나 평신도가 있을 수 있으며, 지위고하와 빈부귀천이 있을 수 있겠습니까?

그러면 아무도 행할 수 없는 새 계명을 우리에게 주신 까닭은 어디에 있는 것일까요? 이제부터가 중요합니다. 다음의 얘기로 답변을 대신하도록 하겠습니다.

중학생들은 대학생들을 우러러보면서 자기도 대학생이 되기를 바랍니다. 그렇다고 해서 중학생들이 이수해야 할 과정을 등한히 하지는 않습니다. 아니! 그래서 더더욱 지금은 중학교의 과정에 힘을 씁니다. 자나 깨나 공부입니다. 그래서 학생입니다. 군인들은 대장을 우러러보면서 대장의 꿈을 꿉니다. 그렇다고 해서 군인의 의무를 소홀히 하지는 않습니다. 아니! 그럴수록 더더욱 모범적인 군인이 되려고 합니다. 그래서 군인입니다. 그러나 어떤 사람은 대장을 꿈꾸다가 소령에서 군복을 벗어야 하고, 어떤 사람은 대장을 꿈꾸다가 대령으로 승진한 것만으로도 더는 바랄 것 없고, 어떤 사람은 대장을 꿈꾸었으나 특무상사가 된 것만으로도 천하를 얻은 것만 같아서 눈에 보이는 것이 없습니다. 이런 것이 인생입니다. 장사하는 사람들은 대재벌을 우러러보면서 큰 부자가 되기를 소원합니다. 그렇다고 장사꾼 모두가 다 재벌이 되는 것은 아닙니다. 그렇다고 해서, 재벌이 되지 못했다고 해서 돈벌이를 포기하는 사람은 없습니다. 백화점왕이 되지는 못했어도 작은 점포라도 마련해서 자식들 걱정만은 하지 않고 살게 된 것만으로도 감지덕지하고 어떤 사람은 수백억의 재산과 100평짜리 아파트 한 채를 마련하고서야 세상에 태어난 보람을 느낍니다. 돈을 많이 버는 사람이나 적게 버는 사람이나, 큰 부자나 작은 부자나 종업원이나 고용주나 누구나 자나 깨나 '돈'입니다. 이런 것이 인생살이입니다.

신앙생활 또한 마찬가지입니다. 누구나가 다 사도가 되고 성자가 되는 것은 아닙니다. 누구나가 다 원수를 사랑하고 이웃을 자기 몸과 같이 사랑하는 성자가 되는 것은 아닙니다. 신앙의 세계에도 세상과 다름없이 영적으로 대장급의 교인도 있고 영관급의 교인도 있고 병사급의 교인도 있습니다. 누구나가 당장 모든 것을 버리고 예수님의 뒤를 따를 수 있는 것도 아니고 누구나가 다 이전에 좋아하던 모든 것을 배설물과 같이 여길 수 있는 것은 아닙니다.

신앙의 세계에도 초등과정이 있고 중등과정이 있고 대학과정이 있고 박사과정이 있습니다. 그리고 대학생만이 학생이 아니고 초등학생도 공부하는 동안은 학생인 것같이, 대학 수준의 교인만 교인이 아니고 젖을 먹고 사는 유아 교인도 교인입니다. 구원을 받습니다. 어떤 과정이든 깜냥대로 나름대로 꿈꾸면서 열심히 공부만 하고 있으면 됩니다. 자나 깨나 공부의 생활만 하고 있으면 됩니다. 자나 깨나 돈 생각뿐인 사람이 장사꾼인 것같이 자나 깨나 그리스도의 온전한 인격이 소망인 사람은 거듭난 사람입니다. 현재의 상태는 수준이나 자격은 문제 되지 않습니다. 이런 것이 신앙살이의 현장입니다.

육의 사람들이 재벌은 못되어도 먹고살기 위해서 허리가 빠질 지경으로 돈벌이하며 자나 깨나 돈 생각뿐인 것같이, 거듭난 성도들은 성자가 되지는 못했어도 영혼이 살기 위해서 그의 나라와 그의 의를 구하며 자나 깨나 생각은 '그의 나라와 그의 의' 뿐이기만 하면 됩니다. 그리고 아무도 이 땅에서 그리스도의 완전한 인격을 이룰 수는 없기에 거듭난 성도들은 영원한 순례자입니다. 영원한 구도자입니다. 그리고 영원한 참회자입니다.

기독교는 챔피언 벨트를 걸어주고 하늘을 향해서 노효(勞效)를 자랑하는 의인이 구원받는 종교가 아니라 무참하게 녹다운당한 다음 손등으로 눈을 씻고 있는 참회자가 구원받는 종교입니다. 그래서 기독교를 약자의 종교라고 혹평을 하는 사람들도 있지만, 오해는 금물입니다. 기독교는 온전하시고 전능하신 하나님 앞에서만 무릎을 꿇는 종교, 그러나 어떤 사람 앞에서도 무릎을 꿇지 않는 강자의 종교이기도 합니다.

38 육체의 병과 영혼의 병

몸에 병이 든 사람은 얘기해 주지 않아도 스스로 자기 병을 알고 괴로워하기도 하고 신음도 하고 의원을 찾아가기도 합니다. 이에 반해 마음에, 영혼에 병이 든 사람은 자기 병을 모릅니다. 괴로워하지도 않습니다. 도리어 기분 좋아하고 신바람이 납니다. 도적놈은 훔친 돈 가방을 들고 의기양양해하고, 간음에 빠진 남녀는 금방 죽어도 한이 없는 것만 같고, 도박꾼들은 스릴에 시간 가는 줄을 모르고, 마약중독자는 황홀경입니다.

몸에 병이 든 사람은 자기 몸 깊이깊이 숨어 있는 병을 진찰과 검진을 통해서 찾아 준 의사를 용한 의사라고 하면서 존경합니다. 이에 반해 영혼에 병이 든 사람은 자기 병을 찾아 준 사람을 기피하고 멀리하고 증오합니다. 몸에 병이 든 사람은 집이라도 팔아서 병을 고치려 하고 벌거벗은 수치도 드러내 보여주며 배라도 가르고 창자라도 꺼내고 다리라도 절단해서 의사의 말에 절대 순종을 하는 데 반해 영혼에 병이 든 사람은 자기 병을 고쳐 주는 사람의 말을 듣지 않을 뿐만 아니라 핍박하고 죽이기까지 합니다.

교회의 역사는, 두 주인을 섬기는 교인들이, 하나님을 섬긴다고 하면서 실상은 사탄을 섬기는 교인들이, 배도(背道)하고 배교(背教)하는 교인들이 자기네들의 병을 치료하려는 선지자들과 종교개혁자들을 예수님 당시의 제사장들과 서기관들과 바리새 교인들이 사도들과 초대교인들을 핍박하고 죽인 것과 같이 핍박하고 죽인 역사가 아닐까요?

영혼의 중환자들이 일어나서 의원들을 핍박하고 십자가에 못박아 죽이는 곳은 종교계뿐이 아닐까요? 그리고 다 죽게 된 중환자들을 보고, 병이 없다고 하거나 문제가 없다고 하거나 건강하다고 하면서 "모든 죄가 죄 사함을 받았는데 죄가 다 어디 있느냐!"라고 하거나 "구원은 하나님의 일 일진데 사람이 할 일이 어디 있겠느냐!"라고 하며 "이미 구원은 떼 놓은 당상인데? 다 끝난 일인데……?" 하면서, 흥분제만 먹이고 마약과 아편만 먹여서 황홀경을 만들어 주는 사람이 대환영을 받고 대성공을 하는 곳은 종교계밖에 없을 것입니다.

39 불가사의한 종교

기독교의 대표적인 인물은 예수님과 그의 종, 사도 바울입니다. 예수님 당시의 유대 나라는 로마의 압제 아래 있었습니다. 로마의 식민지였습니다. 예수님 당시의 유대 민족은 망국의 한을 안고 있는 백성이었습니다. 조국의 독립이 그들의 유일한 소원이며 염원이었습니다. 그런데도 예수님의 기도 중에는 조국의 독립을 위한 기도를 발견할 수가 없습니다. 조국의 멸망, 예루살렘 성의 멸망을 예언하셨을 뿐입니다. 멸망을 면하게 해 달라는 기도도 없습니다. 회개하고 하나님의 품으로 돌아오기를 원하셨을 뿐입니다.

사도 바울 생존 시의 유대 민족은 곤궁한 백성이요 가난한 백성이었습니다. 그중에도 기독교인들은 핍박당해서 유리 방랑하는 무리였습니다. 내일을 기약할 수 없는 풍전등화와 같은 목숨이었습니다. 그런데도 사도 바울의 염원은 믿음의 영혼 구원이 전부였습니다. 조국이 부강한 나라가 되거나 성도들을 핍박하는 로마 제국이 망하거나 이리 떼에게 쫓겨 다니는 양의 무리 같은 성도들을 환난에서 구해 달라는 기도를 드린 일은 단 한 번도 없었습니다.

기독교는 신비의 종교이며 불가사의의 종교입니다. 기독교는 세상을 구하는 종교가 아닙니다. 하나님 앞에는 민족이나 계급의 차별이 없고 내 편도 네 편도 없습니다. 하늘에는 하나님이 땅에는 사람이 살고 있을 뿐입니다.

40 빈익빈(貧益貧) 부익부(富益富) 악익악(惡益惡) 선익선(善益惡)

의인은 좋은 일을 하고 나서도 좋은 일한 줄을 모릅니다. 자랑이 없습니다. 공은 다른 사람에게 돌립니다. 더 높은 의를 바라봅니다. 이에 반해 악인은 어쩌다가 좋은 일 한번 하면 공치사가 많습니다. 비판과 교만에 빠집니다. 정의의 투사가 됩니다.

의인은 어쩌다가 한번 잘못을 저지르면 곧바로 회개합니다. 남의 잘못을 찾아내는 데는 느리고 자기 잘못을 발견하는 데는 빠릅니다. 이에 반해 악인은 잘못을 상습적으로 저지르고 살기에, 그것을 인정했다가는 설 땅이 없기에, 온갖 구실과 트집과 하지 않은 말까지 했다고 하고 없었던 일까지 확실하게 보았다고 하면서, 모든 잘못을 다른 사람에게 뒤집어씌웁니다. 벌 받을 짓만 하면서 칭찬해 주지 않는다고 개새끼라고 하고, 미운 짓만 하면서 사랑해 주지 않는다고 더러운 년이라고 하고, 남이 잘하는 것을 보면 재주 부린다고 하고 사기꾼이라고 하고 죽일 놈과 망할 년이라고 합니다. 그래서 악한 사람과 가까이에 있는 사람들은 성현 군자라도 순식간에 악인이 되고 맙니다.

의인은 단점과 결점 속에서도 장점을 찾아내서 키워 주는 사람, 의인을 만들어 내는 사람인 데 반해, 악인은 많은 장점 중에서도 한 가지 단점을 찾아내서 중상모략하고 음해함으로 의인은 죽이고 악인을 대량 생산하는 공장입니다.

41 진리의 세계

진리의 세계는 사람들의 입놀림이 끼어들 수 있는 세계가 아닙니다. 인간의 필봉이 침범할 수 있는 세계도 아닙니다.

하나님은(진리는, 복음은) 비판의 대상도 아니고 연구의 과제도 아니고 토론의 주제도 아니고 인간의 판단을 요구하지도 않습니다. 하나님의 생각은 인간의 생각과 다릅니다. 하나님의 마음은 하나님 한 분만이 아십니다. 하나님은 인간의 이성을 초월하십니다.

하나님께서 인간에게 요구하시는 것은 오직 "신앙이냐 불신앙이냐?" "순종이냐 반항이냐?" "행복이냐 불행이냐?" "죽음이냐 삶이냐?" 이 두 가지 중 하나를 선택하는 일뿐입니다. 우리에게는 그 두 가지 중 하나를 선택할 수 있는 자유가 있을 뿐입니다.

42 언제나 있는 믿음과 조석변개하는 믿음

믿음이 없는 사람도 신체 조건이나 생활 조건이 그럴듯할 때는 믿음이 있는 것 같고, 이에 반해 믿음이 있는 사람이라도 신체 조건이나 생활환경이 엉망진창일 때는 믿음이 없는 것 같습니다. 건강할 때는 믿음이 있는 것 같던 사람도 몸이 쇠약해지고 허약해지고 기진맥진하고 고통스럽고 숨쉬기도 어려울 정도로 사경을 헤매게 되면 믿음이 없는 것 같습니다. 머리의 믿음, 자기 생각에 불과한 믿음과 감정에 불과한 믿음은 외부 조건에 따라 조석으로 변합니다.

그러나 마음속 깊은 곳, 영혼의 깊은 곳에 있는 믿음은 언제나 요지부동입니다. 예배 중심의 신앙생활을 하는 사람들은 예배를 드릴 때만, 예배당에서만 믿음이 좋고, 머리 (지식) 중심의 신앙생활을 하는 사람들은 설교하고 명강의를 할 때만 믿음이 좋고, 독서하고 성경을 공부할 때만 믿음이 좋습니다. 감정 중심의 신앙생활을 하는 사람들은 감동하고 흥분하고 손뼉을 치고 눈물을 흘리고 입신하고 방언할 때만 믿음이 좋습니다. 그러나 마음 중심의 신앙생활을 하는 사람들은 언제나 믿음이 좋습니다. 예배를 드리고 나서 세상에 나가서 가정생활을 할 때, 직장생활을 할 때도 믿음이 좋습니다. 이 사람들만이 믿음으로 사는 사람들입니다.

학생들의 실력을 알아볼 수 있는 시간이 등교하거나 하교하거나 강의를 듣고 있는 시간이 아니라 어려운 시험을 칠 때인 것같이, 교인들의 신앙의 진위를 알아볼 수 있는 시간은 예배당에서 예배를 드리고 교회 활동을 하고 있을 때가 아니라 세상에 나가서 혹은 가정에서 혹은 직장에서 혹은 시장 바닥에서 어려운 일을 당했을 때입니다. 모든 교우가 다 같이 환희에 넘쳐서 은혜 충만해서 찬양예배를 드릴 때가 아니라 세상에 나가서 생활의 현장에서 어려운 일을 당하고 불행한 일을 당하고 억울한 일을 당해 절망적인 궁지에 빠져 버렸을 때, 그런 때 오직 믿음으로 사는 사람만이, 그런 때도 믿음이 좋은 사람만이 참으로 믿음이 좋은 사람입니다. 언제나 믿음이 좋은 사람 말입니다.

예배당에서만 믿음이 좋은 사람은 단지 머리와 입술과 감정으로만 신앙생활을 하는 사람입니다. 인간의 생각과 감정은 조석변개 합니다. 따라서 자기 생각이나 감정에 불과한 믿음은 믿음이 아닙니다. 마음속 깊은 곳, 영혼의 깊은 곳에 있는 믿음만이 영원불변입니다. 영원불변한 믿음만이 참 믿음입니다. 왕권이 흔들릴 때의 충신만이 참 충신이고, 가난할 때의 열부만이 참 열부이고, 어려운 일을 당했을 때의 친구만이 참 친구입니다. 사방으로부터 욱여쌈을 당했을 때도 사도 바울같이 좋으신 하나님을 찬양하는 믿음만이 참 믿음입니다.

사각 링 위에서만 주먹을 휘두르지 않고 어디서나 주먹을 휘두르는 사람은 챔피언이 아니고, 강의실에서나 명강의를 하지 않고 아무 데서나 시도 때도 없이 유식한 체를 하는 사람은 석학이 아닌 것같이, 아무 데서나 시도 때도 없이 믿음 좋은 체를 하는 사람은 믿음이 좋은 사람이 아닙니다.

무대 위에서만, 예배당에서만, 예배 시간에만, 기도들 드릴 때만 믿음이 좋은 사람은 믿음이 좋은 사람이 아닙니다. 세상에 나가서 일선에서 싸움을 잘하는 사람, 믿음의 선한 싸움을 잘하는 사람만이 참으로 믿음이 좋은 사람입니다.

43 피해 입은 돈을 아까워하는 것도 욕심입니다

많은 돈을 벌려고 하는 것도 욕심이지만, 손해 본 돈을 아쉬워하는 것도 욕심입니다. 그러나 평생토록 피와 땀을 흘려서 번 돈을 한번 의미 있고 보람 있게 써 보지도 못하고, 여봐란듯이 써 보지도 못하고, 꼭 나누어야 할 사람에게는 돈이 아까워서 나누어 주지 못하고, 꼭 써야 할 일에는 모르는 체하고 나서 그렇게 애지중지 모은 돈을 믿을 수 없는 사람에게 맡겼다가 사기를 당하고, 주어서는 안 되는 사람에게 주어서 물거품이 되게 한 것이 억울하고 분하십니까? 그 귀한 돈을 다 내주고서도 보람하나 찾지 못하고 부끄러움만 남기게 된 것이 원통하십니까? 그것도 욕심입니다! 돈이 없어졌으니 이젠 미련도 버리고 후회도 버리십시오. 후회도 욕심입니다. 도리어 더 잘 된 것은 아닐까요? 회개의 기회를 얻을 수 있게 됐으니 말입니다.

돈이 수중에 들어오거든 기회를 놓치지 말고 지체하지 말고 좋은 일에 쓰십시오. 돈은 배신자입니다. 돈은 의리가 없습니다. 언제 도망쳐 나갈지 모릅니다. 자선과 적선을, 좀 더 큰일에 쓰거나 좀 더 보람이 있는 일에 쓰려고 내일로 미루는 사람은 결국 후회를 남기게 될 것입니다. 가족들부터, 가까운 데 있는 사람들부터, 아는 사람들부터 돌보십시오. 큰돈이 생기기를 기다리지 말고 작은 돈부터 쓰기 시작하십시오. 지금 수중에 있는 돈을 쓰지 못하는 사람은 결국 그 돈을 누군가에게 빼앗기거나 돈에 배신당해서 통곡할 날을 곧 맞게 될 것입니다.

44 인생 축소도

인생 전반기에는 죄, 그중에도 잘난 체를 하며 잘못 살았고, 중반기에는 벌을 받고 채찍에 맞으면서 기구한 병고와 질고의 길을 걸으면서 후회막심했고, 후반기에는 회개하고 죄 사함을 받은 감사와 감격 속에서 회개하는 죄인들을 구원하시는 예수님을 증언하는 것으로 후회 없이 미련 없이 남부러울 것 없이 살면서 천하를 얻은 사람도 부러워하지 않게 되었습니다. 이것이 나의 인생 축소도입니다.

45 진리는 지식이 아니라 생명입니다

생명을 말이나 지식으로 설명할 수는 없습니다. 생명은 신비입니다. 그럼에도 분명히 생명은 있습니다. 말이나 지식 속에는 없어도 삶 속에는 있습니다. 이론의 여지가 없는 확실하고 또 단순한 사실입니다.

그런데 진리도 복음도 하나님의 말씀도 생명입니다. 진리는, 복음은, 하나님의 말씀은 머릿속이나 지식 속에 있지 않고 삶 속에만 있습니다. 마음속에만 있고 영 안에만 있습니다. 삶 속에서는 너무도 확실하고 단순한 사실입니다. 그러나 말로는 설명할 수 없습니다. 삶 속에서는 확실하고도 단순한 진리가 머릿속으로 들어가면 너무 복잡해서 알 수 없는 것이 되고 맙니다. 갑론을박이 생기고 온갖 학파와 교파가 난립합니다.

똑같은 맥락에서 믿음과 사랑과 소망도 머릿속에 있는 지식이 아니라 삶 속에 있는 생명입니다. 감화력이며 영향력이며 변화를 일으키는 힘이며 영력입니다. 하나님도 예수님도 성령님도 영이십니다. 세 분 모두 영력으로 나타나십니다. 그리고 영은 시간과 공간을 초월하기에 삼위일체의 하나님이십니다. 믿음과 소망과 사랑은 생명입니다. 영력입니다. 하나님의 능력입니다.

그래서 진리가 있는 곳에는 움직임이 있고 변화가 있고 역사가 있습니다. 하나님의 나라는 말에 있지 않고 능력에 있다고 하신 말씀이 뜻하는 것이 바로 이것입니다. 삶의 현장에서는 이렇게도 확실하고 단순한 복음이, 단순한 진리가 머릿속으로 들어가면 바벨탑이 되고 맙니다. 머릿속이나 일시적인 감정 속에 있는 진리는, 복음은, 믿음과 소망과 사랑은 사랑도 아니고 믿음도 아니기에, 머릿속에만 있는 하나님은 하나님도 아니기에 거기서는 아무런 변화도 일어나지 않습니다.

모든 진리는 그것이 복음이든 하나님의 말씀이든, 믿음이든 사랑이든 소망이든, 하나님이시든 예수님이시든 성령님이시든 능력, 영력으로 나타나십니다. 따라서 변화와 회개의 역사도 중생의 역사도 성화의 역사도 일으키지 못하는 진리는, 말뿐인 진리요 지식에 불과한 믿음입니다. 인조 하나님입니다. 다시 한번 말씀드리거니와 하나님의 나라는 말에 있지 않고 능력에 있습니다. 머리와 감정 속에만 있는 사랑은 아이를 생산하지 못하고 삶의 현장에 있는 사랑은 아이를 생산하듯이, 머리와 감정 속에만 있는 믿음에서 나오는 것은 메아리뿐이지만 삶 속에 있는 믿음에서는 역사가 일어납니다.

삶의 현장에서 강도를 만나서 약탈당하고 중상을 입은 사람을 만나면 사랑이 시키는 대로 달려가서 약을 발라 주고 상처를 싸매 주고 이것저것 돌봐 주면 그만입니다. 말이 많지 않습니다. 큰 지식이 필요하지도 않습니다. 그러나 사랑을 전공한 사람들이 현장에 이르면 사랑에 관해서 연구했다며 토론하느라고 부상자를 앞에 놓고 미루고 세월 가는 줄을 모릅니다. 학문에는 끝이 없고 지식은 결론에 이르지 못하기 때문입니다. 해답을 얻었다고 해도 학자들에게는 사랑을 실천할 힘이 없습니다. 지식은 따지기를 좋아해서 희생할 수가 없고, 지식은 교만해서 섬길 수가 없기 때문입니다. 신앙의 현장, 삶의 현장에서는 지식이 힘이 아니라 사랑이 힘이고 팔만대장경이나 사서삼경보다 더 박식하고 더 유식한 것이 사랑입니다. 그래서 사랑이 율법과 선지자의 대강령입니다.

46 가장 악한 종교

이 세상에서 가장 악한 종교는 유대교와 이슬람교일 것입니다. 이 두 개의 종교야말로 인간차별과 인종차별을 잔인하리만큼 실천하는 종교이기 때문입니다. 유대교인들만이, 이슬람교만이 하나님의 백성이고 사람이고, 이방인들은 개이고 개만도 못한 사람이고, 그래서 유대인과 이슬람교도를 사랑하는 것은 좋은 일이지만, 이방인들을 사랑하는 것은 악이 되고 이방인들을 미워하고 죽이는 것이 선한 일이 되고 이방인들은 잔인하게 죽일수록 큰 선이 됩니다. 사람이 사람을 미워하고 죽이는 것을 선행이라고 하는 종교가 유대교와 이슬람교 외에 또 어디 있겠습니까? 유대교인과 이슬람교도는 흥하고 복을 받고 이방인들은 저주받아서 망해야 한다니요? 인간차별을 이토록 노골적으로 실천하는 종교가 유대교와 회교도 외에 어디 또 있겠습니까?

그러나 기독교는 햇빛과 단비를 신자와 불신자의 구별 없이 내려 주시는 종교입니다. 기독교는 어떤 종족의 종교가 아니라 이편이나 저편의 종교가 아니라 인류의 종교입니다. 국경이 없는 종교입니다. 기독교는 원수도 사랑하는 종교입니다.

기독교의 하나님은 믿는 사람들이 믿고 구하기만 하면 큰 집을 마련해 주시고 높은 자리도 마련해 주시고 좋은 신랑감을 마련해 주시고 합격도 시켜 주시고 우승컵도 안겨 주시는 하나님이 아닙니다. 믿는 사람들을 잘살게 해 주신다는 얘기는 불신자들을 쫄딱 망하게 하신다는 얘기인데 어떻게 공의의 하나님이 그런 못된 짓을 하실 수 있겠습니까?

기독교와 유대교는 다른 종교입니다. 유대교는 현세를 유업으로 받는 종교이고 기독교는 영생을 유업으로 받는 종교입니다. 똑같은 아버지와 어머니에게서 가인과 아벨이 나고 이삭과 이스마엘이 나오고 에서와 야곱이 나온 것같이 똑같은 아브라함 자손 중에서 예수님과 기독교도 나오고 유대교와 이슬람교도 나왔습니다.

47 종교적인 죄 (가장 악한 사람들)

완전범죄라고 하는 것이 있습니다. 죄의 흔적조차 남기지 않는 죄, 증거를 남기지 않는 죄, 그래서 처벌받지 않는 범죄를 말합니다. 그런데 종교적인 죄는, 그 이상의 죄로 처벌받지 않을 뿐 아니라 포상까지 받고 존경까지 받는 죄입니다.

가장 악한 사람은 남의 것을 사기 쳐서 도적질할 뿐 아니라 그 죄까지 사기를 당한 사람에게 감쪽같이 뒤집어씌우고 나서 의인의 대접을 받는 사람입니다. 인색하기 짝이 없으면서 후덕한 사람으로 대우받고, 교만하기 짝이 없으면서 겸손한 사람으로 통하는 사람입니다. 독재자이면서 자애로운 아버지로 사랑을 받는 사람입니다. 예수님 당시의 제사장들같이 거룩한 성전을 돈벌이하는 암시장으로, 권력 투쟁하는 정치판으로 만들어 놓고는 거룩한 하나님의 종으로 영광을 독차지하는 사람들입니다. 그리고 예수님과 하나님의 참 일꾼들을 신성모독자로 몰고 배교자로 몰아 처형하는 사람들입니다.

그런데 이런 일들은 신비에 싸여 있는 종교계, 흑백을 분명하게 가려낼 수 없는 신앙의 세계, 오리무중 속 같은 영계에서 가장 빈번하게 일어나는 일입니다. 따라서 정치계에서는 권좌에 앉은 사람과 가장 계급이 높은 사람이 성공한 사람이고, 경제계에서는 돈방석에 앉은 사람이 부자이고, 학문의 세계에서는 노벨상을 받은 사람이 가장 유식한 사람이지만, 그러나 종교계에서만은 다릅니다. 종교계에서는 가장 높은 자리에 앉았다고 해서, 가장 많은 사람에게 존경받는다고 해서 반드시 고위층 인사가 되고 성공한 것이 되지 못합니다. 위대한 인물이 되는 것이 아니라 도리어 그 반대의 경우가 될 때도 있습니다. 예수님이 그랬고 모든 참 선지자가 그랬고, 사도들이 그랬고, 종교개혁자들이 그랬습니다.

종교계에서 팬들을 몰고 다니는 사람이 선망의 대상이 되고, 돈을 많이 버는 사람이 존경의 대상이 되고, 호위병을 거느리고 다니는 사람이 가장 높임을 받는 날은 끝장을 보게 된 날이 아닐까요? 성직자 여러분 가난을 숨기려 하지 마시고, 말석을 부끄러워하지 마시고, 알아주는 사람이 없는 것을 서러워하지 마십시다. 성직자에게 있어 무소유와 무명은 영광입니다. 사도 바울은 "세상의 더러운 것과 만물의 찌꺼기같이 되었도다."라며 만물의 찌꺼기가 된 것을 자랑했고, "무명한 자 같으나 유명한 자"라고 하면서 무명을 자랑했습니다.

사도 바울은 쇠고랑에 묶여 있는 몸으로도 재판장인 왕과 총독을 보고 "당신뿐만 아니라 오늘 내 말을 듣는 모든 사람도 다 이렇게 결박된 것 외에는 나와 같이 되기를 하나님께 원하나이다."라고 하지 않았던가요?

48 부흥에서 오는 타락

두세 사람 혹은 대여섯 명 혹은 십여 명이 모여서 예배를 드리던 시대에는, 가정교회 시대에는, 교인들이 핍박당해서 유리 방황하던 시대에는, 핍박당하는 것이 유일한 축복이 될 수밖에 없던 초대교회 시대에는 교회에 타락이 없었습니다. 타락은 부흥과 함께 왔습니다. 타락은 부흥에서 왔습니다.

많은 사람이 몰려와서 단체가 되고 교회가 조직화 되고 제도화되고, 평신도들 사이에도 신급이 생기고 성직자들 사이에도 계급이 생기고, 교회 안에서도 성공하는 사람과 실패하는 사람, 돈을 많이 버는 사람과 돈을 못 버는 사람이 생기면서 성전 건물들이 웅장해지고 화려해지면서 타락이 왔습니다. 타락은 부흥과 함께 왔습니다. 호사다마였습니다.

세상에나 있는 이권다툼과 자리다툼이 교회 안에서까지 벌어짐으로 타락이 왔습니다. 부흥은 축하해야 할 일이며 동시에 경계해야 할 일입니다.

입학 지망생이 구름같이 많이 모여든다고 해서 그 모든 학생을 모두 합격시키는 학교가 어떻게 명문대학이 될 수 있겠습니까? 아무리 많은 입학 지망생이 몰려와도 선별하고 엄선해서 입학을 허가하는 학교만이 명문대학이 될 수 있는 것이 아닐까요? 20대1, 100대1을 자랑하면서 그렇게 입학한 학생 중에서도 실력이 있는 학생들만을 졸업시키는 학교만이 오래오래 명문대학의 전통을 이어 갈 수 있는 것이 아닐까요? 그러할진대 교회들은 어떻게 했을까요? 교회들은 부흥에만 눈이 어두워서 성경에 명시되어 있는 자격조건도 기준도 무시해 버리고 너무도 무책임하고 무분별하게 세례를 베풀고 집사직과 권사직과 장로직을 위촉했습니다. 성직자들까지 너무도 무차별하고 무분별하고 무책임하게 양성했습니다. 예수님께서는 모든 것을 버리고 죽을 각오까지 한 사람들만 제자로 삼으셨는데 교회는 하나님의 나라도 얻고 세상도 얻겠다고 하는 대욕과 대망을 품은 사람들에게까지 안수했습니다. 그러니 어찌 교회가 타락을 면할 수 있겠습니까?

부흥 속에서 교회가 타락하는 두 번째 이유는 교회를 타락시키는 설교가 바로 교회를 부흥시키는 설교라는 데 있습니다. 교회를 타락시키지 않고 교회를 부흥시키는 방법은 없다는 데 있습니다. 그러면 교회를 부흥시키면서 다른 한편으로는 타락시키는 설교란 어떤 설교일까요? 오늘날 많은 대형교회가 한편으로는 교회를 부흥시키면서 다른 한편으로는 타락시키고 있는 바로 그 설교입니다.

첫째는 영혼 구원뿐 아니라 육체 구원도 받는다고 하는 설교입니다. 믿기만 하면 하나님의 나라뿐 아니라 세상도 덤으로 얻는다고 하는 설교입니다. 하나님과 재물(맘몬)을 겸해서 섬길수 있다고 하는 설교입니다. 삼박자 구원의 복음이요 오중 축복의 구원이 바로 그것입니다.

두 번째는 그 정도가 아니니, 하나님의 나라도 믿기만 하면 공짜로 받고 세상도 구하기만 하면 공짜로 받는다고 하는 설교입니다. 전하는 방법이나 하는 말은 달라도, 육두문자로 전하는 사람도 있고 유식한 말로 전하는 사람은 있어도 그 내용은 하나 입니다.

교인들이 웃음꽃을 피우고 있는 곳, 교인들이 기대에 설레고 있는 곳, 교인들이 기대에 부풀어 있는 곳, 교인들이 기적과 대망의 꿈속에서 밤이 깊어가는 줄도 모르고 흥분하고 있는 곳, 그곳마다 공짜 구원과 공짜 축복의 메시지가 전해지고 있는 현장입니다. 한편으로는 교회를 부흥시키면서 동시에 다른 한편으로는 교회를 (도박장으로) 타락시키는 현장입니다. 부흥을 경계해야 합니다. 꽃뱀을 경계해야 합니다. 공짜는 가짜입니다. 싼 것은 비지떡입니다.

교회는 하나님은 뜻은 덮어 두고 각자 자기네들의 소원을 관철하는 곳이 아니라 인간의 소원은 덮어두고 하나님의 뜻을 이루는 사람들의 모임이 되어야 합니다. 기도부터 달라져야 합니다.

오늘날 교인들의 중요관심사는 무엇일까요? 한마디로 자랑거리도 숫자요, 걱정거리도 숫자가 아닐까요? 어딜 가나 묻는 것은 "몇 사람이나 모이지요?" " 담임목사는 누구지요?" 그것뿐입니다. 그런데 문제는 타락이 바로 숫자 우상에서 온다는 사실입니다. 만일 우리 집 근처에 학생의 수와 건물밖에 자랑할 것이 없는 대학이 있다면, 그 대학은 어떤 대학일까요?

49 개신교회 조직과 제도의 허점

개신교회는 인문주의와 인본주의와 민주주의의 새로운 사조 속에서 태동한 교회여서 조직상의 허점과 약점을 피할 수 없었던 것 같습니다. 역사는 중용의 길을 가지 않고 정반합의 길을 간다고 하던가요?

요약하자면 의사들이 환자들과 의논해서 진료하고 요리사들이 손님들과 협의해서 음식을 만드는 데 있으며, 두 번째는 판검사들이 죄수들과 상의해서 판결하는 데 있고, 세 번째는 학생총회에서 교수들을 선출하고 병사들이 사령관을 해임하는 데 있으며, 네 번째는 탑승객들이 여객기를 조종하고 고객들이 백화점을 경영하는 데 있습니다. 양의 무리가 목자를 몰고 다니는데 있습니다.

이와 같은 현상은 이 세상 어디에도 찾아볼 수 없는 일로, 천주교회에서도 찾아볼 수 없고 불교에서도 찾아볼 수 없는 일입니다. 성당은 신부가 지키고 절간은 승려들이 지킬 뿐입니다. 평신도들이 성직자의 임명이나 전보에 참여하지는 않습니다. 정치계에서나 통하는 의회정치(민주정치) 제도를 교회에 도입한 것이 교회의 최대 허점이요 맹점입니다.

교회는 하나님의 말씀을 듣는 곳이지 사람의 말을 듣는 곳이 아닙니다.

50 이상을 추구하는 사람과 현실주의자

현실주의자란 생긴 그대로, 그 모습 그대로 바람 따라 물결 따라 세상 따라 사는 사람입니다. 육체가 전부이고 세상이 전부이고 이생이 전부인 사람입니다. 성공도 여기서 하고 행복도 여기서 찾고 사는 보람도 여기서 찾는 사람입니다. 가정이 전부이고 좋은 자식이 되고 좋은 아버지가 되고 좋은 어머니가 되는 것이 전부인 사람입니다. 직장이 전부인 사람입니다. 맡은 바 일에 충실하고 윗사람을 잘 모시고 아랫사람을 잘 거느리고 동료들과도 잘 어울리고 맡은 바 일에 충실해서 영전하고 고위층 인사가 되는 것이 전부인 사람입니다. 사업을 하면 돈을 많이 버는 것이 전부이고, 운동하면 금메달을 목에 거는 것이 소원이고, 연예인이 되면 명예의 전당에 오르는 목표이고, 국민가수가 되고 축구황제가 되는 것이 전부인 사람입니다.

그래서 가정에서는 효자가 되고 잉꼬부부가 되고 모범적인 어버이가 되고, 학교에서는 우등생이 되고, 직장에서는 표창 받고 특진하는 사원이 되고, 나라에서는 남의 나라야 망하든 말든 자기 나라만이 이익을 추구해서 부강을 만들어 내는 공무원이 됩니다. 세상일에 충실하고, 세상의 칭찬을 듣고 존경받고, 세상을 얻는 사람들입니다.

이에 반해 이상을 추구하는 사람들은 잠시 잠깐 지나가는 세상에 살고 있으면서도 영원한 가치를 추구하는 사람들입니다. 눈에 보이는 세상보다 눈에 보이지 않는 세계를 먼저 구하는 사람들입니다. 그의 나라와 그의 의를 먼저 구하는 사람들입니다. 효자가 되는 것으로 만족하지 않고 독거노인들을 돌보고, 자기 자식들만 돌보지 않고 고아들도 돌보는 사람입니다. 자기 가정

하나의 행복만 위해서 살지 않고 불행한 가정들을 기억하는 사람입니다. 직장에 근무하면서도 자기 자신의 승진이나 자기 회사의 발전만 생각하지 않고 강등을 각오하면서까지 영세 상인들의 도산을 우려하는 사람입니다. 진학률은 떨어져도 해직을 각오하면서까지 인간교육, 교육 본래의 목표에 충실한 사람입니다. 목회를 해도 성공을 생각하지 않고 하나님의 뜻을 따르는 데 전념하는 사람입니다. 국사를 책임지고 있으면서도 다른 나라의 처지를 생각하는 사람입니다.

그래서 사람 눈으로 볼 때는 현실주의자들이 가정에서도 직장에서도 나라에서도 훨씬 더 모범적인 가장이고, 특진하는 직장인이고, 훈장을 받는 애국자이고, 목회에도 성공해서 하나님의 큰 종으로 추앙받게 되는 경우가 허다합니다. 이에 반해 이상주의자들은 현실 세계에서 규격에 맞지 않는 부속품같이 버림을 당하고, 비난을 듣고, 때에 따라 처형당하는 일까지 생깁니다. 가정에서도 직장에서도 나라에서도 교회에서도…….

많이 팔리는 그림을 그릴 생각을 하지 않고, 베스트셀러 작품을 펴낼 생각을 하지 않고, 남아야 알아주든 말든 자기만의 예술혼을 불태워 불후의 작품을 창작한 예술가들은 가난과 무명을 면할 수가 없었습니다. 사도들은 하나같이 좋은 남편이나 좋은 아버지가 될 수 없었고, 나이팅게일은 아군의 부상자들뿐만 아니라 적군의 부상병들까지 간호를 해 줌으로 국사범이 될 수밖에 없었고, 모든 참 선지자와 종교개혁자들은 교회에서 이단으로 몰려 추방당했고, 위그노들은 화형을 당해 밤거리의 가로등이 되어 타죽을 수밖에 없었습니다. 시대의 변화에 편승하여

이 씨 정권을 장악한 정도전과 한명회와 신숙주는 공신이 되었지만, 충절에만 충실하던 정몽주와 사육신은 역적이 되고 될 수밖에 없었습니다. 이쪽에서 보면 정몽주가 충신이고 정도전이 역적인데 저쪽에서 보면 정도전이 공신이고 정몽주는 역적입니다. 이쪽에서 보면 사육신이 충신이고 한명회는 역적인데 저쪽에서 보면 한명회가 공신이고 사육신은 역적입니다. 이기면 충신이 되고 지면 역적이 되는 것뿐입니다.

어쨌든 당장 눈앞에서는, 세상에서는 현세 주의자들이 모범생으로 보이고, 이상주의자 진리의 사람들은 문제아로 보이고 거침돌로 보입니다. 어색하고 어울리지 않고 거추장스러운 존재가 되기 일쑤입니다. 그래서 히브리 기자는 말하지 않았던가요? "세상은 이런 사람들을 받아들일 만한 곳이 못 되었습니다. 그래서 그들은 광야와 산과 동굴과 땅굴을 헤매며 다녔습니다." 라고.

세상은 그것이 가정이든 직장이든 교회든 세상에 속한 사람들이 안성맞춤입니다, 사람들은 끼리끼리 어울리고 싶어 합니다. 그 가는 길에 진심으로 영원한 가치를 추구하는 순간 낙동강 오리 알이 됩니다. 세상은 세상을 먼저 구하는 사람들이 얻고 하나님의 나라는 그의 나라를 먼저 구하는 사람들이 얻습니다. 종교계는 그의 나라를 먼저 구한다고 하면서 세상을 먼저 구하는 사람들이 얻고요.

급변하는 세상에 적응을 잘하는 것은 세상이 전부인 사람들입니다. 불변하는 영원에 살고 있는 사람들은 도포를 입고 지하철을 타려고 줄을 선 사람입니다.

51 악행보다 더 무서운 것이 '악'입니다

　나타난 악행보다 더 무서운 것이 속에 '숨어 있는 악'이라지만, 그런데도 악행은 드러나서 처벌받고 악은 숨어 있어서 처벌을 받지 않습니다. 그럼, 이제부터 악이 악행보다 더 무서운 까닭을 설명해 드리겠습니다.

　첫째로 악행은 악을 행할 때만 사람을 해칩니다. 그러나 사람의 마음속에 숨어 있는 악은, 악한 사람은 언제나 쉬지 않고 사람을 해칩니다. 악한 사람은 그가 하는 모든 일을 통해서 심지어 잠을 자고 있을 때도 세상을 해칩니다. '존재' 자체가 세상에 끼치는 해악입니다. 햇빛과 공기는 거기 있기만 해도 세상에 유익을 주고, 악취를 풍기는 오물은 쌓여 있기만 해도 세상에 해를 끼치고, 해충과 병균이 우글거리는 오수는 모여 있기만 해도 세상에 해가 되는 것같이 말입니다. 그런데도 악 자체는, 미움이나 교만이나 욕심은 벌을 받지 않습니다. 그래서 무섭습니다.

　둘째로 악행은 그것이 살인이든 강간이든 그 모습 그대로 드러나지만, 악은 선으로 가장하고 분장하기 때문에 무섭습니다. 모든 악은 위장의 대가입니다. 남자를 함정에 빠뜨리려고 하는 여자가 가장 예쁘게 화장하고, 반역을 도모하는 신하가 가장 충성스럽고, 유괴하는 납치범이 가장 친절하고, 독재자가 가장 겸손하고, 위선자가 가장 참 선지자로 분장합니다. 모든 악은 갖은 변명과 변장으로 위장합니다. 그래서 흉측한 모습 그대로인 악행보다 무섭습니다.

셋째로 악행은 비판을 받고 따돌림을 당해서 경계심이라도 주고 처벌받기도 하지만, 그러나 악은, 악인은 자기와 무관한 사람으로 위장하기 위해서 자기 잘못을 피해자에게 무죄한 사람들에게 전가합니다. 사기를 친 사람은 사기를 당한 사람을 사기꾼으로 만들어 버리고, 위선자는 참 선지자들을 거짓 선지자와 이단으로 처형합니다. 역적들은 충신들을 역적으로 몰아서 육시하고 공신이 됩니다. 악한 사람들은 쉴 새 없이 주변에 있는 의인들을 모해하고 음해하고 중상모략하고 낭설을 퍼뜨리고 뜬소문을 전파해서 죽일 놈, 망할 놈으로 만들어 버립니다. 쉴 새 없이 입을 놀리고 다니면서 남의 신세를 망쳐 놓고 남의 위신을 땅에 떨어뜨려 놓습니다. 근거도 없는 뜬소문이 판을 치고 다니는 곳, 낭설이 환영받는 사회에서는 더더욱 그렇습니다. 이 두 눈으로 똑똑히 봤다고 하니 어찌 진실인들 알 수 있겠습니까?

자기 가족과 자기편 사람과 자기 나라 사람만 눈 속에 집어넣어도 아프지 않을 지경으로 사랑하는 사람은 남의 집이나 반대편이나 적국의 사람들은 치를 떨고 머리가 곤두설 지경으로 미워해서, 자기 가족이나 자기편 사람이나 자기 나라 사람들에게는 혹은 세상에 둘도 없는 남편과 아버지로 혹은 존경받는 이웃으로 혹은 애국지사로 이름을 길이길이 역사에 남깁니다. 이에 반해 의인들은, 남의 집이나 반대편이나 남의 나라, 아니! 적국의 백성들까지, 원수까지도 사랑하는 의인들은 자기 집안이나 자기 나라에서 비정한 아버지로 혹은 무정한 남편으로 혹은 매국노로 반역자로 몰려 지탄을 받습니다.

52 두려워하기 때문에 두려워하지 말라고 합니다

두려움을 모르는 군마에게 두려워하지 말라고 설교하는 사람이 어디 있고 욕심이 없는 천사에게 어찌 욕심을 버리라고 경고하겠습니까?

어떤 사람들은 말합니다. "믿는 사람이 어쩌면 그리도 겁이 많으냐?"고 "내게 강 같은 평안이 흐른다고 하면서 걱정은 왜 하느냐?"라고. 이 사람들은 성도들에게는 욕심도 없고 미움도 없고 걱정거리도 없는 줄 압니다. 성도들은 사람도 아닌 줄 압니다. 그뿐 아닙니다. 성도들 자신도 자기에게 욕심이 있고 증오가 있고 걱정거리가 있어서 믿음을 의심합니다. 그러니 세상에 이토록 큰 오해가 어디 있겠습니까? 단지 그 두려움을 이기고 그 염려를 몰아내는 것이 다를 뿐입니다. 그 욕심을 절제하고 그 증오를 억제하는 것이 다를 뿐입니다. 사랑으로 증오를 퇴치하는 것이 다를 뿐입니다.

두려움이 없다면 용기가 무슨 의미가 있고 욕심이 없다면 희생과 봉사에 무슨 의미가 있겠습니까? 두려움을 몰아내는 힘이 용기이고 욕심을 굴종시키는 힘이 희생과 봉사이고 미움과 증오를 몰아내는 힘이 사랑이 아닐까요? 성도들도은 불신자들과 같이 걱정하고 욕심도 부리고 미워도 합니다. 다른 것이 있다면 걱정과 욕심과 증오를 다스리는 힘, 영력이 있을 뿐입니다.

53 한 사람 한 사람이 요지부동의 철옹성입니다

　과학 문명의 급격한 발전과 함께 너무도 많은 것이 변했습니다. 옛날에는 걸어 다니고 기껏해야 가마와 말을 타고 다니던 사람들이 지금은 승용차를 몰고 비행기를 타고 하늘을 날아다닙니다. 지금도 세상은 급격하게 변하고 있습니다. 생활용품들도 변하고 가재도구들도 변하고 있습니다. 옛날에는 한옥에 살던 사람들이 지금은 양옥과 아파트에 살고, 옛날엔 농촌에 살던 사람들이 지금은 대도시의 번화가를 급히 달려갑니다. 옛날에는 출가하면 명실공히 출가외인이 되어 친정 부모의 얼굴 한 번 보지 못하고 살아야 했던 여인네들이 지금은 출가한 후에도 승용차를 몰고 가서 자주자주 만나고 핸드폰으로 하루가 멀다고 소식을 주고받습니다. 너무도 눈부시게 변하고 있는 세상입니다. 지금은 인터넷을 통하지 않고서는 사업도 할 수가 없고 쇼핑도 할 수 없는 시대입니다.

　그래서 사람마다 급격히 변화하는 세상에 적응하기 위해서, 그리고 변화하는 세상이 요구하는 적격품이 되기 위해서 학교도 다니고 기술자도 됩니다. 급변하는 세상에 적응하지 않고서는 성공은 고사하고 취업도 할 수 없고 살아남을 수도 없는 세상입니다. 그래서 모든 사람이 시대가 요구하고 사회가 요구하고 직장들과 단체들이 요구하는 사람이 되기 위해서 레이더같이 반응합니다. 버스 노선도 변하고 지하철 요금도 변하고 세제도 변하고 규제도 변합니다. 그래서 변해 가는 세상 정보에도 뒤떨어지지 말고 적응해야 합니다. 지금은 무슨 일을 할 수 있느냐 뿐 아니라 그 일을 얼마나 빨리할 수 있느냐가 문제가 되는 세상입니다. 그래서 모든 사람이 쉴 새 없이 변하는 세상에 적응하려고 분주히 움직이고 있습니다.

그런데 그중에도 변하지 않는 것 하나가 있습니다. 사람입니다. 사람의 육체는 수명이 좀 길어지고 신장이 좀 커지기는 했으나 옛날 그대로의 육체이고, 인간의 마음 역시 옛날 그대로의 마음입니다. 그래서 모든 것이 다 발전하고 있는 가운데서도 발전하지 못하고 있는 것이 도덕과 종교입니다. 사람은, 자기는 변하지 않으면서 다른 모든 것이, 세상이, 자기가 원하는 세상으로 변하기를 바랍니다. 자기는 변하지 않으면서 남들이 자기가 원하는 사람으로 변해 주길 원합니다. 남편은 아내가 아내는 남편이, 자식들은 부모님이 부모님은 자식들이, 학생들은 선생님이 선생님은 학생들이 자기가 원하는 사람으로 변해 주길 바랍니다. 자기가 남편이나 아내나 부모님이나 자식이나 학생이나 선생님이 원하는 사람으로 변하려는 사람은 없습니다. 모두가 자기가 좋은 사람이 되려고는 하지 않고 남들이 좋은 사람이 되어 주길 바랍니다. 자기는 참지 않고 남들이 참아 주길 바라고, 자기는 희생하지 않으면서 남들은 희생해 주기 바랍니다. 그래서 자기 잘못은 눈감아 주면서 남의 잘못은 티끌만 한 잘못이라도 절대로 용서하지 않고 노발대발합니다. 신앙생활도 자기 믿음에 서서 요지부동입니다.

하나님께서 인간에게 요구하시는 것은 한마디로 변화입니다. 회개도 변화이고 중생도 변화이고 성화도 변화입니다. 그런데 사람들은 변화를 거부합니다. 변화 없이 그 모습 그대로 그 모양 그대로 구원받으려고 합니다. 구원받기 전이나 구원받은 후나 오직 믿음으로 구원받으려고 합니다. 구원은 사람의 행함과 상관없이 사람 밖에서 이루어지는 것이라고 합니다. 오직 하나님의 예정과 선택과 언약에 따라서……

사람들은 절대로 자기 자신은 변하지 않고, 생각조차 변하지 않고 구원받으려고 합니다. 자기는 변하지 않고 복음까지 변화시키려 합니다. 회개와 중생과 성화를 요구하는 복음을 바꿔 버리려고 합니다. 죄란 처음부터 존재하지 않는 것이라고 합니다. 자기가 하나님의 말씀에 따라 변하려 하지는 않고 하나님에게 변화를 요구합니다. 기도를 드려도 자기가 하나님의 뜻을 따를 수 있도록 해 달라고, 자기가 하나님의 뜻을 따르는 사람으로 변화할 수 있도록 구하지 않고 하나님이 마음을 바꾸어서 자기 뜻을 따를 수 있도록 하나님이 자기 뜻을 따르게 해 달라고, 하나님의 뜻이 아니고 자기 소원을 들어 달라고 기도합니다.

설교를 들어도 자기 생각에 맞고 자기 기분에 맞는 설교를 들어야만 은혜를 받고 자기가 이해할 수 없는 설교를 들으면 말도 안 되는 소리라고 합니다. 자기가 지금 하고 있는 신앙생활과 자기가 살고 있는 신앙생활에 대해서 더는 바랄 것이 없다고 합격 점수를 주면 은혜 많이 받았다고 하고, 하나님의 말씀에 따라서 변화를 요구하면 거부반응을 일으킵니다. 자기는 변하지 않고 복음도 진리도 하나님도 자기가 원하는 복음과 진리와 하나님으로 바꾸려고 합니다.

한 사람 한 사람이 난공불락의 요새입니다.

54 중생과 성화에 대하여

구원의 조건이 되는 행함은 아무도, 성자라도 행할 수 없는 행함으로, 오직 믿음으로 구원받는 것이 정통신앙입니다. 여기서는 행함으로 구원을 받으려고 하거나 행함을 구원받는 데 조금이라도 도움이 된다고 생각만 해도 이단 신앙이 됩니다.

그러나 구원의 열매로 나타나는 행함은, 온전한 행함이 아니라 성화의 과정 중에 있는 행함으로, 누구나 마음만 먹으면 행할 수 있는 나름의 행함이며 깜냥대로의 행함입니다. 따라서 이 행함은 없어서는 안 되는 행함입니다. 따라서 구원의 열매로 나타나는 행함조차 없는 사람은 구원받은 사람이 아닙니다.

그러면 구원의 열매로 나타나는 행함은 구체적으로 어떤 행함일까요? 예를 들어 설명해 보겠습니다. 사업을 하는 사람들은 누구나 거부가 되고 재벌이 되기를 바랍니다. 그렇다고 누구나 다 거부가 되는 것은 아닙니다. 재벌을 꿈꾸면서도 어떤 사람은 중소상인으로, 어떤 사람은 소매상인으로, 어떤 사람은 호구지책으로 만족하고 살아야 합니다. 똑같은 이치입니다. 구원받은 성도들은, 하나님의 온전하심과 같은 온전함을 목표로 하고 살기는 하지만, 그렇다고 누구나가 다 성자가 되고 선지자가 되는 것은 아닙니다. 학생들 모두가 다 대학자가 되고 우등생이 되기를 원하지만, 그렇다고 당장 대학자가 되는 것도 아니고 모두가 우등생이 되는 것도 아닙니다. 모두가 능력껏 깜냥대로 공부할 뿐입니다. 그렇다고 학생이 아닌 것은 아닙니다. 공부만 하고 있으면 학생이고 돈만 벌고 있으면 장사꾼이요 사업가입니다. 똑같은 이치입니다. 잘하고 못하는 것은 문제 되지 않습니다.

이런 것이 구원의 열매로 나타나는 행함입니다. 우리가 행할 수 있는 행함입니다. 그리고 돈을 버는 사람들이라고 해서 모두가 똑같은 장사를 하는 것은 아닙니다. 그리고 한 사람이 모든 사업을 하는 것도 아닙니다. 똑같은 이치입니다. 거듭났다고 해서 모든 좋은 일을, 남들이 하는 좋은 일을 모두 다 행해야 하는 것도 아닙니다. 사업하는 사람이 언제나 자나 깨나 돈 벌 생각만 하다가 돈을 벌 기회가 생기면 기회를 놓치지 않는 것같이 자나 깨나 하나님의 뜻을 이루기를 바라다가 기회가 되면 놓치지 말고 행하면 그만입니다. 그것도 능력껏, 깜냥대로…… 우리의 연약함을 아시는 하나님은 절대로 우리에게 무리한 요구를 하지 않으십니다.

구원의 조건이 되는 온전한 행함은 아무도 충족시킬 수가 없어서 오직 믿음으로만, 오직 죄 사함을 받음으로만 구원을 받는 것이 사실이지만, 그러나 구원(믿음)의 열매로 나타나는 행함은 누구든지 마음만 먹으면 행할 수 있고, 그리고 인간이기에 행할 수 없는 계명이 아니라 인간이기에, 아니 인간만이 행할 수 있는 계명이기에, 이와 같은 행함까지 부정하는 종교는 양심 부재의 종교가 될 수밖에 없을 것입니다. 세상의 소금이 아니라 세상을 타락시키는 종교, 부패를 가속화하는 누룩이 될 수밖에 없을 것입니다. 양약이 아닌 마약이 될 수밖에 없을 것입니다.

기독교는 유대교나 이슬람교같이 이방인을 차별하고 증오하고 살생하는 악의 종교가 아닙니다. 기독교는 원수까지도 사랑하는 최고의 윤리 종교입니다. 이런 기독교가 어떻게 행함이 없는 구원과 행함이 없는 믿음을 입 밖에 낼 수 있겠습니까? 기독교는 윤리적인 이상이 너무 높아서 하나님의 온전하심을 목표로 하는 종교여서, 그래서 아무도 하나님이 될 수는 없어서, 그래서 오직 믿음으로 구원을 받는 길이 열려 있는 것뿐입니다. 해바라기가 해님을 바라본다고 해서 해님이 될 수는 없지만, 그렇다고 해님을 바라보지 않고는 해바라기는 이미 해바라기가 아닐 것입니다.

그럼 결론적으로 말씀드리겠습니다. 결국, 문제는 장사하는 사람이 돈을 벌지 않고, 돈 벌 생각을 하지 않고 잘살 생각만 하고, 아니 거부가 될 생각을 하는 데 있고, 학생이 공부하지 않으면서, 공부할 생각을 하지 않고 그러면서도 졸업할 생각을 하고, 아니 수석으로 졸업할 생각을 하는 데 있습니다. 교인들이 하나님의 뜻을 따라, 아니 하나님의 뜻을 따라 살 생각은 하지 않으면서 구원받을 생각을 하고, 행함이 없는 사람에게 주시는 마지막 기회인 회개도 하지 않으면서 구원받을 생각을 하고 아니 덤으로 세상을 얻을 생각을 하는 데 있습니다.

55 사람이 되지 않으려고 하는 사람들

스승님들은 먼저 사람이 되라고 하십니다. 그런데도 사람들은 사람이 되지 않으려고 합니다. 사람 위에 서거나 사람 밑에 깔려서 살려고 합니다. '신'이 되려고 하거나 '동물'(노예)이 되려고 합니다. 그런데도 언제나 진리는 사람 위에 사람 없고 사람 밑에 사람 없습니다. 대통령이 된 다음에 자기는 잠시 잠깐 (임기 동안만) 그 자리에 앉아 있는 사람에 불과하다고 생각하는 사람은 사람이 되려고 하는 사람이고, 대통령이 되었으니 영원히 그리고 어디서나 대통령이 됐다고 생각하는 사람은 사람 위에 서려고 하는 사람입니다. 사람이 되기를 거부하는 사람입니다. 신이 되려고 하는 사람입니다. 그 자리에서 내려온 다음에도, 은퇴한 다음에도 동창회에 가서도, 아버지나 형님과 아내 앞에서도 대통령 행세를 하는 사람 말입니다.

이에 반해 대통령의 자리에 앉아 있으면서도 자기는 대통령이 아니라 잠시 잠깐 대통령의 직무를 수행하는 사람일 뿐이라고 생각하는 사람은 자기는 영원히 Reagan에 불과하다고 생각하는 사람은 인간이 되려고 하는 사람입니다. 인간을 대통령 (직)보다 더 소중히 여기는 사람입니다. 이에 반해 자기의 고유명사가 Reagan이 아닌 대통령이나 각하로 변했다고 생각하는 사람은, 인간을 포기하고 자기를 포기하고 영원히 어디서나 대통령이 된 줄로 아는 사람은 인간이기를 포기하는 사람입니다.

이런 사람들이 영원히 그리고 언제나, 누구에게나 특별한 사람으로 대우받으려 하고 돈이 없거나 계급이 자기보다 낮은 사람들을 차별하고 무시하고 도구화합니다. 이 사람들은 인간을 팔아서 많은 돈과 높은 자리를 사들인 사람들입니다. 팥죽 한 그릇에 장자권을 사들인 사람들입니다. 따라서 더는 사람이 아닙니다. 판사요 의사요 박사일 뿐입니다.

그런데, 고학력자나 고소득자나 고위직에 앉아 있는 사람을 만나기만 하면 까닭도 없이 허리를 펴지 못하고 잘못한 것도 없이 굽실거리는 사람들 역시 얻어먹는 것도 없이 받는 것도 없이 인간을 팔아넘기고 있는 사람들입니다. 스스로 인권을 포기한 사람들입니다. 학벌에 따라 학위에 따라 재산의 과다에 따라 직위 고하에 따라 사람이 달라지는 사람은 인권을 포기하는 사람입니다. 이에 반해 재산이 많든 적든 지위와 계급이야 어차피 잠시 잠깐 내게 붙어 있는 장신구에 불과하기에 아무것도 달라지는 것이 없는 사람은, 계급에 따라 특별한 대우를 받으려고 하지도 않고 계급에 따라 누구를 특별한 사람으로 신격화하지도 않는 사람은 인격자입니다. 문화인입니다.

하나님께서는 모든 사람을 똑같은 인간으로만 대하십니다. 그래서 예수님께서도 인간이기를 포기한 제사장이나 서기관을 멀리하시고 허물과 오물로 얼룩져 있어도 인간이기를 포기하지 않는 세리와 창녀는 가까이하신 것이 아니겠습니까?

우리는, 그리스도인은, 문화인은 어떤 일이 있어도 사람이기를 포기해서는 안 됩니다. 인간은 인간일 때가 최고의 순간입니다. 왕이 되거나 장군이 되거나 부자가 되거나 국민가수가 되거나 축구황제가 되어 버리는 날은 끝장이 나는 날입니다. 요한 웨슬리는 부자가 됐는데도 월수입이 30파운드일 때나 월수입이 30만 파운드일 때나 생활비는 언제나 똑같이 살았기에 위인이고, 링컨은 대통령이 되어서도 대통령이 되지 않아서 위인이 아닐까요?

그런데 개명한 나라에서는 계급장만 보고 허리를 굽히는 사람이 없어서 계급을 초월해서 언제나 인간으로 살기가 쉬워도, 미개한 나라에서는 계급장만 보고 존경하고 부러워하는 사람들이 많아서 계급을 초월해서 사람으로 살기가 어렵습니다. 똑같은 예의와 범절도 강자 앞의 예의와 약자 앞의 예의는 다릅니다. 강자 앞에서 겸손은 비굴이지만, 약자 앞에서 겸손은 인격입니다.

인간차별을 용납하지 않는 사회에서는 인간을 차별하는 사람이 낙동강 오리알이 되고, 인간을 차별하는 사회에서는 차별하지 않는 사람은 무례 막심한 사람으로 찍히어 "건방진 놈 같으니라고!" 소리와 함께 개밥에 도토리가 됩니다.

56 신앙(종교)은 도덕이 아니라 회개입니다

신앙은 이념(학문)이 아니고 삶인 것은 사실이지만, 그러함에도 신앙은 도덕이 아니고 회개입니다. 기독교는 율법 수준의 교인 의무나 국민윤리 수준의 일반 도덕을 준수하는, 삼강오륜 수준이나 준수하는 도덕군자들을 구원하는 종교가 아닙니다. 모든 것을 버리고 하나님의 뜻을 따라가는 성자들을 구원하는 종교도 아닙니다. 기독교는 회개하는 죄인을 구원하는 종교입니다. 율법적으로 의로운 바리새교인들을 버리고 회개하는 죄인, 회개하는 세리와 창녀를 구원하는 종교입니다. 종교가 도덕과 행함과 불가분의 관계에 있는 것은 사실이지만, 그런데도 종교는 도덕이 아닙니다. 종교는 도덕보다 더 깊은 회개에 있습니다.

도덕의 세계에서는 도둑질이나 살인이나 강간이 죄입니다. 그러나 종교의 세계에서는 진리의 세계에서는 욕심이 죄입니다. 교만이 죄이며 이기주의가 죄입니다. 증오가 죄입니다. 그런데 도둑질이나 살인은 하지 않고 살 수가 있어도, 욕심이 없는 사람은 없습니다. 미워하지 않고 살 수 있는 사람도 없습니다. 따라서 도덕적으로는 의인이요 군자요 성자라도 진리의 세계에서는 죄인일 수밖에 없습니다. 그리고 하나님 앞에서는 죄가 없는 사람이 없습니다. 그래서 죄 사함을 받는 사람만이 구원을 받습니다. 회개하는 사람만이 죄 사함을 받습니다. 따라서 신앙의 본질은 행함에 있지 않고 회개에 있습니다. 그리고 이 회개만이 인격과 윤리를 완성하는 길입니다.

믿음의 본질은 회개입니다. 믿음 곧 회개입니다. 믿음과 회개는 하나입니다. 둘이 아닙니다. 믿음은 이념이 아니라 학문이 아니라 삶입니다. 그러함에도 믿음은 도덕이 아니라 회개입니다. 도덕에서 나오는 회개입니다. 도덕의 한계에서 나오는 회개이며 도덕을 완성하는 회개입니다. 그런데 기독교에서 회개와 믿음은 하나입니다. 믿음은 믿음+회개를 뜻하고 회개는 회개+믿음을 뜻합니다. 그런데 언제인가부터 회개는 자취를 감추고 믿음만 남게 되었습니다. 회개가 없는 믿음 곧 행함이 없는 믿음 말입니다. 문자 그대로 오직 믿음으로 구원받는다는 그 믿음 말입니다.

그다음에 온 것이 성전과 조직과 종교의식과 말뿐인 기독교입니다. 회개와 믿음, 믿음과 회개가 기독교의 본질입니다. 그런데도 사람들은 눈에 보이지 않는 회개와 믿음보다 눈에 보이는 행함에 치중합니다. 여기서 말하는 행함은 순전히 도덕적인 행함입니다. 율법 수준의 행함이며 국민윤리 수준의 행함이며 삼강오륜 수준의 행함입니다. 행한즉 칭찬을 듣고 범한즉 처벌을 받는 수준의 행함입니다. 행한즉 세상에서 복을 받고 흥하고, 범한즉 심판을 받는 수준의 행함입니다. 상부상조 수준의 행함이며 예의범절 수준의 행함입니다. 그런데 이런 행함, 이 수준의 도덕은 육의 사람들, 아니 처세에 능한 사람들이 더 모범적으로 행해서 세상에서 칭찬을 듣고 존경도 받고 성공도 하는 도덕입니다. 이 사람들은 율법을 행함으로 사람들에게도 칭찬을 듣고 존경도 받지만, 스스로 교만과 비판과 정죄하는 데 빠져 회개에 이르지 못합니다.

이에 반해 율법 수준의 도덕이나 삼강오륜 수준의 윤리를 넘어서 예수 그리스도의 새 계명, 하나님과 같이 온전한 인격, 원수 사랑과 무욕(無慾) 무아(無我) 같은 것을 목표로 사는 사람들은 결국 인간의 한계에 부딪혀서 회개에 이릅니다. 이 사람들은 삼강오륜 수준의 도덕군자에 비해 너무나도 이상이 높은 사람들입니다. 이상과 현실 사이의 거리가 하늘과 땅 사이만큼이나 벌어져 버린 사람들입니다. 현실에 비해, 자기 능력에 비해 너무나도 높은 이상을 추구하는 사람들이기 때문이지요. 그래서 이중인격자라고 비난받기 일쑤입니다. 이에 반해 국민윤리 수준의 율법주의자들은, 언행이 일치하는 사람들은 추앙받고요. 이상과 현실이 일치하지 않는 사람은 이중인격자가 아닙니다.

이중인격자나 위선자와 이상과 현실의 거리가 먼 사람은 번지수가 다른 사람입니다. 이중인격자와 위선자는 두 마음을 품은 사람이고 속 다르고 겉 다른 사람인 데 반해 이상과 현실이 일치하지 않는 사람은 일편단심으로 오직 그의 나라와 그의 의를 구하는 사람인데도, 역부족으로 자신의 정체를 발견하고 하나님 앞에서 회개하는 사람이기 때문이지요.

최악의 인간과 최고의 인간이 너무나도 같은 것이 신기할 뿐입니다. 위선자는 속 다르고 겉 다르면서도 언행이 일치하는 것처럼 보이는 사람입니다. 위선자가 위선자라는 소리를 듣지 않습니다. 그래서 위선자입니다. 그런데 하나님의 온전하심을 바라보고 사는 사람은 하나님을 만날 때까지는 언제나 회개하는 죄인입니다. 언제나 죄 사함을 받고 있는 죄인입니다. 그래서 언제나 감사하고 언제나 회개하는 마음으로 삽니다.

율법 차원의 세계에 머물러 있는 교인들은 부자가 되면 "누가 부당한 방법으로 돈을 벌었나? 정정당당하게 사업하다 보니 돈들이 제 발로 걸어 들어와서 번 것뿐이고, 그 돈으로 더 많은 사람 먹여 살리고 있는 것뿐인데?"라고 반문하고, 성공하면 "맡은 바 일에 충성하다가 보니, 뇌물을 진상한 것도 아니고, 낙하산을 타고 내려온 것도 아니고 진급시켜 주어서 머리가 된 것뿐인데, 그래서 더 큰 영광을 하나님께 돌리고 있는 것뿐인데, 그래도 잘못이 있다고?"라고 반문합니다. 하지만 하나님의 온전하심을 바라보고 사는 사람들은 다릅니다. 아무리 무욕에 대한 하나님의 축복으로 부자가 되고, 겸손에 대한 보답으로 무욕표 당선이 돼서 머리가 됐다고 하더라도 부자가 되어 있다는 사실 자체, 권좌에 군림하고 있다는 사실 자체를 회개합니다. 예수님같이 사도들같이 하나님께 가장 큰 영광을 돌린 성자들같이, 모든 것을 버리고 예수님의 뒤를 따르지는 못하고 있기 때문입니다. 그런데 모든 것을 버리고 예수님의 뒤를 따르고 있는 성자들도 회개합니다. 왜냐고요? 참 선지자들같이 의를 위해 핍박당하고 사도들같이 순교하지 못하고 있기 때문입니다. 하나님의 나라에 이를 때까지 그리스도인은 회개를 그치지 않습니다.

금좌나 권좌에 앉아서 부끄러움을 느끼지 않고 목에 힘이나 주는 사람이나, 금좌나 권좌 앞에서 부러워하고 기를 펴지 못하는 사람은 거듭난 사람이 아닙니다.

물론 세상에서야 고소득자가 되고 고위층 인사가 되고 고학력자가 되고 고명한 사람이 되는 것이 어떻게 수치가 되고 죄가 될 수 있겠습니까? 학교에서도 공부를 잘하는 학생이 우등생이 되고 명문대 진학하고 최고의 학위를 얻고, 직장에서도 일을 잘하는 사람이 영전하고, 세상에서도 존경받는 사람이 다수표를 얻어 대통령이 되는 것은 아닐까요? 아닌 경우도 있겠지만. 학교에서도 퇴학당하는 것은 문제아들이고 직장에서도 명퇴 당하는 것은 무능한 사람들이 아닐까요? 돈을 잘 버는 사람들은 유능한 사업가들입니다. 그래서 고위층 인사가 되거나 부자가 되면 남들도 우러러보고 본인도 스스로 긍지를 갖게 되는 것이 아니겠습니까? 도둑놈이라니요? 물론 불의한 재물을 축적해 둔 사람들도 없는 것은 아니지만……. 부자들은 모두 숙청해야 할 죄인이고 가난한 사람들은 모두 의인이라고 하는 것은 자격지심에서 복수심에서 부러움에서 나오는 말이 아닐까요? 하여간 세상에서는 부자가 되고 머리가 되는 것이 성공이고 자랑이며 선망의 대상입니다.

그러면, 부자가 되고 머리가 되는 것이 부끄러움이 되고 죄가 되는 곳은 어디일까요? 하나님의 나라입니다. 종교계입니다. 교회입니다. 모든 것을 버리고 나를 따르라고 하시는 말씀이 법이 된 하나님의 나라입니다. 무소유와 무계급과 무명의 성자들이 가장 높임을 받는 종교계입니다. 모든 사람에게 환영받고 칭찬받으면 화가 있다고 하는 종교계 말입니다. 그래서 모든 것을 버린 성자들보다도 모든 것을 버리고 나서도 핍박까지 당하는 선지자들과 순교자들이 최고의 높임을 받는 종교계 말입니다. 그래서인지 천주교회에서는 교황이나 추기경이나 신학자가 아니라 성자들이 가장 높임을 받고, 불교에서는 무명과 무소유와 무계급의 법정 스님, 반경 100m까지 원을 그려 놓고 10년 동안 단 한 번도 그 밖으로 나오지 않고 살았다고 하는 석관 스님이나 9년 동안 벽만 바라보고 앉아 있었다고 하는 달마대사 같은 스님이 최고의 존경을 받습니다.

그러할진대 세상에서 성공한 고위층 인사들과 저명한 인사들을 강단 위에 모셔 놓고 우상화하는 교회는 어찌 된 일일까요? 돈을 제일 많이 벌고 가장 많은 사람에게 섬김을 받고 모든 사람에게 환영받는 목회자를 가장 큰 하나님의 종으로 모시는 교회는 어찌 된 일일까요?

세상은 성공도 사는 보람도 세상에서 찾습니다. 세상이 인생의 전부입니다. 그러나 성도들에게 이 세상은 시작에 불과합니다. 이 땅은 심기만 하고 가꾸기만 할 뿐 추수하는 곳은 영원한 세계입니다. 성도들에게 성공이 있다면 내세에 있고 하나님의 나라에 있고 이 땅에는 성공이 없습니다. 성공과 실패가 판가름이 나는 곳은 이 땅이 아니라 하나님의 나라입니다. "너희에게나 다른 사람에게나 판단 받는 것이 내게는 매우 작은 일이라 나도 나를 판단하지 아니하노니 …… 다만 나를 심판하실 이는 주시니라"(고전 4:3~14). "만일 그리스도 안에서 우리가 바라는 것이 다만 이 세상의 삶뿐이면 모든 사람 가운데 우리가 더욱 불쌍한 자이리라"(고전 15:19). "땅에서는 외국인과 나그네임을 증언하였으니 …… 본향 찾는 자임을 나타냄이라"(히 11:12~13). 신앙인은 이 땅에서 성공과 실패를 말하지 않습니다. 단지 심고 갈 뿐입니다.

그러면 세상이 아니라 교회 안에서 부자가 되고 교회 안에서 성공해서 머리가 된 사람들은 누구일까요? 성직은 하나님께서 주신 선물이므로 부끄러움이 되지 않고 영광이 되는 것일까요? 많은 수입은 많은 사람을 섬기라고 주신 돈이고, 높은 자리는 하나님께 가장 큰 영광을 돌리라고 하나님께서 주신 면류관이므로 회개할 일이 아닌가요? 과연 그럴까요?

40일 금식기도가 끝난 다음, 세계선교의 비전에 잠겨 있을 때 사탄이 예수님에게 나타나서 최고의 세계 선교전략을 암시해 주었습니다. 첫째는 세계선교를 위해 경제를 활용하라는 것이었습니다. 경제권을 장악하라는 것이었습니다. 먹고사는 문제부터 해결해 주라는 것이었습니다. 많은 사람을 섬기기 위해 부자가 되라는 것이었습니다. "돌들로 떡덩이가 되게 하라!" 둘째는 천하만국을 보여주면서 하나님께 가장 큰 영광을 돌리기 위해 정권을 장악하라는 것이었습니다. 세계 정부의 수반이 되라는 것이었습니다. 머리가 되라는 것이었습니다. 셋째는 세계 선교에 기사와 이적과 신비 현상을 활용하라는 것이었습니다. 사실 사람의 생각으로는 그보다 더 효과적이고 능률적인 선교 전략은 없었습니다. 하늘의 열두 영이나 되는 천사군단을 동원해서 그 묘책을 이용하기만 하셨다면 세계 복음화는 만백성들의 감탄과 경탄과 흥분 속에서 꿈같이 기적같이 실현될 수도 있었을 것입니다. 그러나 예수님께서는 일언지하에 사탄의 선교 전략을 거절해 버리시고 십자가의 길을, 완패와 참패를 통해서 세상을 구원하는 성공의 길을 택하셨습니다. 그렇게 해서 지상 최대의 대참패가 지상 최고의 대성공이 되게 하셨습니다.

왕좌도 아니고 금좌도 아닌 십자가, 만인의 경배를 받는 지성소가 아닌 만인의 조롱과 멸시와 야유를 받는 십자가, 하나님의 아들이 하늘 영광 버리고 자진해서 짊어지신 십자가, 그가 누구라도 이 십자가 앞에서는 왕은 왕권을 벗어 던지고 고위층 인사는 계급장을 떼어 버리고 부자는 돈 보따리를 내 던지고 엎드려 회개할 수밖에 없습니다. 의인도 성자도 선지자도 회개할 수밖에 없습니다. 믿음은 이념이 아니고 학문이 아니고 삶이지만, 그러함에도 믿음은 도덕이 아니라 회개입니다.

그리스도인들이 성공하는 곳은 이 세상이 아니라 하나님의 나라입니다. 그리스도인들의 활동무대는 이생과 이 땅뿐이 아니라 내세와 영생까지를 포함한 하나님의 나라입니다.

세상에서는 아무것도 가진 것이 없는 사람들이 모든 것을 쟁취한 사람들을 부러워하지만, 하나님의 나라에서는, 종교계에서는 모든 것을 쟁취한 사람들이 모든 것을 버린 사람들을 우러러봅니다. 세상에서는 범인들이 처벌받고 선량한 시민들은 자유를 만끽하지만, 하나님의 나라에서는, 진리의 세계에서는 의인들은 핍박당하고 불의한 사람들이 의인을 재판합니다.

57 말이 통하는 사람 (말이 모자라서 할 말을 다 하지 못합니다)

사람이 사용하는 말, 언어와 문자는 생명을 담기에는 너무 조잡하고, 하나님의 생각을 담기에는 너무 천박하고 얄팍하고, 진리를 담기에는 너무 협소합니다. 말에는 한계가 있습니다. 이 말씀을 전하다 보면 이 말씀에 치우치고 저 말씀을 전하다 보면 저 말씀에 치우쳐 버립니다. 그래서 부연하는 말씀이 필요하고 그래서 설교가 필요합니다.

'오직 믿음으로' 구원을 받는 것이 진리입니다. 복음입니다. 아무도 구원의 조건이 되는 온전한 행함으로는 구원을 받을 수 없기 때문입니다. 그러나 이 진리도 복음의 전부는 아닙니다. 부연하는 말씀이 필요합니다. 오직 믿음으로 받는 구원에는 반드시 구원의 열매 곧 중생과 성화가 뒤따르기 때문입니다. 그래서 중생이 없는 구원은, 행함(성화)이 없는 믿음은 죽은 믿음입니다. 그렇다고 해서 행함으로 구원을 받는 것은 아닙니다.

모든 것이 헛되고 헛되다는 말씀은 만고의 진리입니다. 그러나 이 말씀은 진리의 한 면을 얘기하고 있을 뿐입니다. 그래서 부연하는 말씀이 필요합니다. 예수님의 이름으로 하는 일은 냉수 한 그릇을 대접하는 일까지도 헛되지 않기 때문입니다. 아무리 위대하고 아무리 보암직해도 육체의 일은 헛되고 아무리 시시해 보여도 영의 일은 헛되지 않습니다.

항상 기뻐하라는 말씀이나 범사에 감사하라는 말씀 역시 그렇습니다. 어떻게 사랑하는 이의 임종을 지켜보면서도 기뻐하고 참변을 당한 가정을 찾아가서까지 기뻐할 수 있겠습니까? 그래서 설교가 필요합니다. 보충 설명이 필요합니다. 거듭난 영혼은 죽음 앞에서도, 슬픔 중에서도 영혼의 깊은 곳에는 위로가 있다는 말씀입니다. 슬픔 중에도 있는 기쁨이며 역경 중에도 있는 감사이며 절망 중에도 있는 소망입니다.

세상을 사랑하지 말라는 말씀 역시 그렇습니다. 천지 만물이 다 세상인데, 부모와 형제도 세상이고 아내와 남편과 자녀들도 다 세상이고 가정도 직장도 세상인데, 어떻게 세상을 사랑하지 않을 수 있겠습니까? 어떻게 처자를 사랑하지 않고 애인을 사랑하지 않고 이웃을 사랑하지 않을 수 있겠습니까? 그리고 모든 욕심을 버리면 식음을 전폐하고 성생활을 중단해야 할 텐데, 그게 죽으라는 얘기밖에 더 되겠습니까?

그래서 인간의 말은 그 아무리 진리라도 해설이 필요하고 설명이 필요합니다. 그래서 종교의 세계에서는 문자만 알고 문자속에 숨어 있는 말을 읽지 못하는 사람들이 진리의 세계를 혼탁하게 합니다. 암흑세계를 만들어 버립니다. 단번에 모든 죄가, 미래와 현재와 과거에 이르는 모든 죄가 사함을 받았다고 하는 말씀을 문자적으로 해석하는 데서 권신찬 같은 이단이 나오게 된 것이 아니겠습니까? 어떤 의미에서는 진리보다 더 중요한 것이 진리의 해석입니다. 진리의 해석에서 온갖 이단과 사설과 속임수가 나옵니다. 진리의 혼란과 혼돈이 세상을 어지럽게 합니다. 세상의 빛이 되어야 할 진리가 세상을 어지럽게 하고 어둡게 합니다.

귀에 들리는 말과 눈에 보이는 문자밖에 보지 못하는 사람은 진리의 혼미 속으로 빠져들어 갈 수밖에 없습니다. 그 말씀 속에 숨어 있는 말씀을 깨닫지 못하는 사람은 영원히 진리를 알지 못하는 사람을 면할 수 없을 것입니다. 예수님께서 베드로에게 천국의 열쇠를 주시겠다고 하시고, 그러나 곧이어 그에게 "사탄아, 물러가라."고 하신 말씀을 문자적으로만 해석하고 언중유골을 깨닫지 못하는 사람들 역시 마찬가지입니다.

진리는 말귀가 열려 있는 사람, 말을 정의해서 들을 수 있는 사람들 사이에서만 통용이 되는 암호입니다. 한명회는 수양대군이 "그만 돌아가라." 하는 말속에 숨어 있는 뜻 "문간 밖에 나가서 기다리고 있으라." 하는 말로 알아듣고 문간방에서 끝까지 기다림으로 한 시대를 주름잡는 재상이 되지 않았던가요?

진리는 아는 사람들 사이에서만 통하는 암호입니다. 진리는 학문의 대상이 아닙니다. 학문은 진리의 세계에서 혼란을 야기할 뿐입니다.

58 중생 검진법

많은 교인이 자기는 세례도 받았고 믿는 사람이기도 하기에, 구원받았다고 생각하고 구원받았으니 당연히 거듭나기도 했다고 생각합니다. 방언하거나 환상을 보는 교인들은 더더욱 그렇습니다. 그런데 이와는 반대로 어떤 사람들은 말합니다. 자기는 어려서부터 교회에 다녔지만 이날 이때까지 거듭난 사람은 단 한 사람도 보지를 못했다고요. 목사님 중에서도 보지를 못했다고 합니다. 니고데모같이 다 큰 사람이 어떻게 거듭날 수 있겠느냐고 합니다. 그러나 예수님께서는 지금도 말씀하십니다. 사람이 거듭나지 않고서는 결단코 하나님의 나라를 볼 수 없다고 말입니다. 사도 바울은 간증합니다. 이전 것은 지나갔으니 보라 우리가 새것이 되었다고, 이전에 좋아하던 모든 것을 지금은 배설물과 같이 여기게 되었다고 말입니다.

그러면 거듭난 사람과 거듭나지 못한 교인을 분별할 수는 있는 것일까요? 이에 대해 예수님께서는 열매로 알 수 있다고 하셨습니다. 하는 말만 듣고서는 몰라도, 설교하는 것이나 기도드리는 것을 보고서는 몰라도 세상에 나가서, 가정이나 직장에서 이해관계가 첨예하게 얽힌 이권 다툼이나 자리다툼의 현장에서 행하는 것을 보면 알 수가 있다는 말씀이지요.

그러면 누구든지 보기만 하면 다 알 수 있는 것일까요? 아닙니다. 상품이나 제품도 금은보석도 전문가들만이 감별할 수 있듯이, 대미술작품이나 대문학작품에 이르면 대가들이나 알고 학술논문은 학자들이나 알듯이, 그리고 큰 인물은 큰 인물들끼리나 알듯이, 거듭난 사람은 거듭나지 못한 사람, 영의 눈이 없는 사람은 모르고 거듭난 사람만 압니다.

아인슈타인의 상대성원리를 이해하는 사람은 과학자 중에도 몇 사람이 되지 않는다고 합니다. 하물며 큰 인물이겠습니까? 그래서 세상을 선도한 소크라테스는 세상을 문란케 한 죄로 독배를 마시고 죽어야 했고 루터는 천주교회에서, 웨슬리는 영국 국교회에서 파문당하지 않았던가요? 예수님은 사형수가 되었고, 공자님을 알아본 사람은 그 많은 제자 중에도 안회 한 사람밖에 없고, 원효대사를 알아본 사람은 그 많은 불제자 중에도 대안대사 한 사람밖에 없었고, 한명회를 알아보고 기용한 사람은 이방원 한 사람밖에 없었던 것이 아니겠습니까? 그러나 아무리 큰 인물이라도 남의 마음속에 있는 비밀은 꿰뚫어 볼 수는 없으니, 인물에 대한 최후의 심판은 하나님의 일이 될 수밖에 없는 것입니다.

그러면 평범한 사람이라도 거듭난 사람과 거듭나지 못한 사람, 영의 사람과 육의 사람을 분별할 수 있는 쉬운 길은 없는 것일까요? 확증은 아니지만 심증은 얻을 방법이 있습니다. 숨은 병을 찾아내려고 하면 의사나 의원 앞에 세워 놓아야 하듯이, 진찰실과 검사실로 모시고 가야 하듯이, X-Ray나 MRA나 CT 앞에 세워 봐야 알듯이, 돈과 감투와 학벌 앞에 세워 놓으면 그 사람이 옛날 그대로의 육의 사람인지 아니면 거듭난 영의 사람인지를 분별할 수 있습니다. 쉽게 말해서 돈이나 학벌이나 감투 앞에서 극심한 반응, 비정상적인 반응을 보이는 사람은 거듭나지 못한 육의 사람입니다. 세상이 인생의 전부이고 관심의 전부인 사람이기 때문입니다.

큰돈을 벌거나 높은 계급장이나 학위를 얻으면 갑자기 사람이 변하는 사람, 표정도 변하고 목소리도 변하고 걸음걸이까지 변해 버리는 사람, 특별대우를 받으려고 하는 사람, 그러다가도 계급장을 박탈당하고 수중에 돈이 없어지면 갑자기 초라해지고 비굴해지고 가진 자들 앞에서 아부하는 사람은 거듭나지 못한 교인이고, 수입의 다과나 계급이나 학벌의 고하를 초월해서 여전한 사람, 그리고 지위의 고하와 재산이 많고 적음을 떠나서 모든 사람을 여전하게 대하고 차별 없이 구별 없이 대하는 사람은 거듭난 사람일 가능성이 보이는 사람입니다.

세상에서 심은 것을 몽땅 세상에서 거두어들이려고 하는 사람은, 세상에서 성공하려고 하는 사람은 육의 사람이고 유대교인이고, 세상에서는 심기만 하고 추수는 하나님의 나라에서 거두어들이려고 하는 사람은 거듭난 사람입니다. 육의 사람들에게 있어서는 추수가, 일의 성과가 성공이지만, 영의 사람들에게 있어서는 심는 것 자체가 일 자체가 성공입니다. 축복관과 성공관이 다릅니다. 인생관과 가치관이 달라지지 않는 것은 중생이 아닙니다.

오복과 팔복의 차이입니다. 유대교의 복과 기독교의 복은 다릅니다. 유대교의 복은 부자가 되는 복이지만 기독교의 복은 가난한 자의 복이고, 유대교의 복은 머리가 되는 복이지만 기독교의 복은 섬기는 자가 되는 복이고, 유대교의 복은 만인의 칭찬을 듣는 복이지만 기독교의 복은 핍박당하는 자의 복입니다.

59 경전 공부가 신앙생활이 되어 버린 종교는 신앙의 덫입니다

하나님은 연구과제가 아니라 경배의 대상이며, 성경은 공부해야 할 책이 아니라 순종을 요구하는 하나님의 말씀입니다. 하나님을 연구하는 신학이 신앙생활이 아니라 하나님을 사랑하는 것이 신앙생활이며, 성경을 공부하는 것이 신앙생활이 아니라 하나님의 말씀에 순종하는 것이 신앙생활입니다. 하나님을 찬양하는 것이 신앙생활이 아니라 하나님(하나님의 말씀)과 함께 사는 것이 신앙생활입니다.

남편은 아내를 연구하고 아내는 남편을 연구하는 것이 결혼생활이 아니라 남편은 아내를 사랑하고 아내는 남편에게 순종하는 것이 결혼생활입니다. 남편은 아내를 찬양하는 노래를 부르고 아내는 남편을 찬양하는 노래를 부르는 것이 결혼생활이 아니라 희로애락을 같이 하면서 사는 것이 결혼생활입니다. 남편이 매일 아내에게 기도만 드리고 이것저것 요구만 하고, 아내가 매일 남편에게 기도만 드리고 이것저것 쉴 새 없이 요구만 하는 것은 바람직한 결혼생활이 아닙니다. 결혼생활은 남자와 여자가 한 몸이 돼서 사는 생활이요, 신앙생활은 사람이 거듭나서 주님은 내 안에 나는 주님 안에 사는 생활입니다.

60 인생의 막다른 골목에서

드디어 인생의 막다른 골목에 이르렀습니다. 여기에 이르러서 보니……, 다른 문제들, 생사화복이니 흥망성쇠니 성공이니 실패니 하는 문제 같은 것들이 더는 문제가 되지 않게 되었습니다. 죽음 앞에서는 어차피 모든 것이 소멸하고 말기 때문입니다. 이제 남은 문제는 죄의 문제 하나뿐입니다. 이 죄의 문제 하나만이 영원과, 하나님과, 관계되는 문제이기 때문입니다. 죄의 문제 앞에서 예수님은 매 순간 내가 피해 들어가는 피난처이며 안식처이며 지상의 낙원입니다. 일용할 영혼의 양식이며 영원히 솟아 나오는 생수입니다. 여기서 나는 삶의 의미를 찾고 긍지를 찾고 행복을 찾고 영원을 경험합니다.

61 기독교는 구걸하는 종교가 아닙니다

기독교는 구걸하는 종교가 아니라 구원하는 종교입니다. 기독교의 하나님이 문밖에서 기다리시는 하나님이시기는 하지만, 사람들이 자기를 살펴 주기를 기다리는 하나님이 아니라 탕자의 아버지가 자식이 사지에서 돌아오기를 기다리듯이 인생들이 죽음의 땅에서 돌아오기를 기다리는 하나님이십니다.

하나님은 권력자들에게 후원을 요청하는 하나님이 아니라 왕들을 불쌍히 여기고 사지에서 돌아오기를 바라고, 부자들에게 지원을 요청하는 하나님이 아니라 부자들을 불쌍히 여기고 죽음의 땅에서 돌아오기를 바라고, 백성들에게 성원을 요청하는 하나님이 아니라 백성들을 불쌍히 여기고 죽음의 땅에서 돌아오기를 기다리는 하나님이십니다.

기독교는, 교회의 부흥과 발전을 위해서 교인들이 교회에 나와 주기를 바라고 빈자리를 채워주기를 바라는 종교가 아닙니다. 기독교는 세상을 구원하는 종교이지 세상의 도움을 애걸복걸하는 종교가 아닙니다. 교회의 문을 두들기는 사람들에게 먼저 회개를 요구하는 종교입니다. 다시 한번 말씀을 드리거니와 기독교는 세상에게 구걸하는 종교가 아니라 세상을 구원하는 종교입니다. 주객이 전도되면 그때는 기독교는 기독교가 아닙니다.

62 하나님의 말씀을 전하는 전령

나는 하나님의 말씀을 전해야 해서, 내 분수에 맞는 말씀도, 내가 하고 싶은 말씀도, 시대에 걸맞은 말씀도, 만인이 요구하는 말씀도, 사람들에게 기립박수를 받는 말씀도 전하지 못합니다. 그래서 나 자신도 행할 수 없고 행하지도 못하는 말씀을 전하게 되어 위선자라는 비판을 받습니다. 목회에 성공도 하지 못합니다. 그렇다고 해서 어떻게 하나님의 말씀을 대언한다고 하면서 유행 가수도 아닌데 그 사람들이 열광하는 노래만 불러서, 히트송만 불러서 국민가수가 될 수 있겠습니까?

63 사랑(선)과 미움(악)이 같은 뿌리에서 나옵니다

미움이 사랑에서 나오고 불의가 정의감에서 나옵니다. '극과 극' 같은 선과 악이 같은 뿌리에서 나옵니다. 사랑하다가 마마보이를 키우고, 하나님께 영광을 돌리다가 하나님을 십자가에 매달아 죽입니다. 정의를 위해서 불의의 방법을 동원하고, 정의를 위해서 싸우다가 교회를 아수라장으로 만들어 버립니다. 정의의 질서를 파괴해 버립니다.

이런 의미에서뿐 아닙니다. 자기애도 선인데 이 자기 사랑에서, 이기주의에서 온갖 죄가 나옵니다. 자기 가족 사랑과 자기 사랑과 자기 당 사랑과 자기 나라 사랑에서 온갖 죄가 나옵니다. 자기 가족을 너무 사랑해서 공금을 횡령하고 비밀과외를 하고 불법 전입을 합니다. 자기 고향을 너무 사랑해서 지역주의가 나오고, 자기 모교를 너무 사랑해서 낙하산 인재가 나오고, 자기 나라를 너무 사랑해서 침략전쟁이 일어납니다.

자기 자식의 합격을 더 기뻐하면 기뻐할수록 남의 자식 낙방을 그만큼 더 기뻐하게 되고, 자기편의 승리를 더 화끈하게 응원할수록 반대편은 그만큼 더 쫄딱 망하기를 바랍니다. 내 나라가 잘 살기를 간절히 염원할수록 남의 나라가 그만큼 더 못살게 되기를 바랍니다. 내 편을 들면 들수록 반대편은 무조건 나쁜 것이 됩니다. 상대편을 미워하면 미워할수록, 심한 욕을 하면 욕을 할수록 영웅이 됩니다. 남의 나라를 가장 크게 미워하는 사람이 애국자가 되고 남의 나라를 쫄딱 망하게 해 놓은 사람이 일등 공신이 됩니다. 영웅이 됩니다. 교파싸움은 자기 교단 사랑에서 나오고, 모든 당파 싸움은 자기 당 사랑에서 나오고, 모든 전쟁이 자기 나라 사랑에서 나옵니다. 모든 싸움이 사랑에서 나오고, 모든 죄가 선에서 나옵니다.

이런 판국에서 남의 가정이나 반대 당이나 남의 나라도 똑같이 잘살기를 원하는 사람은, 이웃을 내 몸같이 사랑하는 사람은, 원수를 사랑하는 사람은, 반대편이라도 잘하는 일은 잘하는 일로 인정을 해 주고 남의 나라의 좋은 점은 좋은 점으로 인정해 주는 사람은, 자기 집과 자기 당과 자기 나라에서 회색분자가 됩니다. 숙청당합니다. 가장 많이 사랑하는 사람들이 가장 이를 갈면서 미워하는데 이런 사람들만이 모든 조직과 집단에서 기수가 됩니다.

그래서 죄에도, 잘못하는 일에도 구실이 있고 잘하는 일에도 약점이 있습니다. 악도 피해야 하지만, 좋은 일도 조심해서 해야 합니다. 인간은 그가 행하는 사랑과 선에도 한계가 있습니다. 누군가를 사랑할 때 누군가는 사랑하지 않기 때문입니다. 누군가는 미워하고 있기 때문입니다. 그렇다고 해서 모든 사람이 남의 자식도 자기 자식같이, 반대편도 내 편같이, 남의 나라도 내 나라같이 사랑하면 어찌 될까요? 그럴 수도 없거니와 그렇게 되면 이 땅은 도무지 사는 재미라고는 찾아볼 수가 없는 맥 빠진 세상이 되어 버리고 말 것입니다. 입학시험장에는 특별히 내 자식의 합격을 바라는 열기가 없고, 경기장에서는 내 편의 승리를 응원하는 소리가 없어지고 말 것이기 때문입니다. 전쟁이 일어나도 무운장구(武運長久)를 비는 기도 소리를 들을 수 없으니, 악한 사람도 마귀는 아니고 착한 사람도 천사는 아닙니다.

64 세 가지 종류의 의(선)

이 세상에는 '칭찬을 듣는 의(선)'와 '숨은 의(선)'와 '핍박당하는 의(선)'의 세 가지가 있습니다.

첫째는 칭찬을 듣는 의(선)입니다. 초보적인 의(선)입니다. 누구에게나 칭찬을 듣는 선행입니다. 예수님의 말씀 그대로, 행실로 하나님께 영광 돌리고 선한 일로 하나님께 영광을 돌리는 의(선)입니다. 물질로 자선하는 의입니다. 누구나 알아볼 수 있는 물질과 행동으로 선한 일을 하는 의입니다. Doing을 통해서 적선하는 선입니다. 나팔을 불어가면서 실천하는 의입니다. 사람들에게 칭찬을 들음으로 하나님께 영광을 돌리라고 하신 말씀 그대로의 선입니다. 역사에 남기기 위해서, 내 자손만대에 복을 받기 위해서 행하는 의와 다수표를 얻기 위해서 행하는 토목공사 같은 의입니다. 십계명 수준의 의이고 삼강오륜 수준의 의입니다. 상부상조의 의이고 예의와 상식 수준의 의입니다. 모든 사람에게 칭송을 듣는 의입니다.

둘째는 숨은 의(선)입니다. 심오한 덕을 통해서 자기 자신도 모르게 실천하는 의(선)입니다. 예수님께서 말씀하신 대로 고상한 인격과 오른손이 하는 일을 왼손이 모르게 하는 선행입니다.

좋은 일을 한다는 의식도 없이, 일한다는 외침도 없이, 좋은 일을 한다는 의식도 없이 자기도 모르게 삶 자체가 선이 되어 버린 의(선)입니다. 존재, 'Being' 자체가 선한 일이 되어 버린 의입니다. 인격, 'Being'을 통해서 무의식적으로 주변 사람에게 영향을 주고 감화를 주는 선입니다. 'Being'을 통해서 하는 선입니다. 남들도 알아보지 못하고 자신도 모르게 실천하는 의입니다. 꽃은 피어있기만 해도 향기를 통해서 일하고 과일들은 무르익기만 해도 영양이 됨으로써 일을 합니다. 햇빛같이, 공기같이, 물같이, 대지같이 존재를 통해서 일하는 의입니다. 꽃같이 흙같이 존재 자체가 선행이 되는 의입니다. 사람들이 알아보지 못하는 의입니다. 깊이 숨겨져 있는 선입니다. 칭찬을 듣지 못하는 의입니다. 오해받기 쉬운 선입니다. 보상도 받지 못하는 의입니다.

싯다르타는 가부좌를 틀고 앉아 있기만 해도 세계를 정복한 칭기즈칸이나 알렉산더보다 더 큰 일을 했고, 독일의 거지 성자 페터 노이야르는 길거리에 하는 일 없이 앉아 있기만 해도 세계를 누비고 다니는 부흥사들보다 더 큰 일을 했습니다. 그들은 하는 일이 없이 일을 한 사람들입니다. 삶 자체가 일이 되어 버린 사람들입니다. 그러나 당대에 그들이 하는 일이나 그들의 인격을 알아보는 사람은 없었습니다.

셋째 핍박당하는 의(선)입니다. 최고의 의(선)입니다. 박해당하는 자가 복이 있다고 하신 의(선)입니다. 모든 사람에게 칭찬받으면 화가 있다고 하신 말씀이 암시하는 의입니다. 불리한 정권과 불의한 교권과 불의한 금권과 불의한 대중의 폭력 앞에 홀로 서서 선전포고하고 책망하고 회개를 외치는 의입니다. 예수님같이, 사도들같이, 초대교인들같이, 참 선지자들같이, 종교개혁자들같이. 그 가장 대표적인 인물이 예수님입니다. 예수님께서 안식일을 완성하심으로 안식일을 범하는 큰 죄인이 되고 율법을 완성하심으로 율법을 파괴하는 배교자로 몰려 처형을 당하셨습니다. 갈릴레오는 지동설 진리를 밝힘으로 이단으로 몰려야 했고, 세례요한과 라티모는 목숨이 하나뿐이어서 아무도 입을 열지 못하고 있을 때 왕의 불륜을 질책함으로 목숨을 내놓을 수밖에 없었습니다.

최고의 의는 언제나 핍박받고 단두대에 서야 합니다. 왜냐고요? 최고의 의는 악의 아성, 죄악의 본거지를 혼자서 누구의 지원도 받지 못하고, 단신으로 공략하는 선지자들이기 때문입니다. 선각자들이요 선구자들이 될 수밖에 없기 때문입니다. 일인 사단의 병력으로 세상을 상대해서 싸우는 단독자가 될 수밖에 없기 때문입니다. 그래서 신약시대의 의인은 세상에서 머리가 되거나 부자가 되거나 유명 인사가 되지 못합니다.

초보적인 의(선)는 땅에서 거두는 의이고, 두 번째 의(선)는 땅에서는 쌓기만 하고 알아주는 사람이 없어서 하나님의 나라에서 거두는 의이고, 세 번째 의(선)는 땅에서는 핍박과 고난과 순교를 거두고 하나님의 나라에서 추수하는 의입니다.

65 먹을 수가 없어서 탐스러웠던 선악과 (1)

똑같은 것도 소원을 이루기 전에 바라보던 것과 소원을 이룬 다음에 바라보는 것은 다릅니다. 똑같은 학교도 입학 전에 바라보던 학교와 입학 후에 바라보는 학교는 똑같지 않습니다. 똑같은 음식도 배가 고플 때 바라보는 음식과 배불리 먹고 나서 바라보는 음식은 다릅니다. 똑같은 직장도, 지금 다니는 직장이 취업 후 처음 출근하던 그날같이 자랑스럽지 않습니다. 똑같은 주택도, 내 집 마련의 소원이 이루어진 지금 내가 살고 있는 주택이 셋방을 전전하면서 내 집 마련의 꿈을 불태우던 때의 그 주택같이 귀해 보이지 않습니다. 똑같은 여자도 똑같은 남자도, 내 집에 있는 여자나 남자보다 남의 집에 있는 여자나 남자가 더 매력이 있어 보입니다. 똑같은 것도 남이 가지고 있을 때는 부러워 보여도 자기 것이 되면 그저 그렇습니다. 똑같은 승용차도 자기가 가지고 있지 않을 때는, 가지고 싶을 때는 부럽지만, 자기도 남들같이 승용차를 굴리고 다니게 되면 별것도 아닙니다.

뭣이든지 가지고 있지 않을 때나 가지고 싶을 때는 매력이 있다가도 가지게 되면 그저 그렇습니다. 연애도 상대를 소유하고 싶을 때나 언제 놓칠지 몰라서 불안할 때가 가장 뜨겁습니다. 그러다가도 완전히 자기 수중으로 들어와 버려서 마음을 놓게 되면 언제 그랬었던가, 합니다.

뭣이든지 가장 좋은 것은 가진 자들의 것이 아니라 가지지 못한 자들의 것입니다. 괴롭지만 않다면 말입니다. 모든 것을 가진 자들, 모든 쾌락을 만끽한 사람들에게는 메스꺼움과 허무가 있을 뿐입니다. 그래서 복지국가의 자살률이 가장 높다면서요?

여기서 가지지 못한 분들에게 한 가지 말씀드리고 싶은 것이 있습니다. 부자들이나 높은 사람들이나 유명 인사들이나 인기 스타들은 여러분들이 생각하는 것같이 행복한 사람도 아니고 멋지게 살고 있는 사람도 아니고 남부러운 것이 없이 살고 있는 사람들이 아니라고 하는 사실 하나를 깨달으시기를 바랍니다.

66 이 모든 것을 더해 주신다는 말씀의 바른 해석

"너희는 먼저 그의 나라와 그의 의를 구하라 그리하면 이 모든 것을 너희에게 더하시리라"(마 6:33)고 하신 말씀과 "사랑하는 자여 네 영혼이 잘됨같이 네가 범사에 잘되고 강건하기를 내가 간구하노라"(요3 1:2)고 하신 말씀의 잘못된 해석이 반세기 동안 한국교회를 눈부시게 부흥을 시켜준 것도 사실이지만, 동시에 한국교회를 타락시켜 놓은 것도 사실입니다.

여기서 '이 모든 것'이란 공중 나는 새와 들의 백합화를 옷 입혀 주시듯이 굶어 죽지는 않고 얼어 죽지는 않도록 돌보아 주실 것이란 말씀일 뿐인데, 이 말씀을 확대해서 사람들이 원하는 모든 것으로 더해 주실 것이란 말씀으로 확대해석해 버리고, 돈방석에도 앉게 해 주시고 권좌에도 앉게 해 주시고 꽃수레도 타게 해 주신다는 말씀으로 해석해 버린 것입니다. 영혼이 잘 됨같이 '범사에 잘되기'를 원한다는 말씀 또한 하루하루를 살아가는 가운데 일어나는 모든 선한 범사에 잘되기를 바란다고 하신 말씀일 뿐인데, 그 말씀을 침소봉대해서 그 말씀을 세상만사 형통의 말씀으로 해석해 버린 것입니다. 모든 죄와 모든 유혹이 침이 넘어가는 말뿐이고, 한 번 그 소원을 이룰 수 있다면 금방 죽어도 여한이 없는 것만 같은 해석입니다.

언제나 타락이 무서운 것은 가공할 만한 매력에 있거든요. 언제나 신앙 길에 놓여 있는 함정은 하나님의 나라도 얻고 세상도 얻고, 영혼도 영생하고 육체도 건강 장수하고, 하나님도 섬기고 돈도 섬기고, 희생도 하고 부자도 되려는 데 있습니다. 그러나 '그의 나라'와 '이 모든 것' 둘은, 하나님의 나라와 세상 둘은, 둘 다 얻기를 바라는 것은 결국 이 모든 것과 세상을 얻기를 원하는 것이 됩니다.

불공을 드리면서 잿밥에 마음이 있는 사람은 결국 잿밥에만 마음이 있는 사람입니다. 이때 불공은 잿밥을 얻기 위한 수단이 되고 맙니다. 두 주인을 섬기는 사람도 한 주인을 섬기는 사람입니다. 사람의 마음이 그렇게 창조되어 있습니다. 오죽하면 하나님께서 하나님과 맘몬(재물)을 겸해서 섬길 수는 없다고 하셨겠습니까? 하나님께 더 큰 영광을 돌리기 위해서 부자가 되겠다고 하는 사람의 마음 역시 한 주인인 맘몬(재물)을 섬길 수밖에 없을 것이란 말씀입니다. 두 주인을 섬기는 사람은 결국 바로 섬기지 않는 사람입니다. 자기 자신을 섬기는 사람입니다.

그런데도 어찌하여 사람들은 잘못된 성경해석에 속아 넘어가는 것일까요? 무식해서일까요? 아닙니다. 한마디로 한통속이라 그렇습니다. 짐짓 속아 넘어가고 있는 것입니다.

67 가장 허물(비밀)이 많은 사람이 역설하는 '프라이버시'

가장 잘못이 많고 실수가 많고 숨길 것이 많은 사람이 가족이나 친구들에게 프라이버시를 강요합니다. 집안일은 절대로 밖에 나가서 얘기하면 안 된다고 하고 여기서 일어나는 일은 절대로 누설해서는 안 된다고 합니다. 범죄단체들이 조직원들에게 절대 비밀을 요구합니다. 독재국가가 가장 무섭게 언론을 탄압합니다. 프라이버시를 강조하면 가장 문화인 같은데……?

알고 보면 비밀이 없는 가정과 비밀이 없는 사이와 비밀이 없는 조직과 언론탄압이 없는 나라가 좋은 가정이고 조직이고 국가입니다. 그런데 비밀이 많은 가족이나 단체나 국가는 가족들이나 조직원이나 국민 사이에서도 서로 의심하며 서로 감시합니다.

남이나 가까운 사람들의 프라이버시를 지켜 주는 것은 미덕이지만, 자기 자신에게 비밀이 많은 것은 미덕이 아닙니다. 숨겨야 할 일이 많은 사람은 가족들이 만나는 사람에 대해서까지 신경을 쓰고 전화 내용까지 도청합니다. 모든 사람을 의심하면서 자기의 의심을 사실로 믿어 버립니다. 그래서 자기 한 사람만 빼놓고 세상 모든 사람이 나쁜 놈들입니다. 사람 같은 놈은 한 사람도 없다고 씩씩댑니다.

68 세상의 빛이 되어야 할 도덕계와 종교계가 가장 어둡습니다

가장 밝고 맑아야 할 도덕계와 종교계가 가장 어둡고 가장 혼탁합니다. 다른 곳에서는, 세상에서는, 정치계와 경제계와 학계와 예술계와 스포츠계에서는 잘한 일과 잘못한 일, 옳은 것과 옳지 않은 것, 성공과 실패 등 흑백이 분명한데 도덕계와 종교계에서만은 그것이 분명하지 않기 때문입니다. 경제계에서는 돈을 많이 번 사람이 부자이고 조직사회에서는 계급이 높은 사람이 고위층 인사인데, 성공과 실패가 분명하고 잘사는 사람과 못사는 사람이 분명히 다른데, 도덕계와 종교계에서는 악인(폭군)이 재판석에 앉아 의인(참 선지자)을 이단으로 몰아 처형을 하는 일이 비일비재하기 때문입니다.

경제계에서는 돈이 많은 사람이 성공한 사람이기에 사업에 성공한 사람과 실패한 사람을 가려낼 수가 있고, 정치계에서는 권력을 장악한 사람이 성공한 사람, 즉 위대한 사람이기 때문에 성공한 사람을 쉽게 알아볼 수가 있고, 스포츠계에서는 시합해 보면 이기는 사람이 성공한 사람이기 때문에 성공한 사람을 어렵지 않게 알아볼 수가 있고, 학문의 세계에서도 시험을 쳐 보거나 논문을 심사해 보면 그 실력을 알아볼 수가 있고, 예술계에서도 작품을 심사해 보면 걸작 졸작을 감별할 수 있어서 대가를 알아볼 수가 있지만, 그러나 종교계에서만은, 도덕만은 인격에 관한 문제여서, 인격은 사람의 마음속을 알아볼 수가 없어서 의인과 악인을 구별할 수가 없고, 따라서 성공한 사람과 실패한 사람을 알아볼 길이 없습니다. 더군다나 종교계는 도덕보다도 더 깊은 영혼에 관한 일이라서 하나님만이 아는 비밀창고라서, 이 땅에서는 오리무중 속일 수밖에 없습니다.

그래서 악인이 의인 행세를 하고 의인이 악인으로 몰리기도 하고, 불신자가, 자기도 믿지 않는 사람이 신자에게 전도하기도 하고, 거짓 선지자가 참 선지자 노릇도 하고 참 선지자가 거짓 선지자로 몰리기도 하고, 대제사장이 지옥으로 내려가기도 하고 창녀가 하나님의 나라로 들림을 받기도 하고, 하나님의 백성들이 하나님을 죄인으로 몰아 채찍질하기도 하고, 마귀가 참 하나님을 성전에서 몰아내고 하나님 노릇을 하기도 하고, 하나님을 찬양하는 사람이 하나님을 십자가에 못 박아 죽이라고 핏대를 올리기도 하고, 그래서 이 세상 최대의 암흑세계가 바로 도덕계와 종교계가 되었습니다. 도덕계와 종교계에 빛이 없어서가 아니라 등잔 밑이 어둡기 때문일 것입니다. 직사광에 그만 눈이 부셔서 일 것입니다.

69 '허'와 '실'

어떤 나라 사람들은 고급 주택과 최신식 가구로 실내장식을 하는 데는 아낌없이 빚까지 내어 돈을 쓰면서, 전기료를 아끼느라고 여름에는 에어컨도 시원하게 가동하지 못하고 겨울에는 히터도 따뜻하게 활용하지 못합니다. 최신식의 승용차를 굴리고 최고급의 옷으로 멋을 내지만, 빚을 갚느라고 영양가 있는 음식이나 매일 매일의 행복한 생활을 위해서는 쓸 돈이 없습니다.

이에 반해 어떤 나라 사람들은 주택은 서민 아파트 정도로 만족하고 가재도구도 조립식 가구 정도로 만족하면서 영양가 있는 음식이나 일상생활의 행복을 위해서는 아낌없이 돈을 씁니다. 한쪽 사람들은 여봐란듯이 사는 데 돈을 쓰고, 다른 한쪽 사람들은 행복하고 건강하게 사는 데 돈을 씁니다. 한쪽 사람들은 허세를 부리느라고 바깥뜰과 대문을 으리으리하게 꾸미고, 다른 쪽 사람들은 실속 있게 아무도 들여다볼 수 없는 뒤뜰을 알차게 꾸밉니다. 허세와 내실의 차이입니다.

신앙생활도 어떤 사람들은 여봐란듯이 나팔을 불면서 여러 사람이 모여서 성대하게 예배를 드리고 기도를 드리고 성경 공부를 하고 찬양을 하는 데 주력하고, 이에 반해 어떤 사람들은 아무도 모르게 매일 매일의 가정생활과 직장생활과 사회생활 속에서 신앙생활을 합니다. 이 역시 '실'이 없는 생활과 '실'이 있는 생활의 차이입니다.

70 먹을 수가 없어서 탐스러워 보였던 선악과 (2)

부자는 가난한 사람들이 생각하는 것같이 무엇 하나 부족한 것이 없어서 여봐란듯이 잘살고 있는 것이 아닙니다. 오래전 애기인데 신문기자가 정주영 회장에게 재산이 얼마나 되시냐고 묻자, 대답하기를 3,000억이라고 했습니다. 그러자 신문기자는 너무 놀라서 말문이 막혀 버렸습니다. 그러자 정 회장이 되묻기를 왜 부채는 얼마나 되느냐고 묻지는 않느냐고 했습니다. 그러자 부채는 얼마나 되시는지요? 하고 물었습니다. 그러자 정 회장 왈, 3,000억.

이처럼 부자는 돈 걱정을 하지 않고 사는 사람이 아닙니다. 가난한 사람은 작은 돈 걱정을 하고 사는 사람인 데 반해 부자는 큰돈 걱정을 하고 살아야 하는 사람입니다. 월급날이 되면 종업원들은 월급을 받아 가서 자기 가족 먹고살 걱정만 하면 되는데 부자들은 종업원들의 월급을 마련하기 위해서 큰돈 걱정을 해야 하는 사람들입니다. 말단 직원들은 높은 사람들이 말 한마디만 하면 안 되는 일이 없어서, 말이 현찰이어서 막히는 일 없이 당당하게 살고 있는 줄 알지만, 사실은 그 반대입니다. 대통령이 무슨 말 한마디만 하면 수많은 사람이 물고 늘어집니다. 정적들과 기자들과 전문가들이 물고 늘어지고 노동자들은 거리로 쏟아져 나와서 데모하고 국회에서는 안건을 부결시켜 버립니다. 일 한 가지 집행할 때마다 백성들의 원성은 하늘을 찌릅니다. 알고 보면 높은 사람들이란 자기가 원하는 일을 일사천리로 마음대로 하는 사람들이 아닙니다. 서민들이 생각하기에는 호위병들이 철통같이 경호하는 권력자들은 마음 편하게 살고 있는 줄 알지만, 알고 보면 경호원들과 경비원들의 경호를 받는 독재자같이 불안한 사람이 없습니다. 얼마나 불안하면 경호원들의 보호를 받아야 하겠습니까?

이름 없이 빛도 없이 사는 사람들은 생각하기를, '가는 곳마다 환영 인파에 둘러싸이고 꽃수레를 타고 시가행진하는 인기 스타들은 얼마나 신바람이 나고 얼마나 사는 맛이 있을까?' 하겠지만, 모르는 소리입니다. 매일 하루 24시간 보도진들과 신문 기자들이 들이대는 카메라 렌즈와 녹음기와 필봉이 그림자같이 따라다니면서 사생활을 화보 사진과 함께 보도한다면 어떻게 그런 생활이 신바람이 날 수 있겠습니까? 오죽하면 존 에프 케네디 부인 재키가 참다못해 역정을 냈겠습니까?

71 성전과 주일, 교파와 교회와 교리

첫 번째는 성전입니다.

사마리아 여인이 예수님께 물었습니다. 유대인들의 말같이 예루살렘 성전에서 예배를 드려야 하나요? 아니면 사마리아 사람들의 말처럼 그리심산에서 예배를 드려야 하나요? 이에 대해 예수님께서는 예루살렘 성전에서도 말고 그리심산에서도 말고 어디서든지 신령과 진리로 예배를 드릴 때가 왔다고 답하셨습니다. 예루살렘 성전에서나 그리심산에서 예배를 드려야 하는 것도 아니고, 그렇다고 해서 거기서는 예배를 드려서는 안 되는 것도 아니고, 그곳이 어디든 신령과 진리로 예배를 드리는 곳이, 성전이 되고 성지가 되는 시대가 왔다고 말입니다.

어떤 곳에 건물을 짓고 나서 오랫동안 예배를 드리면 그 땅과 그 건물이 성지와 성전으로 성별을 하게 되는 것은 사실이지만, 그렇다고 해서 그 땅과 그 건물이 거룩한 것은 아닙니다. 그 땅과 그 건물은 다른 모든 땅이나 모든 건물같이 땅일 뿐이요 건물일 뿐입니다. 신령과 진리로 예배를 드리는 동안만 거룩한 땅이 되고 성전이 될 뿐입니다. 음란 춤을 추고 있는 동안은 카바레이고, 그러나 그 카바레에서 신령과 진리로 예배를 드리게 되면 성전이 됩니다. 그 대신 성전도 도둑질하는 곳이 되면 예수님의 말같이 강도의 소굴이 됩니다. 외관상으로는 어엿한 성전이요 지성소이지만…….

다음은 주일입니다.

하나님은 무소부재하시므로 모든 땅이 하나님의 발등상인 것같이, 모든 땅이 성지가 되는 것같이, 하나님은 언제나 영원토록 살아계시므로 모든 시간이 거룩한 날이며 주일입니다. 유대교에서는 토요일을 안식일로 정해 놓고 지켜서 토요일이 특별한 날이 되고 기독교인들은 일요일을 주일로 정해 놓고 지켜서 일요일이 특별한 날이 되기는 했지만, 그렇다고 토요일이나 일요일이 다른 날들과 다른 것은 아닙니다.

모든 시간, 모든 날은 다 똑같은 시간이요 똑같은 날일 뿐입니다. 서양의 토요일과 동양의 토요일은 다른 날이고 동양의 일요일과 서양의 일요일 역시 다른 날입니다. 원시 시대, 달력도 없고 몇 시도 없고 며칠도 없었던 시대의 토요일이나 일요일이 어떻게 오늘날의 토요일이며 일요일과 같을 수 있겠습니까? 신령과 진리로 예배를 드리면 그 곳이 어디든 성전이나 성지가 되는 것같이 시간이나 날 역시 예배를 드리면 그 시간이 거룩한 시간이나 거룩한 날 성일이 되는 것뿐이며, 주일로 정해 놓고 지키면 주일이 되고 안식일을 정해 놓고 지키면 안식일이 되는 것뿐입니다.

모든 땅이 평등하게 거룩한 것처럼 시간 역시 모든 시간이 평등하고 거룩하고 모든 날이 주일이고 모든 날이 안식일입니다. 사도 바울은 절기와 날의 문제로 다투는 어리석음을 분명히 밝힌 바 있으며, 예수님께서는 안식일의 주인은 당신 자신임을, 그리고 사람임을 분명히 하신 바 있습니다.

세 번째는 교파와 교회와 교리입니다.

어떤 땅이나 어떤 날이 특별한 땅이나 특별한 날이 될 수 없는 것같이, 하나님을 독점할 수 없는 것같이, 어떤 교파도 어떤 교회도 어떤 교리도 어떤 신앙도 하나님을, 진리를, 복음을 독점할 수 없습니다. 어떤 장소에서 어떤 날이 하나님을 감금시킬 수 없는 것같이 어떤 교파도 어떤 교회도 어떤 교리도 어떤 신학도 하나님을 교파나 교리 속에 감금시킬 수는 없습니다. 자기 교파나 자기 교회나 자기 교회가 전한 복음에만 구원이 있다고 말할 수는 없습니다. 어디나 계시고 언제나 계시는 하나님은 교파와 교회를 초월해서 모든 교파와 모든 교회와 모든 교리 속에 계십니다. 조직이 된 교회 밖에도 계십니다. 두세 사람이 모인 곳에도 계십니다. 불신 세계에도 계시고 이방인 가운데도 계십니다. 예수님 당시에도 교회 안에 있던 사람들뿐 아니라 교회 밖에 있던 사람들까지도 회개시켜 구원하셨습니다. 예수님은 불신자들의 마음 문밖에서도 노크를 하십니다. 하나님은 그곳이 어디든 두세 사람이 모여서 신령과 진리로 예배를 드리는 곳에는 계십니다. 교회 밖에서라도 신령과 진리로 예배를 드리는 곳에는 그곳이 어디든 계시고, 이에 반해 교회 안에서라도 악령과 거짓으로 예배를 드리는 곳에는 아무리 화려한 교회라도 계시지 않습니다.

이 세상에는 수많은 종교와 다양한 교파의 교회들이 있습니다. 사람들이 많이 모이면 조직이 생기고 제도가 나오고 교리도 제정될 수밖에 없습니다. 일단 조직이 생기면, 조직화 제도화된 교회가 생기면, 조직 생리에 따라 그 조직을 우상화할 수밖에 없어서 교파마다 교회마다 자기 교회에만 구원이 있다고 하고 다른 교회에는 구원이 없다고 하겠지만, 그러나 그 어떤 조직도 어떤 교회도 하나님을 독점할 수는 없고 진리와 복음을 독점할 수는 없습니다. 하나님이 무소부재하신 것같이 진리도 복음도 언제나 어디나 계십니다. 두세 사람이 모인 곳에도 계십니다. 조직과 교파와 교회들을 초월해서.

따라서 한국에 있는 학교든 미국에 있는 학교든 침례교회가 설립한 학교든 천주교회가 설립한 학교든 좋은 학교를 선택해서 중고등 학교의 교과과정을 우수한 성적으로 졸업만 하면 그만인 것같이 어떤 교파에 속하는 교회든 입교해서 구원만 받으면 그만입니다. 잘못된 신앙과 잘못된 생활, 타락과 멸망으로 인도하는 넓은 문 교회만 아니면 됩니다. 바른 신앙과 바른 생활, 영생의 좁은 문으로 인도하는 교회이기만 하면 그만입니다. 거듭나게만 해 주는 교회이기만 하면 그만입니다.

학교도 유치원에서 대학에 이르는 단계가 있는 것같이 교회도 유치원 교회와 초등교 수준의 교회와 중고등 학교 수준의 교회와 대학 수준의 교회가 있습니다. 그러면 유치원 교회란 어떤 교회일까요? 욕심을 버리지 못한 교회입니다. 어린이들이 칭찬을 듣고 상을 받기 위해서 공부를 열심히 하는 것같이 복을 받기 위해서, 하나님의 뜻이 아니라 자기 소원을 이루기 위해서, 그것도 노력을 통해서가 아니라 오직 믿음으로 구하기만 해서 하나님의 나라도 얻고 세상도 얻기 위해서, 세상에서도 불신자들보다 더 잘 살기 위해서, 요행수로 기적같이 부자도 되고 머리도 되기 위해서 불신자들보다 욕심을 곱빼기로 더 불태우는 사람들의 교회입니다. 도박심리와 대박의 꿈에 "아멘!"을 연발하는 신앙입니다. 대부분 교회가 이 수준을 넘어서지 못하고 있습니다. 오죽하면 사도 바울이 "언제까지 젖으로 먹여야 하느냐?"고 한숨을 쉬기까지 했겠습니까? 누구나 초보 단계에서는 통과해야 하는 신앙이긴 한데, 문제는 끝까지 이 단계를 벗어나지 못하는 데 있습니다. 청년이 되고 반백이 되어서까지……. 무속종교 수준의 교회입니다. 구하는 기도는 유치원 교인들의 전문입니다.

다음은 초등학교 수준의 교회인데, 유치원 교인들이 행함이나 노력도 없이 구하기만 하고 믿기만 해서 공짜로 욕심과 소원을 이루려고 하는 것과는 달리 행함으로, 계명을 지킴으로, 좋은 일을 하고 선한 사업을 함으로, 복 받는 일을 함으로 밭고랑의 복과 떡 광주리의 복을 받으려고 하는 구약시대 수준의 교회입니다. 심고 뿌리고 나서 추수하려고 하는 신앙입니다. 세상에서 심은 것은 세상에서 살아생전에 거두어들이려고 하는 신앙입니다. 요셉의 경우같이 해피엔딩의 신앙입니다. 그러나 거듭난 성도들은 세상에서는 심기만 하고 추수는 하나님의 나라에서 하려는 것이 이들과 다른 점입니다.

다음은 고등학교 수준의 교회입니다. 여기는 회개하고 믿음으로 죄 사함을 받고 거듭난 성도들의 삼차원 신앙 세계입니다. 요한 웨슬리가 말한 신앙생활의 본바닥입니다. 여기에 이르러서야 Almost Christian이 변해서 Real Christian이 됩니다. 교인이 변해서 그리스도인이 됩니다. 교회에만 속해 있던 교인이 그리스도와 한 몸이 된 그리스도인이 됩니다.

회개하고 모든 죄가 사함을 받은 기쁨이 너무 커서, 새 생명을 얻은 감격이 너무 커서, 하나님의 나라를 유업으로 받은 감사가 너무 커서 더는 바랄 것이 없이 되어 버린 성도의 성화의 차원입니다. 유업으로 받은 보이지 않는 세계가 너무 감사해서, "보이는 것을 누가 바라리요!" 하는 단계입니다. 이전에는 부러워서 침이 마르고 자랑이 하고 싶어서 입을 다물 수가 없었던 금은보화와 감투와 학벌이 배설물과 같이 보이게 되는 단계입니다.

전에는 가지고 싶은 것도 많고 해보고 싶은 일도 많고 되고 싶은 것도 많았지만, 구할 것도 많았지만, 이제는 이미 받은 것만 해도 차고 넘쳐서 구할 것이 없이 된 차원입니다. 감사가 있을 뿐인 차원입니다. 예수님 한 분만으로 만족하고 사는 단계입니다. 이전에는 궁궐이 부러웠지만, 이제는 초막이나 궁궐이나 그 어디나 하늘나라가 되어 버렸습니다. 이전에는 부자가 되어 한번 떵떵거리며 살려고 했지만, 이제는 가난 중에서도 부자들보다 더 행복하게 살게 되었습니다. 바울의 말같이 "가난한 자

같으나 많은 사람을 부요케 하고"가 되어 버린 차원입니다. 여기는 부자가 부럽다면 구원받았다는 말이 거짓말이 될 곳입니다. 이전에는 고관대작이 우러러 보였지만, 밑바닥에서도 제왕보다도 더 위대하게 사는 차원입니다. 바울의 고백같이 "만일 그리스도 안에서 우리의 바라는 것이 다만 이생뿐이면 모든 사람 가운데 우리가 더욱 불쌍한 자"일 것입니다. 그러나 하나님의 나라가 있기에 바울은 쇠고랑을 차고 법정에 끌려가서도 아그립바왕에게 "결박된 것 외에는 나와 같이 되기를 하나님께 원한다."고 당당하게 말할 수 있지 않았던가요?

다음은 대학 과정의 교회입니다. 자진해서 모든 것을 버리고, 자진해서 빈민이 되고, 자진해서 십자가를 지고, 사서 고생하고, 자진해서 온갖 핍박당하면서 예수님의 뒤를 따르는 최고의 신앙입니다. 핍박을 당하는 자가 복이 있다고 하신 그 말씀 그대로의 차원입니다. 좋은 일을 하고 칭찬 듣고 존경받는 단계도 넘어서, 이유도 없이 빛도 없이 자기 자신도 모르게 좋은 일을 하는 차원을 넘어서, 의를 위해 자진하여 진리의 최전방으로 달려가서 가장 강한 악의 괴수들과 싸우고 악의 본거지를 맹공격하는 선지자들과 종교개혁자들의 차원입니다. 핍박당하는 의가 최고의 의입니다. 여기는 의의 최전방이며 동시에 악의 본거지입니다.

이상과 같은 여러 가지 수준의 교회가 있습니다. 우리는 여러 계층의 교회 중에서 자기 자신의 신앙의 수준에 맞는 교회를 찾아가면 될 것입니다.

그런데 박사과정까지 마친 사도들은 유치원이나 초등학교 수준의 교회 유대교에서 추방당할 수밖에 없었습니다. 그럴 경우는 교회 밖에서 교회에 다니지 않고 신앙생활을 할 수밖에 없을 것입니다. 그러면 이 사람들은 교회에 다니지 않는 교인일까요? 아닙니다. 단지 조직이 되고 제도화된 교회에 다니지 않을 뿐이니 두세 사람이 신령과 진리로 예배를 드리는 곳에 함께 하시는 교회의 교인들입니다.

우리나라에도 대학 수준의 교회, 박사과정을 이수하는 교회, 숫자가 작은 것을 자랑하는 교회, 핍박당하는 교회, 그래서 세상에 변화를 가져오는 교회가 모습을 드러내게 되는 날을 고대할 뿐입니다.

72 영원한 물음표 (하나님뿐이냐? 맘몬도냐? 그의 나라뿐이냐? 세상도냐?)

누구나가 오직 그의 나라뿐이라고 하지만, 그러나 속셈은 세상……? 인간이 육체인 이상, 문제는 우선순위……. 그래서 누구나가 그의 나라를 먼저라고 하지만, 그러나 속셈은 세상이 먼저……?

그의 나라를 구한다고 해야 소기의 목적을 달성할 수 있어서 더 큰 소리로 좋은 말과 좋은 일을 악인들이 더 많이 더 열심히 하지만, 그것은 칭송 듣는 좋은 일과 수지가 맞는 좋은 일뿐입니다. 그래서 식별할 수는 없습니다.

사람의 마음속은 오리무중 속인지라 악인들이 더 존경은 받고 성공은 하지만, 가장 악한 사람은 위선에 성공한 사람이고, 의인은 회개에 성공한 사람입니다.

실패와 희생을 각오한 사람만이 의인이 될 수 있습니다. 악인이란 세상에 모든 것을 걸고 세상에서, 살아생전에 모든 것을 얻는 사람입니다.

73 악인과 의인의 차이

의인도 악하고 죄가 없지는 않습니다. 악인도 의롭고 양심이 없지는 않습니다. 의인도 죄인이고 악인도 죄인입니다. 그래서 구원을 받는 길은 똑같습니다.

욕심이 없는 사람도 욕심이 많습니다. 성욕이 없는 사람이 간음하지 않는 것이, 이성(異性)이 없는 데서 간음하지 않는 것이 어떻게 순결이 되고 미덕이 될 수 있겠습니까? 그래서 순결한 사람도 음란합니다. 용감한 사람도 겁이 많습니다. 겁이 많은 사람이 두려움을 물리치는 데 용기가 필요하지 겁이 없는 군마가 눈 하나 까딱하지 않고 적진을 향해 달려가는 데 무슨 용기가 필요하겠습니까? 이와는 반대로 사람을 죽이는 살인마에게도 사랑이 있습니다. 자기 식구는 사랑합니다. 대도(大盜)도 자기 부하들에게는 후히 나누어 줍니다. 대도도 자선사업가입니다.

둘째로 악인은 죄를 짓는 데 천재이고 의인은 의를 행하는 데 선수입니다. 악인은 죄를 숨기는 데 천재이고, 의인은 죄를 회

두 가지 믿음 두 가지 구원   191

개하는 데 천재입니다. 악인은 자기 죄는 숨기고 남의 죄는 찾아내는 데 천재이고, 의인은 자기 죄는 고백하고 남의 죄는 덮어 주는 데 천재입니다. 악인은 자기 죄와 없는 죄까지 만들어서 남에게 뒤집어씌우는 천재이고, 죄인을 만들어 내는 천재입니다. 의인은 남의 죄까지 뒤집어쓰고 죄를 용서하는 천재이고, 의인을 만들어 내는 천재입니다. 예수님께서는 악인들의 죄를 모두 자기가 대신 짊어지고 죄인이 되셨습니다. 죄인으로 의인 되게 하셨습니다.

악한 사람 주변에는 나쁜 사람만 있고 의로운 사람 주변에는 좋은 사람들만 있습니다. 불의한 세상을 보고 가장 크게 의분을 느끼고 정의를 부르짖으면서 개탄하고 한탄하는 것은 의인이 아니라 악인입니다. 의인도 악인도 똑같은 죄인이지만, 의인은 남의 죄는 용서하고 자기 죄는 회개하는 데 능한 죄인이고, 악인은 자기 죄는 용서하면서 남의 죄는 비판하는 데 능합니다. 그런데 하나님께서는 회개하는 죄인을 구원하십니다.

악인들은 옛날의 선지자들과 먼 데 있는 선지자는 가장 크게 존경하면서 가까운 데 있는 선지자는 가장 싫어하며, 남의 죄를 책망하는 선지자는 좋아하고 자기 죄를 책망하는 선지자는 싫어합니다. 먼 데 있는 선지자를 존경하는 것은 힘들지 않고 자기의 품위를 높이는 것이 되고, 가까운 데 있는 선지자를 높이는 것은 자기의 품위를 떨어뜨리는 것이기 때문입니다.

악인과 의인이 다투는 것을 보면 악인은 의인 같고 의인은 악인 같습니다. 거짓 선지자는 참 선지자 같아서 언제나 환영받고, 참 선지자는 거짓 선지자 같아서 언제나 핍박당합니다. 예수님은 마귀의 종같이 보여서 백성들에게 버림을 당하고 십자가에 못 박혀 죽으시고, 위선자인 가야바는 하나님의 종 같아서 백성들의 존경을 받지 않았던가요?

마귀는 천사보다 더 아름다워 보이고 사탄은 하나님보다 더 능력이 있어 보이기도 하고 사랑도 더 많아 보입니다.

74 상업을 배우고 돈을 벌지 않는 사람은 없는데

농업을 배우고 농사를 짓지 않는 사람은 없고 어업을 배우고 물고기를 잡지 않는 사람도 없는데, 성경을 배우고도 순종하지 않는 사람과 행함이 없는 사람은 어찌 그리 많은 것일까요?

상업을 공부한 사람을 보고 어찌하여 돈을 벌지 않느냐고 책망하면서 회개를 외치는 설교는 없는데 성경을 공부한 교인들에게는 어찌하여 언제까지나 믿음이 없고 순종이 없고 욕심을 버리지 못하느냐고 설교해야 하는 것일까요? 그 까닭은 어디에 있는 것일까요? 돈을 버는 것은 수입에 관한 일이고 자기 소원을 이루는 일이지만, 하나님의 말씀에 순종하는 것은 희생에 관한 일이고 욕심을 버리고 자기 자신을 부인하고 십자가를 지고 예수님의 뒤를 따르는 일이기 때문입니다. 하나는 하지 말라고 해도 하고 싶은 일이고, 다른 하나는 하고 싶어도 행하려고 해도 마음대로 되지 않는 일이기 때문입니다.

여기서 나온 것이 하나님을 단지 소원을 이루는 방편으로 이용하는 믿음이고, 하나님의 영광을 위해서라는 미명 아래 자기의 소원을 이루는 믿음이고, 다른 하나는 마음으로는 원이로되 육신이 약해서 행하지 못하는 죄를 회개하는 믿음입니다.

아무도 100% 하나님의 뜻대로 살 수는 없습니다. 완전한 행함은 없습니다. 여기서 온갖 변명으로 행함이 없는 믿음을 정당화하는 사람은 구원받지 못하고, 여기서 회개하고 죄 사함을 받는 사람은 구원을 받습니다.

75 기독교의 정체

기독교는 남들을 못살게 해 놓고 자기가 잘 사는 종교도 아니고, 남들을 떨어뜨려 놓고 높은 자리에 앉는 종교도 아닙니다. 기독교는 남들이 잘 살 수 있도록 해 주고 가난하게 사는 종교요, 남들을 높여주고 낮은 자리에 처하는 종교입니다.

가난한 집의 어머니는 자식들을 배불리 먹이려고 자기는 벌써 먹었다고 하면서 끼니를 건너뛰며 굶습니다. 남들을 잘살게 해 주려고 자기는 가난하게 삽니다. 어진 스승은 병약한 제자를 침대 위에서 자게 하고 자기는 바닥에서 잠을 청합니다. 남들을 높이고 나서 자기는 낮은 진리에서 만족합니다.

기독교는 게을러서 못살고 무능해서 낮아지는 종교가 아니라 큰마음으로 큰 사랑으로 남을 높이는 종교입니다. 남에게 좋은 자리를 내어 주는 종교입니다. 게을러서 못사는 사람은 부지런

해서 잘사는 사람만 못하고, 무능해서 강등당하는 사람은 유능해서 영전하는 사람만 못하고, 빼앗긴 사람은 빼앗은 사람만 못하지만, 나누어 주는 사람과 내어 주는 사람은 빼앗은 사람보다 더 큽니다. 기독교는 자애로운 어머님같이 어진 스승님같이 세상 사람들을 자식같이 제자같이 돌보는 종교입니다.

76 상속받은 인격

좋은 성격을 타고나는 사람이 있는 것은 족히 알고 있는 사실이지만, 그러나 인격은 타고나는 것이 아닙니다. 타고난 성격을 다듬어서 만들어 내는 창작품입니다. 그래서 인격은 아무리 조잡해도 원숙한 성격보다 더 귀한 것이 아니겠습니까? 그렇긴 하지만, 이 세상에는 성격이라고 보기에는 너무도 다듬어진 인격을 타고난 사람이 있는 것 같습니다. 본인 작품도 아니고 그렇다고 부모가 임의로 만들어 내는 작품 같지도 않고 누구의 작품인지 알 길은 없지만 말입니다.

어떤 사람은 너무 똑똑해서 똑똑한 것이 눈에 보입니다. 움직일 때마다 똑똑 소리가 납니다. 앉고 일어서고 할 때도, 심지어 식사할 때도 똑똑 소리가 납니다. 어떤 사람은 너무 유식해서 입만 열어도 유식해 보이고 눈만 떠도 유식해 보이고 인사를 나눌 때도 유식이 넘칩니다. 살은 없고 피부만 있는 사람 같아서 상대의 마음을 긴장시키고 시험대 위에 서 있는 사람같이 용신

하지도 못하게 합니다. 그런데 타고날 때부터 인격을 갖추고 태어난 사람은 알아도 아는 체를 하지 않고 있어도 있는 체를 하지 않아서, 살이 적당하게 붙어 있는 몸 같아서 상대의 마음을 편안하게 해 줍니다.

알면 아는 체를 하고 높으면 높은 체를 하고 가진 것이 있으면 가진 것이 있는 체를 하는 성격은 소인의 근성이요 불신앙이요 가짜 신앙이고, 알아도 아는 체를 하지 않고 도와주면서도 도와주는 체를 하지 않고 믿음이 좋으면서도 믿음 좋은 체를 하지 않는 것이 거인의 인격이요 참신앙입니다.

높은 자리에 앉아서 높은 체를 하는 사람은 높은 자리만 못한 사람이고, 계급장을 달고 있으면서도 높은 체를 하지 않는 사람은 계급장보다 높은 사람, 참으로 높은 사람입니다. 돈을 자랑하고 다니는 사람은 큰 부자가 아니고 지식과 학위를 자랑하고 다니는 사람은 대학자가 아닙니다. 큰 부자는 고용인 같고 대학자는 바보 같고 큰 인물은 미친 사람 같습니다. 믿음이 좋아 보이는 사람은 위선자입니다. 예수님은 믿음이 없는 목수 같았고 원효대사는 파계승 같았습니다. 인격, 인물은 숨어 있습니다.

만인의 환호에 싸여 있는 사람은 연예계와 스포츠계의 스타이고 나폴레옹이고 알렉산더이고 김일성이고 스탈린이고, 만인의 저주에 싸여 있는 분은 예수님이었습니다. 가장 깊이 숨어 있는 사람은 가장 위대한 인물입니다.

거짓 선지자는 참 선지자 같고 참 선지자는 거짓 선지자 같으며, 하나님은 마귀 같고 마귀는 하나님 같습니다. 무명이 유명보다 더 위대한 세계가 진리의 세계요 인격의 세계입니다.

77 약보다 더 중요한 것은 처방입니다

　세상에 약이 되지 않는 약은 없습니다. 이 병에는 약이 되지 않는 약도 다른 병에는 약이 되고, 이 사람에게는 약효가 없던 약도 다른 사람에게는 특효약이 될 수 있습니다. 그래서 약이 아니겠습니까? 그래서 약국에 진열이 되어 있는 것 아니겠습니까? 이에 반해 어떤 좋은 약도, 어떤 신비한 약도 처방이 잘못되면 사람을 잘못 만나면 치사약이 되기도 합니다. 하나님의 말씀 역시 영혼의 병, 죽음의 병을 고치는 신비 약이요 신통력이 있는 약인데, 그런데도 잘못 투약하거나 잘못 복용하면 치사약이 될 수밖에 없습니다.

　부자에게 "화 있도다! 노동자들에게서 착취한 돈이, 너희들을 원망하는 소리가 하늘에 이르렀도다!" 하면 특효약이 되지만 똑같은 말을 노동자들에게 하면 독약이 될 수밖에 없고, 노동자들에게 고용주를 섬기기를 예수님을 섬기듯이 하라고 가르치면 양약이 되지만 부자들에게 같은 말을 하면 독약이 될 수밖에 없습니다. 부자들은 노임을 착취했다는 말씀을 듣고 회개하고, 노동자들은 윗사람을 예수님 모시듯이 하라는 말씀을 듣고 자숙하면 양약이 되지만, 거꾸로 부자들은 하나님께서 노동자들에게 주신 "상전에게 순종하라."는 말씀만 듣고 고소해 하고, 노동자들은 부자들을 책망하시는 말씀을 듣고 노기와 독기만 더하면, 그때는 하나님의 말씀은 천하의 신비약이라도 독약이 될 수밖에 없으니, 하나님의 말씀이 세상을 어지럽게 하고 갈등과 분쟁을 조장하는 독약이 될 수밖에 없을 것입니다.

그런데 이 세상에는 하나님의 말씀을 바로 전하고 바로 받아들이는 사람은 적고 역으로 받아들이는 사람은 천천만만이어서, 사람을 살리는 약이 사람을 몰사시키고 있는 것이 우리의 현실입니다. 하나님의 말씀은 문자가 아니고 말이 아니고 능력입니다. 구원하는 역사와 심판하는 역사를 동시에 행하시는 하나님의 능력입니다.

구약시대에 하나님의 말씀을 바로 전한 사람은 나단 선지자와 엘리야 선지자와 이사야 선지자와 예레미야 선지자 같은 참선지자들이고, 잘못 전한 사람들은 예레미야 선지자 당대의 하나냐와 아모스 선지자 당대의 아마샤 같은 거짓 선지자들이며, 하나님의 말씀을 바로 듣고 회개한 사람은 다윗 왕이고 잘못 듣고 심판을 받은 사람은 헤롯 왕입니다.

신약시대에 하나님의 말씀을 전하신 분은 예수님이고, 그 말씀을 잘못 듣고 예수님을 십자가에 못 박은 사람은 대제사장 안나스와 가야바입니다. 옳은 말을 가장 많이 하는 사람은 가장 악한 사람들이고, 명언과 명구와 경구와 덕담을 가장 많이 하는 사람은 거짓 교사들이고, 하나님의 말씀을 가장 많이 인용하는 사람은 거짓 선지자들입니다. 진리를 망치는 것은 비진리 쌍소리가 아니라 잘못 전해지고 있는 진리의 소리입니다.

78 목회를 시작할 나이가 되니 은퇴해야 합니다

내 나이 구십 고개를 넘고 보니 허물없이 정담을 나누고 밀담을 나눌 수 있는 친구들은 모두 저세상 사람이 되어 이 세상에서 더는 속사정 얘기를 나눌 친구 하나 없이 되었습니다. 내 일을 정말 걱정해 주고 내 짐을 나누어 줄 친구도 모두 저세상 사람이 되고 말았습니다.

그러자 이 세상은 가까이 있는데도 멀기만 하고, 그 대신 그의 나라는 점점 더 가까워져 오는 것을 실감하게 됩니다. 이 세상의 일은 남의 나라의 일만 같고 그의 나라의 일은 멀기만 한데도 나의 일만 같습니다. 눈에 보이지도 않는 그 나라가 점점 더 가까이 실감이 납니다. 동시에 신앙생활에도 현실감이 생기고 박진감이 생깁니다. 그래서 생각합니다. "내 나이 70이 되어 철이 나서야 시작해야 할 목회를 70이 되어 적령기가 되니 은퇴하게 되는구나!"

그러할진대 담임목사를 청빙할 때 목사를 찾지 않고 박사를 찾으시다니요? 교회가 학교인 줄 아시나 보지요?

79 종교개혁에 대하여

조직을 개편하고 새로운 조직을 만들고 법을 개정하고 개헌

하고 제도를 바꾸고 종교의식을 새롭게 하고 교리를 새로 만들고 인사를 쇄신할 뿐인 종교개혁은 하나 마나입니다. 일시적인 성과나 몇 사람의 이익을 위해 세상을 시끄럽게 할 뿐입니다. 오늘날의 루터교와 장로교와 감리교와 성결교와 침례교가 그 확실한 본보기입니다. 중요한 것은, 필요한 것은 조직이나 신학의 개혁이 아니라 신앙의 개혁이며 생활의 개혁이며 인격의 성화입니다. 찬송가나 성례의 개혁은 중요하지 않습니다. 조직이나 종교의식이나 신학이나 단체의 개혁은 성공하는 법이 없습니다. 중요한 것은 개개인의 종교개혁입니다. 그리고 이 개혁은 언제나 계속되어야 하는 것이며 개혁이 끝날 때 성화가 자취를 감추었을 때 신앙생활은 회칠한 무덤이 되고 맙니다.

개인적인 종교개혁이 없는 믿음, 변화가 없고 성화가 없는 믿음은 죽은 믿음입니다. 모든 타락이 여기서 옵니다. 예수님께서는 거듭나야 한다고 하셨고, 사도 바울도 우리의 겉사람은 낡아지나 우리의 속사람은 날로 새로워진다고 했고, 누구든지 그리스도 안에 있으면 새로운 피조물이 되었다고 했고, 이전 것은 지나갔고 새것이 되었다고 했습니다. 기독교는 변화, 성화를 가져오는 종교입니다. 바울은 신도들에게 "내가 그리스도를 본받는 자가 된 것같이 너희는 나를 본받는 자가 되라."라고 했습니다. 그리스도인은 하나님의 온전하심을 바라보고 나날이 변화해 가는 새 생명입니다. 변화가 없을 때 그 사람은 살았다 하나 벌써 죽은 사람입니다. 모든 타락은 변화를 거부하고 변화를 기피하고 땀 한 방울 흘리지 않고 손가락 하나 까닥하지 않고 구원을 받기 전이나 아무것도 달라진 것 없이 그 모습 그대로 오직 하나님의 은혜와 오직 믿음으로 구원받으려고 하는 데서 옵니다.

80 기독교는 타력 종교가 아니라 협력 종교입니다

사람들은 말합니다. 오직 하나님의 은혜와 오직 믿음으로 구원받는다고. 그런데 이 말씀은 절대적인 권위를 가지고 있어서 이에 토를 다는 사람은 이단으로 몰리기 쉽습니다. 구원받을 수밖에 없이 된 사람이 자기 자신을 구원하기 위해서 할 수 있는 일은 아무것도 없으니, 그래서 믿음으로 구원을 '받는' 것이 아니냐는 얘기입니다. 따라서 구원은 전적으로 구원하시는 하나님의 일로서 사람이 해야 할 일은 아무것도 없다는 얘기입니다. 물에 빠진 사람이 발악하면 구조하는 데 방해가 되어 죽음을 자초할 뿐이라는 얘기입니다. 구원은 시종일관 구원받기 전에도, 구원받은 후에도 사람 밖에서 사람의 선택이나 노력과는 상관없이 이루어지는 하나님의 일이라는 얘기입니다.

여기서 예정론이 나오고 선택론이 나오고 언약설이 나옵니다. 이것이 정통교리입니다. 여기에 토를 다는 사람은 이단으로 몰리기 일쑤입니다. 그런데 바로 여기에 가장 큰 사탄의 함정이 있고 올무가 있다는 사실을 확실하게 아는 사람은 많지 않고, 확실하게 증거를 대는 사람은 더더욱 없습니다. 행함이 없고 성화가 없는 믿음의 함정 말입니다. 말뿐인 믿음과 감정뿐인 믿음과 형식뿐인 믿음의 함정 말입니다. 실체가 없는 믿음의 함정 말입니다. 그 옛날의 유대교인들같이 예배당에서는 하나님을 찬양하고 세상에 나가서는 하나님을 십자가에 매달아 죽이는 믿음의 함정 말입니다. 하나님의 자녀가 되지 않고 마귀의 자녀가 되는 믿음의 함정 말입니다.

물론 신앙고백적인 의미에서는 오직 하나님의 은혜와 오직 믿음의 신앙보다 더 바람직한 것은 없을 것입니다. 자녀들이 나름대로 면학해서 수석합격을 하고 나서도 모두가 부모님의 은혜라고 하는 것이나 운동선수들이 우승컵을 손에 들고서는 모두가 감독님의 은혜입니다, 라고 하는 것은 신앙고백적인 의미나 도덕적인 의미에서는 바람직합니다. 그러함에도 사실은 사실입니다. 똑같은 이치입니다.

아무리 구원은 하나님의 일이지 사람의 일이 아니라고 해도, 아무리 그래도, 구원하신 하나님만 계시고 구원받은 사람이 없을 수 있겠습니까? 어떻게 회개하는 사람이 없고 믿는 사람이 없는데 죄 사함을 얻을 수 있겠습니까? 어떻게 죄 사함을 받았는데 중생과 성화는 뒤따르지 않을 수 있겠습니까? 어떻게 병 치료를 받았는데, 병은 치료했는데 치료받은 사람은 없을 수 있겠습니까? 어떻게 신생아가 없는 순산이 있을 수 있겠습니까?

물론 농사는 농부가 씨를 뿌리고 가꾸어서 추수하게 됩니다. 땅은 아무 일도 하지 않고 누워 있는 것만 같습니다. 그러나 사실은 다릅니다. 흙의 협조 없이 어떻게 농사를 지을 수 있겠습니까? 풍작을 했는데 어떻게 먹을 양식은 없을 수 있겠습니까? 아무리 하는 일 없이 누워 있는 것만 같아도 어떻게 여자의 협조 없이 아이를 생산할 수 있겠습니까?

몽학선생(율법)이 없는 회개와 중생과 성화가 없는 구원은, 한마디로 행함이 없는 믿음을, 오직 믿음만을 강조하는 것은 신생아가 없는 순산과 구원받은 사람이 없는 구원을 얘기하는 것이 됩니다. 실체가 없는 구원이요 온갖 이단 사설들이 우글거리는 구원이요 사탄의 마수가 암약하는 타락의 온상입니다. 여기서 하나님의 자녀들은 마귀에게 속아서 멸망할 넓은 문으로 몰려가고, 하나님의 일꾼들은 마귀의 하수인이 되고, 세상의 소금이 되어야 하는 교회는 변질해서 맛을 잃고 웃음거리가 됩니다.

모든 타락이 행함 없는 믿음에서 옵니다. 중생이 없고 성화가 없는 믿음에서 옵니다. 회개와 믿음은 행함(율법)에서 나오고 구원의 열매도 행함(중생과 성화)입니다. 믿음은 언제나 행함과 같이 있습니다. 행함이 없는 믿음은 애당초 존재하지를 않습니다. 행함이 없는 믿음은 가짜 믿음입니다. 회개와 믿음으로 인도하는 행함은 정통신앙입니다. 구원의 조건으로 들고 나오는 행함은 이단입니다. 그러나 구원의 열매로 나오는 나름의 행함은, 성화는 정통신앙입니다.

농사꾼이 흙의 협조를 받지 않고서는 농사를 지을 수 없고 남자가 여자의 동의를 얻지 않고서는 아이를 생산할 수 없는 것같이 아무리 하나님도 사람이 마음의 문을 열어주지 않으면 영혼을 구원할 수 없습니다. 그래서 하나님도 어쩔 수 없이 사람들의 마음의 문밖에서 노크하시는 것이 아니겠습니까? 성화와 행함이 없는 신앙은, 변화를 거부하고 변화를 기피하고 현재에 안주하고 있는 안일주의의 신앙은 타락의 온상이며 마귀의 소굴이 될 수밖에 없습니다.

구원은 그 모양 그대로 난대로 받지만, 예수님을 맞이할 준비는 그 모습 그대로는 안 됩니다. 성화 즉 변화해 가는 이 모습 그대로 받아야 할 것입니다.

기독교는 타력 종교라고 하기보다는 진인사대천명(盡人事待天命)의 종교입니다.

81 기독교는 그런 복을 주는 종교가 아니라 희생을 요구하는 종교입니다

기독교인들이 모이는 곳에는 축복이 넘치는데, 기독교가 우리에게 주는 축복은 사람들이 생각하고 기대하는 것 같은 물질적인 축복이 아닙니다. 기독교가 우리에게 주는 축복은 물질적인 축복이 아니라, 오복이 아니라, 팔복입니다. 영적인 복입니다. 축복을 받아서 부자가 되는 복이 아니라 축복을 받아서 빈자가 되는 복입니다. 축복을 받아서 주인이 되는 복이 아니라 축복을 받아서 종이 되는 복입니다. 게을러서 가난하게 사는 것도, 못나서 종살이하는 것도 복이 아닙니다. 성경이 말하는 복은 자진한 가난이요 자원한 섬김입니다. 불쌍한 가난이 아니라 부러운 가난이며 부끄러운 섬김이 아니라 자랑스러운 섬김입니다.

돈이 많은 세리가 되는 대신 가난한 사도 마태가 되는 복입니다. 높으신 대제사장이 되는 대신 쫓겨 다니는 사도 바울이 되는 복입니다. 타락한 네로황제 대신 십자가에 거꾸로 매달려 죽은 베드로가 되는 복입니다. 헤롯같이 수치스러운 왕이 되는 대신 세례요한같이 위대한 인물이 되는 복입니다.

가난한 자가 복이 있고 섬기는 자가 고귀하고 핍박을 당하는 자가 복이 있다는 성경 말씀은 위대한 인물이 되어주기를 바라는 하나님의 소원입니다. 이런 의미에서 기독교는 부자와 권좌를 만들어 내는 종교가 아니라 가난한 자와 섬기는 자를 만들어 내는 종교입니다. 기독교는 희생을 요구하고 고생을 기대하는 종교입니다.

예수님께서 자기를 따르는 제자들에게 약속하신 것은 세상의 축복, 세상의 성공, 세상의 영화가 아니라 희생과 고생뿐이었습니다. "여우도 굴이 있고 공중의 새도 거처가 있으되 인자는 머리 둘 곳이 없다." "아버지나 어머니를 나보다 더 사랑하는 자는 내게 합당하지 않다. 아들이나 딸을 나보다 더 사랑하는 자도 내게 합당하지 않다. 또 자기 십자가를 지고 나를 따르지 않는 자도 내게 합당하지 않다." "환난을 당하나 담대하라." 사람들이 너희를 미워하며 멀리하고 욕하고 핍박할 것이다." "죽도록 충성하라." "밀알 하나가 되어 땅에 떨어져 썩어라." 이런 것들이 예수님께서 제자들에게 약속하신 축복의 전부입니다. 예수님께서 제자들에게 약속하신 축복은 하나님의 나라와 영생이 전부입니다. 바울의 간증같이 우리의 바라는 것이 이생뿐이면 모든 사람 중에 가장 불쌍한 존재가 되는 것입니다. 만물의 찌꺼기와 웃음거리가 되는 것입니다. 그런데도 제자들과 초대교인들은 모든 것을 버리고 예수님의 뒤를 따랐습니다. 그들이 세상에서 받은 축복은 가난과 고난과 핍박과 순교가 전부입니다. 신앙을 고백하는 순간부터 그들은 재산을 몰수당하고 직장을 잃고 쫓겨 다니는 신세가 되었습니다. 그들이 받은 축복은 팔복이 전부였습니다. 그런데도 그들은 오복을 받은 사람들보다 더 큰 기쁨과 자신감과 보람에 넘쳐 있었습니다. 세상의 부자들과 권세자들과 유명 인사들이 도리어 그들을 부러워했습니다.

초대교회 당시는 기독교가 핍박당하던 때여서 죽을 각오를 하고서야 신앙을 고백할 수 있는 시대였습니다. 그런데도 많은 사람이 교회로 몰려왔습니다. 기적이 일어났습니다. 원형경기장으로 가는 순교의 행렬에 자진해서 끼어드는 사람들까지 있었습니다. 세례를 받기가 고시에 합격하기만큼이나 어려웠습니다. 심사를 거쳐서 어렵게 세례를 받을 수 있었습니다. 이런 것이 그들이 받은 복의 전부였습니다.

82 나의 영혼은 꺼져 가는 심지입니다

마귀의 시험은 집요합니다. 언제나 나를 따라다닙니다. 그림자같이……. 한밤중에도 마귀는 잠이 없습니다. 간자(間者)들을 보내어 끈덕지게 미행합니다. 그래서 하나님께서는 나를 떠나지 못하십니다. 언제나 내 곁에 계십니다. 그래서 내 영혼은 사면초가 속에서도, 적중에서도 무사합니다.

내 영혼은 풍전등화입니다. 회오리바람 속에서 껌벅이는 등잔불입니다. 내 생명은 폐결핵과 장티푸스와 흑달과 말기 암 속에서, 죽음 속에서 살아남은 기적입니다. 죽음 속에서 깜박이는 생명입니다.

내 믿음은 의심의 안개 속에서 껌벅이는 등대이고, 나의 기쁨은 사막에서 솟아 나오는 생수이고 포화 속에서 노래를 부르는 새 소리이고, 나의 평화는 격랑 속에서 깊이 빠져 버린 단잠이고 태풍 속에서 춤을 추는 갈매기의 무도회입니다. 나의 평안은 근심 속에 있고, 나의 소망은 절망 중에 있고, 나의 생명은 죽음 속에 있습니다. 하나님 안에 있습니다. 참된 행복과 참된 평안과 참된 소망과 참된 생명은 하나님 안에만 있는 기적입니다.

믿음의 소망은 기적에만 있습니다. 합리적인 것의 마지막은 절망입니다.

83 선악과를 먹은 것이 죄가 아니고 금단의 열매를 먹은 것이 죄입니다

현대 이후로 많은 사람이 주장하기를, 하나님께서 아담에 이어 하와를 창조하시고 나서 생육하고 번성하라고 하시며 아담과 하와를 짝지어 주셨는데, 선악과를 먹은 것 곧 성적인 교제를 한 것이 어떻게 죄가 되냐고 하면서, 아담과 하와가 죄가 없는데도 죄책감을 느끼고 무화과나무 잎으로 앞을 가린 것이 죄가 돼서 에덴동산에서 쫓겨났다고 합니다. 그래서 하나님께서 아담에게 "누가 죄 있다고 하더냐?"라고 힐문하신 것이 아니냐고 이상한 해석을 합니다. 결국 그들의 주장은, 죄가 없는데도 스스로 죄의식으로 자기를 정죄한 것이 죄가 되었으니, 죄의식에서 완전하게 자유를 얻는 것이 구원이라는 것입니다. 애당초 죄는 존재하지도 않는 것이라고 합니다. 얼핏 생각해 보면 가장 합리적이고도 과학적인 해석 같습니다. 그러나 문제는 이 세상을 합리적으로나 과학적으로만 해석하면 인류의 역사는 죽음과 소멸로 끝날 수밖에 없다는 사실에 있습니다. 인류의 소망은 역설적이고도 신앙적인 해석에만 있습니다. 죄는 선악과를 따먹은 데 있지 않고 먹지 말라고 하신 선악과를 따 먹은 데 있습니다.

식생활 자체나 성생활 자체에는 죄가 없습니다. 그러나 과식하면 건강법을 어긴 죄가 됩니다. 거기서 나오는 형벌이 위장병입니다. 똑같은 이치로 성생활 자체는 죄가 없습니다. 결혼한 부부의 성생활에는 죄가 없습니다. 그러나 혼전의 성적 교제나 혼외의 성적 교제는 죄가 됩니다. 간음이 됩니다. 똑같은 성행위이지만 무죄가 되기도 하고 유죄가 되기도 합니다.

그러면 죄는 어디서 나오는 것일까요? 하나님의 말씀을 법을 위반하는 데서 나옵니다. 똑같은 행동도 법 아래서 하면 의가 되고 법을 벗어나서 하면 죄가 됩니다. 아담과 하와가 선악과를 따먹은 것이 죄가 되는 까닭은 선악과를 먹은 데 있지 않고 하나님께서 먹지 말라고 하신 선악과를 먹은 데 있습니다.

자동차를 몰고 사방팔방 자유자재로 운전하고 다니는 것은 죄가 되지 않습니다. 운전 자체에는 죄가 없습니다. 그러나 도로에 주행선이 생기고 경계선이 그려지고 정지 신호가 세워지면, 교통 법규가 생기면 그 교통법을 위반하면 죄가 됩니다. 죄의 본질은 하나님의 법을 위반하는 데 있습니다. 죄는 본질적으로 인간의 행위에 있는 것이 아니고 하나님의 뜻을 거역하는 데 있습니다. 하나님이 살아계시지 않는 세상이라면 죄도 없을 것입니다. 심판주도 없고요.

84 기독교는 오복이 아니라 팔복을 주는 종교입니다

기독교는 가난한 자가 복이 있다고 하시는 종교입니다. 그러나 부자를 부러워하는 극빈자가 아니라 부자가 부러워하는 청빈자 즉 성자를 길러 내는 종교입니다. 높은 사람을 우러러보는 아랫사람이 아니라 높은 사람이 우러러보는 무계급의 사람 즉 위대한 인물을 길러내는 종교입니다. 기독교는 제임스왕을 만들어 내는 종교가 아니고 제임스왕이 부러워하는 물방앗간집 할아버지를 만들어 내는 종교입니다.

초대교인들은 그 모두가 아무것도 가진 것이 없는데도 부자들이 부러워하고, 박해를 피해서 유리 방랑하는 난민에 불과했는데도 제왕들이 우러러보는 성도들이었습니다. 초대교회는 가난한데도 부자들보다 더 행복하게 살고, 피해 다니는 난민에 불과했는데도 고위층 인사들보다도 더 높은 긍지를 가지고 사는 성도들이었습니다.

그런 초대교인들의 생활이 너무도 부럽고 너무도 우러러보여서 불신자들이 모여들어 초대교회는 대부흥을 이룩할 수 있었습니다. 세상을 이기는 교회가 될 수 있었습니다. 그렇게 세월이 흘러가는 동안에 교회는 막강한 세력을 이루었습니다. 동시에 교회가 핍박당하던 시간은 지나가고 기독교가 국교가 되었습니다. 세상이 달라졌습니다. 교회가 핍박당하던 시대가 변해서 교회가 불신자들을, 이방인들을 핍박하는 막강한 단체로 성장을 했습니다. 이제는 신앙을 고백한다고 해서 손해 볼 것은 아무것도 없었습니다. 희생할 것도 없었습니다. 교회에 많은 사람이 모여들자, 교회라는 조직이 생기고 제도가 생기고 종교의식이 생기고 신학이 생기고 성직자가 생기고 평신도가 나왔습니다.

초대교회 당시에는 교회라고 하는 조직체도 없고 일정한 종교의식도 없고 신약성경도 없던 시대인지라 신학도 없고 교리도 없었습니다. 성직자도 없고 평신도도 없었습니다. 요즘 말로 하면 사도들과 평신도가 있을 뿐이었습니다. 목회를 하는 것도 평신도이고 교인들도 평신도이고 설교를 하는 것도 평신도이고 설교를 듣는 것도 평신도이고 전도를 하는 것도 평신도였습니다. 그 당시에는 교회가 조직화되기 전이어서 교회에는 성직자가 없었습니다. 교황도 없고 주교도 없고 신부도 없고 감독도 없고 목사도 없었습니다. 교회에서 출세하는 사람도 없고 녹을 먹는 사람도 없었습니다. 즉 교회에서 수지를 맞추는 사람도 없고 덕을 보는 사람도 없었습니다. 신앙생활이 있을 뿐이었습니다. 예배와 성경 공부와 기도는 신앙생활 속에 있는 것으로 오늘날과 같이 예배를 위한 예배나 성경 공부를 위한 성경 공부나

기도를 위한 기도는 없었습니다. 선교를 위한 선교가 없었으니, 선교사도 따로 없었습니다. 평신도들이 모두 선교사였고 그들의 생활이 곧 선교였습니다.

그러나 박해 시대가 지나가고 교회가 크게 부흥하면서 방대한 조직체를 이루게 되고 교회에서 성공하고 출세하는 사람들이 생기게 되고 교회를 통해서 이득을 보는 사람들도 나오게 되자, 교인들이 고난을 겪고 희생하고 십자가를 지고 예수님 뒤를 따르던 신앙이 옛 얘기가 되어 버리자, 타락하기로 결심한 사람은 아무도 없는데 부지중에 자기도 모르게 교회가 형식화되어 버리고 타락의 늪에 빠지고 말았습니다. 신앙생활은 없어지고 웅대한 성전과 방대한 조직체와 엄숙한 종교의식과 심오한 신학만 남고, 신앙의 형식만 남고 "존귀 영광 주님 홀로 받으소서 멸시 천대 십자가는 제가 지고 가오리다."라든지 "초막이나 궁궐이나 내주 예수 모신 곳이 그 어디나 하늘나라."라는 말만 남게 되었습니다.

여기서 나온 것이 소위 말하는 삼박자 구원과 오중 축복의 복음입니다. 믿기만 하면 영혼 구원뿐 아니라 육체의 구원도 건강 문제도 해결되고 취업 문제도 해결되고 진학 문제도 해결되고 주택 문제도 해결된다고 하는 복음입니다. 영생뿐 아니라 이 세상에서 건강 장수도 한다는 복음입니다. 하나님의 나라뿐 아니라 세상도 얻는다고 하는 복음입니다. 믿기만 하면, 구하기만 하면 땀 한 방울 흘리지 않고 피 한 방울 흘리지 않아도 행함 없이 거듭나지 않아도 언제나 그 모습 그대로 구원뿐 아니라 세상의 모든 소원도 다 이룰 수 있다고 하는 복음입니다. 그러니 정정당당하게 생존경쟁에서 승리하고 힘쓰고 노력해서 소원을 이루려고 하지 않고 요행수로 꿈같이 기적같이 벼락부자가 되고 벼락감투를 쓰기를 원하는 신앙 도박꾼들에게 이보다 더 큰 희소식이 어디 있겠습니까? 그러자 생명을 잃고 신앙이 형식화돼서 지루하기만 하던 교회에 열기가 생기고 흥분이 일어나기 시작했습니다.

어디든 언제든 욕심과 대박의 꿈에 불이 붙으면 흥분과 열기가 일어나기 마련입니다. 좋은 일은, 참는 일은 힘을 써도 맘대로 되지 않지만, 화를 내는 일은 아무리 참으려고 해도 터져 나옵니다. 고운 말은 가르쳐도 잘하지 않아도, 쌍소리는 가르쳐주지 않아도 속사포같이 터져 나옵니다. 공부할 때는 졸지 않으려고 해도 불청객이 먼저 와서 걱정이고 도박장에서는 밤을 새워도 졸음이 오지 않습니다. 알코올이나 담배나 아편은 너무 쉽게 빠져 버리고 한번 빠지면 빠져나올 수 없어서 걱정입니다. 그와 같이 신앙생활도 바로 하기는 어렵고 타락하기는 너무 쉽고 너무 신바람이 나서 걱정입니다. 생명을 잃고 침체하던 교회에 구하기만 하고 믿기만 하면 모든 소원을 다 성취할 수 있는 복음이 전해지자 교회가 뜨겁게 달아오르기 시작했습니다. 교인들이 복권을 사는 사람들과 카지노에서 대박의 꿈에 부풀어 있는 사람들같이 하나님의 나라뿐 아니라 세상까지 덤으로 얻는 기적을 바라면서 밤을 새워 가며 기도를 드리게 되었습니다. 이와 같은 흥분과 열기 속에서 교회는 활기를 찾고 눈부신 부흥을 이룩했습니다. 그러나 이 부흥은 타락과 함께 온 부흥이었습니다.

돌이켜보건대 일제 강점기가 끝나고 우리나라가 독립국이 된 후에 향학과 진학의 문이 활짝 열리는 바람에 전에는 중학교에 들어가기도 어려웠던 사람들이 대학으로 진학해서 석·박사들이 쏟아져 나오고, 전에는 면장만 되어도 크게 출세한 것이 되었던 사람들이 일본 사람들이 버리고 간 감투들이 밀려 나오는 바람에 30대의 장관들과 장군들과 고관대작들이 줄을 서고, 전에는 쌀밥만 먹어도 부자가 된 줄 알고 살던 사람들이 갑자기 땅값이 오르고 집값이 오르는 바람에 일시에 도시로 올라와서 고급 아파트에서 현대식 생활을 하고 고급 승용차를 몰고 거리를 질주하고 다니게 되었습니다. 그런데 교인들은 그 모두가, 그 기적 같은 축복이 교인들이 밤을 새워 가며 기도를 드리고 믿음으로 구한 데 대한 하나님의 응답이요 축복으로 믿었습니다. 그런 믿음이 한국교회의 경이적인 대부흥을 이룩해 놓은 것이 사실입니다.

　그러나 기독교의 하나님은 신자와 불신자를 차별하는 하나님이 아닙니다. 기독교의 하나님은 인종 차별하는 하나님도 아니고 악인과 의인을 차별하는 하나님도 아닙니다. 예수님의 말씀같이 성경의 하나님은 햇빛과 단비를 악인과 의인의 구별 없이 종파와 교파의 구별도 없이 모든 사람에게 내려 주시는 하나님이십니다. 1970년대의 한국의 경이적인 경제적이고도 문화적인 발전은 교인들에게만 임한 게 아닙니다. 교인들만 대학으로 진학해서 석·박사가 되고 공직으로 진출해서 고위 관리가 되고 교인들의 땅값과 집값만 하룻밤 사이에 10배로 100배로 뛰어올라서 부자가 된 것이 아닙니다. 불신자들도 불교인들도 유교도들도 땅값과 집값이 같이 뛰어올라서 부자가 되었습니다. 기독교 국가인 미국만 경제 대국이 아니고 무신론의 나라인 중국도 경제 대국이 되고 팔백만의 귀신을 섬기는 일본도 경제 대국이 되었습니다.

세상 복은 경제적인 빈부나 사회적인 귀천이나 신체적인 장수나 단명에는 차별이 없습니다. 여러분들이 교인이 아니었더라도 기도를 드리지 않았더라도 그때 거기 살고 계셨더라면 역시 땅값도 오르고 집값도 올라서 부자가 됐을 것입니다. 기독교의 하나님은 세상 복에 있어서, 세상에서 물질적으로 잘살고 못사는 데 있어서 신자와 불신자를 차별하는 하나님이 아닙니다. 인종차별을 하는 하나님이 아닙니다. 기독교는 유대교의 하나님같이 유대 나라는 흥하고 이방 나라는 망하고, 유대인을 사랑하고 이방인은 미워하고, 유대인은 살리고 이방인은 죽이라고 하시는 하나님이 아닙니다. 만약 기독교의 하나님도 유대교의 하나님같이, 이방 신같이 자기를 믿는 교인들을 믿음으로 구한다고 해서 실력이 없는데도 합격시켜 버리고 이방인들은 실력이 있는데도 낙방시켜 버리고, 기독교 국가의 선수들은 믿음으로 구한다고 해서 우승컵을 안겨 주고 불교국가의 선수들은 실력이 있는데도 참패하게 하시는 하나님이라면, 만약에 하나님이 그렇게 양심도 없고 정의감도 없는 하나님이라면, 그런 하나님은 하나님이 아니라 하나님으로 가장한 마귀일 수밖에 없습니다.

기독교의 하나님은 공의의 하나님입니다. 물질적인 축복에 있어서는 신자와 불신자도 차별하지 않으시고 의인과 악인도

214

차별하지 않으십니다. 최후 심판의 날이 올 때까지는. 그러면 하나님의 자녀들에게 있는 특권과 축복은 무엇일까요? 하나님의 나라입니다. 금생(今生)이 아니라 영생입니다. 물질적인 축복이 아니라 영적인 축복입니다. 위대한 인물이 되게 하는 축복입니다. 초막에서도 궁궐에 사는 사람들보다 더 행복하게 사는 축복입니다. 팔복입니다.

85 끝이 보이지 않는 신앙생활의 넓이와 깊이

학교생활을 하는 학생들은 학년에 따라, 직장인들은 직급에 따라 실력이나 생각이 비슷비슷한데 신앙생활을 하는 교인들은 너무나도 다릅니다. 교회가 부흥 발전해서 조직이 생기고 건물이 생기고 성직자와 평신도가 생기고 종교의식이 생기고 신학이 발전하면 어떤 한 조직에 소속해서 종교의식을 거행하고 교회생활을 하는 것이 신앙생활이 되어 버립니다. 그리고 그 조직에서 성직자가 되고 성경 공부를 많이 해서 신학자가 되고 기도를 오래오래 많이 드리고 신비체험을 하는 사람이 믿음 좋은 사람이 되고 신앙지도자가 됩니다.

그러나 신앙생활은 다릅니다. 신앙은 조직 속에 있는 것도 아니고 건물 속에 있는 것도 아니고 머릿속에 있는 것도 아니고 문자 속에 있는 것도 아니고 종교의식 속에 있는 것도 아니고 감정 속에 있는 것도 아닙니다. 머릿속에 있는 하나님이나 지식은 하나님 지식이요 신학이요 신앙에 대한 지식이지 하나님도 아니고 신앙도 아닙니다. 그리고 하나님 감정이 어떻게 하나님일 수 있겠습니까? 살아 계신 하나님은, 살아 있는 신앙은 삶의 현장에 있습니다. 살아 있는 사람들의 영혼 속에 계십니다. 똑같은 신앙이지만 사람과 감정 속에만 있는 신앙과 삶의 현장에 있는 신앙은 다릅니다. 머릿속과 감정 속에만 있는 신앙은 사람의 생활과 인격에 변화를 일으키지 못하고 사람의 마음속으로 들어온 신앙만이 변화를 일으킵니다. 그래서 머릿속에만 있는 하나님은 사람의 종이 되고 마음속으로 들어오신 하나님만이 주인이 되십니다. 그래서 똑같은 신앙생활인데도 천지 차이가 됩니다.

이제는 신앙생활의 실상을 전해 드리기로 하겠습니다. 첫째는 유치원 수준의 교인입니다. 이 교인들은 어린아이같이 부모님에게 구하기만 하고 받기만 원합니다. 부모님은 자기만 위해서 살고 계신 분인 줄 압니다. 부모님을 위해서 해야 할 일은 생각하지도 못하고 행하지도 못합니다. 이처럼 유치원 교인들은 행함 없이 구하기만 하고 받기만 원합니다. 구원도 공짜로 받고 세상 복도 공짜로 받기만 원합니다. 두 번째는 초등학교 수준의 교인입니다. 이 교인들은 거저 받으려고 하지 않고 행함으로 받으려고 합니다. 율법시대 유대인들같이 계명을 지키고 안식일을 지킴으로 주일을 성수하고 십일조를 바침으로 부자가 되고 머리가 되려고 합니다. 선한 일을 함으로 자손만대에 복을 받으려고 합니다. 세 번째는 중 고등학교 수준의 교인입니다. 회개하고 오직 믿음으로 죄 사함을 받고 새사람이 된 것만 해도, 영생을 유업으로 받은 기쁨과 감격 속에서 하나님의 나라를 유업으로 받은 것만 해도 감사해서 이 세상에서는 더는 구하는 것이 없습니다. 네 번째는 대학 수준의 교인입니다. 값없이 조건 없이 구원받은 것을 감사할 뿐 아니라 자진해서 십자가를 지고 예수님의 뒤를 따릅니다. 이들에게 자랑이 있다면 바울의 간증같이 예수님의 뒤를 따르려고 희생하고 고생한 것뿐입니다. 이들에게 훈장이 있다면 온몸에 붙어 있는 상처와 흉터뿐입니다. 똑같은 교인인데 받기만 하고 구하기만 하는 유치원교인과 자진해서 예수님의 고난에 동참하는 대학교인은 너무나도 다릅니다.

선한 일에도 그 깊이의 차이가 있습니다. 첫째는 사람들에게 칭찬을 듣고 초청받는 선행입니다. 초보 수준의 선행입니다. 배고픈 사람에게 먹을 것을 주고 헐벗은 사람에게 입을 옷을 주고 누울 곳이 없는 사람에게 주택을 마련해 주는 선행입니다. 모든 사람에게 칭찬받는 선행입니다. 세상에서 복을 받는 선행입니다. 해피엔딩으로 끝나는 선행입니다. 그런데 이런 선행은, 세상에서 몇십 배로 거둬들일 수 있는 선행은, 세상에서 성공하는 데 도움이 되는 선행은 악한 사람들이 훨씬 더 많이 하고 훨씬 더 열심히 합니다. 악한 사람들은 악한 말만 하고 악한 일만 하는 사람들이 아닙니다. 악한 사람들일수록 자기에게 큰 이익이 되거나 출세하는 데 도움이 될 때는 더 크게 더 열심히 선한 사업을 펼칩니다. 이 세상에 뇌물같이 큰 선물이 어디 있고 이익을 얻기 위해서 권력자에게 베푸는 향응같이 푸짐한 손님 대접이 어디 있겠습니까?

둘째는 자기도 모르게 하는 선행입니다. 악한 사람들은 큰 결심을 하고 큰 희생을 각오하고서야 좋은 일을 할 수가 있는데, 그래서 나팔을 불고 복 받기를 바라고 공치사가 많은데, 워낙 착한 사람들은 자기가 살기 위해서 하는 좋은 일이어서, 평범한 하루하루의 일과여서, 공중 나는 새들이 공중에서 곡예를 하면서도 자랑이 없는 것같이 대가를 바라지 않습니다.

셋째는 최고 수준의 선행인데 백발백중 미움을 사고 핍박당하는 선행입니다. 목숨이 하나밖에 없어서 아무도 나서지 못하고 몸을 사리고 있을 때, 최고의 의인들은, 참 선지자들은, 국가의 이름이나 인류의 이름이나 하나님 이름으로 완벽하게 위장되어 있어서 모든 사람에게 칭찬을 듣고 성원을 받고 지지받고 있는 조직 속의 악행, 그 숨은 죄를, 그 베일을 벗겨 버리는 사람들이기 때문입니다. 어떤 선행이 그런 선행일까요? 의와 아름다운 것으로 겹겹이 싸여 있는 선행입니다. 예수님께서 위선의 베일 속에 깊이 가리어져 있는 유대교와 대제사장 안나스의 죄를 백일하에 벗겨 버리심으로, 세례요한이 헤롯왕의 죄를 만천하에 폭로함으로 유대교인들의 미움을 사고 핍박을 당한 것같이, 종교개혁자들이 베일 속에 깊이 숨겨져 있는 영국교회나 천주교회의 타락을 들고 일어섬으로 온 영국교회와 천주교인들의 미움을 사고 저주를 당한 것같이 말입니다.

여름철 바닷가에 나가보면 많은 사람이 얕은 물가에서 수영도 하고 잠수도 하면서 해수욕을 즐깁니다. 바다를 즐깁니다. 그러나 이런 바다생활과 멀리멀리 남극까지 내려가서 풍랑과 싸워가면서 고래잡이를 하는 사람들의 바다생활과는 천양지판입니다. 이처럼 신앙생활도 얕은 물가에서 교회에 다니는 것이 전부인 신앙생활도 있고, 깊은 바다에 나가서 자기 자식을 낳지 않고 열 명의 남의 자식을 키운 부부와 같이 깊은 신앙생활을 하는 사람도 있습니다.

신앙생활뿐 아니라 학문의 세계에도 얕은 학문과 높은 학문이 있고 관가에도 하위직 공무원과 고위직 공무원이 있으며 가난한 사람이 있는가 하면 부자가 있고 무명 인사가 있는가 하면 유명 인사가 있습니다. 그런데 세상에서는 무식한 사람과 유식한 사람을 시험으로 알아볼 수가 있고, 낮은 사람과 높은 사람을 계급장으로 알아볼 수가 있고, 가난한 사람과 부자는 재산 목록을 살펴보면 알아볼 수가 있지만, 신앙의 높고 낮음은 알아볼 길이 없습니다. 신앙은, 마음속의 비밀은 하나님만이 아시는 신비이기 때문입니다. 그래서 유식한 사람은 그 모습 그대로 유식한 사람이고 무식한 사람은 그 모습 그대로 무식한 사람이고, 경제계서는 돈이 없는 사람이 가난한 사람이고 돈이 많은 사람이 부자이고, 관가에서는 직급이 높은 사람이 높은 사람이고 낮은 사람이 낮은 사람이어서, 지식이 많은 사람이나 돈이 많은 사람이나 직급이 높은 사람은 그에 상응한 대접도 받고 부귀와 영예를 누리기도 하지만, 신앙계의 경우는 다릅니다. 신급이 높다고 해서 반드시 믿음이 좋은 것도 아니고 신급이 낮다고 해서 믿음이 없는 것도 아닙니다. 총회장이나 감독이라고 해서 믿음이 제일 좋은 것도 아닙니다. 교회 안에서의 신급이나 계급은 신앙과 상관이 없습니다. 예수님께서는 유대교 최고의 자리에 있던 안나스와 최고의 존경을 받던 가야바를 보고 너의 아비는 마귀라고 했습니다. 창녀가 너희들보다 먼저 하나님의 나라에 들어갈 것이라고 했습니다. 교회 안에서의 계급의 고하는 신앙과 상관이 없습니다.

세상에서는 최고의 경지에 이른 선지자들과 종교개혁자들은 핍박을 감수하고 순교를 당해야 했습니다. 그중에도 대표적인 인물이 예수님입니다. 세상은 얄팍해서 성공한 사람과 실패한 사람이 환하게 들여다보이지만, 신앙의 세계는 너무나도 심오해서 하나님의 판단을 기다려야 합니다.

이 세상은 죄악 세상입니다. 사람은 그가 누구든 의인들까지도 포함해서 죄인입니다. 그래서 바르게만 살고 반듯하게만 가는 사람은 성공은 그만두고 살아남기도 어렵습니다. 이 세상에 반듯하게만 가는 길은 없습니다. 모든 길은 꼬불꼬불 꾸불꾸불 돌아서 갑니다. 이 방에서 저 방으로 가려고만 해도 돌아서 돌아서 가야만 합니다. 그래서 반듯하게만 가는 사람은 여기 부딪히고 저기 부딪히고 상처만 입고 아무 데도 갈 수가 없습니다. 어디든지 가려고 하면 어떤 목적이든지 이루려고 하면 돌아서 가야 합니다. 멀리 가려고 하면 더더욱 많이 돌아서 가야 합니다. 돌아서 가는 길이 가장 가까이 가는 길이라는 속담도 있지 않던가요? 세상에서 성공하려면 더군다나 더 큰 성공을 하려고 하면 물결 따라 굽이굽이 돌아서 가야 합니다. 의를 추구하면서도 때로는 불의와도 손을 잡고, 불의를 행하면서도 의로 포장하고, 하나님을 섬기면서도 마귀와 내통하고 마귀를 섬기면서도 하나님의 이름으로 위장하는 재주가 있어야 합니다. 필요에 따라, 경우에 따라 신출귀몰하게 변신하는 재주입니다.

예수님께서는 자기를 부인하고 모든 것을 버리고 당신을 따르라고 하셨지만, 하나님과 재물을 겸해서 섬길 수가 없다고 하셨지만, 두 주인을 섬길 수 없다고 하셨지만, 곧이곧대로 예수님의 말씀을 가감 없이 전하는 사람은 목회에 성공할 수 없습니다. 예수님께서 기적을 행하시고 병자를 고치시고 죽은 자를 살리시고 빵 다섯 개로 오천 명을 먹이실 때는 예수님이 자기네 육체의 소원을 이루어 주시는 메시아인 줄 알고, 이스라엘 민족의 독립운동의 선봉에 서시는 메시아인 줄 알고 열광적으로 추종했지만, 예수님께서 욕심을 버리라고 하시고 기적을 구하지 말라고 하시자 밀물같이 밀려와서 썰물같이 떠나 버린 것같이 말입니다.

그러나 예수님의 말씀을 전하면서도, 십자가의 도를 전하면서도 하나님의 영광을 위해서라는 미명 아래 세상만사 형통의 복을 전하는 사람들은, 믿기만 하고 구하기만 하면은 모든 소원을 다 이룰 수 있다고 하는 사람들은, 오중 축복과 삼박자 구원을 전하는 사람은, 사람들의 욕심에 불을 붙이는 사람들은 목회에 대성공을 합니다. 설교를 해도 곧이곧대로 칭찬하고 견책하고 처방하고 나서 투약하는 목사는 배척당하고, 환자를 일시적으로 기분 좋게 해 주는 진통제나 흥분제를 투약하는 사람은 환영을 받습니다. 예를 들자면 부자에게는 노동자들의 임금을 착취한 자들이라고 하신 하나님의 말씀을 전하고 노동자들에겐 먹을 것과 입을 것이 있으니 족한 줄로 알라고 하신 하나님의 말씀을 전해야 할 텐데, 이것이 바른 처방을 한 설교인데, 이와는 반대로 부자들에게는 노동자는 먹을 것과 입을 것이 있으면 그만이라는 말씀을 전하고 노동자들에게는 부자들은 너희들의 임금을 착취한 도적이라는 말씀을 전하는 사람이 환영을 받습니다.

목회를 해도 곧이곧대로 하나님 뜻대로 교회를 부흥시키는 목적으로 하고, 영적으로 강대한 하나님 나라를 건설하는 것을 목적으로 하고, 교인 한 사람 한 사람의 신앙이 성숙하게 자라나는 것을 목적으로 목회를 하면, 백성 한 사람 한 사람들이 진리 안에서 참된 자유를 만끽하면서 풍요로운 생활을 하는 것을 목적으로 하면, 목회에 성공할 수 없습니다. 그 까닭은 교인 한 사람 한 사람의 신앙이 성숙하게 자라나면 더는 교회를 의지하지 않게 되기 때문입니다. 교회를 부흥시키는 방법은 교인들의 신앙이 끝까지 교회를 떠나서는 자립할 수가 없는 상태에 머물러 있게 하는 것입니다.

교회도 그렇고, 가정도 그렇고, 나라도 그렇고, 내 교회와 내 가정과 내 나라만 위해서 일하는 가장을 구하고 목회자를 찾습니다. 내 가정과 내 교회와 내 나라만 위해서 살아 주는 지도자를 찾습니다. 그래서 이웃 가정과 이웃 교회와 이웃 나라를 내 가정과 내 교회와 내 나라같이 사랑하는 사람은, 이웃을 내 몸과 같이 사랑하는 사람은 가정에서도 환영받지 못하고 교회에서도 환영받지 못하고 나라에서도 환영받지 못합니다. 불우한 이웃들을 돌봐 주기 위해서 자기 식구들을 고생시키는 아버지를, 매달 주는 생활비를 깎아내리는 남편을, 존경하는 처자가 몇이 되고, 무너져 가는 이웃 교회를 구하기 위해서 예배당을 증축하지 않고 성도를 이웃 교회로 분가시키는 목사를 환영할

교회가 어디 있고, 나라가 침략 전쟁을 하고 있는데 침략당하는 이웃 나라를 생각하고 전쟁에 반대하는 사람에게 훈장을 주는 나라가 어디 있겠습니까? 작은 단체든 큰 단체든 모든 단체는 극도의 이기주의 단체이며 그 단체의 기수가 되려고 하면 그 조직원들의 절대적인 지지를 받아야 합니다. 그러려면 내 집과 내 교회와 내 나라는 잘살기를 바라면서 뜨겁게 사랑해야 하고, 그 대신 남의 집과 남의 교회와 남의 나라는 뒷전이어야 합니다. 그러니 의인이 어떻게 핍박당하지 않고 만인의 환영을 받을 수 있겠습니까?

목회를 해도 자기만 십자가를 지고 가면서, 자기만 자진해서 월급을 반으로 삭감하고 승용차를 없애고 대중교통을 이용하고 교회가 일취월장하는 것을 보고 기뻐하기만 하면, 교인들의 칭찬과 존경만 받으며 무사합니다. 그러나 참 선지자들같이, 예수님같이 나를 존경한다고 앉아만 있지 말고 나와 같이 행하라고 하면서 가면을 벗겨 버리면 핍박을 면할 길이 없습니다. 왜냐하면, 자기네들이 재산을 늘려 부자가 된 것을 자랑하면서 남들이 모든 것을 버리고 희생의 길을 가는 것을 극찬하고 높이는 것으로 의인 행세를 하는 가면을 벗겨 버리기 때문입니다.

탕자가 회개하기 전에는, 거듭나기 전에는 아버지에게 자기의 분깃을 달라고 했습니다. 그러나 회개하고 돌아온 후에는 아무것도 요구하지 않고 아버지를 섬기기만 하는 종이 되기를 자청했습니다. 그와 같이 오늘날의 교인들도 거듭나기 전에는 이것저것 자기 소원을 이루어 달라고 하나님 아버지께 구하기만 합니다. 거듭나기 전에는 부자가 되고 높은 사람이 된 후에는 그것이 자랑이 되고 교만이 됨과 동시에 가난과 무계급은 부끄러움이 됩니다. 세상 사람들과 아무것도 다른 것 없이 부자들과 높은 사람들을 부러워합니다. 그러나 거듭난 사람들은 하나님의 나라를 유업으로 받은 것만으로도 넘쳐서 더는 아무것도 구하지 않고 예수님의 고난에 동참하기를 자원합니다. 자진해서 무소유와 무명의 사람이 됩니다. 자랑이 있다면 하나님의 영광을 위해서 고난을 겪고 예수님의 영광을 위해서 핍박당하고 비천한 사람이 된 것입니다. 바울의 간증같이 만물의 찌꺼기가 된 자랑이 있을 뿐입니다. 따라서 하나님의 나라에서는 고위층 인사가 되고 저명인사가 되는 것이 수치입니다.

신앙은 종교의식 속에도 있지 않고 성경 지식 속에도 있지 않고 종교 감정 속에도 있지 않고 삶의 현장에 있습니다. 많은 교인이 예배를 드리고 엄숙하게 종교의식을 행하고 성경을 공부하고 기도를 드리고 하나님을 찬양하는 것이 신앙생활인 줄 알지만, 방언을 한다든지 입신을 한다든지 환상을 본다든지 신유의 은사를 체험한다든지 하는 신비체험이 신앙생활인 줄 알지만, 신앙생활은 그런 데 있지 않고 삶의 현장에 있습니다. 온갖 시험과 유혹이 있고 이해득실과 영전과 좌천과 생사와 회복이 경각에 달려 있는 삶의 현장에 있습니다. 출세나 돈벌이와 아무 상관이 없는 교회에서 하는 신앙생활이 신앙생활이 아니라 인생의 생사와 화복과 밀접하게 연관이 되어 있는 가정이나 직장이나 사회에 나가서 하는 신앙생활이 신앙생활입니다.

상업을 공부하는 것과 돈벌이는 다릅니다. 상과대학은 돈을 버는 곳이 아닙니다. 농학과 농업도 다릅니다. 돈을 버는 곳은

상과대학이 아니라 시장이고, 농사를 짓는 곳은 농과대학이 아니라 농장이고, 고기를 잡는 곳은 해양대학이 아니라 원양 어장인 것같이, 사랑이 없이 머릿속에만 있는 사랑과 머릿속에나 감정 속에만 있는 사랑이 사랑이 아니라 삶 속에 있는 사랑이 참된 사랑입니다. 사랑의 시를 읊고 사랑의 노래를 불러 가면서 느끼는 사랑은 사랑이 아닙니다. 멀리서 편지만 주고받으면서 그리워만 하는 사랑은 사랑이 아닙니다. 데이트만 하고 회식만 하는 사랑은 사랑이 아닙니다. 그런 사랑이 더 아름다워 보이기도 하고 고상해 보이기도 하고 행복해 보이기도 하지만, 참된 사랑은 생사고락을 같이하는 삶의 현장에 있는 사랑입니다. 사랑 같지도 않은 사랑이요 백년해로하는 사랑입니다.

신앙생활 역시 머릿속에만 있고 황홀한 감정 속에만 있는 신앙이 신앙이 아니라, 예배를 드리는 동안만 있는 신앙이 신앙이 아니라, 언제나 우리와 함께 있는 삶의 현장에 있는 신앙이 참된 신앙입니다. 신앙생활에 있어 지식은 심오하고 감정은 황홀하고 종교의식은 엄숙해서 중요해 보이고 삶 속에 있는 신앙은 눈에 보이지 않아서 신앙같이 보이지 않지만, 살아 있는 신앙은 삶의 현장에 있습니다. 신앙생활에서 지식은 아무리 심오해 보여도 빙산의 일각에 불과하고 감정은 아무리 황홀해 보여도 거품입니다.

그럼, 예를 들어서 말씀드리기로 하겠습니다. 나는 일찍부터 인생의 허무를 얘기하고 행복은 밖에 있지 않고 내 안에 있는 것을 알았습니다. 그러나 진리의 세계에서, 신앙의 세계에서 단지 머리의 깨달음은 깨달음이 아니었습니다. 깨달으나 마나

였습니다. 여전히 버스 한 번 타 보지 못했을 때는 버스를 타고 가는 사람이 부럽고, 시골에서 살 때는 서울에서 내려온 사람이 부럽고, 아래층에서만 살고 이층에 한 번 올라가 보지 못했을 때는 이층 사는 사람이 부러웠습니다. 목회를 시작했을 때도 지금 하는 얘기를 거의 다 할 수 있었지만, 학교에서 배운 얘기와 성경에 기록된 얘기와 남들에게서 들은 얘기를 전할 뿐 나의 간증이 아니었습니다. 예전에 좋아하던 모든 것을 배설물같이 여기게 됐다는 말씀을 그럴듯하게 풀이해서 전하기는 했지만, 여전히 믿기 전이나 다름없이 높은 사람은 높아 보이고 낮은 사람은 낮아 보였습니다. 달라진 것은 아무것도 없었습니다. 그랬던 내가, 풍월로 얻은 문자로 전하지 않고, 공부해서 알게 된 지식으로 전하지 않고 내 말로 나의 신앙 간증으로 하나님의 말씀을 전할 수 있게 될 때까지는, 단지 머리의 깨달음이 참된 삶의 깨달음이 될 때까지는, 오랜 세월을 기다려야 했습니다. 신앙의 세계에서 지식은 새 발의 피입니다. 아무것도 아닙니다. 배우나 마나이고 유식해지나 마나입니다.

지금은, 성경에 기록된 말씀들이, 내가 전하는 하나님의 말씀들이 그대로 나의 간증이 되고 내 말이 되었습니다. 예수님께서 영생토록 그 속에서 솟아나올 것이라고 말씀하신 기쁨도, 세상이 주는 것과 같지 않다는 평안도 모두가 나의 간증이 되고 나의 체험이 되었습니다. 사도 바울이 말한 간증들, 모든 것이 합력하여 선을 이룬다는 간증도, 내가 어떤 형편에도 자족하기를 배웠다는 간증도, 겉사람은 낡아지나 속사람은 날로 새롭다고 한 간증도, 근심하는 자 같으나 항상 기뻐하고 가난한 자 같으나 많은 사람을 부요하게 한다는 간증도 모두 나의 간증이 되고 나의 얘기가 되었습니다.

내가 하나님을 믿고 하나님의 말씀을 믿는 까닭은 신학을 공부해서가 아니라, 그 모든 말씀이 내 삶 속에서 확증되었기 때문입니다. 단지 머리의 깨달음은 생활의 변화를 주지 못해도 삶의 깨달음은 인격의 변화 속에서만 옵니다. 변화가 계속되는 동안에만 살아 있는 진리입니다. 그러면 이런 변화는, 삶의 깨달음은 어디서 오는 것일까요? 삶의 깨달음은 삶 속에서만 옵니다. 그러면 이 삶은 어떤 삶을 의미하는 것일까요? 예수님과 함께 사는 생활입니다. 나는 예수님 안에 예수님은 내 안에 사는 생활입니다. 그러면 예수님과 함께 사는 삶은 어떤 생활일까요? 신앙생활입니다. 머리와 감정으로만 하는 신앙생활은 연애생활 같아서 신바람만 나지만, 예수님과 함께 사는 신앙생활은 결혼생활 같아서 자진해서 예수님의 고난에 동참하는 생활입니다.

우리가 삶의 현장에서 예수님의 뜻을 이루려고 하면 곧바로 역풍에 부딪히게 됩니다. 마가의 다락방에 120명의 신도는 성령 충만을 받은 것으로 끝나지 않고, 황홀한 신비체험으로 끝나지 않고, 곧바로 예수님과 함께 고난을 당하는 무리가 되었습니다. 예수님의 제자들도 초대교인들도 신앙을 고백하는 순간 핍박을 당하는 무리가 되고 정처 없이 유리 방랑하는 난민이 되었습니다. 그런 고난을 통해서 초대교인들은 가장 모범적인 교회가 될 수 있었고, 오직 피와 사랑으로 로마 제국을 무릎 꿇게 하는 강대한 교회가 될 수 있었습니다.

많은 사람이 고난을 피해 가려고 합니다. 그러나 고난 없이 위대한 신앙이나 위대한 인격은 나오지 않습니다. 시편 기자는 "고난당한 것이 내게 유익이라. 이로 말미암아 내가 주의 율례들을 배우게 되었나이다." 했습니다. 처음엔 이 말씀을 도무지 이해할 수 없었습니다. 공부해야 하나님 말씀을 알지 어떻게 고난당함으로 하나님 말씀을 알 수 있게 된단 말인가, 그것이 이해되지 않았습니다. 그러나 이제 와서 보니 머리의 깨달음이 아닌, 지식이 아닌 삶의 깨달음 즉 인격을 의미하는 줄 알게 되어 전적으로 공감하고 있습니다.

참된 깨달음과 위대한 인격은 고난에서만 나옵니다. 어떻게 높은 곳에서 뛰어내리는 위험을 기피하는 사람이 다이빙 선수가 될 수 있으며, 어떻게 한 번도 두들겨 맞지 않고 챔피언과 싸워서 이겨 새로운 챔피언이 될 수 있으며, 어떻게 전쟁터에 나가지 않고 영웅이 될 수 있겠습니까? 세상에서도 도전을 피하고 경쟁을 피하고 고난을 피하는 사람은 일인자가 될 수 없습니다. 세상에서도 그것이 정치계든 스포츠계든 연예계든 높이 올라가려고 하면, 일인자가 되려고 하면 점점 더 강한 적수와 싸워서 이겨야 합니다. 정상에 오른 사람들은 하나같이 그 분야에서 가장 강한 경쟁자들과 싸워서 이긴 사람들입니다. 그러할진대 어찌하여 신앙의 세계에서만은 고난 없이 땀 한 방울 눈물 한 방울 떨어뜨리지 않고 구하기만 하면 하나님의 나라도 얻고 세상도 다 얻겠습니까? 신앙계의 위인들은 하나같이 예수님의 고난에 동참한 사람들입니다. 만사형통한 사람들이 아니라, 황금마차를 타거나 꽃수레를 타거나 백마를 타고 많은 부하를 거느리고 예수님의 뒤를 따르는 사람들이 아니라, 세상에서 성공한 사람들이 아니라, 사도들같이 초대교인들같이 성자들같이 참 선지자들같이 종교개혁자들같이 모든 것을 버리고서도 천하를 얻은 사람들보다도 더 기뻐하면서 예수님의 뒤를 따른 사람들입니다.

나는 신체적인 질병뿐 아니라 사회적으로도 경제적으로도 어려운 일을 많이 당했습니다. 언제나 아슬아슬하게 벼랑 끝과 낭떠러지 인생길을 살아왔습니다. 나는 그것이 불만이요 불평이었습니다. 그러나 지금, 그 모든 고난이 축복이 되었습니다. 그 고난의 학교에서 나는 하나님도 만나고 예수님도 만나고 구원도 받고 새사람도 되었습니다. 고난이야말로 나에게 있어서 인생 최대의 스승이요 인생 최대의 학부였습니다.

만일 예수님께서 열두 군단 더 되는 하늘의 천사를 동원해서 로마 제국을 굴복시키고 만백성들에게 환영받으면서 만왕의 왕으로 등극하셨다면, 예수님께서 가장 억울하고도 가장 처참한 십자가를 거부하셨다면 어떻게 인류의 구세주가 될 수 있었겠습니까? 만에 하나 베드로가 십자가에 거꾸로 매달려 죽지를 않았다면 어떻게 예수님의 수제자가 될 수 있었겠습니까? 만에 하나 사도 바울이 동족에게도 핍박당하고 이방인에게도 폭행당하고 교인들에게까지 가짜 사도의 누명을 쓰고 사방으로 욱여쌈을 당하지 않았다면, 만인의 조롱거리가 되고 세상의 더러운 것과 만물의 찌꺼기가 되고 만신창이가 되지 않았다면, 가장 불쌍한 자가 되지 않았다면, 만일 바울이 실력껏 승승장구해서 대제사장이 되었다면, 이생뿐이었다면 어떻게 세계 제일의 위인이 될 수 있었겠습니까?

밥술이나 먹고사는 사람은 만사형통에서도 나오고, 고위층 인사들은 명문대학에서도 나오고, 벼락부자는 도박장이나 복권에서도 나오고, 벼락감투는 정변에서도 나오고, 제왕은 하늘에서 냈는지 몰라도, 그러나 위대한 인물은 파란만장한 인생 역경과 한 치 앞을 내다볼 수 없는 막다른 골목에서만 나옵니다. 위대한 인물과 위대한 신앙은 역경의 산물입니다. 실력이 없는 학생은 시험을 치기만 하면 낙방하지만, 실력이 있는 학생은 시험을 치기만 하면 합격합니다. 약자들은 역경에 직면하면 낙심해서 타락하지만, 강한 사람들이 역경을 만나면 극복하고 나서 인격을 이루고 이 계급 특진합니다. 역경이야말로 이 세상 최고의 선물이고 복입니다.

약자와 악인에게는 순경도 역경도 모든 것이 연합해서 악을 이루고, 강자와 의인에게는 순경도 역경도 모든 것이 연합해서 선을 이룹니다. 행복을 이루고 인격을 이룹니다. 오복은 세상이 주는 복이지만, 팔복은 자기 자신이 만들어 내는 것입니다. 하나님께서 주시는 복입니다.

참된 깨달음에는 끝이 없으니, 그래서 진리의 사람들은 영원히 배우는 학생이고 거듭난 사람들은 영원히 죄인입니다. 하나님의 온전하심에 이르는 날까지는…….

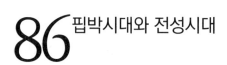

86 핍박시대와 전성시대

기독교가 핍박당하던 시대의 신앙고백은, 여러 가지 불리한 조건 아래에서 고백하는 신앙고백은, 생명의 위협까지 느끼는 조건 아래에서의 신앙고백은 그 대부분이 그 말 그대로 신앙고백입니다. 이에 반해 기독교 전성시대의 신앙고백은, 대부흥 시대의 신앙고백은 그 대부분이 입에 발린 신앙고백입니다. 말뿐인 신앙고백입니다.

그래서 살아 있는 교회는, 세상에 변화를 일으키는 교회는 핍박을 당하고, 타락한 교회는, 있으나 마나 한 교회는, 세상과 짝을 지어 만사형통하는 교회는 환영을 받습니다. 그런데 기독교는 핍박당하던 시대가 전성기였고, 대부흥을 구가하던 시대는 타락의 시대였습니다.

기독교가 세상 위에 군림하면서 정치권력까지 좌지우지한 때는 가장 타락한 시대였습니다. 이에 반해 핍박당하는 소수의 교회는 살아 있는 교회였습니다. 세상을 변화시키는 가장 힘이 있는 교회였습니다. 구약시대의 참 선지자들같이, 종교개혁 시대의 루터나 칼뱅같이 죄악 세상에서 핍박당하지 않고, 부흥을 축하하고 있는 교회는 세상을 변화시키는 교회가 아니라 음녀와 어울려서 금송아지 춤을 추고 있는 교회입니다. 아무 일도 없는 교회는 살아 있는 교회가 아니라 음녀와 같이 잠을 자는 교회입니다. 세상과 짝을 지어 살고 있기 때문입니다.

기독교가 정치와 경제에 관여하지 않는 것은 바람직하지만, 그렇다고 기독교가 정치계나 경제계에 있는 죄의 문제에 대해서까지 모른 체하는 것은 소금이 맛을 잃은 증거입니다.

87 최고의 설교

어떤 설교가 최고의 설교일까요? 마냥 기쁘게만 해 주는 설교일까요? 웃음보따리를 터뜨려 주는 설교일까요? 아니면 소망이 넘치고 황홀한 비전과 큰 꿈을 꾸게 해 주는 설교일까요? 아니면 만사형통과 일확천금과 대박과 기적을 바라고 흥분해서 밤을 새워도 졸음이 오지 않게 해 주는 설교일까요? 아니면 많은 상식과 많은 정보를 제공해 주는 설교일까요? 아니면 심오한 지식으로 유식하게 만들어 주는 설교일까요? 아니면 많은 것을 깨닫게 해 주고 반성하게 해 주는 설교일까요? 많은 감동을 주고 깊은 감명을 주는 설교일까요?

이런 설교들도 필요하고 유익이 많은 것은 사실이지만, 최고의 설교는 그런 설교들이 아니라 당장 순종하든지 반항하든지, 아니면 회개하든지 분노를 터뜨리든지 하도록 결단을 요구하는 설교입니다. 오순절 날 베드로가 예루살렘에서 많은 무리에게 한 번 설교함으로 당장 그 자리에서 삼천 명이나 되는 사람들을 회개시킨 것 같은 설교, 스데반이 유대인들에게 설교 한 번 하고 돌에 맞아 죽은 것 같은 설교입니다. 나단 선지자가 목숨을 걸고 다윗 왕을 찾아가서 그 면전에서 행한 것 같은 설교이며, 세례요한이 헤롯 왕에게 불륜을 책망하는 설교를 하고 목이 잘려져 나간 것 같은 설교입니다. 예수님께서 대제사장과 서기관에게 행한 설교 같은 설교입니다. 구약시대의 참 선지자들이 행한 것 같은 설교이며, 초대교회시대의 사도들이 행한 것 같은 설교이며, 중세기에는 종교개혁자들이 행한 것 같은 설교입니다.

여기서 한번 묻겠습니다. 지금은 누가 이런 설교를 하고 있을까요? 권위가 있고 능력이 있는 설교를 이리 못하는 까닭은 지식이 부족하거나 언변이 모자라서가 아니라 무반응과 거부반응과 핍박을 두려워하기 때문입니다. 그래서인지, 한국교회의 타락을 개탄하면서 지금은 예배당 건물이나 교인의 숫자를 자랑할 때가 아니라 새로워져야 할 때임을 강조하는 설교자 중에도, 마지막 날에 이를 때까지는 똑같은 밭에 곡식과 가라지가 함께 자라나고 큰 그물 속에는 먹을 생선과 먹지 못할 생선이 공존한다는 비유를 설명할 때, 최후의 심판의 날까지는 똑같은 교회 안에 구원받을 사람과 받지 못할 사람이 함께 있음을 뜻하는 것임을 감히 명확하게 전하지 못하고, 넓은 문으로 들어가는 사람은 많고 좁은 문으로 들어가는 사람은 적을 것이라고 하신 말씀을 진실 그대로, 교인 중에도 구원받지 못할 사람들이 더 많고 구원받은 사람은 적을 것이라는 뜻으로 전하는 설교자를 찾아보기는 어려운 것이 아닐까요? 그리고 지금은 교회가 빛과 소명의 삶을 전해야 할 때라고 중생을 역설하는 설교자 중에도 감히 강력하게 변명의 여지도 없이 회개를 전하는 설교자가 없는 것이 아닐까요?

88 종교는 도덕이 아닙니다

물론 도덕이 없는 종교나 행함이 없는 믿음은 알맹이 없는 종교이며 껍데기뿐인 신앙입니다. 말과 형식뿐인 신앙입니다. 먹을 것 없는 잔칫집이고 물 나오지 않는 샘입니다. 위선과 타락의 온상입니다. 그러함에도 종교는 도덕이 아니고 신앙은 율법에 있지 않습니다. 도덕은 눈에 보이는 행위에 관한 일이지만 종교는 눈에 보이지 않는 마음속 깊은 곳에서 일어나는 일이며, 도덕은 선과 악을 판단할 수 있지만 믿음은 사람의 판단을 초월하는 영혼의 깊은 곳에서 일어나는 일이며, 행위는 사람들이 알아보고 상도 주고 벌도 줄 수 있는 일이지만 믿음만은 사람들의 판단을 초월합니다. 하나님만이 판단하실 수 있는 일입니다.

도덕은 사람들 사이에서 일어나는 사건이지만 신앙은 사람과 사람 사이에서가 아니라 사람과 하나님 사이에서 일어나는 사건이며, 도덕은 땅에서 심고 땅에서 거두는 사건이지만 신앙은 땅에서 심으나 땅에서는 거두지 못하고 하나님 나라에서 거두는 사건이며, 도덕은 땅에서 성공과 실패를 가리고 판가름할 수 있는 사건이지만 신앙은 하나님의 심판을 기다려야 하는 사건입니다.

구원받은 세리나 창기나 이방인들의 도덕과 거룩함이 구원받지 못한 서기관이나 대제사장의 거룩함에 미칠 수 있겠습니까? 세리나 창기나 이방인들의 거룩함이 구원받지 못한 서기관이나 제사장의 거룩함과 비교라도 할 수 있겠습니까? 도덕 수준으로 말하자면 인격과 상관없이 타고난 성격에 따라서도 다르고 자라난 환경이나 사회나 문화나 시대에 따라서도 달라지는 것이 아닐까요?

명의는 사람의 얼굴만 보아도 그 사람의 병을 알아보고, 노련한 택시기사는 택시를 기다리고 서 있는 사람의 모습만 보아도 그 사람의 학력과 직업과 재산 정도까지 알아맞힌다고 합니다.

89 악한 사람은 악한 짓만 하고 착한 사람은 착한 일만 하는 것일까요

물론 나쁜 사람은 나쁜 짓을 하고 좋은 사람은 좋은 일을 합니다. 그렇다고 해서 나쁜 사람은 나쁜 짓만 하고 좋은 사람은 좋은 일만 하는 것은 아닙니다. 악한 사람도 변덕이 나면 좋은 일을 하고 착한 사람도 시험에 들면 잘못을 저지릅니다. 악한 사람도 악할 때만 악하지 늘 악하지는 않습니다.

사람을 죽이는 사람도 사람을 죽일 때만 사람을 죽이지 늘 사람을 죽이지는 않습니다. 보통 때 보면 악한 사람도 보통 사람들과 아무것도 다른 것이 없습니다. 사람을 죽이는 사람도 자기 자식은 살리려고 병원으로 업고 가고 자기 자식을 안아 줄 때 보면 천사가 따로 없습니다. 보통 때 보면 보통 사람들과 아무것도 다른 것이 없습니다. 악한 사람들도 도둑질할 때만 악하고 착한 사람들도 구제할 때만 착합니다.

그 정도가 아닙니다. 평상시에는 악한 사람들이 더 착해 보입니다. 사기꾼들이 더 진실해 보입니다. 그 까닭은 다음과 같습니다. 착한 사람들은 속속들이 착하기에 착하게 보이려고 하지 않지만, 악한 사람들은 착해 보이려고 온갖 재주를 더 부리기 때문입니다. 착한 사람들은 난 대로 생긴 대로 가식 없이 살지만, 악한 사람들은 하나같이 명배우입니다. 평상시에는 사기꾼들이 더 진실해 보입니다. 그렇게 해서 신용을 얻어야 사기를 칠 수 있기 때문입니다.

높은 사람 앞에서는 교만한 사람들이 아랫사람에게 훨씬 더 겸손합니다. 왜일까요? 출세하기 위해서입니다. 사람을 매수하기 위해서는 인색한 사람들이 가장 큰 선물을 합니다. 국회의원에 당선하기 위해서는 백성을 무시하는 사람들이 가장 큰절을 합니다. 민심과 표심을 사기 위해서입니다. 악한 사람들일수록 자기편 사람이나 이용 가치가 있는 사람이나 자기 가족에게는 친절하고 후덕합니다. 그래서 평상시에는, 아무 일도 없을 때는 악한 사람들이 착한 사람들보다 더 착해 보이기도 하고 사랑도 많아 보입니다.

그뿐 아닙니다. 착한 사람들은 좋은 일을 해도 새들이 공중을 날아다니는 것 같아서 자랑이 없고 공치사가 없는데, 악한 사람들은 좋은 일 한번 하면 물고기가 공중으로 날아오른 양 자랑이 많고 공치사가 많습니다. 나팔을 붑니다. 아무리 좋은 일을 해도 악한 마음에서 하므로 악한 일이 됩니다. 그래서 평상시에는 악한 사람들이 착한 사람들보다 착해 보이기도 하고 정직해 보이기도 하고 사랑도 많아 보입니다. 그러나 악한 사람들은 착한 사람들은 실수해도 착한 동기에서 하므로 착한 일이 됩니다. 결국 악한 사람은 악한 일만 하고 좋은 사람은 좋은 일만 합니다. 착한 사람은 잘못을 저지를 때에도 악의는 없고, 이에 반해 악한 사람은 좋은 일을 할 때도 저의가 있기 때문입니다.

90 공자님 앞에서만 문자를 씁니다

국왕 앞에서 높은 체하는 신하는 없어도, 대통령 앞에서 목에 힘을 주는 말단 공무원은 없어도, 사성장군의 명령에 토를 다는 이등병은 없어도, 부자 앞에서 돈 자랑을 하는 소매상인은 없어도, 대학자 앞에서 아는 체를 하는 학생은 없어도, 변호사 앞에서 법학 강의를 하는 사람은 없어도, 어찌하여 종교계의 전문가요 대가인 목사 앞에서는 초신자와 문외한들까지도 아는 체를 하고 토를 달고 가르치려고 하는 것일까요? 목사 앞에 나오는 사람들과 하나님 앞에 나오는 사람 중에는 어찌 순종하는 사람, 배우려고 하는 사람이 없는 것일까요? 비행기 타면 스튜어디스의 말을 잘 듣고, 식당 가면 웨이트리스가 시키는 대로 하면서도, 의사 앞에만 가면 그가 아무리 왕이요, 대재벌이요, 대학자라 할지라도 어린이같이 고분고분 순종하면서도, 다른 모든 분야에서는 전문가를 인정하고 윗사람을 알아 모시면서도 어찌하여 종교계에서는, 신앙의 세계에는 스승님들뿐이고 배우려는 사람들이 없는 것일까요?

인생 문제와 도덕적인 문제와 종교적인 문제와 신앙의 문제에 있어서는 스승님만 있고 제자는 없으며, 아는 사람만 있고 모르는 사람이 없는 것이 문제입니다. 다른 분야에서는 공자님 앞에서 문자를 쓰는 사람이 없는데, 종교계에서는 공자님 앞에서 문자를 쓰는 사람들뿐입니다. 그래서 도덕계와 종교계는 언제까지나 암흑세계를 면하지 못하고 있는 것은 아닐까요? 가장 어두운 곳이 가장 밝아야 할 도덕계와 종교계입니다.

91 공산주의 국가도 기독교 국가가 아니지만 자본주의 국가도 기독교 국가가 아닙니다

군국주의 국가도 기독교 국가가 아니지만, 민주주의 국가도 기독교 국가가 아닙니다. 독재주의 국가도 기독교 국가가 아니지만, 자유주의 국가도 기독교 국가가 아닙니다. 팔백만의 귀신을 섬기는 나라도 기독교 국가가 아니지만, 전 국민이 기독교인 나라도 기독교 국가가 아닙니다. 기독교가 국교인 영국이나 독일 같은 나라도 기독교 국가가 아닙니다. 국왕이 교회를 다스리는 나라도 기독교 국가가 아니지만, 교황이 세상을 다스리는 나라도 기독교 국가가 아닙니다. 이 세상에 하나님께서 직접 다스리는 나라는 없기 때문입니다. 하나님의 뜻이 그대로 이루어지는 나라는 없기 때문입니다.

예수님께서는 말씀하셨습니다. 내 나라는 이 세상에 속한 나라가 아니라고. 하나님의 나라는 여기 있다 저기 있다고도 못한다고. 하나님의 나라는 너희 안에 있다고. 예수님께서는 이 땅에 나라를 세우지 않으셨습니다. 최후의 심판이 끝난 다음에 오는 새 하늘과 새 땅이 있을 뿐입니다. 하나님의 나라는 어디든지 있습니다.

하나님의 뜻이 이루어지는 곳이 하나님의 나라입니다. 하나님의 나라는 국경을 초월하고 종족을 초월하고 인종을 초월하고 빈부와 귀천을 초월하고 유식과 무식을 초월해서 그곳이 어디든 그곳이 자본주의 국가이든 자유주의 국가이든 불교국이든 회교국이든 하나님의 뜻이 이루어지는 곳이 하나님의 나라입니다. 종파도 초월하고 교파도 초월해서 하나님의 뜻이 이루어지는 곳이 하나님의 나라입니다.

교황이 세상을 다스리고 장로교회 총회장이 세상을 다스리고 감리교회 감독이 세상을 다스린다고 해서 기독교 국가가 되는 것은 아닙니다. 교회가 세상을 지배하는 날이 온다고 해서 기독교 세계가 되는 것은 아닙니다. 하나님의 뜻이 이루어지는 곳이 하나님의 나라이고 기독교 국가입니다. 하나님의 나라는 정치적으로 임하지 않고 영적으로 임합니다.

92 조직에 묶여 있는 사람은 진리를 대변하지 못합니다

조직에 묶여 있는 사람은 진리의 말도 하지 못하고 옳은 말도 하지 못합니다. 그런데 조직은 진리가 될 수 없습니다. 정상회담에서 한국의 대통령이나 외교관은 자기 말도 할 수가 없고 옳은 말도 할 수가 없고 한국을 대변하는 말과 한국에 이익이 되는 말을 할 수 있을 뿐이고, 일본의 총리나 외교관은 일본을 대변하는 말이나 일본의 이익이 되는 말을 할 수 있을 뿐이니 진리의 말이나 바른말을 할 수가 없습니다.

한국의 대통령이 독도는 일본 땅이라고 말할 수 없고, 일본 총리가 독도는 한국 땅이라고 말할 수도 없습니다. 아무리 사실이 그렇더라도 중공의 시진핑 주석이 독도는 일본 땅이라고 말할 수도 없고 일본 총리가 독도는 중국 땅이라고 말할 수 없습니다. 조직을 대변하는 사람이나 대표하는 사람은, 조직 속에서 성공하려는 사람은 자기 말을 할 수도 없고 옳은 말을 할 수도 없습니다. 자기 말을 하는 날이나 바른말을 하는 날은 조직에서 쫓겨나는 날입니다. 실권하고 실각하는 날이 될 수밖에 없는 날입니다.

똑같은 이치입니다. 천주교회의 교황이나 신부들은 천주교회를 대변하는 말과 천주교회를 수호하는 말을 할 수밖에 없고, 개신교 감독들이나 목사님들은 개신교회를 지키고 개신교회 발전에 도움이 되는 말을 할 수밖에 없습니다. 복음을, 사실을, 진리를 솔직하게 그대로 전할 수 없습니다. 똑같은 개신교회도 장로교회 목사들은 장로교회를 지키고 장로교회 발전에 도움이 되는 설교를 할 수밖에 없고, 감리교회 목사들은 감리교회를 지키고 감리교회 발전에 도움 되는 설교를 할 수밖에 없고, 성결교회 목사들은 성결교회를 지키고 성결교회 발전에 도움 되는 설교를 할 수밖에 없습니다.

아무리 교회가 타락하고 변질해도 그 교회를 부흥 발전시키는 설교를 해야지, 예수님같이 기적을 구하고 따르는 교인들에게 패역한 세대가 기적을 구한다고 설교하고, 빵을 얻어먹으려고 뒤를 따르는 교인들에게 믿음이 작은 자들이라고 책망하시면서 '무엇을 먹을까, 무엇을 마실까, 무엇을 입을까!' 하는 것은 이방인들이 구하는 기도라고 설교해서 교인들이 썰물같이 교회를 떠나 버리게 할 수 없습니다. 이것이 조직 속에서 목회하는, 조직을 대표하는 예언자들의 한계입니다.

기도하는 법을 가르쳐 달라는 신자들에게, "뜻이 하늘에서 이룬 것같이 땅에서도 이루어지이다. 우리 죄를 사하여 주옵시고. 시험에 들지 말게 하옵시고. 악에서 구하소서."라고 예수님께서 가르쳐 주신 주기도문을 인용하면서, 구하라 주실 것이요 찾으라 찾을 것이요 문을 두드리면 열릴 것이라고 하신 예수님의 말씀은 무엇이든지 욕심으로 구해도 구하는 대로 다 주실 것이란 말씀이 아니고 신령한 것을 구하라는 말씀이라고 설교하기는 해도, 욕심으로 구하는 사람들이 주눅이 들고 눈치가 보이고 양심에 찔림을 받아서 육체의 기도를 드리지 못할 정도까지 집중적으로 강력하게 촉구하지는 못합니다.

하나님의 말씀을 똑바로 강력하게 전한 예수님과 그의 열두 제자와 중세기의 종교개혁자들은 조직에서, 유대교와 천주교회에서 추방당할 수밖에 없었습니다. 뒤를 따르던 양의 무리도 등을 돌리게 되고요. 선지자들이 목회에서 성공하는 날은 언제일꼬!

93 행복의 비결과 진리의 비밀

행복의 비결은 어디에 있는 것일까요? 행복을 구하는 사람도 부지기수이고 행복을 연구하는 사람도 많고 행복을 가르쳐 주는 서책들도 헤아릴 수 없이 많습니다. 그러나 행복은 공부한다고 찾을 수 있는 것이 아닙니다. 행복의 길은 간단합니다. 욕심을 버리는 것, 무욕이 행복의 길입니다. 내가 변하는 것입니다. 유식한 사람이 되는 것이 아니고 내가 욕심이 없는 사람으로 변하는 것입니다. 낮아지고 가난한 사람이 되고 손해 보고 고생하고 희생하고 무시당하고 천대받고 핍박당하는 사람이 되기를 자원하는 사람이 되는 것입니다. 그런 사람으로 변화를 받기만 하면 이 세상보다 더 좋은 낙원이 어디 있겠습니까? 무시하고 천대하는 사람은 얼마든지 있고 고생은 더할 나위 없고 괴로운 일은 어디든지 있기 때문입니다.

그러나 모든 사람에게 대우받고 존경받고, 실패는 없고 성공만 있고, 역경은 없고 순경만 있고, 안 되는 일은 없고 잘되는 일만 있고, 떡 광주리에 복만 가득하기를 바라고, 모든 사람에게 환영만 받기를 바라면, 그런 날은 영원히 오지 않을 것이니 세상 살기가 얼마나 괴롭겠습니까?

그런데 사도 바울은 예수님을 만난 다음부터 세상의 부귀영화를 다 버리고 예수님과 함께 십자가를 지고 고생길로 들어섰습니다. 자원해서 존경받던 사람이 변해서 천대받는 사람이 되고, 환영받던 사람이 변해서 핍박받는 사람이 되고, 박해하던 사람이 변해서 쫓겨 다니는 사람이 되었습니다. 사도 바울은 자진해서 예수님을 위해 온갖 고난과 온갖 핍박을 당하는 것을 영광으로 알고 기쁨으로 알았습니다.

바울은 쫓겨 다니고 피해 다니고 숨어 다니면서 굶주리고 헐벗고 강도의 위험과 바다의 위험과 동족의 위험과 이방인의 위험과 온갖 조롱 속에서 폭행당하고 매 맞아 온몸이 흉터투성이와 상처투성이가 되었는데도, 마치 훈장을 몸에 달고 다니는 사람같이 영광으로 알고 기뻐하며 살았습니다. 그는 자기 자신이 세상 사람들의 조롱거리가 되고 만물의 찌꺼기가 되고 쇠고랑을 차고 옥에 갇히고 마지막에 죽임을 당하게 된 것을 감사했습니다. 그 당대에 부자들도 많고 고관대작들도 많았지만, 바울같이 행복한 사람은 없었고 바울같이 위대한 사람도 없었습니다. 고생과 희생과 멸시와 천대와 학대와 핍박을 자원하는 사람으로 변화를 받았기 때문입니다. 그런 그에게 이 세상보다 행복한 나라가 또 어디 있었겠습니까? 이것이 행복의 비결입니다.

그러나 행복의 비결은 지식으로 깨닫기는 쉬워도 행복한 사람이 되는 것은 또 다른 문제입니다. 바울처럼 새사람으로 변화를 받아야 하기 때문입니다. 진리의 세계에서 지식은 그림의 떡에 불과합니다. 진리는 머릿속이나 지식 속에 있지 않고 삶 속에 있습니다. 이것이 행복의 비결이며 진리의 비밀입니다.

94 예정론과 자유의지론

이 세상은 하나부터 열까지 철두철미하게 사람들이 지배하는 곳입니다. 인류의 역사는 하나부터 열까지 사람들이 만들어 나가는 작품입니다. 자유의지론입니다. 그러함에도 동시에 공중 나는 새가 땅에 떨어지고 머리카락 하나가 뽑혀 나가는 일까지 하나님이 섭리하시는 세상입니다. 아무리 인공지능이 자유자재로 바둑을 두고 그림을 그리고, 아무리 무인 자동차나 로봇이 자율·자동으로 운전하고 다녀도 사람들이 만든 AI이며 로봇이기에 사람의 뜻을 벗어나지 못하듯, 이 세상 천지만물은 하나님께서 창조하신 작품이기에 아무리 제멋대로 역사를 만들어 나가도 하나님의 섭리를 벗어날 수 없습니다. 그래서 예정론입니다. 예정론과 자유의지론은 상반되는 개념인데도, 그런데도 하나입니다.

95 학생들은 교수님의 학문의 깊이를 몰라도 교수님은 학생들의 학력을 압니다

자기 마음대로 믿는 믿음으로는 구원받지 못하고 믿어지는 믿음으로만 구원을 받을 수 있다고 하면 너도나도 믿어진다고 하고, 말로만 믿는 믿음으로는 구원받지 못하고 속에서 우러나오는 믿음으로만 구원받을 수 있다고 하면 너도나도 속에서 우러나오는 믿음이라고 합니다. 체험이 있어야 한다고 하면 너도나도 체험했다고 하고, 성령을 받아야 구원받는다고 하면 너도나도 성령 받아 거듭났다고 합니다. 아무리 그래도 그 사람들의 믿음이나 성령 체험이나 중생이 참인지 거짓인지 진짜인지 가짜인지 확인할 수는 없습니다. 믿음이나 중생은 하나님만이 아시는 마음속 깊은 곳에서 일어나는 사건이기 때문입니다. 그래서 종교계와 신앙계에서는 혼돈이 있고 혼란이 있습니다. 그런데도 그 진위와 진부를 아는 사람은 압니다. 직감으로도 알고 영감으로도 압니다.

학생들이 교수님의 학문의 깊이를 알지 못하는 것같이 거듭나지 못한 사람들은 알지 못해도, 교수님이 학생들의 학력을 아는 것같이 거듭난 사람들은 영의 눈을 뜬 사람들은 압니다. 그림에 문외한은 명화를 보아도 그것이 명화인 줄을 모르고 걸작을 보아도 그것이 걸작인 줄 모르나 대가들은 아는 것같이 말입니다. 그래서 예수님 당시의 유대교인들은 일주일에 두 번씩 금식기도를 드리면서 신앙생활을 하고 있었지만, 성경박사인 서기관들이 성경을 모르는 사람인 줄도 몰랐고 하나님의 큰 종인 제사장들이 마귀의 자식인 줄도 몰랐습니다. 그러나 예수님께서는 아셨습니다. 꿰뚫어 보셨습니다. 그래서 유식한 서기관들을 맹인이라고 하시고 제사장들을 향해서는 너희 아비는 마귀라고 하신 것이 아니겠습니까? 성전을 가리켜 강도의 소굴이라고 하시고, 창녀에게는 제사장보다 먼저 하나님의 나라에 들어갈 것이라고 하시고, 전도하는 사람들에게는 멀리멀리 다니면서 전도해서 사람들을 모으다가 너희보다 배나 더 지옥 자식이 되게 한다고 하신 것이 아니겠습니까?

육의 사람들은 몰라도 영의 눈을 뜬 사람은 성령 충만인지 악령 충만인지도 알고, 예수님을 찬양하면서 멸망의 넓은 문으로 들어가고 있는 사람인지 영생의 좁은 문으로 들어가는 사람인지도 압니다.

96 예수님과 바울의 신학대학원

이 학교에서 신학생들을 모집할 때는, 제자들을 부르실 때는 학력이나 신분이 문제 되지 않았습니다. 대학을 나와야 하는 것도 아니고 고등학교를 졸업해야 하는 것도 아니었습니다. 그러면 무엇만이 문제였을까요? 모든 것을 버리고 죽을 각오만 돼 있으면 그만이었습니다. 그 신학교는 학교 건물도 없고 기숙사도 없고 주소도 없었습니다. 교과과정도 없고 교과서도 없었습니다. 그 신학교에 입학하는 학생들은 스승님과 함께, 예수님과 바울과 함께 일정한 거주지도 없이 돌아다니면서 가난 속에서도 행복하게 살고 고생하면서도 보람되게 살면서 십자가의 도를 배우는 것이 전부였습니다. 모든 사람에게 칭찬을 듣는 도가 아니라 세상의 조롱거리가 되는 도를 배우고, 만사형통의 도가 아니라 어떠한 형편에서든지 자족하는 도를 배우고, 가장 높은 자리에 올라가서 가장 큰 영광을 하나님께 돌리는 도가 아니라 무명한 자 같으나 유명한 자가 되는 도를 배우고, 성공의 도가 아니라 죽임을 당하는 자 같으나 살고 영생하는 도를 배웠습니다.

그들에게는 세상이 신학교였고 매일매일의 생활이 교과과정이었습니다. 그런데 이런 신학교에서 기독교 역사상 최고의 목회자들이 양성되어 나왔습니다. 예수님 신학대학원에서 수업한 열두 제자들보다도 더 위대한 목회자가 어디 있겠습니까?

오늘날의 신학교도 강의실에서 강의만 하지 말고, 유식한 사람들만 양성하지 말고, 삶의 현장으로 내려가서 불의한 세상과 싸우는 지옥 훈련 같은 것을 실시하는 것이 어떨는지요? 생사고락을 같이하면서 지옥 훈련을 같은 것을 실시하면 어떨는지요?

97 순종이 제사보다 낫고

　순종이 제사보다 낫다는 말씀을 모르는 사람은 없지만, 그런데도 예나 지금이나 제사를 드리고 예배를 드리고 아멘 하는 교인들은 많지만, 막상 삶의 현장에서 순종하는 교인들은 적습니다. 순종이란 말을 교인들같이 많이 하는 사람은 없지만, 교인들같이 순종하지 않는 사람도 없을 것입니다. 어느 나라 백성이 왕의 말에-욕심을 버리라는 말씀이나 원수를 사랑하라는 하나님 말씀에 교인들이 순종하지 않는 것같이-순종하지 않고, 세상에 어떤 군대가 사령관의 명령에-십자가 군병들이 모든 것을 버리고 나를 따르라는 예수님의 명령에 복종하지 않는 것같이-복종하지 않고, 세상에 어떤 단체의 직원들이 기관장의 지시를-교회의 임원들이 목사의 지시를 묵살해 버리는 것같이-묵살해 버리고, 세상에 어떤 학교의 학생들이 선생님의 말씀을-교회학교 학생들이 선생님 말씀을 듣지 않는 것같이-듣지 않고, 세상에 어떤 정부의 참모들과 사단장의 참모들이 장관과 장군에게-교회의 장로들이 목회자에게 불복하듯이-불복하고, 어떤 병사들이 장교에게-교회의 권사들이 장로에게 집사들이 권사에게 하극상하듯이-하극상을 하겠습니까? 십자가 군대같이 순종도 없고 질서도 없고 상하도 없는 단체는 이 세상에 없을 것입니다. 예수님같이 백성들에게 가장 크게 경배받고 찬양받으면서도 백성들에게 무슨 말씀을 하셔도 무시당하시는 왕은 세상에 또다시 없을 것입니다.

왜 그럴까요? 세상의 직장이나 학교는 세상에서 잘 먹고 잘 살기 위해서, 성공하고 출세하기 위해서, 자기의 소원이나 자기의 뜻을 이루기 위해서는 없어서는 안 되는 단체인 데 반해, 기관장의 명령에 불복하면 실직자가 되고 사장의 지시에 불순종하면 살 수가 없고 부대장에게 하극상하면 처벌받는 데 반해, 하나님의 말씀이나 예수님의 말씀이나 목사의 말에 대해서는 순종하든 불순종하든 수입에 관계가 되는 것도 아니고 출세에 지장을 받는 것도 아니기 때문입니다.

그 정도가 아니라 예수님의 말씀에 순종해서 머리가 되지 않고 섬기는 자가 되고, 부자가 되지 않고 먹을 것과 입을 것이 있은즉 족한 줄로 알고 살면, 사람들의 눈으로 볼 때는 점점 더 못 살게만 되기 때문입니다. 어쩔 수 없이 인간은 천사가 아니고 인간이기 때문입니다.

98 머릿속에 있는 믿음과 삶 속에 있는 믿음은 동명이인입니다

이상과 현실은 하늘과 땅입니다. 요즈음, 벼락감투와 벼락부자와 벼락학벌이 쏟아져 나오던 한 시대가 지나가면서, 무엇이든지 구하는 대로 받는다고 하면서 비전과 꿈이 현실이 되는 대박과 대복의 메시지가 꼬리를 사리면서, 건전하고도 바람직한 복음적이고도 성서적인 메시지가 교인들의 관심을 끌고 있는 것 같습니다. 오중 축복 대신 팔복을 전하고, 만사형통의 길은 멸망으로 인도하는 넓은 길이고 고난이 있고 핍박당하는 길만이 영생으로 인도하는 좁은 길이며, 세상에 변화를 일으키지 못하는 교회가, 소금의 사명을 다하지 못하는 교회가 양적으로만 비대해지는 것은 교회의 자랑거리가 될 수 없다고 하는 메시지가 전해지는 교회로 많은 사람이 모여들고 있는 것 같습니다.

물론, 문화의 종류나 문화 수준에 따라 야만인도 나오고 문화인도 되는 것같이 깨달음을 주는 말씀을 통해서도 사람들에게 칭찬을 듣는 국민윤리 수준의 모범적인 교인들을 길러 낼 수 있겠지만, 그렇다고 해서 교인들의 생활에까지 변화가 일어나고 있는 것은 아닙니다. 생각은 많이 달라지고 감정은 많이 순화됐지만, 생활은 옛날 그대로입니다. 생각 속에 있는 신앙은, 감정 속에 있는 신앙은 새로워지기를 원하지만, 삶 속에 있는 신앙은 마음은 원이로되 육신이 약해서 옛날 그대로 세상의 물결을 따라갑니다. 이상은 하늘같이 높지만, 현실은 여전히 땅바닥입니다. 눈은을 별을 바라보지만, 발바닥은 땅바닥을 밟고 삽니다.

그런데 여기서 한 말씀 드리고 싶은 것은 누구나 이상과 현실이 일치할 수는 없다는 사실입니다. 고상한 사람일수록 위대한 인격자일수록 이상이 크고 높으니, 따라서 이상과 현실 사이는 점점 더 멀어질 수밖에 없습니다. 하나님의 온전하심을 바라보고 사는 그리스도인의 경우는 더더욱 그렇습니다. 따라서 이상과 현실이 일치하지 않는다고 해서, 말과 행실이 일치하지 않는다고 해서 이중인격자가 되거나 위선자가 되는 것은 아닙니다. 단지 언행이 일치하지 않을 뿐입니다.

여기서 높은 이상을 바라보면서 자신의 부족함을 절감하고 노력하는 사람은 의인이 되고, 더 높은 이상을 바라보면서 더 크게 회개하고 변화되어 가는 사람은 성자가 됩니다. 이에 반해 높은 이상을 바라만 보고 자기반성도 자기 채찍질도 하지 않고 아름다운 생각들과 덕스러운 말들을 자기 잘못을 은폐하는 변명과 위장으로만 이용하는 사람은 위선자가 됩니다. 이중인격자가 됩니다. 여기서 중요한 것은, 여기서 필수적인 것은 회개입니다. 성경 공부나 감동적인 설교나 영감이 있는 찬양을 통해서 생각이 의로워지는 것이나 감정이 아름다워지는 것만으로는 문제가 해결되지 않습니다. 회개를 통해서, 인격의 변화를 통해서 의로운 생각과 아름다운 감정을 행동으로 옮겨가면 위대한 인격을 이루고 영생을 이루게 하는 복음이 되고, 이에 반해 의로운 생각과 아름다운 감정을 자기 잘못을 은폐하고 남의 잘못을 비판하는 데만 사용한다면 전보다 더 악한 사탄의 자식이 됩니다.

다시 한번 말씀드리지만, 무엇보다도 더 중요한 것은 회개입니다. 그런데 문제는 하나님의 말씀을 바로 전하는 교회에도 회개를 큰소리로 압도적으로 외치는 세례요한의 소리를 찾아볼 수가 없는 데 있습니다. 약방에 감초같이 양념 삼아 외칠 뿐입니다. 회개를 외치는데, 오순절 날의 베드로같이 당장 그 자리에서 회개하고 돌아서게 외치든지 아니면 스데반같이 당장 그 자리에서 돌을 들고 이를 갈면서 덤벼들도록 외쳐야 하고, 나단 선지자의 설교를 듣고 다윗 왕이 당장 그 자리에서 회개의 눈물을 흘린 것같이, 세례요한의 설교를 듣고 헤롯 왕이 세례요한의 목을 자른 것같이 그렇게 절박하고도 피부에 닿도록 회개를 외쳐야 합니다.

지금은 부자들과 높은 사람들이 교회에 나가서까지 하나님 앞에서까지 목에 힘을 주고 특별대우를 받으려고 하는데, 그러던 사람들이 만인 평등의 인간으로 돌아갈 수밖에 없는 지경으로 회개를 외쳐야 합니다. 이런 회개와 이와 같은 중생을 통해서라면 하나님 말씀은 사람을 구원하는 하나님의 능력의 통로입니다.

99 죄인들이 의인들에게 회개하라고 합니다

의인들은 자기 잘못을 알고, 자기 잘못을 인정하고, 남의 잘못에 대해서까지 책임을 느끼면서 점점 더 큰 죄인이 됩니다. 그래서 회개하고 죄 사함을 받습니다. 구원을 받습니다. 그러나 악인들은 자기 잘못을 모르고, 자기 잘못을 인정하지도 않고, 자기 잘못까지 남에게 전가하면서 점점 더 큰 의인이 됩니다. 그래서 회개하지도 않고, 회개하지도 못하고, 구원도 받지 못합니다.

악한 사람들도 죄만 짓는 것이 아니니 좋은 일도 합니다. 그러나 이 사람들이 하는 좋은 일은 수단에 불과합니다. 그래서 회개하지 못합니다. 이에 반해 착한 사람들도 좋은 일만 하는 것이 아니니 잘못을 저지르기도 합니다, 그러나 이 사람들이 하는 잘못은 실수입니다. 그래서 회개에 이릅니다. 의인들은 점점 더 큰 자칭 죄인이 되고 악인들은 점점 더 큰 의인이 됩니다.

의인들은 자기 잘못을 발견하는 데에 빠르고 남의 잘못은 덮어 주는 데에 빠르며, 악인들은 자기 잘못은 변명하는 데에 빠르고 남의 잘못은 침소봉대하는 데에 빠르며, 없는 잘못까지 만들어 내서 뒤집어씌우는 데에 빠릅니다.

무식한 사람을 보고 무식하다고 하면 역정을 내고 유식한 사람을 보고 무식하다고 하면 빙긋이 웃고, 거지 보고 거지라고 하면 이를 갈고 부자 보고 거지라고 하면 끄떡도 하지 않습니다. 그와 같이 악한 사람을 보고 나쁜 놈이라고 하면 이를 갈고 의로운 사람을 보고 악질이라고 하면 하품을 합니다. 똑같은 이치로, 의인들을 보고 회개하라고 하면 두말없이 회개하는데 악한 사람들을 보고 회개하라고 하면 앙심을 품습니다.

그런데 회개하고 죄 사함을 받은 의인들이 회개를 외치면 환영받지 못하고 미움을 사고 핍박당할 줄 뻔히 알면서도, 자고로 회개를 외치는 선지자들은 하나같이 핍박당하고 고난을 면치 못했다는 사실을 알면서도, 회개를 외치지 않을 수 없습니다. 첫째는 사도 바울의 말같이 회개하고 죄 사함을 받고 영생을 얻어서 복음에 빚진 자가 되었기 때문이고, 둘째는 구원을 얻은 성도들이 회개를 외치는 것은, 복음을 전하는 것은 하나님의 명령이기 때문입니다.

복음이 무엇일까요? 회개하고 믿음으로 죄 사함을 받고 영생을 얻으라고 하는 것이 복음입니다. 회개는 회개 플러스 믿음을 뜻합니다. 회개가 없는 믿음은 사이비 믿음입니다. 회개 없이 오직 믿음으로만 구원받으면 하나님의 자녀가 아니라 마귀의 자녀가 됩니다. 사실이 이와 같은데도 교인들뿐 아니라 모든 사람이 가장 듣기 싫어하는 소리가 회개입니다. 그러함에도 이 세상에서 사람들이 해야 할 가장 큰 일은 회개입니다. 회개를 통해서만 죽을 수밖에 없는 인간이 죽지 않고 영생을 유업으로 받을 수 있기 때문입니다. 회개를 통해서만 하나님을 만날 수 있기 때문입니다. 회개와 중생을 통해서만 하늘의 기쁨과 하늘의 능력을 얻을 수 있기 때문입니다. 죽을 수밖에 없는 인간이 죽지 않고 사는 길은 회개와 믿음밖에 없기 때문입니다. 그런 줄 뻔히 알면서도 사람들은 회개를 싫어하고 회개를 기피하고 회개 없이 구원받으려고 합니다.

사람들은 복음을 사실대로 전하면 어째서 부정적인 말만 하느냐고 하면서 긍정적인 설교만 해 달라고 합니다. 만사형통의 설교라든지 오중 축복의 설교라든지, 구하는 대로 주신다는 설교라든지 큰 것을 바라라고 하는 설교라든지, 비전과 대박의 꿈이 현실이 되는 스릴 만점의 메시지에만 탐닉하고 흥분합니다. 그러나 그와 같은 긍정적인 설교들은, 잠시 잠깐 사람들을 기쁘게 하고 황홀하게 하고 흥분시키는 청량음료와 흥분제와 진통제와 마약 같은 설교입니다. 자고로 긍정적인 말을 가장 많이 하고 긍정적인 메시지로 많은 사람을 흥분시킨 사람들은 사기꾼들과 거짓 선지자들이었습니다. 긍정적인 말의 원조는 사탄입니다. 사탄이 에덴동산에서 긍정적인 말로 하나님같이 된다고 하면서 하와를 유혹했습니다.

병원에서 의사가 환자를 진찰하고 검진하고 나서 죽을병에 걸렸다고 하면, 그래서 회개해야 산다고 하면, 쓴 약을 먹고 수술을 받아야만 산다고 하면 아무리 치료비가 많이 들고 아무리 고통이 극심해도 회개하면서, 신음하고 비명을 지르면서도 수술을 받습니다. 그런데 영혼의 병을 치료하는 하나님 나라의 의사들이 진찰하고 검진하고 나서 영혼이 죽을병에 걸렸다고 회개하라고 하면 회개는커녕 노발대발 눈을 부라리고 이를 갈면서 영혼의 의사를 죽이려고 합니다. 그래서 모든 참 선지자와 예수님께서 핍박당하신 것이 아니겠습니까? 회개를 외치셨기 때문입니다. 가장 쓴 약이 명약이라고 가장 듣기 싫고 가장 하기 싫은 회개만이 영혼이 죽지 않고 영원히 사는 길입니다.

이제부터 회개하고 죄 사함을 받은 나의 간증을 말씀드리기로 하겠습니다.

이제 내 나이가 구십이 지나서 전화번호도 읽을 수 없고 할 일도 없고 찾아오는 사람도 없고 갈 곳도 없고 전화를 걸어오는 사람도 없고, 가족들이 직장으로 학교로 출근을 한 다음에는 혼자서 집을 지켜야 하고 혼자서 시간을 보내야 하지만, 그래서 진공관 속에 사는 것 같아서 심심하고 적적하고 무료하고, 사는 재미도 없고 사는 보람도 없고 공허할 것 같지만, 사실은 그게 아닙니다. 회개하고 죄 사함을 받음으로 영생을 사는 사람으로 변화를 받으면 하나님을 아버지로 모시게 되므로, 하나님의 자녀가 되므로 일찍이 세상에서는 경험해 보지 못한 영원한 휴식을 매일 즐기고 있습니다. 험한 바닷속을 기약 없이 헤매다가 안전한 항구 속으로 들어온 일엽편주만 같고, 엄동설한 속을 피해 다니다가 따뜻한 안방으로 들어와서 몸을 녹이는 것만 같습니다. 침대 위에 누워 있으면 온 우주가 내 집만 같고 지구가 내 침대인 것만 같습니다. 하나님이 우리 아버지가 되었기 때문입니다. 그 말 그대로 영원한 평안함이요 불변의 휴식입니다.

다시 한번 말씀드리거니와 내가 가장 하고 싶지 않은 말도 회개이고 사람들이 가장 듣기 싫어하는 말도 회개입니다. 나도 긍정적인 말을 해서 박수도 받고 존경도 받고 성공도 하고 싶습니다. 세상에 부정적인 말을 해서, 사람들이 듣기 싫어하는 말을 해서 일부러 외톨이가 되고 핍박당하고 싶은 사람이 어디 있겠습니까? 그런데도 어찌하여 나는 회개를 외쳐야 하는 것일까요? 하나님의 명령이기 때문입니다. 회개와 믿음을 전하는 것이 복음입니다. 회개가 없는 믿음도, 믿음이 없는 회개도 복음이 아닙니다. 회개는 회개 플러스 믿음을 뜻하고 믿음도 회개 플러스 믿음을 뜻합니다. 그런데 회개가 가장 듣기 싫은 말이고 입에 쓴 약이라도 회개 없이는 구원받을 수 있는 다른 길이 없는 것이 문제입니다. 입에 달기만 한 약은 약이 아닙니다. 쓴 약만이 약입니다. 그와 같이 사람들이 듣기도 싫어하고 하기도 어려운 회개만이 구원받는 길입니다. 사는 길입니다.

다시 한번 말씀드리거니와 단 약은 약이 아닙니다. 기분만 좋게 해 주고 흥분만 시키는 황홀한 약은 마약입니다. 기독교는 의인을 구원하는 종교가 아니라, 성현군자를 구원하는 종교

가 아니라, 회개하는 죄인을 구원하는 종교입니다. 거룩한 제사
장이 구원받는 종교가 아니라, 율법을 완벽하게 지키는 바리새
교인들을 제쳐 놓고 회개하는 탐관오리와 이방인들이 구원받는
종교입니다.

그런데 이 세상에 하나님의 말씀을, 회개의 복음을 자기 말
로 외칠 수 있는 사람은 한 사람도 없을 것입니다. 회개를 외치
는 사람들은 하나님의 명령에 따라 하나님의 말씀을 전하는 것
뿐입니다. 따라서 회개의 외침을, 설교를 사람의 말로 듣는 사
람은 시험에 빠질 수밖에 없으니, 아니꼽고 메스꺼워서 토해 낼
수밖에 없습니다. 다만 설교를, 회개의 외침을, 하나님의 말씀
을 하나님의 말씀으로 듣는 사람만이 아무리 입에는 써도 눈을
딱 감고 꿀꺽 마시고 회개하고 죽음의 병에서 구원받을 수 있을
것입니다.

100 그림의 떡집, 빈말 잔칫집

어떤 교회는 조직과 제도를 우상화하고 성전 건물과 성상을
우상화합니다. 그래서 땅에 있는 교회는 하나님 나라의 분점이
고, 그래서 땅에 있는 교회에 소속만 하면 하나님 나라의 백성
이 되고 땅에 있는 교회는 그 말 그대로 그리스도 몸이라고 합
니다. 성직도 우상화하여 하나님께서 주신 하나님의 종이라고
합니다. 성만찬도 우상화하고 영세도 우상화합니다. 그래서 성

찬의 빵과 포도주를 마시기만 하면 빵은 문자 그대로 예수님의 살로 변하고 포도주는 문자 그대로 예수님의 피로 변해서 인간 조건과는 상관없이 구원받고, 영세만 받으면 내면적인 세례가 없어도 구원받는다고 합니다.

그러나 사실은 교회 성직은 하나님께서 주신 것이 아니고 땅에 있는 교회가 준 것이며, 물세례만 받으면, 외면적인 세례만 받으면 구원을 받는 것이 아니고 내면적인 세례를 받은 사람만이 구원받습니다. 따라서 사람들이 세운 땅에 있는 교회에 다니기만 하면 구원받고, 하나님의 부르심은 받지 못했어도 땅에 있는 교회의 임명을 받기만 하면 하나님의 종이 되고, 내면적인 세례는 받지 못했어도 물세례만 받으면 천국 백성이 된다고 하는 교회는 그림의 떡집이 될 수밖에 없을 것입니다.

그러면 이런 교회는 교회가 아닐까요? 아닙니다. 사람들이 임명한 성직자 중에는 하나님께서 직접 부르신 성직자들이 있고, 외면적인 세례를 받은 교인 중에도 내면적인 세례를 받고 중생한 교인들도 있기 때문에, 눈에 보이는 교회 속에는 눈에 보이지 않는 교회가 있기 때문에, 그래서 땅에 있는 교회는 가라지가 함께 자라나고 있음에도 불구하고 하나님의 교회입니다.

또 어떤 교회는 말과 지식과 감정을 우상화합니다. 그래서 말로만 믿는다고 하고 사도신경을 고백하기만 하면 구원을 받는다고 합니다. 자기 생각으로 믿고 일시적인 감정으로 신앙고백을 하는 것만으로 구원을 받는다고 합니다. 지식과 말과 감정의 우상화입니다. 신구약 성경을 통독하고 암송하기만 하면 믿음이 좋다고 하고, 신학을 전공해서 신학박사가 되고 목사만 되면 믿음이 좋다고 하고, 40일 금식기도만 드리면 믿음이 좋다고 하고, 심지어 방언하고 계시만 받아도 믿음이 좋다고 합니다. 설교만 잘하면 믿음이 좋다고 하고, 성가를 감동적으로 불러서 많은 사람을 회개시키면 믿음이 좋다고 합니다. 지식과 감정의 우상화입니다. 설교를 잘하고 노래를 잘 부르고 기도를 많이 드리고 말을 잘하고 말을 많이 하는 것이 믿음이 됩니다. 엄숙하고 장엄한 종교의식으로 신앙생활을 대신하는 교회는 그림의 떡집이고, 유식한 말과 감동적인 말과 은혜 충만한 찬양과 황홀한 신비체험으로 신앙생활을 대신하는 교회는 빈말 잔칫집입니다.

그러면 이런 교회도 하나님의 교회일까요? 이런 교회도 하나님이 세우신 교회일까요? 그렇습니다. 이런 교회에는 그런 사람들만 있는 것이 아니고 마음으로 믿고 성령세례를 받고 거듭나서 예수님을 닮아가고 있는 곡식 교인들이, 알곡 교인들이 살아 있기 때문입니다. 눈에 보이는 교회 속에는 예수님을 머리로 하는 눈에 보이지 않는 영적인 교회가 있기 때문입니다. 바알에게 무릎을 꿇지 않은 칠천 명이 있기 때문입니다. 물이 동할 때 제일 먼저 뛰어 들어가서 구원받는 자가 있기 때문입니다.

101 옛 선지자는 존경하고 눈앞의 선지자는 핍박합니다

선지자를 존경하는 사람이 선지자를 멸시하고 하나님을 경외하는 사람이 하나님을 경멸합니다. 선지자를 모르는 사람은 선지자를 존경하지도 않지만, 선지자를 멸시하지도 않습니다. 하나님을 모르는 사람은 하나님을 경외하지도 않지만, 하나님을 경멸하지도 않습니다. 옛사람들의 죄를 책망하는 선지자는 자기와는 상관이 없는 일이므로 존경하나 지금 자기 죄를 책망하는 선지자는 자기의 자존심을 상하게 하는 사람이므로 싫어합니다. 양심이 없는 사람은 없으므로 현재의 선지자라도 남들의 죄를 책망하는 선지자는 잘 알아 모시고, 그러나 자기의 죄를 책망하는 선지자는 사람들 앞에서 자기에게 모욕을 주므로 미워합니다. 현재의 선지자라도, 자기에게 피해를 주고 그래서 자기가 증오하는 사람의 죄를 책망하는 선지자는 크게 존경하고, 그러나 자기 죄를 책망하는 사람은 원수인 양합니다.

특히, 자기를 괴롭히고 자기를 탄압하는 권력에게는 그래도 목숨이 하나뿐인지라 맞서서 말 한마디 못 하면서, 그 절대 권력자의 죄를 자기를 대신해서 목숨을 걸고 책망하는 선지자는 영웅으로 모시고 절대 충성을 맹세합니다. 이런 방법으로 민중 선동가들은 대중의 우상이 되어 옛 정권을 무너뜨리고 독재자가 되기도 합니다. 누구나 남들의 죄를 책망하는 사람은 환영하고, 그러나 자기 죄를 책망하는 사람은 적대시합니다.

이 세상에 회개를 외치고 다니는 사람은 많습니다. 정의의 투사들은 많습니다. 돌팔이 선지자들은 많습니다. 모두가 남의 잘못을 흉보고 다니고 남들의 잘못을 이 사람 저 사람에게 전하고 다니는 정의의 투사들입니다. 자기 잘못은 모르고 남의 잘못에 분통을 터뜨리고 잠을 자지 못하는 정의의 투사들입니다. 악한 사람일수록 자기 잘못은 모르고 남의 잘못만 알고 쉴 새 없이 분통을 터뜨리며 회개를 외쳐댑니다. 그것도 제삼자들에게 가장 큰 소리로 불의한 세상이라고 하면서, 사람 같은 놈은 한 사람도 없다고 하면서 의분을 금하지 못하는 사람은 악한 사람들입니다. 악한 사람들은 하나같이 정의의 투사입니다.

다시 본론으로 돌아가서 말씀드립니다. 직접 당사자에게 회개를 외치는 사람은 배척당합니다. 그러나 그 사람이 증오하는 사람이나 그 사람에게 해를 끼치는 사람의 죄를 그 사람을 대신해서 책망해 주는 사람은 환영받습니다. 고용주들은 앞에서 고용인들의 죄를 책망하는 사람은 환영받고, 고용인들 앞에서 고용주의 죄를 책망하는 사람도 환영받습니다. 그러나 고용주들 앞에서 고용주들의 죄를 책망하는 사람이나 고용인들 앞에서 고용인들의 죄를 책망하는 사람은 배척당합니다.

그래서 참 선지자는 배척당합니다. 그리고 한국 사람들 앞에서 한국의 잘못을 책망하는 사람은 매국노가 되고, 일본 사람들 앞에서 일본 사람 잘못을 책망하는 사람도 역시 매국노가 됩니다. 이와는 반대로 한국 사람들 앞에서는 일본의 죄를 책망하고 일본 사람들 앞에서는 한국 사람의 죄를 책망하면 애국자가 됩니다.

바른말을 하는 사람은 어디서나 배척당합니다. 회개는 회개해야 할 당사자에게 외칠 때만 진리가 되는데도 거꾸로 돌아가고 있는 세상입니다. 그래서 거짓 선지자들도 악한 사람들도 회개를 외치기는 하는데, 정의를 부르짖기도 하는데 거꾸로 합니다. 환영받기 위해서, 자기 성공을 위해서 말입니다. 그러면 참 선지자는 어떤 사람일까요?

참 선지자는 당사자가 아닌 다른 사람들에게는 말을 하지 않고, 남의 잘못을 흉보고 다니지 않고 당사자를 찾아가서 권력자나 금권을 장악한 사람이나 교권을 장악한 사람을 직접 찾아가서 예수님같이 세례요한같이 나단 선지자같이 삶의 현장에서 면전에서 회개를 외치는 사람입니다. 그래서 참 선지자는 백발백중 핍박을 당합니다. 이에 반해 거짓 선지자는 회개를 거꾸로 외침으로 백성들을 속여서 정권도 장악하고 교권도 장악합니다.

여기서 잠깐 말씀을 드리는데, 대중 앞에서 많은 사람 앞에서 회개를 외치는 사람도 강 건너 마을 사람들에게 회개를 외치는 것 같아서 핍박을 피할 수가 있으니, 메시지의 내용과 거기 모여 있는 사람과 때와 장소에 따라서는 방법에 따라서는 대중의 우상도 될 수가 있습니다. 누가 누구에게 언제 어디서 어떻게 복음을 전하느냐, 이것이 문제입니다.

102 복음은 삶의 현장에 있습니다

복음은, 기독교는 성전에 있는 것도 아니고 조직 속에 있는 것도 아니고 종교의식 속에 있는 것도 아니고 신학 속에 있는 것도 아니고 교리 속에 있는 것도 아니고 문서화된 성경책도 아닙니다. 예수님의 말씀이나 사도들의 가르침이 기독교가 아니라, 예수님이 기독교이며 예수님이 진리이며 예수님이 복음입니다. 예수님의 말씀이 복음이요 진리지만, 그러나 좀 더 깊이 생각해 보면 예수님의 말씀이 아니라 예수님이, 예수님 자신이 진리이고 복음입니다. 예수 사건이 진리입니다.

기독교는, 복음은 새 생명을 얻는 그리스도인들의 영혼 속에 있습니다. 예수님도 하나님도 그리스도인의 영혼 속에 계십니다. 기독교는 그리스도 예수님 안에 있고, 내 안에 계시는 예수님, 예수님 안에 있는 나, 그것이 기독교입니다.

건물이 기독교가 아니라 조직체가 아니라 믿는 사람 한 사람 한 사람이 기독교입니다. 하나님이 우리와 함께 거하시는 거듭난 성도들의 영혼이 기독교입니다.

103 악인과 의인의 차이

첫째로, 머리가 나쁜 학생은 정정당당하게 합격할 수가 없어서 커닝을 합니다. 그러나 머리가 좋은 학생은 커닝할 필요가 없어서 정정당당하게 시험을 치르고 합격합니다. 그리하여 머리가 나쁜 학생은 악인이 됩니다. 사람들에게 손가락질당하고 눈총을 받습니다. 이에 반해 머리가 좋은 학생은 의인이 됩니다. 칭찬도 듣고 박수도 받습니다. 그리고 무능한 사람은 정정당당하게 먹고살 수가 없어서 도적질하다가 발각이 되어 처벌받습니다. 악인이 됩니다.

그런데 하나님 앞에서는 악인도 악인이고 의인도 악인입니다. 하나님 앞에서는 욕심 자체가 죄이기 때문입니다. 합법적으로 욕심을 채우나 불법으로 욕심을 채우나 하나님 앞에서는 똑같이 죄가 되기 때문입니다. 그런데 세상에서 손가락질당하고 눈총을 받는 악인은 자기의 죄를 깨닫기가 쉬워서 회개하고 구원받습니다. 그러나 세상에서 존경받는 악인은 자기의 죄를 깨닫기가 어려워서 구원받지 못하는 경우가 많습니다. 예수님 당시에 세리와 창기 같은 악인은 회개하고 구원받았으나 제사장이나 서기관 같은 악인은 구원받지 못한 것같이 말입니다.

둘째로, 개인적으로는 자기는 끼니를 건너뛰면서 배가 고픈 사람에게 먹을 것을 주는 사람이 칭찬도 듣고 존경도 받습니다. 그러나 조직 속에서는 다릅니다. 가정에서는 이웃들을 돌보기 위해서 식구로 배불리 먹지도 못하게 하면 원성을 듣습니다. 저항에 부딪힙니다. 개인적으로는 자기에게 피해를 준 사람까지도 따뜻하게 대하고 원수도 사랑하고 적장이라도 좋은 점이 있으면 칭찬과 존경을 아끼지 않는 사람이 존경받습니다. 그러나 조직 속에서는 다릅니다. 조직 속에서는 반대당이나 다른 교파나(종파) 다른 나라 사람들을 자기 나라 사람들과 똑같이 사랑하고 도와주고 칭찬하는 사람들이 미움을 삽니다.

예를 들어서 얘기하자면, 남한 사람들이 북한 정부를 찬양하는 말을 하거나 한국 사람들이 일본을 본받으라고 하면 빨갱이로 몰리거나 민족 반역자로 몰릴 수밖에 없습니다. 반대당의 정책을 지지하는 발언을 하면 징계를 받을 수밖에 없을 것입니다. 개인적으로는 원수도 사랑하고 반대자도 좋은 점이 있으면 칭찬을 하는 사람이 존경받지만, 이 파와 저 파, 이 당과 저 당, 이 나라와 저 나라가 대립하는 마당에서는 아무리 옳은 말을 해도 적대 당이나 적대국이 하는 말은 무조건 반대하고, 반대당이나 적대국은 할 수 있는 대로 많이 미워하고 차별하고 죽이는 사람들이 애국자도 되고 애당하는 사람이 됩니다. 여기서 원수를 사랑하는 사람은 회색분자나 반동이 아니면 민족 반역자로 몰립니다. 개인적으로는 많이 사랑하는 사람이, 원수까지도 사랑하는 사람이 존경받고, 조직 속에서는 많이 미워하는 사람이, 많이 죽이는 사람이 훈장을 받습니다. 이런 것을 조직 악이라고 합니다.

조직은 조직이 커질수록 의로 완벽하게 분장해 놓는 분장실입니다. 조직의 이름으로 합법적으로 범하는 죄이기 때문에 죄가 되지 않고 무죄가 됩니다. 애국이 되고 애당이 됩니다. 죄를 완전한 의로 분장해 놓는 괴수가 사탄입니다.

104 악인은 의인 같고 의인은 악인 같습니다

앞서도 말씀 드렸듯이, 이 세상에는 세 가지 종류의 의가 있습니다. 세 가지 종류의 선행이 있습니다. 다시 한번 간략히 정리해 보겠습니다. 첫째는 없는 사람들을 돌보고 약한 사람들을 도와주는 의입니다. 사람들에게 칭찬을 듣고 존경받는 의입니다. 자선사업 말입니다. 둘째는 오른손이 하는 일을 왼손도 모르게 하는 선행입니다. 자기도 모르고 남들도 모르게 하는 선행입니다. 셋째는 핍박당하는 선행입니다. 가장 큰 선행입니다. 악의 본거지 즉 금권과 정권과 교권의 본거지와 싸우는 의입니다. 교회의 경우에도 칭찬받는 의를 행하는 교회는 부흥합니다. 그러나 의로 위장한 불의 즉 정권이나 교권과 싸우는 교회는 핍박당합니다. 아합 왕의 정권과 싸우던 엘리야의 의이며 안나스의 교권과 싸우시던 예수님의 의입니다.

그런데 악한 사람들은 좋은 일을 하지 않는 사람들이 아닙니다. 사람들에게 칭찬을 듣고 성공하는 의, 세상에서 수확하는 의, 세상에서 성공하는 의는 악인들이 많이 합니다. 이에 반해 그리스도인들은 아무도 알아주지 않는 의, 핍박당하는 의를 행합니다. 그래서 악인은 의인 같고 의인은 악인 같습니다. 그리고 악인은 죄를 짓고서도 회개하지 않습니다. 악인들은 자기 죄는 온갖 변명과 구실로 덮어 버리고 남들의 죄는 꼬치꼬치 찾아내서 없는 죄까지 만들어 내서 흉을 보고 다닙니다.

이에 반해 의인들은 남들의 죄는 이해해 주고 덮어 주려 합니다. 그 대신 자기 죄는 남김없이 찾아내서 회개합니다. 악인들은 정의만 부르짖고 의인들은 회개만 합니다. 그래서 악인은 의인 같고 의인은 악인 같습니다. 길바닥에서 사기를 당한 사람과 사기를 친 사람이 싸우는 것을 지켜보고 있으면 악한 사람들이 변명술과 공격술에 얼마나 능한지 사기를 당한 사람은 사기를 친 사람과 같고 사기를 친 사람은 사기를 당한 사람처럼 보입니다. 의인은 악인 같고 악인은 의인 같습니다.

105 값싼 구원과 대박 치는 복음

　교회를, 종교를 부흥시키는 것도 값싼 구원과 대박 복음이고 교회를 타락시키는 것도 값싼 구원과 대박 복음입니다.

　첫째는 값싼 구원입니다. 예수님께서는 값싼 구원을 말씀하신 일이 없으십니다. 예수님께서는 "주여! 주여!" 하기만 하면, 교회 다니기만 하면 구원받는다고 말씀하지 않으시고 하나님의 뜻대로 행하는 자라야 구원받는다고 하셨습니다. 그리고 교인 중에도 멸망의 넓은 문으로 들어가는 사람들은 많고 영생의 좁은 문으로 들어가는 사람은 적다고 하셨습니다. 교인 중에도 구원받는 사람보다 구원받지 못하는 사람들이 더 많다고 하셨습니다. 청함을 받은 사람들은 많은데 택함을 받은 사람들은 적다고 하셨습니다. 자기를 부인하고 모든 것을 버리고 십자가를 지고 나를 따르라고 하셨습니다. 부모나 형제를 나보다 더 사랑하는 자도 합당치 않다고 하셨습니다. 부자가 하나님 나라에 들어가기는 어렵다고 하셨습니다. 밀알 하나가 땅에 떨어져서 죽는 것같이 당신을 위하여 목숨을 버리라고 하셨습니다. 값싼 구원은 예수님의 말씀 어디에도 찾아볼 수가 없습니다.

　그런데도 사람들은 영생의 좁은 문으로 들어가는 복음을 전하지 않고 멸망의 넓은 문으로 들어가는 복음을 전합니다. 십자가를 지고 예수님의 뒤를 따라야 하는 복음을 전하면 많은 사람을 교회로 끌어들일 수가 없기 때문입니다. 당장 먹고살기도 어려운데 지금도 고생이 지긋지긋한데 환란을 당하고 핍박받고 미움을 사야 하는 좁은 문으로 자진해서 들어올 사람이 몇이나 되겠습니까? 그래서 나온 것이 공짜 구원입니다. 누구도 행함으로는 구원을 받을 수 없고 오직 믿음으로만 구원받는다고 하는 복음입니다. 오직 하나님의 은혜의 복음입니다. 단번에 모든 죄가 사함을 받으면 그때부터는 죄를 지어도 죄가 되지 않는다고 하는 복음입니다. 우리의 죄는 예수님의 죄가 되고 예수님의 의는 우리의 의가 되므로 우리에게는 죄가 없다고 하는 복음입니다. 이런 값싼 구원이 많은 사람을 교회로 끌어들였습니다.

그 결과, 교인이 돼도 교회에 다녀도 달라지는 것은 아무것도 없었습니다. 옛날에 하던 일을 그대로 하고 옛날에 만나던 사람을 그대로 만나고, 공짜 구원이 교회를 부흥시킨 것도 사실이지만 공짜 구원이 교회를 형식화시켜 버린 것도 사실입니다. 이런 교회는 세상과 다른 것이 아무것도 없어서 더는 세상의 빛과 소금이 될 수 없습니다.

둘째는 대박 복음입니다. 교회를 부흥시킨 것도 대박 복음이고 교회를 타락시킨 것도 대박 복음입니다. 예수님께서 말씀하신 대로 모든 것을 버리고 예수님을 따르라고 하면, 욕심을 버리라고 하면, 세상을 사랑하지 말라고 하면, 하나님과 재물을 겸해서 섬길 수 없다고 하면, 두 주인을 겸해서 섬길 수 없다고 하면, 세상을 사랑하지 말라고 하면, 사도 바울같이 만물의 찌꺼기가 되라고 하면, 자랑할 것은 흉터와 상처뿐이라고 하면, 예수님을 따를 사람이 몇이나 되겠습니까? 어떻게 교회에 많은 사람이 구름 떼같이 모여들어서 성황을 이룰 수 있겠습니까? 여기서 나온 것이 대박 복음입니다.

믿기만 하면 구원을 받을 뿐 아니라, 하나님의 나라를 유업으로 받을 뿐 아니라, 세상도 얻게 된다고 하는 대박 복음입니다. 예수님의 말씀과는 정반대 복음입니다. 믿기만 하고 구하기만 하면, 시험을 치면 합격하고 달음질하면 일등을 하고 사업을 하면 일취월장하고, 믿기만 하면 하나님의 나라뿐 아니라 세상에서도 복을 받아서 믿지 않는 사람들보다도 더 잘살게 된다고 하는 복음입니다. 구하기만 하고 믿기만 하면 땀을 흘리지 않아도 기적이 일어나서 기적을 이루게 된다고 하는 복음입니다. 기적을 바라면서 대박의 꿈에 부풀어 흥분의 도가니 속에서 밤을 새워도 졸음이 오지 않는 스릴과 서스펜스 만점의 복음입니다. 그래서 많은 사람이 벌 떼같이 모여들어 밤을 새워 철야예배를 드립니다. 많은 사람이 인산인해를 이루는 교회들이 바로 이런 교회입니다. 값싼 구원과 대박 복음이 교회를 부흥시키는 것이 사실이지만, 교회를 타락시키는 것도 값싼 구원과 대박 복음입니다.

이상의 얘기는 매우 중요한 문제이기에 다시 한번 말씀드리겠습니다. 물론 값싼 구원을 전하는 사람들도 교리학을 강의할 때는 죄 용서받는 구원뿐 아니라 중생의 구원과 성화의 구원과 영화의 구원을 말합니다. 그러나 뇌리에 새겨지고 마음 판에 박힐 정도로 되풀이해서 강조하지는 않습니다. 그래서 많은 교인이 삶의 현장에서는 이심전심으로 알게 모르게 교회 다니기만 하면 세례만 받고 사도신경만 고백하면 구원받는 줄 알고 날 구원하는 예수를 찬양하면서 세월을 보냅니다. 그렇다고 해서 행함으로 구원받는다는 얘기는 아닙니다. 그러나 행함이 없으면 행함에 힘을 쓰지 않으면 회개가 나오지 않는 것이 문제입니다. 왜냐고요? 구원은 회개하고 죄 사함을 받은 사람만이 받기 때문입니다.

다음은, 두 주인을 섬기면서도, 하나님과 재물을 겸해서 섬기면서도, 하나님의 나라도 얻고 세상도 얻으려고 하면서도, 그 모두가 하나님께 영광을 돌리기 위해서 하는 일이므로 두 주인을 섬기는 것 같아도 사실은 한 주인을 섬기고 있는 것이라고 하는 사람들의 얘기입니다. 돈을 버는 것도 돈이 좋아서가 아니라 하나님께 영광을 돌리기 위해서 벌고, 감투싸움을 하는 것도 감투가 좋아서가 아니라 하나님께 영광을 돌리기 위해서 하는 일이라는 논리입니다. 그런데 이런 일은 대박 복음을 전하는 사람들뿐 아니라 모든 사람이 다 하는 얘기입니다. 공부하는 학생들은 하나같이 나라를 위해서, 인류를 위해서, 봉사하기 위해서 공부한다고 하고, 돈을 버는 사람들은 하나같이 한번 본때 있게 써 보려고 돈을 번다고 하고, 반란을 일으키는 사람은 나라를 존망 위기에서 구원하기 위해 눈물을 머금고 칼을 뽑았다고 하고, 장기 집권하는 사람은 백성이 사람답게 사는 나라를 만들기 위해서 십자가를 진다고 하고, 심지어 강도단의 두목까지도 탐관오리들을 징벌하기 위해서 목숨을 걸었다고 합니다.

그러면 이 사람들의 문제는 어디에 있는 것일까요? 갖은 변명으로 두 주인을 섬기면서도 한 주인을 섬기고 있는 것으로 변명하므로 회개하지 못하는 데 있습니다. 그런데 구원은 의인이 받는 것이 아니고 회개하는 죄인이 받습니다. 솔직히 얘기해서, 육체가 있는 인간이 어떻게 두 주인을 섬기지 않을 수 있겠습니까? 어떻게 육체를 섬기지 않고 속사람만 섬길 수 있겠습니까? 어떻게 육체가 있는 사람이 욕심을 다 버릴 수가 있겠습니까? 식욕을 버리면 어떻게 먹고살고 성욕을 버리면 어떻게 생육하고 번성할 수가 있겠습니까? 어떻게 장사하는 사람이 돈 벌 생각을 하지 않고 돈을 사랑하지 않고, 어떻게 달음질을 하는 사람이 테이프 끊을 생각을 하지 않고, 어떻게 시험을 치는 사람이 남이야 낙방하든 말든 시험에 합격할 생각을 하지 않겠습니까? 육체를 가진 인간은 정도의 차이가 있을 뿐이니 어차피 두 주인을 섬길 수밖에 없습니다.

그래서 그런지 하나님께서는 100% 욕심을 다 버린 의인이 아니라 회개하는 죄인을 구원하시는 것이 아니겠습니까? 문제는 잘못이 있는 것이 문제가 아니라, 죄가 있는 것이 문제가 아니라 갖은 변명으로 죄가 없다고 하는 것이 문제입니다. 사실이 이와 같은데도 사람들은 하나님의 영광을 위하여 부자가 되는 것은 떳떳한 일이라느니, 십자가 다음에 오는 부활은 수치가 아니라 자랑스러운 일이듯 고생 끝에 부자가 되는 것이 무엇이 나쁘냐느니 하면서 끝까지 하나님의 나라도 얻고 세상도 얻으려고 합니다. 두 주인을 섬기면서도 한 주인을 섬기는 것으로 확신합니다. 그런데 이와 같은 유혹이야말로 광야에서 사탄이 예수님을 시험한 바로 그 유혹입니다. 물론 공부하다 보니 우등생이 되고 열심히 달음질하다 보니 금메달을 목에 걸게 된 것이 어떻게 죄가 될 수 있겠습니까? 정말 알쏭달쏭한 수수께끼입니다.

그러면 결론 삼아 질문 하나를 던지기로 하겠습니다. 정상에 올라가서 하나님께 영광을 돌린 다윗 왕이나 콘스탄틴 황제 같은 사람이 하나님께 가장 큰 영광을 돌린 사람일까요, 아니면 모든 것을 버리고 하나님께 영광을 돌린 선지자들이나 사도들이나 성자들이 하나님께 가장 큰 영광을 돌린 사람일까요?

106 신앙의 세계에서 지식은 ABC에 불과합니다

그것이 도교든, 불교든, 유교든, 도의 세계에서 지식은 첫 단추에 불과합니다. 빙산의 일각입니다. 새 발의 피입니다. 물론 세상에서는, 전문적인 지식과 기술이 움직이는 세상에서는 그 말 그대로 지식이 됩니다. 과장된 표현을 하자면 지식이 만능입니다. 지식 없이는 시험에 합격할 수도 없고 자격증을 얻을 수도 없습니다. 취업도 할 수 없고 진급도 할 수 없습니다. 컴퓨터를 두들기는 기술이 없으면 직장생활도 할 수 없고 사회생활도 할 수 없습니다. 세상에서는 지식이 전부입니다.

그러나 진리의 세계에서 지식은 ABC에 불과합니다. 그럼, 예를 들어서 말씀드리기로 하겠습니다. 나는 초등학교 시절 허무를 생각하기 시작했습니다. 모든 것이 죽음으로 끝이 나기 때문에 인생도 헛되다고 생각했습니다. 큰 진리 하나를 깨달았던 것입니다. 그러나 진리의 세계에서 머리의 깨달음은 ABC에 불과했습니다. 학문의 세계에서 과학적인 진리나 철학적인 진리 하나를 깨닫기 위해서는 학교에 들어가서 10년 혹은 20년 동안 연구하고 공부해야 합니다. 그러나 진리의 세계에서 진리는 너무도 쉽고 너무도 간단합니다. 모든 것이 헛되고 헛되도다, 하는 것이 진리이기 때문입니다. 그래서 그런지 학문적인 진리는 공부해서 한번 깨달으면 그것이 전부이지만, 도의 세계에서 알게 된 진리는 단지 머리로 깨달은 진리는, 지식에 불과한 진리는 참된 진리와 깊은 진리로 들어가는 입문에 불과합니다.

그럼, 이제 예를 들어서 설명해 드리기로 하겠습니다. 이미 말씀드린 바와 같이 나는 어려서부터 일찍이 인생이 허무하다는 사실을 머리로는 깨달았습니다. 지식으로는 깨달았습니다. 그러나 그 깨달음은 깨달으나 마나 하는 깨달음이었습니다. 깨달았다고 해서 달라진 것은 아무것도 없었습니다. 인생이 참으로 헛됨을 깨달았다고 하면 그 말 그대로 모든 것이 헛되어야 할 텐데 사실은 그게 아니었습니다. 인생의 헛됨을 깨달은 후에도 깨닫기 전과 아무것도 다른 것이 없이 중학교의 교모를 쓰고 교복을 입은 학생을 보면 부러웠고, 사각모자를 쓴 대학생을 보면 우러러보였고, 이층집에 사는 사람을 보면 올려다보였고, 기차를 타고 다니는 사람을 보면 딴 나라 사람들만 같았습니다. 처음 기차를 타고 다리를 건널 때는 그 말 그대로 황홀했습니다.

진리의 세계에서 머리의 깨달음은 깨달으나 마나요, 눈먼 사람이 돋보기를 쓰나 마나입니다. 진리의 세계에서 머리의 깨달음은 ABC에 불과합니다. 학문의 세계에서는 공부해서 깨달은 것이 전부지만, 도의 세계에서 단지 공부해서 깨달은 진리는 더 깊은 진리로 들어가는 관문에 불과합니다. 마음의 깨달음, 삶의 깨달음에 이르는 길은 요원합니다.

　지금은 내가 궁궐에 사는 사람도 부러워하지 않고 태평양이 내려다보이는 언덕에 집을 짓고 사는 사람도 부러워하지 않게 됐는데, 농촌에 살든 도시에 살든 한국에 살든 미국에 살든 큰 집에 살든 작은 집에 살든 언제나 똑같이 세상에 살고 있을 뿐이고 땅 위에 살고 있을 뿐이고 하늘 아래 살고 있을 뿐이기 때문입니다. 그러나 전에는 돈이 많은 사람을 보거나 계급이 높은 사람을 보거나 학위가 높은 사람을 보면 모든 것이 헛되다고 말은 하면서도 그들이 달라 보였습니다. 기가 죽었습니다. 그런데 지금은 똑같아 보입니다. 사람은 그가 누구든 그가 부자든 가난한 사람이든 유식한 사람이든 무식한 사람이든 높은 사람이든 낮은 사람이든 사람으로만 보이기 때문입니다. 대통령도 대통령으로 보이지 않고 사람으로 보이고, 박사도 박사로 보이지 않고 사람으로 보이게 되었기 때문입니다. 모든 것이 헛되다는 머리의 깨달음이, 사람 위에 사람 없고 사람 아래 사람 없다고 하는 깨달음이 마음의 깨달음이 되었기 때문입니다.

　그런데 머리의 깨달음이 삶의 깨달음이 될 때까지는 수십 년의 세월이 흘렀습니다. 그것도 죄 사함을 받은 다음에야 확실하게 변화를 실감할 수 있었습니다. 이런 것이 중생이라고 하는 것이 아니겠습니까? 그런데 머리의 깨달음은 한 번으로 끝이 나지만 마음의 깨달음은 끝이 없습니다. 중생했다고 해서 단번에 성자가 되는 것은 아닙니다. 그 순간부터 조금씩 조금씩 변해갑니다. 그것을 성화라고 합니다. 마음의 깨달음은 인생이 헛되다는 말같이 머리로 배우기는 쉽지만, 그러나 참된 깨달음에 이르는 길은 끝이 없습니다. 깨달음은, 깨달을수록 높이와 깊이를 더해 갑니다. 그래서 하나님의 온전하심에 이를 때까지는 머리로 진리를 공부하는 사람들은, 유식한 사람들은 교만에 빠지기 쉬워도 삶의 깨달음을 얻은 사람들은 언제까지나 언제까지나 배우는 사람입니다. 그래서 교만하지 않습니다.

사도 바울은 점점 더 깊이 깨달은 다음에, 점점 더 의로운 사람으로 성화된 다음에 죄인의 괴수가 되지 않았던가요? 참으로 깨달은 사람은 의로운 체도 하지 않고 아는 체도 하지 않습니다. 영원한 학생입니다. 아는 체를 하는 사람은 단지 머리로 단지 지식으로 진리의 ABC를 깨달은 사람입니다. 생선가게에서도 설치는 것은 영양가가 많은 해삼이나 맛있는 '썩어도 준치'가 아니라 망둥이와 꼴뚜기입니다. 언제나 어디서나 아는 체를 하고 거룩한 체를 하고 믿음 좋은 체를 하는 것은 망둥이와 꼴뚜기입니다.

107 하나님의 나라는 말에 있지 않고 능력에 있습니다

하나님의 말씀도 말에 있지 않고 지식에 있지 않고 능력에 있습니다. 함지박 속에 있는 콩도 진짜 콩입니다. 그러나 능력이 없는 콩입니다. 그 콩을 땅에 심어서 뿌리를 내리고 새싹이 나올 때 비로소 능력이 있는 콩이 됩니다. 그리고 밥상 위에 놓여 있는 음식도 분명히 영양가 있는 음식입니다. 그런데도 아직은 능력이 없는 음식입니다. 먹어서 뱃속에 들어가서 피와 살이 될 때 비로소 능력이 있는 음식입니다. 하나님의 말씀도 마찬가지입니다. 머릿속에만 있는 하나님의 말씀은, 지식에 불과한 말씀은 하나님의 말씀이지만 아직은 능력이 없는 하나님의 말씀입니다. 이 말씀이 마음속으로 들어가서 인격의 변화를 일으킬 때만 비로소 살아 있는 하나님의 말씀이 됩니다. 믿음 역시 마찬가지입니다. 머릿속에만 있는 믿음은 믿음이지만 아직 능력이 없는 믿음입니다. 마음속으로 들어가서 중생과 성화의 역사를 일으킬 때만 비로소 참으로 살아 있는 믿음이 됩니다. 이런 역사를 일으키시는 분은 성령님이십니다.

첫째로, 머릿속에만 있는 하나님의 말씀은 중생의 역사를 일으키지 못하므로, 하나님의 말씀에 순종하고 하나님 말씀의 제단에 헌신하는 역사를 일으키지 못하므로 단지 이용물이 되고 맙니다. 자기의 소원을 이루고 자기 뜻을 실현하는 수단으로 이용되고 맙니다. 자기 뜻을 성취하기 위하여 하나님을 이용하는 사람을 만들어 냅니다. 그러면 어떻게 그런 일이 일어나는 것일까요?

그럼, 이제부터 설명해 드리도록 하겠습니다. 물 글자가 물이 아니라 물이 물입니다. 콩두(豆) 자가 콩이 아니라 콩이 콩입니다. 하나님이라고 하는 말이 하나님이 아니라 하나님이 하나님입니다. 사람이라고 하는 말이 사람이 아니라 사람이 사람입니다. 영양학이 영양이 아니라 음식이 영양입니다. 그리고 인생론을 공부한다고 해서 인생을 알게 되는 것이 아니고 살아 봐야 인생을 압니다. 결혼학을 연구한다고 해서 결혼을 아는 것이 아니고 결혼을 해봐야 결혼을 압니다. 약학을 연구한다고 해서 약을 아는 것이 아니고 약을 먹고 고쳐봐야 약을 압니다.

믿음 역시 마찬가지입니다. 신학을 공부한다고 해서 믿음을 아는 것이 아니라 믿음으로 사는 사람이 믿음을 압니다. 겸손을 공부한다고 해서 윤리학을 공부한다고 해서 겸손을 아는 것이 아니고 겸손한 사람이 겸손을 압니다. 그런데 세상은 아무리 믿음으로 살아서 신앙을 알고 있어도 학문적으로 신학을 공부하지 못해서 강의하지 못하면 믿음을 알지도 못하고 믿음도 없는 사람으로 취급합니다. 이에 반해, 믿음으로 살지 않아서 그래서 사실은 믿음을 모르는 사람이라도 신학을 공부해서 명강의를 하면 믿음도 있고 믿음도 아는 사람으로 존경합니다. 그래서 사실은 믿음이 없는 사람이, 사실은 믿음을 모르는 사람이 사실은 믿음이 있는 사람에게 믿음을 가르치는 진풍경이 벌어집니다. 그리고 믿음으로 살아서 사실은 믿음을 아는 사람이 믿음을 모르는 사람에게서 믿음을 배우는 진풍경이 벌어집니다.

그리고 겸손해서 사실은 겸손을 아는 사람이, 겸손을 공부하지 못해서 사실은 겸손을 모르는 사람에게 겸손을 배웁니다. 그래서 머리로만 하나님 말씀을 공부한 사람은 하나님 말씀을 이용해서 성공하게 되고 하나님 말씀을 마음속으로 받아들인 사람은 말씀에 순종해서 하나님을 섬기고 이웃을 섬기는 사람이 됩니다.

둘째로, 지식에 불과한 하나님의 말씀은, 머릿속에만 있는 하나님의 말씀은 약이 되지 않고 독이 됩니다. 하나님의 말씀을 듣고 그 말씀 앞에서 회개하고 거듭나서 하나님의 뜻을 따라서 사는 사람에게는 약이 되는 하나님의 말씀이, 하나님 말씀을 듣고서도 회개하지 않고 순종도 하지 않으면서 남들에게 가르치기만 하고 강요만 하고 행함이 없다고 비판만 하는 사람에게는 독이 됩니다. 하나님의 말씀을 듣고 그 말씀 앞에서 회개하고 순종하는 사람은 점점 예수를 닮아가고, 하나님의 자녀가 되고, 그 말씀 앞에서 회개도 하지 않고 순종도 하지 않으면서 정의만 부르짖고 비판만 일삼는 사람은 점점 마귀를 닮아갑니다. 그래서 하나님의 말씀은 양쪽에 날이 선 검이라고 하는 것이 아니겠습니까? 여기서 잠깐 첨가해서 말씀을 드리면, 하나님의 말씀을 음식으로 영의 양식으로 받아먹는 사람은, 하나님의 말씀 없이는 살 수가 없이 된 사람은 하나님 말씀 앞에서 점점 성화되어 가고, 하나님의 말씀을 지식으로 받아들이는 사람은, 비판만 일삼는 사람은 악화되어 갑니다.

그러면 어떤 사람이 하나님의 말씀을 영의 양식으로 받아들이고 어떤 사람이 하나님의 말씀을 지식으로 받아들이는 사람일까요? 하나님의 말씀을 들으면서 짜증 내는 사람은, "전에 한 얘기를 또 하네? 또 하네?" 하는 사람은 하나님 말씀을 지식으로 받아들이는 사람이고, 이에 반해 똑같은 말씀을 여러 번 들어도 맛있게 받아먹는 사람은, 식욕이 좋은 사람은 하나님 말씀을 영의 양식으로 받아먹는 사람입니다. 실제로 건강한 사람은 언제나 먹는 똑같은 밥이요 똑같은 김치라도 맛있게 먹지 않던가요?

또 한 가지는 설교하는 사람의 경우인데, 설교하는 사람은 절대로 하나님의 말씀을 감히 자기 말하듯이 하지 말고 그 하나님 말씀 앞에서 자기가 먼저 회개하고 순종하면서 전해야 합니다. 세상에 감히 하나님의 말씀을 자기 말로 전할 수 있는 사람이 어디 있겠습니까? 세상에 언행이 일치하는 사람이 어디 있겠습니까? 하나님 말씀을 자기 말씀으로 전할 수 있는 분은 하나님 한 분밖에 없습니다. 하나님 말씀을 감히 자기 말로 전하는 사람은 교만의 극에 이르러 마귀가 될 수밖에 없을 것입니다.

셋째로, 지식에 불과한 하나님 말씀은 공신력을 떨어뜨립니다. 언제나 어떤 경우이든 이해관계를 떠나서 하나님의 말씀으로만 전하지 않고 그때그때 때에 따라서나 필요에 따라서 전하면, 자기가 하고 싶은 말을 하나님의 말씀을 인용해서 전하면, 말은 하나님의 말씀이지만 사실은 자기 마음을 전하면, 그 하나님의 말씀을 하나님의 말씀으로 믿을 사람이 어디 있겠습니까? 그렇게 되면 하나님의 말씀에서 감화력도 감동력도 빠져나가고 맙니다. 하나님의 말씀을 자기는 행하지 않으면서 남들보고만 행함이 없다고 의분하고 통분하면 감화력은 그만두고 하나님 말씀을 혐오하게 되고 짜증을 느끼게 되지 않겠습니까? 하나님의 말씀을 전하는 사람까지 미워하게 되지 않겠습니까? "제일 짜증나고 어려운 시간은 설교를 듣는 시간이야!" "설교 시간만 없으면 좋겠어!"라고 하면서 말입니다.

넷째로, 지식에 불과한 하나님의 말씀은 교회에 언젠가 분쟁과 분열을 일으킵니다. 저마다 자기 말을 하면서도 거기에 적절한 하나님의 말씀을 인용하고 거기에 적합하게 하나님의 말씀을 해석하면, 한 사람은 오직 믿음으로 구원받는다는 말씀만 인용해서 믿음만 강조하고 다른 한 사람은 행함이 없는 믿음은 죽은 믿음이라는 말씀만 인용해서 행함만 강조하면, 한 사람은 후하게 흩어 주면 몇 배로 갚아 주실 것이라는 말씀만 인용해 부자가 되어 하나님께 큰 영광을 돌리라고 설교하고 다른 한 사람은 부자가 하나님의 나라에 들어가기는 약대가 바늘귀로 들어가기보다 더 어렵다고 하신 말씀만 인용해서 모든 것을 버리고 예수님을 따르라고 설교하면, 하나님의 말씀 사이에 언쟁과 논쟁이 일어나게 됩니다. 그래서 사람들은 어떤 것이 하나님의 말씀인지 헷갈리게 됩니다. 여기서 나온 것이 이천여 년 동안 계속되고 있는 끝이 보이지 않는 예정론과 자유의지론, 그리고 믿음으로냐 행함으로냐 사이의 논쟁입니다. "침례를 받아야 구원받느냐, 아니면 세례를 받아야 구원받느냐." "제 칠일 안식일을 지켜야 구원받느냐, 아니면 세례만 받아도 구원받느냐." 이런 문제로 패거리를 만들어서 교파까지 생겼습니다. 그리고 이 교파에만 구원이 있느니 저 교파에만 있느니 하면서 분열하고 대립하고 전쟁까지 합니다.

하나님의 나라에 혼란이 일어납니다. 서로 다른 교리를 내걸고 서로 다른 복음을 전하면서 똑같은 하나님의 말씀을 가지고 교인들 사이에 언쟁과 대립과 분열이 그치지 않습니다. 그래서 초신자들은 어떤 것이 참 하나님 말씀이고 참 복음인지 알 수가 없어서 방황합니다. 이런 혼란을 야기하는 것이 지식에 불과한 하나님의 말씀입니다. 능력이 없는 하나님의 말씀입니다. 하나님의 나라는 말에 있지 않고 능력에 있습니다. 나는 오랫동안 성경박사인 서기관들을 보고 맹인이라고 하고 무식하다고 하신 예수님의 말씀을 이해할 수 없었습니다. 그리고 사랑하는 자라야 하나님을 안다고 했던 요한의 말도 이해할 수 없었습니다. "성경 공부를 해야 하나님을 알지 어째서 성경을 공부하는 사람은 하나님을 모르고 하나님을 사랑하는 자라야 하나님을 안다고 하는 것일까?" 그런데 하나님의 나라는 말에 있지 않고 능력에 있다는 말씀을 이해한 다음에야 비로소 오랜 수수께끼가 풀렸습니다.

결론적으로 말씀드립니다. 하나님은 신학을 공부해서 아는 것이 아니고 하나님을 만나야 하나님을 압니다. 하나님을 만나서 하나님을 사랑하는 사람이 하나님을 압니다. 인간학을 공부한 사람이 사람을 아는 것이 아니고 남자를 만나거나 여자를 만나봐야 사랑을 압니다. 결혼을 해봐야 남자를 알고 여자를 압니다.

108 풍전등화

인간은 흔들리는 갈대입니다. 사람은 바람 앞에서 깜빡이는 등화입니다. 건강은 질병 앞에 깜박이는 등화입니다. 생명은 죽음 앞에서 깜박이는 등화입니다. 깜박거리다가 결국은 죽습니다. 행복은 불행 앞에서 깜박이는 등화입니다. 평화는 전쟁 앞에서 깜박이는 등화입니다. 의리는 배신 앞에서 깜박이는 등화입니다. 존경은 실망 앞에서 깜박이는 등화입니다. 진실은 거짓말 앞에서 깜박이는 등화입니다. 의는 죄 앞에서 깜박이는 등화입니다. 용기는 두려움 앞에서 깜빡이는 등화입니다.

하나님께서는 두려워하지 말라고 하셨습니다. 그러면 두려움 없이 사는 사람도 있을까요? 그런 사람은 없습니다. 그러면 두려워하지 말라고 하신 말씀이 뜻하는 것은 무엇일까요? 아무도 두려움 없이 살 수는 없으니까요. 믿음으로 하나님의 능력을 받아서 두려움을 이기라는 말씀입니다. 두려움을 극복하라는 말씀입니다. 정말 두려움이 없다면 용기도 있을 수 없을 것입니다. 두려움이 없는데 어떻게 두려움을 이기는 용기는 있을 수 있겠습니까? 두려운 일이 없는데 두려워하지 말라고 하신 하나님의 말씀이 필요하겠습니까? 용기는 두려움을 이기는 힘입니다. 목석에게는 두려움이 없습니다. 따라서 용기도 없습니다.

그러면 성경이 얘기하는 영원토록 솟아 나오는 생수, 변함없이 나오는 생수와 세상이 주는 것 같지 아니한 평안이란 어떤 기쁨이며 어떤 평안일까요? 그러면 그 기쁨과 그 평안은 그 말 그대로 변함이 없는 기쁨이며 영원한 평안일까요? 아닙니다. 유한한 인간에게는 영원한 것이 없습니다. 성경이 말하는 기쁨 역시 슬픔 앞에서 깜빡이는 등화이고 성경이 말하는 평안 역시 불안과 염려 앞에서 깜빡이는 등화입니다.

그럼, 여기서 한번 묻겠습니다. 거듭난 사람들은 아프지도 않고 슬픈 일도 없는 것일까요? 아닙니다. 거듭난 사람들도 병이 들면 아프고, 생이별하면 눈물이 앞을 가립니다. 그러면 하나님께서 주시는 영원한 기쁨이란 어떤 것일까요? 아픔 속에도 있는 기쁨이며 눈물 속에도 있는 기쁨입니다. 역시 고통 중에서도 깜빡이는 등화이며 눈물 속에서도 깜빡이는 등화입니다. 흙탕

물 속에서 변함없이 솟아 나오는 생수같이, 메마른 땅, 풀 한 포기 나지 않는 메마른 땅 그 속 깊은 곳을 흐르는 지하수같이, 육체는 눈물이 젖어 있을 때도 영혼의 깊은 곳에는 하늘의 위로가 넘치는 것같이.

그러면 아무것도 염려하지 말라고 하신 말씀이 뜻하는 것은 무엇일까요? 염려하지 말라는 뜻이 아니라 염려를 하나님께 맡기고 염려하지 말라는 뜻입니다. 많은 사람이 말합니다. 구원받지 못한 사람들은 죽을 때 마귀 상을 하고 구원받은 사람들은 죽을 때 천사의 얼굴을 한다고. 그러나 이것 역시 모르는 소리입니다. 구원받은 사람이나 구원받지 못한 사람이나 육체는 똑같은 육체입니다. 그래서 구원받은 사람이나 구원받지 못한 사람이나 아무것도 다른 것은 없습니다. 병에 따라 고함을 지르기도 하고 신음하기도 하고 천사의 얼굴을 하기도 할 뿐입니다. 다른 것은 구원받지 못하거나 구원받은 영혼뿐입니다. 속지 마시기 바랍니다.

그러면 성경이 말하는 믿음이란 무엇일까요? 하나님께서는 의심하지 말고 믿으라 하시는데 의심 없이 믿을 수도 있는 것일까요? 사람이 예수님처럼 완전한 믿음을 가질 수도 있는 것일까요? 마가복음에 보면 예수님께서 귀신 들린 자녀의 축귀를 구하는 아버지에게 믿는 자에게는 능히 하지 못할 일이 없다고 하시면서 네가 믿느냐고 질문을 하십니다. 그때 아이의 아버지는 "내가 믿습니다. 내게 믿음 없는 것을 도와주소서." 합니다. 이런 것이 인간의 믿음입니다. 인간의 믿음은 예수님의 믿음같이 온전할 수 없습니다. 믿음도 건강이나 생명같이 바람 앞에서 깜빡이는 등화입니다. 인간의 믿음은 따지기를 좋아하는 이성이 질문하고 변덕스러운 감정이 의심하는 바람 앞에서 깜빡이는 등화입니다. 의심을 극복하는 믿음입니다. 화장하거나 매장한 고인이 이성적으로도 확실히 부활할 것만 같고 감정적으로도 다시 살아날 것만 같은 믿음을 갖기는 어렵습니다. 그런데 그런 사람에게는 부활신앙이 없는 것일까요? 아닙니다. 이성이 질문하고 감정이 의심하는 가운데서도 마음은 믿고 영혼은 의심하지 않습니다. 믿음 역시 바람 앞에서 깜빡이고 의심 앞에서 깜빡이는 등화입니다.

그럼, 사랑이란 어떤 것일까요? 때로는 일시적인 감정으로는 꼴도 보기 싫다고 하면서도 일편단심 영원불변하는 영원한 불꽃인 것같이 타오르는 사랑도 풍전등화입니다.

이처럼 인생은 풍전등화입니다. 그런데도 하나님께서 함께하셔서 영원히 꺼지지 않는 풍전등화입니다. 푸른 하늘에도 바람이 불고 구름이 끼는 것을 누가 막을 수 있겠습니까? 그러나 한 가지 확실한 것은 바람이 불 때도 구름이 덮을 때도 하늘은 여전히 그리고 영원히 푸른 하늘입니다. 육체가 의심하는 가운데서도 영혼은 믿습니다.

109 언제나 어디서나 누구에게나 변치 않는 것이 진리입니다

내가 말을 해도 원수가 말을 해도 옳은 말은 옳은 말이 되고 옳지 않은 말은 옳지 않은 말이 되는 것이 진리입니다. 나를 좋아하는 사람이 한 일도 나를 미워하는 사람이 한 일도 잘한 일은 잘한 일이 되고 잘못한 일은 잘못한 일이 되는 것이 진리입니다. 자기에게 이익이 되는 일도 옳지 않은 것은 옳지 않다고 하고 자기에게 손해가 되는 일도 옳은 것은 옳다고 하는 것이 진리입니다. 자기 나라 선수에게는 후한 점수를 주고 남의 나라 선수에게는 박한 점수를 주는 심판관의 심판은 진리가 아닙니다. 이해관계를 초월해서 언제나 누구에게나 옳은 것은 옳다고 하고 옳지 않은 것은 옳지 않다고 하는 것이 진리입니다. 예쁘게 생긴 딸을 보고서는 요조숙녀라고 하고 예쁘게 생긴 며느리를 보고서는 여우 같다고 하는 것은 진리가 아닙니다. 아들이 바람을 피우고 다니면 "워낙 잘 생겨서 여자들이 줄줄 따른다."라고 하고, 사위가 바람을 피우고 다니면 "집안 망할 일이 생겼나!"라고 하는 것은 진리가 아닙니다.

남의 나라 군대가 쳐들어오면 침략군이라고 치를 떨고 자기 나라 군대가 이웃 나라로 쳐들어가면 성전이라면서 승리를 기원하는 것은 진리가 아닙니다. 남의 나라를 정복한 자기 나라의 왕은 대왕이라면서 존경을 아끼지 않고 자기 나라를 정복한 이웃 나라의 왕은 전범으로 몰아세우는 것은 진리가 아닙니다. 영국 사람들은 프랑스의 해군을 괴멸시킨 넬슨 제독을 존경하고 프랑스 사람들은 유럽 천지를 유린한 나폴레옹을 존경합니다. 몽골 사람들은 온 세상을 누비고 다니면서 많은 사람을 죽인 칭기즈칸을 대왕이라면서 자랑하고 헬라 사람들은 중동의 여러 나라들을 석권하고 다니면서 많은 사람의 목을 자른 알렉산더

대왕을 추앙합니다. 일본 사람들은 한국을 통째로 삼켜 버린 이토 히로부미를 높이지만, 그를 죽인 한국의 애국자인 안중근 의사를 높이지는 않습니다. 자기 나라의 애국자를 높입니다. 이런 것은 모두 진리가 아닙니다. 그러면 일본 사람이라도 진리에 속한 사람은 자기 나라의 애국자뿐 아니라 한국의 애국자인 안중근 의사를 높이는 사람입니다. 잘못한 것은 자기편이 잘못해도 잘못으로 인정하고 잘한 것은 원수가 잘해도 잘한 것으로 인정하는 것이 진리입니다. 언제나 어디서나 이해관계를 떠나서 국경을 초월하여 옳은 것은 옳다고 하고 잘한 것은 잘했다고 하고 옳지 않은 것은 옳지 않다고 하고 잘못한 것은 잘못했다고 하는 것이 진리입니다.

그런데 또 다른 세계가 있으니 조직 계파와 당파와 국가 같은 조직의 세계입니다. 여기서도 진리의 세계에서와 같이 이해관계를 떠나서 내 편 네 편을 차별하지 않고 옳은 것은 옳다고 하고 옳지 않은 것은 옳지 않다고 하는 것이 진리이지만, 그러나 조직의 세계에서는 오직 하나 이해관계만이 문제가 됩니다. 무슨 짓이라도 악한 일이라도 이익이 되는 것은 진리가 되고 아무리 옳은 말이요 좋은 일이라도 조직에 해가 되는 것은 죄가 됩니다. 아무리 옳은 말이라도 자기가 소속되어 있는 정당의 정책에 반대하는 말은 옳지 않은 말이 되고 무조건 찬성하는 말은 옳지 않은 말이라도 옳은 말이 됩니다. 아무리 잘하는 일이라도 당의 명령에 불복하는 사람은 숙청당하고 나라가 하는 일에 반기를 들고 일어서면 국사범이 됩니다. 이에 반해 아무리 잘못하는 일이라도 당의 명령에 절대복종하는 사람은 모범당원이 되고 나라가 하는 일에 목숨을 바쳐서 충성을 한 사람은 애국자가 됩니다. 아무리 잘못하는 일이라도 이방원의 반란에 동조해서 충성을 다 한 사람은 신숙주나 한명회의 경우같이 일등 공신이 됩니다. 이에 반해 아무리 잘하는 일이라도 단종에게 충성을 다한 성삼문이나 박팽년 같은 사람은 역적이 됩니다. 이런 것을 이기면 정승이 되고 지면 역적이 된다고 하는 것이 아니겠습니까?

그러나 진리의 세계는 다릅니다. 이미 말씀드린 바와 같이 진리의 세계에서는 내 편과 네 편 내 나라와 네 나라 그리고 이해관계까지 초월해서 언제나 어디서나 옳은 것은 옳고 옳지 않은 것은 옳지 않은 것만이 진리입니다. 그런데 이런 진리는 조직 속에서는 환영받지 못하고 배척당합니다. 반동이 되고 반역자가 됩니다. 일본이 침략전쟁을 수행하고 있을 때 일본의 기독교 지도자인 우찌무라간조(내촌감삼)와 가가와도요히꼬(하천풍언)는 전쟁을 반대하고 나섰습니다. 언제나 어디서나 진리의 깃발을 들고 나섰습니다. 그러면 그 결과는 어찌 됐을까요? 예상했던 그대로 감옥살이였습니다.

110 예정론도 하나님의 말씀이고 자유의지론도 하나님의 말씀입니다

성경에 보면 예정론을 뒷받침하는 말씀도 많고 자유의지론을 뒷받침하는 말씀도 많습니다. 그러면 이 사실이 뜻하는 것은 무엇일까요? 예정론도 진리가 아니고 자유의지론도 진리가 아니라는 뜻일까요? 아닙니다. 그러면 예정론도 진리이고 자유의지론도 진리라는 말씀일까요? 그것도 아닙니다. 그러면 무엇일까요? 이 말씀들이 뜻하는 것은 예정론이 옳으냐 자유의지론이 옳으냐 하는 문제가 아니라 해답은 두 가지 상충하는 말씀의 해석에 있다는 뜻입니다. 그러면 이 문제에 대해 예수님께서는 뭐라고 말씀하셨을까요? 이 아이가 맹인 된 것은 부모의 죄 때문도 아니고 본인의 죄 때문도 아니라고 하셨습니다. 예정론도 아니고 자유의지론도 아니라고 하셨습니다. 그러면 무엇일까요? 이 문제에 대한 정답은 해석에 있다는 뜻입니다. 왜일까요 이 문제는 머리로 이해할 수 있는 문제도 아니고 머리로 설명할 수 있는 문제도 아닙니다. 지식에 담을 수 있는 문제가 아닙니다. 지식이 미치지 못하는 과학이 증명할 수 없는 초월적인 세계의 얘기입니다. 따라서 믿음으로만 이해도 할 수 있고 해석도 할 수 있는 문제입니다. 예수님께서는 이 문제에 대해 이것이냐 저것이냐를 따지지 말고 하나님께 영광을 돌리는 기회로 삼으라고 하셨습니다. 이것이 정답이요 바른 해석입니다.

어떤 사람은 자기가 어려운 일을 당하면 "재수가 없어!" "팔자가 사나워!"라고 합니다. 예정론입니다. 숙명론입니다. 그러나 성공하면 자기가 비상한 노력을 하고 천재적인 아이디어를 개발했기 때문이라고 합니다. 자유의지론입니다. 그런데 어떤 사람은 성공하면 좋은 사람들을 만났기 때문이라고도 하고 좋은 때를 만났기 때문이라고도 합니다. 예정론입니다. 그러나 실패하면 모두가 자기 잘못이라고 합니다. 자유의지론입니다. 그러나 악한 사람들은 이럴 때 절대로 자기 잘못은 인정하지 않고 모든 책임을 주변 사람들에게 돌립니다. 착한 이들은 불합격하면 자기 노력이 부족했다고 자인하고 부모님께 죄송하다고 하면서 다음번에는 열심히 하겠다고 합니다. 그러나 악한 이들은 시험에 합격하면은 자화자찬하고 불합격하면 선생님을 잘못 만나서 그렇다고도 하고 부모님을 잘못 만나서 그렇다고도 하면서 모든 책임을 주변 사람에게 돌립니다. 그리고 착한 사람은 남들이 고생하는 것을 보면 "의인은 고난당한다고 하더니" 하면서 위로하고, 이에 반해 악한 사람은 남들이 피눈물 나는 어려움을 당하고 있는 것을 보면 "자업자득이지 뭘!" "죗값을 치르고 있는 거야!" 합니다. 이런 것이 우리가 일상생활에서 흔히 보는 현실이 아닐까요? 괴로워하는 사람을 보면 천벌을 받고 있다고 하면서 아픈 상처에 소금까지 뿌리고, 신바람을 내는 사람을 보면 복을 받았다고 합니다.

그러면 결론적으로 말씀을 드리겠습니다. 어떤 해석이 예정론과 자유의지론의 최선의 해석일까요? 가장 신앙적인 해석일까요? 옛날 이스라엘 백성들은 전쟁에 승리하면 예정론자가 되어 하나님께 감사를 드리고 참패하면 자유의지론자가 되어 회개의 눈물을 흘렸습니다. 사무엘 당시 이스라엘 민족이 흘렸던 회개의 눈물같이 똑같은 이치로 믿음으로 사는 사람들은 좋은 일을 당하면 예정론자가 되어 하나님께 영광을 돌리고 어려운 일을 당하면 자유의지론자가 되어 회개의 기도를 드립니다. 죄는 자유 의지론자가 되어 자기가 회개하고, 그러나 구원은 예정론자가 되어 오직 하나님의 은혜로 받는다고 합니다. 이런 것이 예정론과 자유의지론의 신앙적인 해석이요 이 문제에 대한 가장 확실한 해답입니다.

무인 자동차가 자기 마음대로 발차도 하고 정차도 하고 우회전도 좌회전도 하면서 번화가를 달립니다. 자유의지론입니다. 그러나 사람이 설계해서 만든 무인 자동차가 어떻게 사람의 뜻을 벗어날 수 있겠습니까? 예정론입니다. 사람을 창조하신 이도 하나님이시고 사람의 본능과 혈액형과 DNA와 성격과 체질을 만드신 이가 하나님이신데, 어떻게 그 인간이 하나님의 뜻을 벗어날 수 있겠습니까? 예정론입니다.

111 예수님은 하나님이셨습니다

구약시대, 유년기의 유대교인들은 여호와 하나님을 이스라엘 백성만 사랑하고 이스라엘 백성에게만 복을 주시는 하나님으로 믿었습니다. 이스라엘 백성에게는 승리만 있고 패배는 없게 하시는 하나님으로 믿었습니다. 그러나 참 하나님은 그런 하나님이 아니었습니다. 모든 인류를 구별 없이 차별 없이 사랑하시는 하나님이었습니다. 그 실례로 북이스라엘 왕국은 앗수르에 정복당했고 남유다 왕국은 바벨론에 의해 멸망한 후 포로가 되어 바벨론으로 끌려가 종살이를 했습니다. 다스리기만 하고 섬기지는 않는 백성이 되게 하시는 하나님을 믿었는데 사실은 다스리지는 못하고 섬기기만 하는 백성이 되었습니다.

이스라엘 백성이 기다리던 메시아 역시 이스라엘 백성에게만 복을 주시는 하나님이었습니다. 그런데 이 땅에 오신 메시아는 예수님은 그런 메시아가 아니었습니다. 예수님이 오신 다음에 이스라엘 나라는 전보다 더 부강한 나라가 되기는커녕 쫄딱 망하고 말았습니다. 그나마도 남아있던 예루살렘 성전까지 돌 하나도 돌 위에 남지 않고 완전히 파괴당했으며 비록 로마의 식민통치 아래 있었으나 내 나라 땅에서 살고 있던 이스라엘 백성은 그 땅에서 쫓겨나서 정처 없이, 발붙일 곳 없이 가는 곳마다 미움받고 핍박당하면서 호곡하고 애곡하고 흐느껴 울면서 온 세계를 유리방황하는 가장 불행한 민족이 되었습니다. 자그마치 천구백 년 동안이나. 그래서, 유대교인이 기대했던 메시아가 아니어서, 예수님은 유대교인들에게 환영받지도 못하고 십자가 형틀에서 처형당할 수밖에 없지 않았던가요?

그러면 기독교의 하나님은, 예수님은 어떤 하나님일까요? 첫째는, 아무도 어떤 나라도 차별하지 않으시고 똑같이 사랑하시는 하나님입니다. 유대인뿐 아니라 이방인도, 가난한 사람뿐 아니라 부자도, 약한 자뿐 아니라 강자도, 남자뿐 아니라 여자도 똑같이 사랑하시는 하나님이십니다. 유대인들은 이방인들을 죄인들을 개같이 멸시했지만, 그러나 하나님께서는 이방인도 하나님의 백성과 똑같이 사랑하십니다. 부자가 치부하면서 사치하면 부자를 책망하시고 가난한 사람이 헐벗고 굶주리면 가난한 사람들을 긍휼히 여기십니다. 그러나 부자가 몰락해서 헐벗고 굶주리면 부자를 긍휼히 여기시고 이에 반해서 가난한 사람들이 벼락부자가 되어 사치하고 향락하면 가난한 사람들을 책망하십니다. 다른 말로 하면 하나님은 부자 편도 아니고 가난한 자 편도 아니고 언제나 어디서나 악을 멀리하고 의의 편에 서 실 뿐입니다. 사람을 차별하는 것이 아닙니다. 강자를 책망하시 고 약자 편에 서시는 것도 똑같은 이치로 강자를 멀리하시는 것 이 아니라 강자의 횡포를 멀리하시는 것뿐입니다. 여자가 약할 때는 여자 편에 서 계시고 남자가 약할 때는 남자 편에 서십니 다. 여자가 학대받을 때는 여자 편에 서시고 남자가 엄처시하에 서 학대받을 때는 남자 편에 서십니다. 남자 편에 서시는 것이 아니고 여자 편에 서시는 것도 아니고 억압을 당하는 자의 편에 서시는 것뿐입니다. 불의를 멀리하고 의의 편에 서시는 것뿐입 니다.

　나라의 경우도 마찬가지입니다. 하나님은 기독교 국가도 불 교국도 공산국도 차별하지 않고 똑같이 사랑하십니다. 기독교 국가는 힘이 없는데도 전쟁에서 승리하게 하시고 공산국가는 힘이 있는데도 망하게 하시는 하나님이 아니십니다. 그래서 기 독교 국가의 군대가 공산국과의 전쟁에서 승리할 때도 있고 패 배할 때도 있는 것이 아니겠습니까? 제정 러시아가 공산정권에 의해 막을 내리게 된 경우같이, 장개석 정권이 모택동의 공산정 권에 의해 몰락당한 경우같이 말입니다. 그리고 기독교의 하나 님은 기독교 국가의 선수라고 해서 실력이 없는데도 승리하게 하시고 불교 국가라고 해서 실력이 있는데도 패배의 고배를 마 시게 하는 하나님이 아니십니다. 그래서 월드컵 축구경기장에 서는 기독교 국가가 월드컵을 쟁취할 때도 있고 공산국가가 월 드컵을 쟁취할 때도 있고 회교국가가 월드컵을 쟁취할 때도 있지 않겠습니까? 그리고 기독교의 하나님은 기독교 가정의 자녀라고 해서 기도를 드린다고 해서 실력이 없는데도 합격하게 해주시고 불신앙의 가정의 자녀라고 해서 실력이 있는데도 낙망의 고배를 마시게 하는 하나님이 아니십니다.

둘째로, 기독교의 하나님은 햇빛과 단비를, 세상 복을, 신자와 불신자, 의인과 악인에게 구별 없이 베풀어 주시는 하나님이십니다. 구약시대의 유대인들은 하나님의 백성에게만 유대인에게만 세상 복을 주시는 하나님인 줄 믿었습니다. 그러나 예수님께서는 분명히 말씀하셨습니다. 햇빛과 단비는, 세상 복은, 신자와 불신자, 의인과 악인의 구별 없이 베풀어 주시는 하나님이라고.

어떤 사람들은 믿기만 하고 구하기만 하면 구하는 대로 주시는 하나님이라고 합니다. 믿기만 하고 구하기만 하면 질병 문제도 해결해 주시고 취업 문제도 해결해 주시고 주택 문제도 해결해 주시는, 그야말로 삼박자 구원과 오중 축복의 복음을 전합니다. 그러나 예수님께서는 세상 복은 신자와 불신자의 구별 없이 모든 사람이 똑같이 받고, 믿는 사람들이 받는 특별한 복은 영혼이 구원받는 복과 영생의 복과 팔복이 있을 뿐이라고 하십니다.

그러면 어떤 말씀이 사실일까요? 정말 세상 복도 믿는 사람들만이 받는 것일까요? 부자는 믿는 사람 중에만 있고 불신자 중에는 부자가 없는 것일까요? 믿는 사람만이 성공하고 불신자 중에는 성공한 사람이 없는 것일까요? 병원에는 불신자들만 있고 교인은 없는 것일까요? 땅값이 오르는데 교인들의 땅값만 오르고 불신자들의 땅값은 오르지 않는 것일까요? 코로나19 바이러스에 불신자들만 감염되고 믿는 사람들은 감염되지 않는 것일까요? 부자는 기독교 국가에만 있고 중국이나 사우디아라비아 같은 나라에는 없는 것일까요? 말도 안 되는 소리입니다. 세상 복에는 신자와 불신자의 구별이 없습니다.

셋째로 기독교는 육체를 구원하는 종교가 아니라 영혼을 구원하는 종교입니다. 세상에서 잘 살게 만들어 주는 종교가 아니라 영생을 주는 종교입니다. 하나님의 나라를 유업으로 받는 종교입니다. 유대 땅에 오셔서 33년 동안 복음을 전파하셨는데 유대 나라가 경제적으로나 사회적으로나 정치적으로는 아무것도 달라진 것도 없고 좋아진 것도 없었습니다. 유대인들은 창고가 넘치게 해 주시는 하나님, 꾸어 주기는 해도 꾸지는 않게 해 주시는 하나님을 믿었는데 예수님이 오셔서 유대 나라가 경제적으로 달라진 것은 아무것도 없었습니다. 옛날 그대로 가난하기만 했습니다. 예수님께서는 잘사는 나라를 만들기 위해서 새마을운동을 벌이지도 않으시고, 빈곤 문제를 해결하기 위해서 프롤레타리아 혁명도 일으키지 않으시고, 여권운동을 벌려서 여성들의 지위를 향상해 주시지도 않으시고, 노예해방운동을 전개해서 평등사회를 실현해 주지도 않으셨습니다. 보육원 하나 양로원 하나 병원 하나 설립해 주지도 않으셨습니다. 노예들은 옛날 그대로의 노예였고 가난한 사람들은 옛날 그대로의 가난한 사람들이었습니다.

그러면 정치적으로는 어떠했을까요? 유대 나라의 독립을 위해 로마 제국에 항거해서 독립운동을 전개하셨을까요? 아닙니다. 유대 나라의 독립 같은 것은 예수님의 관심사가 아니었습니다. 사람들의 관심사는 독립 문제나 통일 문제가 전부였지만, 예수님의 관심사는 그런 게 아니었습니다. 예수님께서는 유대 나라의 독립을 위해서 기도 한번 하신 일이 없으셨습니다. 예루살렘 성전의 멸망을 예언하셨을 뿐입니다. 그래서 예수님은 거국적인 반대에 부딪힐 수밖에 없으셨습니다. 예수님의 관심사는 하나님의 나라와 영혼 구원뿐이었습니다. 예수님은 세상 사람들이 생각하는 그런 애국자가 아니었습니다. 그래서 예수님은 십자가를 질 수밖에 없으셨고, 그래서 예수님은 하나님이셨습니다. 예수님은 믿는 사람들이 세상에서 물질적으로 잘살게 해 주시는 육체의 구세주가 아니라 영혼의 구원자이셨습니다.

그러면 결론적으로 말씀드리겠습니다. 예수님께서는 모든 사람을, 인종이나 계급이나 빈부나 종교의 차별 없이 모든 사람을 사랑하셔서, 그래서 모든 사람에게 존경받고 모든 사람에게 사랑받으셨을까요? 아닙니다. 그 반대입니다. 모든 사람을 똑같이 사랑하면 모든 사람에게 똑같이 사랑받으실 것 같은데 사실은 그 반대가 되는 까닭은 어디에 있는 것일까요? 대답은 간단합니다. 모든 사람은 누구나 다른 사람들보다 특별하게 사랑받기를 원하기 때문입니다. 그래서 자기나 자기편을 특별하게 사랑해 주고 유별나게 아껴 주는 사람은 사랑하지만, 다른 사람들과 똑같이 밖에는 사랑해 주지 않는 사람은 멀리하게 됩니다.

모든 사람을 똑같이 사랑하는 사람은 예수님의 경우같이 모든 사람에게 싫어 버림을 당하게 됩니다. 어떤 사람을 특별히 사랑하는 사람만이 그 사람에게 특별한 사랑을 받고, 자기 가족을 특별하게 사랑하는 사람만이 가족에게 특별한 사랑을 받고, 어떤 교회를 특별하게 사랑하는 사람만이 그 교회의 교인들에게 특별한 사랑을 받고, 반대편 사람을 미워하고 자기편 사람만 특별하게 사랑하는 사람만이 자기편 사람들에게 특별한 사랑을 받고 남의 나라는 미워하고 자기 나라만 이골 나게 사랑하는 사람만이 자기 나라 사람들에게는 특별한 존경을 받아서 애국자가 됩니다.

그러면 결론으로 말씀드리겠습니다. 아무리 인간의 생명은 아침 안개같이 헛되다고 해도 그것이 전부인 사람들은 하나님의 나라뿐 아니라 세상 복도, 이 모든 것도 더해 주시는 하나님을 고대할 수밖에 없습니다. 그러나 인생들을, 통닭집에서 모이를 삼키면서 마냥 행복해하는 수탉들을 보듯이 하시는 예수님은 영혼 구원에만 전념하실 수밖에 없었습니다. 그래서 예수님은 환영받지 못하시고 배척당하셨습니다. 그래서 예수님은 참 하나님이십니다.

하나님의 나라뿐 아니라 세상도, 이 모든 것도 더해 주시겠다고 하는 하나님은 하나님을 가장한 사탄입니다. 광야에서 예수님을 시험한 사탄 마귀가 "나에게 경배만 하면 이 모든 것을 더해 주겠다."라고 하지 않았던가요? 예수님은 십자가 위에서 대속의 제물이 되시는 순간뿐 아니라, 전 생애가, 한마디 한마디의 말씀과 일거수일투족이 하나님이셨습니다.

112 교회는 사람이 모이는 곳입니다

하나님은 사람을 사랑하십니다. 하나님은 사람을 구원하십니다. 그래서 하나님은 사람만 만나십니다. 따라서 교회는 사람이 모이는 곳입니다. 그가 누구든 교회에 나오는 사람은 모든 계급장을 떼어 버리고 사람이 되어 사람의 자격으로 나와야 합니다. 교회는 학생들이 모이는 학교도 아니고 군인들이 모이는 군영도 아니고 공무원들이 모이는 관청도 아닙니다. 만일, 일류대학에 다니는 학생들은 일류대학의 배지를 달고 이류대학에 다니는 학생들은 이류대학의 배지를 달고 삼류대학에 다니는 학생들은 삼류대학의 배지를 달고 교회에 나온다면, 박사학위가 있는 사람들은 박사 가운을 입고 금메달리스트는 금메달을 목에 걸고 국회의원들은 금배지를 달고 교회에 나오면 어찌 될까요? 그때 교회는 사람들이 모이는 곳이 아니라, 사람들이 사람의 자격으로 하나님 앞에 나오는 것이 아니라, 사람이 아닌 일류대학생과 이류대학생과 삼류대학생들이 나오고 박사와 금메달리스트와 국회의원이 많이 나오는 교회가 될 수밖에 없을 것입니다. 그러면 모든 사람이 졸업장과 학위와 자격증과 면허증과 계급장을 달고 나오는 교회가 되면 어찌 될까요?

첫째는 인간을 차별하는 교회가 됩니다. 그 누구든 계급장을 떼어 놓고 목욕탕에 들어가는 것같이 벌거벗은 몸으로 교회 나오면 교회는 인간차별 없는 평등사회가 되지만, 모든 사람이 학위와 계급장을 걸고 나오면, 사람은 없고 국장님들과 과장님들만 있는 교회가 되면, 사람들은 어쩔 수 없이 사람을 차별할 수밖에 없습니다. 교회에 나오면 그가 누구든 왕이든 신하든 노예든 부자든 가난한 사람이든 장군이든 병졸이든 사람으로 돌아가야 합니다.

둘째는 교회 분열이 생깁니다. 예를 들어 말씀드리겠습니다. 동창회에 나와서까지 부자는 부자 행세를 하고 가난한 사람은 가난한 사람 노릇을 하고 계급이 높은 사람은 기고만장하고 계급이 없는 서민은 굽실거려야 한다면 그 동창회는 20년 혹은 30년 전으로 돌아가서 흉허물 없는 동창들의 모임이 될 수 없을 것입니다. 그러면 동창회는 깨지고 맙니다. 가정에서까지 아들은 대령이 되고 아버지는 사관학교를 다니지 못해서 만년 상사일 경우에 아들이 가정에 돌아와서까지 상사인 아버지에게까지 대령 노릇을 한다면 그 가정은 이미 가정이 아닐 것입니다. 남편은 만년 교사이고 아내는 영전해서 교장이 됐다고 해서 집에 돌아와서까지 아내가 남편에게 교장의 집권을 행사하려고 한다면 그 가정은 파괴될 수밖에 없을 것입니다. 똑같은 이치입니다. 이 세상에서 얻은 학위와 직급과 계급 같은 것을 교회까지 들고 와서 행세하려고 하면 교회는 하나가 되지 못하고 분열할 수밖에 없습니다.

셋째는 허례와 허식과 거짓이 팽배하게 됩니다. 인간차별이 심한 곳에서는 무시당하지 않기 위해서 허례와 허식이 생깁니다. 몰라도 아는 체를 하고 없어도 있는 체를 해야 합니다. 그래서 무시당하지 않고 여봐란듯이 살기 위해서 돈도 벌고, 억울하면 출세부터 해야 하니 과외 열풍이 일어납니다. 대학 홍수가 범람합니다. 무시당하지 않으려고 빚까지 내가면서 결혼식을 지나치게 화려하게 하고 장례식을 지나치게 성대하게 합니다. 무시당하지 않으려고 잘사는 친척과 출세한 동창 이름까지 동원합니다. 크게 성공한 아들과 딸과 사위까지 간판이 됩니다. 그래서 장사하는 사람들은 모두가 회장님이 되고 사장님이 되며, 남자들은 모두가 선생님이 되고 여자들은 모두가 사모님이 됩니다.

넷째는 교회가 사람이 모이는 곳이 되지 않고 교수님이 모이고 의사님이 모이고 고위층 인사들이 모이는 곳이 되면 그 교회는 세상을 부러워하는 교회가 되고 세상을 자랑하는 교회가 되고 세상을 본받는 교회가 될 수밖에 없습니다. 한번은 기독교 TV의 새벽기도회에서 설교하시는 목사님께서 갑자기 "지금 여기 누가 나와 계시는지 아십니까?"라고 질문하신 다음 "지금 여기 이 자리에는 수도사령관님이 나와 계십니다." 하시는 말씀을 들었는데, 이런 말씀이 인간을 차별하는 말씀이 아니고 무엇이겠습니까? 세상을 부러워하는 말씀이 아니고 무엇이겠습니까?

박사들을 배출하는 대학에서도 졸업식 때나 교수님들이 박사 가운을 입습니다. 그런데 어째서 교회에서는 목사님들이 주일마다 박사 가운을 입는 것일까요? 설교하고 성례를 주례하는 것은 목사님들의 특권입니다. 목사만이 설교할 수 있고 성례를 주례할 수 있습니다. 따라서 다른 때는 몰라도 설교하는 시간과 성례를 주례할 때만은 목사 가운을 입어야 할 것입니다. 목사만이 설교하고 성례를 주례할 수 있기 때문입니다. 박사에게는 그런 권한이 없습니다. 그런데 어찌하여 목사들이 설교할 때나 성례를 주례할 때 목사 가운을 입지 않고 박사 가운을 입는 것일까요? 이런 것은 거룩한 교회의 권위를 떨어뜨리는 행동이 아닐까요? 아무리 박사라도 판사가 박사 가운을 입고 법정에 나오는 일이 없고 아무리 박사라도 군인들이 박사 가운을 입고 열병식장에 나오는 일은 없는데 말입니다. 이런 교회가 바로 세상을 부러워하고 세상을 본받는 교회입니다.

초대교회는 아무것도 가진 것이 없어도 쫓겨 다니고 숨어 다니고 피해 다니는 교회였습니다. 그런데도 세상의 부자들과 왕들을 불쌍히 여기는 교회였습니다. 사도 바울은 쇠고랑을 차고 판사들 앞에 끌려가서 재판받고 있으면서도 판사들을 불쌍히 여겼습니다. 초대교회는 아무것도 가진 것이 없는데도 세상이 부러워하는 교회였습니다. 사람들이 제 발로 몰려와서 초대교회는 부흥했습니다.

그러나 오늘날의 교회는 세상을 부러워하는 교회가 되었습니다. 세상의 부자들과 고위층 인사들과 유명 인사들을 부러워하는 교회가 되었습니다. 세상의 힘 있는 자들에게 도움을 청하는 교회가 되었습니다. 다음은 어떤 공학박사님에게서 들은 이야기입니다. 목사님께서 "박사님에게 세례를 베풀 수만 있다면 죽어도 한이 없겠다고 해서 그러면 한번 해 보라고 했죠." 그래서 세례를 받기는 받았다고 합니다. 어떤 교회는 박사가 320명이나 되는 것을 자랑하고 어떤 교회는 고위층 인사가 많이 나오는 것을 자랑하고 어떤 교회는 연예계의 스타들이 많이 나오는 교회로 소문이 나 있습니다. 이런 것이 세상의 학벌과 계급장을 모두 떼어 버리지 못하고, 벌거벗은 인간이 되고 죄인이 되어 하나님 앞에 나오지 못하고, 부자는 부자대로 가난한 사람은 가난한 그대로 상류 인사는 상류 인사 그대로 서민은 서민 그대로 하나님 앞에 나오는 교인들이 만들어 내는 맛을 잃은 소금입니다.

다시 한번 말씀드립니다. 교회는 사람들이 모이는 곳입니다. 사람들이 구원받는 곳입니다. 사람이 존중히 여김을 받는 곳입니다. 폐하나 각하나 석학이나 재벌들이 존경받는 곳이 아니라 사람이 존중받는 곳입니다. 예수님께서는 아무것도 가진 것이 없어서 세상에서 싫어 버림을 당한 가난한 사람들과 병자들과 죄인들을, 오직 그들도 사람이라고 하는 사실 하나 때문에, 찾아 주시고 사랑하시고 구원해 주셨습니다. 교회는 아무것도 가진 것이 없고 자랑할 것이 없어도 사람이라고 하는 사실 하나 때문에 사람이 존경받는 곳입니다. 세상에서 가장 귀한 것은 무엇일까요? 권력일까요? 학력일까요? 아닙니다. 사람입니다. 이 세상에는 사람보다 더 높은 것도 없고 사람보다 더 귀한 것도 없습니다.

따라서 세상의 권력이나 재물을 얻기 위해서 인간을 포기하는 사람은 사람들이 보기에는 성공한 사람 같아도 사실은 밑지는 장사를 한 사람입니다. 우리는 어떤 경우에도 인간을 포기해서는 안 됩니다. 인간이 된 것을 부끄러워해도 안 됩니다. 장관이나 사령관이 되기 위해서 인간을 파는 사람을 성공한 사람이라고 하고, 이에 반해 세상을 내어 주고 인간을 사들인 사람을 실패한 사람이라고 하는 것은 세상의 논리일 뿐입니다. 우리는 아무것도 가진 것이 없고 아무것도 자랑할 것이 없는 박 서방이나 최 씨가 되는 것을, 미스터 김이나 미세스 박이나 미스 리가 되는 것을 수치라고 생각해선 안 됩니다. 인간이 되는 것이 최고의 성공입니다. 교회는 사람들이 사랑받고 사람들이 존중받고 사람들이 구원받는 곳입니다.

113 종교계에서 숫자 자랑은 거품 자랑입니다

운동경기장에서는 관람객의 숫자가 많은 것이 자랑이고 가요대회장에서는 청중이 많은 것이 자랑이고 선거 유세장에서는 참석자들이 많은 것이 자랑입니다. 결혼식장에서도 축하객이 많은 것이 자랑이고 장례식장에서도 조문객이 많은 것이 자랑입니다. 그러나 가요대상을 받는 국민가수들의 세계에서는 숫자가 작은 것이 자랑입니다. 많은 경쟁자를 물리치고 우승하는 금메달리스트의 세계에서는 숫자가 작은 것이 자랑입니다. 숫자가 작을수록 더 큰 자랑이 됩니다. 이에 반해 숫자가 많아지면 그만큼 가치가 떨어집니다. 국민가수가 수백 명씩 되고 금메달리스트가 수천 명씩 되면 거기에 무슨 가치가 있겠습니까? 별로 쓸모없는 땅은 많기라도 해야 값이 올라갑니다. 그러나 금은 보석은 적을수록 가치가 올라갑니다. 희소가치입니다. 무엇이든지 별 볼 일 없는 것은 숫자라도 많아야 쓸모가 있고, 귀한 것은 숫자가 작을수록 가치가 올라갑니다. 고시 합격자의 수는 적을수록 가치가 있어 숫자를 늘리지 않으려 하고 박사의 수 역시 가치가 있어서 명문대학일수록 하늘의 별 따기같이 어려운 것이 아니겠습니까? 명문대학들은 숫자가 적은 것을 자랑하고, 그러나 자랑할 것이 없는 별 볼 일 없는 대학들은 학생 숫자가 많은 것과 학교 건물이 최신식인 것이나 자랑할 수밖에 없는 것이 아니겠습니까?

그러면 교회는 별 볼 일 없는 구경꾼들과 잠시 잠깐 스트레스나 해소하고 돌아가는 관광객들이 모이는 곳일까요. 아니면 경쟁하고 경주하는 선수들이 모이는 곳일까요. 장망성을 등지고 천국 문을 향해서 온갖 장애물들을 물리치고 온갖 시험을 이겨가면서 천로역정을 달리는 선수들의 세계일까요. 그것을 아는 방법은 '교회가 많은 구경꾼을 자랑하는 교회냐, 아니면 극소수의 선수들을 자랑하는 교회냐?' 하는 질문에 대한 답이 그에 대한 답입니다. 그러면 오늘날 교회의 현실은 어떠할까요? 교인들이 모여서 교회 얘기를 하면 가장 빈번하게 등장하는 화제는 무엇일까요? 어떤 교회는 몇 사람이 모이고 어떤 교회는 몇 사람이 모인다는 얘기입니다. 언제나 가장 먼저 나오고 가장 많이 나오는 얘기가 교인들의 숫자 얘기입니다. 교인들의 숫자가 교회의 순위를 결정합니다. 교인들의 숫자가 목회자들의 계급까지 결정합니다. 5백 명이 모이는 교회 목회자는 소령 대우를 받고 3천 명이 모이는 교회 목사는 연대장의 대우를 받고 1만 명이 모이는 교회 목사는 사단장의 대우를 받고 10만 명이 모이는 교회 목사는 사령관의 대우를 받습니다. 선배라도 작은 교회의 목사는 후배라도 큰 교회의 목사를 윗사람으로 모셔야 하고, 스승이라도 작은 교회 목사는 제자라도 대형교회의 목사에게 면회 신청도 하지 못합니다.

그러면 이런 교회는 어떤 교회일까요? 세상을 본받는 교회입니다. 그러면 초대교회는 어떤 교회였을까요? 숫자가 작은 것을 자랑하는 교회였습니다. 희생을 자랑하고 봉사를 자랑하고 사랑을 자랑하는 교회였습니다. 세상을 부러워하고 세상을 본받는 교회가 아니라 세상을 변화시키는 교회였습니다.

114 지상 최대의 사기꾼은 욕심 (탐심, 과욕)입니다

사람들은 속으며 삽니다. 속아서 소망도 하고 속아서 믿기도 하고 속아서 존경도 하고 속아서 사랑도 합니다. 속아서 실망도 하고 배신도 당하고 낙심도 하고 시련도 겪습니다. 속아서 학벌이면 다인 줄 알고 밤을 새워 가며 공부도 하고, 속아서 돈만 벌면 행복하게 살 수 있을 줄 알고 허리띠를 졸라매 가면서 근검절약하고, 높은 사람이 되면 만능인 줄 알고 윗사람을 하나님 섬기듯이 합니다. 한번 욕심이 마음속으로 들어가면 모든 것이 사실 그대로 보이지 않고 지나치게 커 보이기도 하고 지나치게 작아 보이기도 하며 지나치게 귀해 보이기도 하고 지나치게 천해 보이기도 합니다. 절대로 사실을 사실 그대로는 보지 못합니다.

세상도 욕심의 눈으로 보면 어마어마하게 커 보이고, 인생도 죽지 않고 영원히 살 것만 같고, 세상의 흥망성쇠와 부귀영화가 눈이 부시도록 호화찬란해 보입니다. 그러나 욕심을 비우고 빈 마음으로 바라보면 사실 그대로의 세상을 보게 되는데, 그렇게도 커 보이던 지구는 공동묘지만 같아 보이고, 인생은 일장춘몽같이 보이고, 세상의 부귀영화는 화무십일홍입니다. 그래서 솔로몬은 "헛되고 헛되고 헛되고 헛되니 모든 것이 헛되도다."라고 하지 않았던가요.

그럼, 비근한 예를 들어서 말씀드리기로 하겠습니다. 똑같은 것도 욕심의 눈으로 바라볼 때와 욕심을 채운 다음에 바라보는 그것은 너무도 다릅니다. 똑같은 선악과도 따먹기 전에 바라볼 때는 먹음직스러웠습니다. 그것만 따먹을 수 있으면 금방 죽어도 한이 없을 것 같았습니다. 그래서 죽기를 각오하고 하나님의 명령을 어겨 가면서 선악과를 따 먹었습니다. 그러면 선악과를 따먹은 다음에, 욕심을 채운 다음에 욕심 없이 바라보는 선악과는 어떠했을까요? 그야말로 환멸이요 후회막심이었습니다. 똑같은 것도 욕심으로 바라볼 때의 그것과 욕심을 채운 다음에 바라보는 그것은 너무나 다릅니다. 모든 범죄자가 죄를 저지르기 전에 바라보는 그것과 죄를 저지른 후 바라보는 그것은 너무나도 다릅니다. 강도질을 하는 사람이나 성폭행을 하는 사람들은 그것만 얻을 수 있다면 금방 죽어도 한이 없을 것 같아서 목숨을 걸고 죄를 범합니다. 그리고 다음에 오는 것은 환멸이요 후회막심입니다. 똑같은 학교도 시험 준비를 할 때의 학교와 합격하고 나서 다니는 학교는 다르고, 똑같은 직장도 실업자로 있을 때의 직장과 매일 출근하는 직장은 다르고, 똑같은 주택도 무주택자로 있을 때 바라보던 집과 내 집 마련해서 지금 살고 있는

집은 다르고, 똑같은 남자와 똑같은 여자도 결혼 전에 바라보던 남자나 여자, 손이 닿지 않는 곳에 있던 남자나 여자, 접근조차 할 수 없던 남자나 여자와 지금 같이 살고 있는 남자와 여자는 다릅니다. 손이 닿지 않는 곳에 있던 남자는 세상에 둘도 없는 남자 같았지만 지금 같이 사는 남자는 흔해 빠진 남자 중 한 사람일 뿐이고, 손이 닿지 않는 곳에 있을 때의 그 여자는 천사만 같고 곁에만 있어도 행복했지만, 지금 같이 사는 그 여자는 무덤덤할 뿐입니다.

똑같은 이치로 높은 학위를 가진 사람이나 높은 계급장을 달고 다니는 사람이나 많은 돈을 가진 사람들을 부러워하고 인기 스타들을 지나치게 높이고 부러워하면서 그 앞에서 지나치게 비굴해지는 사람들은, "뭐니 뭐니 해도 돈이 있어야 해." "억울하면 출세부터 하라고."라고 하는 사람들은, 욕심에 속아서 사실을 사실 그대로 보지 못하는 사람들입니다. 돈이 많은 사람들은 가난한 사람들이 생각하는 것같이 그렇게 행복한 사람도 아니고, 계급이 높은 사람들은 낮은 계급의 서민들이 생각하는 것같이 그렇게 능력자도 아니고, 인기스타들은 팬들이 생각하는 것같이 그렇게 화려하고 신바람 나게 살고 있는 사람들이 아닙니다. 가난한 사람들은 자기 식구 먹여 살릴 걱정만 하면 되지만, 돈이 많은 사람들은 월급날이 되면 수백 수천의 직원들의 월급을 마련해야 하니 걱정이 태산 같습니다. 가난한 사람들이 갚아야 할 빚은 백만 원이나 천만 원이지만, 부자들이 갚아야 할 돈은 백억이요 천억입니다. 부자들은 마음 편할 날이 없습니다, 그리고 무력한 서민들은 생각하기를 권력자들은 무엇이든 자기 마음대로 할 수 있다고 생각하지만, 사실은 그 반대입니다. 끊임없이 정적들의 반대와 언론의 비판과 국민의 원성을 들어야 합니다. 권력자들의 주변에는 자객들이 떠나지 않습니다. 오죽하면 24시간 경호원들이 지켜야 하겠습니까? 서민들은 자기 마음대로 출입도 하고 말도 하고 표정도 지을 수 있지만, 그러나 권력자들은 24시간 기자들이 따라다녀서 출입도 마음대로 하지 못하고 말도 마음대로 하지 못하고 표정도 마음대로 짓지를 못합니다. 가난한 사람들이 생각하는 부자와 실제의 부자는 다르고 서민들이 생각하는 권력자와 실제의 권력자는 다릅니다. 부자는 그들을 욕심의 눈으로 부러워하는 눈으로 보는 가난한 사람들이 보기에만 잘 사는 사람이고, 권력자는 그들을 욕심의 눈으로 선망의 눈으로 보는 서민들이 보기에만 위대한 사람입니다. 정작 본인들은 행복하지도 않고 위대하지도 않습니다.

무소유와 무계급의 사람들이 보는 세상은 사흘 굶은 사람이 보는 진수성찬 같습니다. 먹음직스럽고 탐스럽고 침이 넘어갑니다. 너무 좋아서 미치고 환장할 것만 같습니다. 그러나 자기가 원하는 것을 모두 손에 넣은 사람들, 욕심을 충족시킨 사람들, 부자들과 권력자들과 인기스타들이 바라보는 세상은 배가 터지도록 먹고 나서 신트림이 나올 정도로 먹다 남은 진수성찬을 바라보는 것만 같습니다. 진수성찬을 바라보면서도 침이 넘어가기는커녕, 탐스러워 보이고 먹음직스러워 보이기는커녕 구역질이 나고 역겹습니다. 욕심을 다 채운 사람이 바라보는 세상이 이와 같습니다. 권태와 지루함과 무의미와 허탈감……. 그래서 자살하는 사람들 중에는 모든 소원을 다 이룬 사람도 있는 것 아니겠습니까?

115 새 계명 아래에서는 죄인이 구원을 받습니다

옛 계명 아래에서는, 구약시대에는, 율법을 지키는 사람이 의인이 되고 율법을 범하는 사람은 죄인이 되었습니다. 의인은 복을 받고 구원받고, 율법을 지키지 못하는 죄인은 저주를 받았습니다. 구약시대의 옛 계명은 국법 수준의 계명이요 국민윤리 수준의 계명이었습니다. 사람이 행할 수 있는 계명이었습니다. 그래서 행하는 사람은 의인이 되어 복을 받고 행하지 않는 사람은 죄인이 되어 저주를 받았습니다. 그 말 그대로 의인은 흥하고 악인은 망하는 시대였습니다. 그러나 새 계명의 시대는 다릅니다. 신약시대는 다릅니다. 새 계명을 완전하게 지켜서 의인이 될 수 있는 사람은 한 사람도 없습니다. 행함으로 구원을 받을 수 있는 사람은 한 사람도 없습니다. 여기서 나온 것이 오직 믿음으로 의롭다 하심을 받고, 오직 믿음으로 구원받는 새 시대입니다. 따라서 신약시대에는 회개하고 죄 사함을 받은 사람만이 구원받습니다. 그런데 믿음과 회개는 하나이므로 여기서는 믿음이라는 말 대신 회개라는 말을 사용하기로 하겠습니다.

다시 한번 말씀드립니다. 신약시대는 아무도 행함으로는 구원받지 못하고 회개하고 죄 사함을 받은 사람만이 구원받는 새 계명의 시대입니다. 도둑질하지 말라고 하신 옛 계명은 사람이 지킬 수 있는 계명이지만, 욕심을 버리라고 하신 새 계명은 완전한 의미에서는 아무도 지킬 수 없는 계명입니다. 살인하지 말라고 한 옛 계명은 사람이 지킬 수 있는 계명이지만, 원수를 자기 자신같이 사랑하라고 하신 새 계명은 아무도 지킬 수 없는 계명입니다. 그래서 구약시대에는 행함으로써만 의인이 되었고, 그러나 신약시대에는 회개하고 죄 사함을 받음으로써만 의롭다고 하심을 받습니다.

그런데 악한 사람들은 자칭 의인이 되고, 의로운 사람들은 자칭 죄인이 됩니다. 악한 사람들은 자기 잘못은 온갖 구실로 다른 사람들에게 전가하고 나서 자칭 의인이 되고, 의로운 사람들은 다른 사람들의 잘못까지 짊어지고 자칭 죄인이 됩니다. 악한 사람들은 자기 잘못에 대해서는 너그럽기 짝이 없고 남의 잘못에 대해서는 엄격하기 짝이 없으니 절대로 용서하지 못한다고 합니다. 악한 사람들은 설교를 들으면서 주변 사람들의 죄와 세상의 죄를 생각하면서 의분을 금하지 못하고, 이에 반해 의로운 사람들은 하나님의 말씀을 들으면서 자기 죄를 회개합니다. 악한 사람들은 남들이 잘한 일은 평가 절하하고 옥에도 티라고 흠집을 잡아서 중상모략까지 하고, 이에 반해 의로운 사람들은 남들이 잘한 일을 보면 칭찬과 존경을 아끼지 않습니다. 그리고 의로운 사람들은 남들의 잘못은 이해해 주려 하고 덮어 주려 합니다. 이에 반해 악한 사람들은 남의 잘못을 보면 없는 죄까지 만들어 내서 이를 갈고 치를 떨면서 떠벌리고 다닙니다. 악한 사람들은 하나같이 남들의 죄와 남들의 잘못과 세상 죄를 찾아내서 쉴 새 없이 떠벌리고 다니는 정의의 투사들입니다. 마리아가 옥합을 깨서 예수님 발 위에 부었을 때 악한 가룟 유다는 "그것을 팔아서 가난한 자들에게 나누어 주었으면 좋았을 것을" 하면서 정의를 부르짖었고, 이에 반해 의로우신 예수님께서는 "그는 내게 아름다운 일을 했다. 온 세상 어디서든지 이 복음이 전파되는 곳마다 이 여자가 한 일도 전해서 그를 기억하게 될 것이다." 하셨습니다.

결론적으로 말씀드리겠습니다. 악한 사람들은 정의를 부르짖으면서, 비판을 일삼으면서 점점 더 큰 자칭 의인이 되어가고, 이에 반해 의로운 사람들은 자기 죄를 회개하고 남들의 잘못과 세상 죄에 대해서까지 공동책임을 느끼면서 점점 더 큰 자칭 죄인이 되어 갑니다. 그래서 바로 사도 바울 같은 의인은 "죄인 중에 내가 괴수"라고 고백할 수밖에 없었던 것이 아니겠습니까? 여기서 문제가 되는 것은 율법시대 수준의 의를 행하는 것으로 의인이라도 된 줄 알고, 세상도 그런 사람들을 의인으로 인정해 주니 의인이라도 된 줄 알고, 율법시대 수준의 의도 행하지 못하는 사람들을 죄인 취급하면서 회개하지 않으므로 옛날의 제사장들이나 서기관들이나 바리새교인들같이 구원받지 못하는 사람들이 있고, 이에 반해 율법시대 수준의 의도 행하지 못해서 세상 사람들에게도 손가락질당하지만, 세리나 창기들같이 회개하고 구원을 받은 사람도 있다는 사실입니다.

그러면 신약시대에는 행함은 전혀 문제가 되지 않는 것일까요? 그건 아닙니다. 구원의 조건으로서의 행함은 무용지물이지만, 회개에 이르게 하는 행함 곧 몽학선생(율법)의 지도를 받은 행함과 구원의 열매로 나타나는 중생과 성화의 행함은 필연적이고 필수적인 행함입니다. 이 행함은 온전한 행함이 아니라 나름의 행함이며 회개에 이르게 하는 행함입니다. 구원받은 후에도 계속되는 회개에서만 성화의 역사는 계속됩니다.

116 옛날의 설교는 쓴 약이었습니다

구약에 나오는 선지자들의 설교는 하나같이 쓴 약 같은 설교였습니다. 승리를 예언하는 설교가 아니라 멸망을 예언하는 설교였습니다. 초대교회 당시 사도들의 설교도 쓴 약 같은 설교였습니다. 죄를 책망하고 회개를 촉구하고 재촉하는 설교였습니다. 오순절 날 베드로는 삼천 명의 무리에게 "너희들이 땅에 오신 하나님의 아들을 죽였다."라고 하면서 회개를 촉구하고 재촉했습니다. 그리고 많은 무리가 가슴을 두들기고 땅을 치면서 회개했습니다. 애곡하고 호곡했습니다. 구원의 역사와 중생의 역사가 일어났습니다. 초대교회 당시의 설교는 모두가 그런 설교였습니다.

그러면 예수님의 설교는 어떠했을까요? 역시 쓴 약 같은 설교였습니다. 부자가 되기를 원하는 사람들에게 부자가 하나님의 나라에 들어가기는 약대가 바늘구멍으로 통과하기보다 더 어렵다고 하셨고, 만사가 형통하기를 원하는 사람들에게는 십자가를 지고 나를 따르라고 하셨고, 머리가 되기를 원하는 사람들에게는 섬기는 자가 되라고 하셨고, 환영받기를 원하는 사람들에게는 핍박당하는 자가 복이 있다고 하셨고, 무병장수하기를 원하는 사람들에게는 밀알 하나가 땅에 떨어져 죽음으로 새싹이 나오는 것같이 땅에 떨어져 죽으라고 하셨습니다. 하나같이 쓴 약 같은 설교였습니다. 한국의 초창기 기독교의 설교도 쓴 약 같은 설교였습니다. 죄를 책망하는 설교와 회개를 촉구하는 설교였습니다. 거기서 나온 것이 구원의 역사요 중생의 역사였습니다. 하나님의 말씀이 전해지는 곳마다 회개의 눈물이 있고 죄 사함을 받고 중생하는 기쁨이 있었습니다. 입에 쓴 약이 뱃속으로 내려간 다음에는 병을 치료하는 특효약이 되었던 것입니다.

그런데 언젠가부터 설교가 변하기 시작했습니다. 죄를 책망하는 설교와 회개를 독촉하는 쓴 약 같은 설교는 자취를 감추고 꿀같이 달콤하고 진통제나 흥분제같이 일시적인 기쁨을 주는 설교, 보혈강장제 설교가 대환영을 받게 되었습니다. 운동경기나 음악회나 영화 관람이 일시적인 흥분과 감동과 기쁨과 스릴을 주는 것처럼 어떡하다가 쓴 약 같던 설교가, 병을 치료하던 설교가 단지 일시적인 흥분과 환희를 주는 설교로 변하고 만 것일까요? 코미디같이 많은 사람을 웃기기나 하는 설교는 옛날에는 상상도 못 하던 설교입니다. 그러면 어쩌다 설교가 이렇게 변해 버린 것일까요? 사람들이 병을 치료하는 설교에는, 쓴 설교에는, 설교다운 설교에는 등을 돌려 버리고 일시적인 흥분을 주는 설교에만 심취하고 만취하게 되었기 때문입니다.

그럼, 이제부터 예를 들어 말씀드리기로 하겠습니다.

의사를 찾아가는 사람은 그가 누구든, 그가 대통령이든, 교수든, 판사든 대장이든 예외 없이 어린이가 되어 말도 잘 듣고 순종도 잘합니다. 다른 분야에서는 아무리 박식한 학자라도 아무리 뛰어난 전문가라도 아무것도 모르는 어린이같이 의사의 말을 잘 듣기도 하고 순종도 잘합니다. 의사 앞에 가서 의사보다도 많이 아는 체를 하거나 의사의 진료 활동에 이의를 제기하는 사람은 없습니다. 병을 치료하는 일에는 의사가 전문가이기 때문입니다. 그가 누구라도 요조숙녀라도 벗으라고 하면 벗고 굶으라고 하면 굶고 배를 갈라야겠다고 해도 다리를 잘라 내야겠다고 해도 순종합니다. 진찰하고 나서 죽을병에 걸렸다고 해도 염병에 걸렸다고 해도 이의를 제기하고 반기를 드는 사람은 없습니다. 그런데 영혼의 병을 치료하는 목사 앞에 나오는 사람들은 전혀 다릅니다. 목사는 전문가 대우도 하지 않습니다. 목사가 영혼의 병을 치료하기 위해서 설교하면, 처방하면 의사의 처방을 두말없이 순종하는 것같이 순종하는 사람들이 없습니다.

의사를 찾아간 목사는 의사의 전문성을 인정하고 시키는 대로 말하는 대로 믿고 순종을 하지만 목사를 찾아온 의사는, 사람들은 아무도 목사의 말을 듣지도 않고 순종도 하지 않습니다. 목사가 전하는 말을 하나님의 말씀으로 믿지도 않습니다. 목사가 하는 말이 자기 마음에 들지 않으면 은혜가 되지 않는다고도 하고 목사를 바꿔 버리려고도 합니다. 목사가 진찰한 다음에 욕심이 목구멍까지 찼다고 하거나 교만이 머리끝까지 올라왔다고 진단하고 처방하려고 하면 목사를 미워하고 배척까지 합니다. 그래서 목사는 전문가이면서도 자기 소신껏 진찰도 못 하고 처방도 못 하고 수술도 못 하고, 그래서 환자들에게 진통제나 주고 흥분제나 주고 이단의 경우 마약이나 먹일 수밖에 없는 것이 아니겠습니까? 사정이 이와 같아서 의사를 찾아가는 사람들은 병을 고치고 완치가 되어 나와도 영혼의 의사인 목사를 찾아가는 사람은 병을 고치지 못하고 옛날 그대로인 것이 아니겠습니까? 회개가 없는 교회는 병 치료를 못 하는 병원입니다.

117 아내들이여 남편들에게 순종하십시오

고린도서에 보면 교회에서 여자들은 잠잠하라고 하신 말씀이 있습니다. 그러면 이런 말씀들은 남존여비 사상을 뒷받침하는 말씀일까요? 가부장 시대의 케케묵은 사고방식일까요? 절대로 아닙니다. 이런 말씀들은 단지 남자와 여자의 역할이 다른 것을 뜻할 뿐입니다. 세상에서는 사람들이 하는 일에 따라 사람을 차별합니다. 1급 공무원이 하는 일을 하는 사람은 높은 사람이 되고 9급 공무원이 하는 일을 하는 사람은 낮은 사람이 됩니다. 그러나 하나님의 나라에서는 사람들이 하는 일에 따라 사람을 차별하지 않습니다. 어떤 일을 하고 있든지 대통령의 직책을 수행하고 있든지 동회장의 직책을 수행하든지 똑같은 사람일 뿐입니다.

고린도서에 보면 머리가 하는 일이 다르고 다리가 하는 일이 다르지만, 머리는 명령하고 다리는 순종하지만, 그렇다고 해서 머리와 다리 사이에 계급이 있고 차별이 있는 것은 아닙니다. 똑같이 한 몸의 지체일 뿐입니다. 똑같은 이치에서 여자들은 신부도 목사도 장로도 되지 못하고 남자들만이 신부도 장로도 목사도 된다고 해서 남존여비 사상을 뜻하는 것은 아닙니다. 왜냐고요? 세상에서는 사람들이 하는 일에 따라 높은 사람도 되고 낮은 사람도 되지만, 그러나 하나님의 나라에서는 어떤 직책을 맡고 있든지 상관없이 사람은 언제나 똑같은 사람뿐이기 때문입니다. 세상의 눈으로 보면 왕과 신하의 차이는 천지 차이지만, 그러나 영의 눈으로 볼 때는 왕이나 신하나 똑같은 사람일 뿐입니다.

그러나 이제 얘기가 나온 김에 이 문제에 대하여 좀 더 얘기를 계속해 보기로 하겠습니다. 옛날에 한국 가족은 그 말 그대로 모범적인 남존여비의 상징물이었습니다. 한국 가정뿐 아니라 유대인들의 가정도 가부장 제도의 모범이었습니다. 옛날의 여자들은 그 말 그대로 빛도 없이 이름도 없이 섬기기만 하고 희생만 하고 고생만 했습니다. 출가하는 것도 남자가 아니라 여자였고, 남의 아버지와 어머니와 형제들을 자기 아버지와 자기 어머니와 자기 형제들을 섬기는 것도 남자가 아니라 여자였고, 절개를 지킨 것도 남자가 아니라 여자였고, 많이 참은 것도 남자가 아니라 여자였고, 노예같이 먹다 남은 음식을 먹는 것도 여자였고, 소리 한번 크게 내 보지도 못하고 소리 내어 울어 보지도 못한 것이 여자였습니다. 꼭 노예 같았습니다. 그 말 그대로 여자들은 남편의 뒤만 몸종같이 따라다녔습니다. 자기가 잘 입을 생각은 하지 않고 남편의 의관을 말쑥하게 준비해서 남편이 만족스러워하는 것을 자기만족보다 더 기뻐하고, 자기가 칭찬을 들을 생각은 하지 않고 자식들이 칭찬 듣는 것을 자기가 칭찬 듣는 것보다 더 기뻐했습니다.

세상의 눈으로 보면 그 말 그대로 노예 같았습니다. 그러나 천만의 말씀입니다. 노예는 억지로 복종하지만, 옛날의 여자들은 자진해서 사랑으로 섬겼습니다. 옛날의 여자는 노예이기는 커녕 성녀들이었습니다. 하나님 나라의 표준으로 보면 억지로 섬기는 사람은 섬김을 받는 사람보다 못한 사람이지만, 자진해서 섬기는 사람은 섬김을 받는 사람보다 월등히 높은 사람입니다. 다시 한번 말씀 드립니다. 옛날의 여자들은 세상의 눈으로 보면 노예 같았지만, 그러나 하나님의 눈으로 보면, 믿음의 눈으로 보면 성녀들이었습니다. 이에 반해 옛날의 남자들은 어린 아이 같이 앞장서기만 좋아하고 높은 자리에 앉기만 좋아하고 참을성 없이 벌컥벌컥 화나 내고 음란하고 술주정이나 하고 그 야말로 불량배 같았습니다. 그러면 옛날의 한국 가정을 지킨 것은 누구였을까요? 어머니들과 며느리들이었습니다. 한국 가정을 지킨 것은 남자들이 아니라 여자들이었습니다. 일부종사를 한 것도 남자가 아니라 여자였습니다. 한국이 예의지국이 된 것도 남자가 아니라 여자때문이었습니다. 한국뿐 아니라 온 세계의 가정을 지키고 도덕을 지키고 종교를 지켜온 것은 남자가 아니라 여자입니다.

그런데 현대에 이르러 세상이 변하고 있습니다. 여자들이 믿음의 길을 따르지 않고 세상의 관습과 사고방식을 따라 남녀평등을 부르짖으면서 옛날의 여자들이 노예같이 산 것을 억울해

하면서 남자로 변해가고 있다는 사실입니다. 그리하여 오늘날의 여자들은 옛날의 여자들같이 말없이 섬기기만 하는 길을 버리고 남자들을 앞장서려 하고 참을성 없이 소리를 지르기도 하고 일대일로 섬김을 받으려고도 하게 되었습니다. 남자들과 일대일로 경쟁을 하면서 한 치도 말 한마디도 양보하지 않으려고 하게 되었습니다. 그 와중에서 그 위세에 밀려 남자들은 여자들의 눈치만 보고 사는 중성 인간이 되어가고 있습니다. 남자도 중성 인간이 되고 여자도 중성 인간이 되어가고 있습니다. 때를 같이 해서 여자다운 여자와 남자다운 남자는 사라져 가고 있습니다.

결국은 사람다운 사람이 없는 세상이 되어가고 있습니다. 기계같이 움직이는 사람과 중성화된 인간들만이 사는 세상으로 변해가고 있습니다. 한마디로 오늘날의 세상은 인간이 없는 세상입니다. 그래서 많은 사람이 인간을 찾아야 한다고 인간으로 돌아가야 한다고 경종을 울리고 있는 것이 아니겠습니까? 그러니 인간이 없는 세상에 어떻게 도덕이 있고 종교가 숨을 쉴 수 있겠습니까? 그러면 도덕을 키우고 도덕에 생명을 불어넣는 사람들이 여자들인데 교회에 생명을 불어넣는 것은 누구일까요? 이 역시 여자들입니다. 교회에 생명을 불어넣는 것은, 교회의 힘은 앞장서기를 좋아하는 남자들, 목사님들과 장로들과 남자들에게 있지 않고 말없이 뒤를 따르면서 섬기기만 하고 희생만 하는 여자들에게 있습니다. 예수님께서 금하신 머리가 될 생각만 하는 남자들에게 있지 않고 예수님께서 권하신 섬기는 자가 되어 헌신하는 여자들에게 있습니다. 다 아시는 바와 같이 교회에서는 계급이 높은 사람이 아니라 섬기는 사람이 높은 사람입니다.

이미 말씀드린 바와 같이 억지로 섬기는 사람은 낮은 사람이지만 자진해서 섬기는 사람은 높은 사람입니다. 교회에서는 직급이 높은 사람이 높은 사람이 아니라 자진해서 섬기는 사람이 높은 사람입니다. 그런데 교회에서도 높은 자리는 남자들이 차지하고 있습니다. 이에 반해 낮은 자리는 여자들이 차지하고 있습니다. 그런데 교회에서 낮은 자리는 세상의 낮은 자리같이 무능한 사람들이 아니라 자진해서 섬기는 여자들이 차지하고 있습니다. 따라서 교회에서 낮은 자리에서 충성을 다하는 여자들은 높은 자리에 앉아 있는 남자보다 더 높은 사람입니다. 이 여자들이야말로 교회의 생명이요 교회 발전의 힘입니다. 그러할진데 만에 하나 교회에서까지도 여자들이 여자다움을 버리고 머리가 되려고 소리를 높이고 일어서면 어찌 될까요? 그때 교회는 말만 남는 신앙의 무덤이 되고 말 것입니다.

다시 한번 말씀드립니다. 가정과 도덕과 교회의 어머니는 남자가 아니라 여자입니다. 참을성이 많은 것도 헌신하는 것도 희생하는 것도 겸손한 것도 사랑이 많은 것도 순결을 지키는 것도 남자가 아니라 여자입니다. 심지어 힘이 없는 것도 용기가 많은 것도 강해 보이는 남자가 아니라 약해 보이는 여자입니다. 독수리의 습격을 당할 때 병아리를 지키는 것은 수탉이 아니라 암탉이고 맹수의 공격을 받았을 때 새끼를 지키는 것도 암컷입니다. 자식을 끝까지 돌보는 것도 아버지가 아니라 엄마입니다. 복면강도가 들어왔을 때 소리를 지르는 것도 겁이 없는 남자가 아니

라 겁이 많은 여자입니다. 여자들이야말로 가정의 어머니일 뿐
아니라 도덕과 신앙의 어머니이기도 합니다. 예수님께서는 가
난한 자가 복이 있다고도 하셨고, 세상에서는 섬김을 받는 사람
이 높은 사람이지만 하나님 나라에서는 섬기는 사람이 높은 사
람이라고도 하셨습니다.

우리는 예수님의 말씀을 그 시대에만 해당하는 사람의 말로
듣지 말고 시대를 초월해서 지금도 영원히 변함없는 하나님의
말씀으로 받아들여야 합니다. 한마디로 예수님께서는 성도들
에게 가난한 자가 되고 섬기는 자가 되라고 하신 것입니다. 이
에 대해 어떤 사람들은 말합니다. 어찌 하나님께서 자기의 자녀
들이 가난하게 살고 노예같이 비천하게 살기를 원하시겠느냐
고 그럴듯한 얘기이기는 하지만 모르는 소리입니다. 그러면 예
수님 말씀의 참뜻은 어디에 있는 것일까요? 억지로 가난하게 사
는 사람은 부자만 못한 사람이지만, 그러나 자진해서 가난하게
사는 사람은, 성현군자들은, 부자들보다도 더 고귀한 사람들입
니다. 부자들이 존경하고 부러워하는 사람들입니다. 그리고 마
지못해서 하인 노릇을 하는 사람들은 주인만 못한 사람이지만,
그러나 자진해서 섬기는 사람이 된 예수님은 만왕의 왕이셨습
니다. 이제는 예수님께서 가난한 자가 복이 있다고 하신 말씀과
섬기는 자가 되라고 하신 말씀의 뜻을 아셨지요? 육에 속한 사
람들은 부자가 돼서 많은 사람을 섬기고 머리가 돼서 하나님께
가장 큰 영광을 돌리겠다고 하지만, 하나님의 나라에서 실제로
하나님께 가장 큰 영광을 돌린 사람들은 구약의 선지자들과 신
약의 사도들같이 모든 것을 버리고 가장 낮은 자리로 내려와서

하나님께 영광을 돌린 사람들이었습니다. 직급에 따라서 계급에 따라서 사람을 차별하는 것은 세상에나 있는 일입니다. 자진해서 내려온 사람들은 직급과 계급이 높은 사람들보다도 더 높은 사람입니다. 교회는 낮은 사람들이 높은 사람들보다 더 높은 사람들입니다.

118 복음의 핵심은 회개입니다

구약시대에는, 옛 계명 아래에서는, 계명을 지키는 사람이 의인이었습니다. 옛 계명은 사람들이 행할 수 있는 계명이었기 때문입니다. 옛 계명 아래에서는 구약시대의 유대인들도, 아브라함도, 물론 믿음으로 살았습니다. 그러나 그 시대의 믿음은 대속의 제물로 희생의 제물이 되신 예수님을 믿는 믿음이 아니라 하나님의 약속을 믿는 믿음이었으며, 그들이 받는 구원 역시 죄 사함을 받은 성도들이 유업으로 받는 하나님의 나라가 아니라, 행함으로 받는 땅의 축복이었습니다. 그러나 신약시대에는, 새 계명 아래에서는, 아무도 행함으로는 구원받지 못합니다. 아무도 행함으로는 의인이 될 수 없습니다. 새 계명은, 원수를 자신같이 사랑하고 욕심을 버리라고 하신 새 계명은 아무도 완벽하게 지킬 수 없는 계명이기 때문입니다. 그래서 새 계명 아래에서는 죄 사함을 받는 사람만이 구원받습니다. 그래서 복음의 핵심은 회개라고 하는 것이 아니겠습니까? 그런데 회개는 믿음과 하나입니다. 믿음이 없는 회개도 없고 회개가 없는 믿음도 없습니다.

그런데 믿음이라고 하는 말은 너무도 오랫동안 습관적으로 사용해서, 회개가 없는 공수표 믿음으로 통용이 될 때가 많아서 여기서는 믿음 대신 회개라는 말을 사용하기로 하겠습니다. 먼저는 회개로 인도하는 율법(몽학선생)이 있고, 그다음에는 믿음으로 인도하는 회개가 있고, 그다음에는 죄 사함을 받음이 있고, 그다음에는 중생이 있고, 그다음에는 성화가 있습니다. 회개는 이 모든 것을 뜻합니다. 그중에 하나만 빠져도 회개가 될 수 없습니다.

따라서 행함으로써 구원받는 옛 계명 아래에서는 행함이 없는 것이 문제였지만, 그러나 회개를 통해서만, 죄 사함을 받음으로써만 구원받는 새 계명 아래에서는 행함이 없는 것이 문제가 아니라 회개하지 않는 것이 문제입니다. 따라서 지금은 행함이 없는 믿음을 비판할 시대가 아니라 회개가 없는 믿음을 개탄할 시대입니다. 그런데 율법 수준의 의, 국민윤리 수준의 의를 행하는 사람들은, 그래서 세상에서 칭찬도 듣고 존경도 받는 사람들은, 자기가 죄인인 것을 깨닫기가 어렵습니다. 그뿐 아니라 의인 행세를 하면서 남의 잘못과 세상의 죄를 비판하는 정의의 투사가 되기 쉽습니다. 그래서 회개하지 않아서 심판받습니다. 이에 반해서 율법 수준의 의도 행하지 못하는 사람들은, 죄인들은 주변 사람들에게는 백안시당하나 자기 자신은 회개하고 죄 사함을 받습니다. 예외가 없는 것은 아니지만, 그 결과 사람들의 눈으로 볼 때는 의인들은 구원받지 못하고 죄인들이 구원받는 이변이 일어납니다. 예수님 당시에 거룩한 제사장들이나 서기관들은 회개하지 않아서 구원받지 못하고, 이에 반해 세리나 창기나 이방인들은, 악인들은 회개하고 구원을 받는 것같이 말입니다.

그러면 우리의 현실은 어떨까요? 신약시대를 살고 있는 우리의 현실 말입니다. 구약시대와 아무것도 다른 것이 없는 것은 아닐까요? 구약시대나 신약시대나 언제나 사람들은 회개하지 않는 것은 문제 삼지 않고 사람들의 행실, 눈에 보이는 행함에 대해서만 가타부타 비판도 많고 말도 많은 것이 아닐까요?

다시 한번 말씀드립니다. 신약시대의 교인들에게 중요한 것은 행함이 아니라 회개입니다. 예수님께서도 말씀하시지 않으셨던가요? 의인이 아니라 죄인을 부르러 오셨다고. 사람들은 눈에 보이는 행함만 중요시합니다. 좋은 일을 하면 좋은 사람인 줄 알고 나쁜 짓을 하면 나쁜 사람인 줄 압니다. 그러나 사실은 다릅니다. 좋은 일은 좋은 사람들만이 하는 것이 아닙니다. 나쁜 사람들도 좋은 일을 합니다. 알고 보면 좋은 말도 나쁜 사람들이 더 많이 하고 사람들에게 칭찬을 듣고 존경받고 매스컴에 보도되고 출세에 도움이 되고 자기에게 이익이 되는 좋은 일은 나쁜 사람들이 훨씬 더 많이 하고 열심히 합니다. 좋은 말도 자신을 변호하고 자기 잘못을 남들에게 전가하기 위해서, 위장하고 위선을 하기 위해서 더 많이 합니다.

악한 사람들은 좋은 일을 하면서 점점 더 교만해져서 비판을 일삼는 정의의 투사가 됩니다. 회개하지 못합니다. 이에 반해 좋은 사람들은 나쁜 사람같이 자기 잘못을 다른 사람들에게 전가하지도 않고 자기 잘못은 자기가 짊어지고 회개하며, 좋은 일을 하고서도 부족을 느끼면서 회개합니다. 구원받습니다. 그러면 회개하고 죄 사함을 받고 거듭난 사람들에게는 반드시 성화의 역사가 일어나는데, 거듭난 사람들은 얼마나 달라지고 얼마나 성화되어 가는 것일까요? 쉬운 말로 간략하게 설명해 드리도록 하겠습니다.

사람에게는 천사에게도 없고 동물에게도 없는 욕심이 있습니다. 욕심이 없는 사람은 없습니다. 욕심이 없는 사람은 죽은 사람입니다. 그 욕심이, 사람이 살아 있는 증거입니다. 똑같은 이치입니다. 거듭난 하나님의 자녀들에게도 새로운 욕심이 생깁니다. 하나님을 닮아가고 싶은 욕심이 생깁니다. 하나님의 말씀을 갈망하는 욕심이 생깁니다. 육체의 사람들이 목이 마르면 물을 찾고 배가 고프면 먹을 것을 찾고 돈을 구하고 권력을 찾고 명예를 열망하듯이 하나님의 나라를 갈망하게 됩니다. 그렇다고 해서 단번에 그 소원을 이루게 되는 것은 아닙니다. 사람들이 자나 깨나 돈을 구하고 권력을 구하고 명예를 구한다고 해서 모두 다 부자가 되고 모두 다 권력자가 되고 모두가 다 유명 인사가 되는 것은 아닙니다. 똑같은 이치입니다. 하나님의 자녀들에게 하나님의 온전하심을 앙망하고 예수님의 뒤를 따라서 예수님같이 살고 싶은 열망이 없는 것은 아니지만, 그렇다고 해서 모두가 다 성자가 되고 선지자가 될 수는 없습니다. 학교에서 모두가 다 수석으로 졸업하고 모두가 다 우등생이 될 수는 없고 깜냥대로 자기 능력껏 자기 자리를 지키면 되는 것같이 한 가지 확실한 것은 일등 우등생만이 학생이 아니라 공부하는 학생들은 모두가 다, 말석까지도 학생이라고 하는 사실입니다. 거듭난 성도의 성화 과정 역시 이와 같습니다.

문제는 마음에 있습니다. 하나님을 사랑하는 마음과 하나님의 뜻을 따르고자 하는 마음이 있느냐 없느냐, 그것만이 문제가 됩니다. 그 마음이, 그 소원이 다른 모든 소원보다 더 크냐 작으냐, 더 뜨거우냐 미지근하냐, 그것만이 문제입니다. 얼마나 그 소원을 이루느냐, 어느 정도까지 그 소원을 달성하느냐, 그런 것은 문제 되지 않습니다. 행함은 문제 되지 않습니다. 문제가 되는 것은 정말 마음속으로부터 그의 나라와 그의 의를, 하나님의 나라를, 세상에 다른 어떤 것보다 더 사랑하느냐, 그것만이 문제 됩니다. 거기서 조금씩 예수님을 닮아가는 역사가 일어납니다. 그러나 마음으로는 원이로되 육신이 약해서 그 소원을 다 행동으로 이루지는 못합니다. 거기서 회개가 나옵니다. 그리고 구원받는 데 필요한 것은 회개뿐입니다. 그러나 전심으로 하나님의 나라를 앙망하지 않는 사람은 전심으로 회개할 수 없습니다. 그래서 입술로만 회개하는 사람은 구원받지 못합니다.

다시 한번 말씀드리거니와 문제는 마음에 있습니다. 그 마음이 어디 있느냐, 그것만이 문제입니다. 비둘기의 몸은 나무에 마음은 콩밭에 있다는 속담처럼 세상 사람은, 중생하지 못한 교인은, 언제나 그 마음이 세상에 있습니다. 불공을 드릴 때도 그 마음은 잿밥에만 있듯이 심지어 설교를 들을 때에도 기도를 드릴 때도 하나님을 찬양할 때도 그 마음은 세상에만 있습니다. 사업의 일취월장과 자녀들의 진학 문제와 주택 문제에 있습니다. 자나 깨나 돈돈이고 자나 깨나 진급과 영전이며 세상 걱정입니다. 거듭나기 전에는 아무리 교인이라도 이 한계선을 넘지 못합니다.

"초막이나 궁궐이나 내 주 예수 모신 곳이 그 어디나 하늘나라"라고 찬송은 은혜롭게 부르면서도 큰 집에 사는 사람이 부럽고, "이전에 좋아하던 모든 것 분토만도 못하다."라고 찬송은 은혜롭게 부르면서도 대통령이 높아 보이고 박사가 부러워 보입니다. 죄 사함을 받고 새사람으로 거듭나서 새로운 욕망과 갈망과 열망이 생기기 전에는 별도리가 없습니다. 세상에 욕심을 이길 장사는, 자기 자신을 이길 장사는 한 사람도 없기 때문입니다. 성경의 말씀같이 의인은 없으니 한 사람도 없기 때문입니다.

그러나 죄 사함을 받고서 새사람이 되면 새로운 욕망과 갈망이 생겨서 옛날의 욕심을 눌러 버리면 그때는 모든 것이 달라집니다. 역시 사도 바울의 말같이 "보이는 것을 누가 바라리요."라고 신앙고백을 하게 됩니다. 사람들이 가장 귀하게 여기는 생명까지도 아침의 안개같이 헛된 것으로 보게 되고 역시 "보이는 것을 누가 바라리요."라고 한 바울의 말같이 세상의 부귀영화까지도 일장의 춘몽같이 헛된 것으로 보게 됩니다. 죄 사함을 받고 거듭나면 영의 눈을 뜨게 되는데, 희미하게 보이고 불확실하게 보이던 하나님의 나라는 확실하게 보이면서 그만큼 세상은 아침의 안개같이 꿈같이 불확실하게 보입니다. 옛날에는 그렇게도 휘황찬란하고 탐스러워 보이고 침이 넘어가던 세상의 부귀영화와 사치와 향락은 구역질 나는 먹거리 쓰레기장같이 보입니다. 그래서 사도 바울을 위시한 많은 성도가, 세상 사람들이 그렇게도 자랑스럽게 여기고 부러워하던 부귀영화를 헌신짝같이 버릴 수 있었던 것이 아니겠습니까? 거듭난 성도들에게도 세상의 성공이 성공같이 보이고 세상의 출세가 출세같이 보였다면 어떻게 그들이 그 모든 것을 미련도 없이 버리고 예수님의 뒤를 따를 수 있었겠습니까?

119 인간은 영원히 율법의 노예일까요

구약시대의 유대인들은 율법을 행함으로써 의인도 되고 축복도 받았습니다. 율법을 행하는 사람은 의인이 되고 율법을 행하지 않는 사람은 죄인이었습니다. 하나님의 백성이 아니었습니다. 그러면 구약시대의 유대인들만 율법에 매여서 살았을까요? 아닙니다. 동서고금을 막론하고 모든 시대의 모든 사람은 율법에 매여서 삽니다. 국법에 매여서 살고 도덕법에 매여서 살고 관습법에 매여서 살고 군대에 들어가면 군대의 법에 매여서 삽니다. 모든 사람은 율법과 법률과 규칙에 매여서 삽니다.

법을 지키는 사람은 양인(良人)이 되고 법을 지키지 않는 사람은 범인(犯人)이 되고, 규칙을 지키는 사람은 모범 시민이 되고 규칙을 범하는 사람은 처벌을 받습니다. 욕심이 많은 사람이라도 도둑질하지 않으면 의인이 되고, 욕심이 없는 사람이라도 실수로 남의 것을 사용하면 죄인이 됩니다. 교만한 사람이라도 허리를 굽혀서 인사만 잘하면 겸손한 사람이 되고, 구두쇠라도 정치적인 목적을 달성하기 위한 수단으로 자선사업을 크게 벌리면 욕심이 없는 사람이 됩니다. 사람들은 나타나는 행동만 보고 판단합니다. 사람의 마음속은 알 길이 없기 때문입니다. 그러나 하나님께서는, 사람의 마음속까지 꿰뚫어 보시는 하나님께서는 나타난 행동은 보지 않으시고 마음속만 보시고 판단하십니다. 사람들은 외모만 보고 판단하고 하나님은 중심만 보시고 판단하십니다. 사람들은 사람의 마음속은 알 길이 없어서 드러난 행동만 보고 판단할 수밖에 없지만, 사람의 은밀한 마음속까지 아시는 하나님께서는 나타난 행동은 보실 필요가 없으셔서 중심만 보시고 판단하십니다. 사람들은 아무리 마음속에는 욕심이 가득해도 도둑질만 하지 않으면 의인이라고 하고 욕심이 없다고 하지만, 그러나 모든 것을 아시는 하나님께서는 욕심을 품은 자마다 도둑질한 자라고 하십니다. 음욕을 품은 자마다 간음한 자라고 하십니다. 미워하는 자마다 살인자라고 하십니다. 사람들은 나타난 죄만 보고, 행함만 보고 판단하지만, 하나님께서는 중심만 보시고 판단하십니다. 그래서 사람들은 사람들에게 인정받기 위해서 나타나는 행함에만 힘을 씁니다. 사람들에게 도둑으로 판결받으면 범인이 되고 평생토록 도둑으로 따돌림을 받아야 하지만, 그러나 하나님께 도둑으로 심판받으면 장차에는 몰라도 당장 이 세상에서는 무사할 수 있기 때문입니다. 그래서 사람들은 너무나도 자연스럽게 나타나는 행동에만, 율법에만 관심을 가지게 됩니다. 이렇게 해서 사람들은 율법의 노예가 되고 행함의 노예가 됩니다.

그러면 사람들이 의로운 사람이니 악한 사람이니 법 없이도 살 사람이니 죽일 놈이니 망할 놈이니 하는 것은 무엇을 보고 하는 얘기일까요? 나타난 행동만 보고 하는 얘기입니다. 세상의 법, 국법과 도덕법과 관습법 같은 극히 상식적인 윤리와 초보적인 도덕을 기준으로 삼아서 하는 얘기입니다. 많은 사람이 사람을 칭찬하기도 하고 비난하기도 하고 멸시하기도 하는 판단의 기준은 높은 차원의 도덕이 아니라 얕은 차원의 도덕입니다. 그런데도 이 같은 판단을 기준으로 사람들은 살 수밖에 없습니다. 왜냐고요? 사람들의 이런 얄팍한 판단이 사람들의 운명을, 사람들의 성공과 실패를, 생사화복을 좌지우지하기 때문입니다. 그래서 사람들은 행함에 매이고 율법에 매여서 살게 됩니다. 마음 속 깊은 곳까지 들여다보시는 하나님의 판단에 관심을 가지는 사람은 극히 드뭅니다. 행함이 있느니 없느니 하면서 매일 남을 비판하고 개탄을 금하지 못하는 행함이 바로 얄팍한 수준의 도덕적 행함입니다. 그러면 교인들이 행함이 없는 믿음을 비판하면서 정의를 부르짖을 때의 행함은 어떤 행함일까요? 예수께서 우리에게 주신 새 계명이 행함일까요? 아닙니다. 세상 사람들이 얘기하는 행함과 다를 바가 없는 상식 수준의 행함, 윤리 수준의 행함입니다.

그러면 우리 믿는 사람들은 어떤 윤리의 세계에서 사는 사람들일까요? 한마디로 하나님 나라의 윤리, 새 계명의 윤리 차원에서 사는 사람들입니다. 사람들에게 판단을 받는 윤리, 법정에서 재판받는 윤리가 아니라 하나님이 인정하시는 새 계명의 수준에서 사는 사람들입니다. 예수님께서는 욕심을 품는 자마다 도둑질한 자라고 하시며 욕심을 버리라고 하셨습니다. 네 이웃을 네 몸과 같이 사랑하라고 하시며 원수도 사랑하라고 하셨습니다. 이와 같은 새 계명을 따라서 살려고 힘을 쓰는 사람들입니다. 그런데 하나님의 뜻에 순종하려고 갈망은 할 수 있지만, 그 하나님의 뜻을 온전히 이룰 수 있는 사람은 한 사람도 없습니다. 여기서 나타난 것이 은혜의 시대입니다. 율법시대는 지나갔습니다. 옛 계명은 행할 수가 있어도 새 계명을 행할 수 있는 사람은 한 사람도 없기 때문에, 의인은 없으니 한 사람도 없기 때문에, 오직 하나님의 은혜로 구원받는 은혜의 시대가 왔습니다. 율법시대는 지나갔습니다.

그러면 은혜의 시대란 어떤 시대일까요? 회개하고 죄 사함을 받은 사람만이 구원받는 시대입니다. 아무리 율법적으로나 도덕적으로는 허물이 없는 사람이라도 회개하지 않으면 죄 사함을 받지 않으면 구원받지 못하는 시대가 은혜의 시대입니다. 예수님 당시에 율법적으로나 도덕적으로는 제사장들과 바리새교인들은 쥐꼬리만 한 의 때문에 교만해져서 구원받지 못하고, 이에 반해 세리나 창기같이 사회적으로 매장당한 범죄자들은 그 때문에 회개하고 죄 사함을 받음으로 구원받는 것같이 말입니다. 다시 한번 말씀드립니다. 은혜의 시대는, 지금은, 의인은, 그 때문에 교만하여져서 비판이나 일삼는 의인은 구원받지 못하고 이에 반해 죄인은, 그 때문에 겸손해져서 회개하는 죄인은 구원받는 시대입니다. (자칭) 의인은 심판받고 (자칭) 죄인은 구원받는 시대입니다. 지금은 어찌하여 행함이 없느냐고 비판하는 시대가 아니라, 어찌하여 회개가 없느냐고 개탄해야 할 시대입니다. 상식 수준의 의를 행하는 사람들은 교만해져서 비판만 일삼고 회개하지 않음으로 자기 자신이 점점 더 악해질 뿐 아니라 남들까지도 하나님의 말씀에 짜증을 내게 합니다. 이에 반해 새 계명을 바라보고 힘을 쓰는 사람들은 자기가 회개함으로 구원받을 뿐 아니라 남들의 잘못도 너그럽게 용서함으로 하나님 나라의 충신이 됩니다.

그럼, 마지막으로 한번 묻겠습니다. 오늘날의 교회는 예수님 당시의 교회같이 회개하고 돌아온 세리나 창녀 같은 전과자들이 인정받는 곳일까요? 아니면 질시를 당하고 따돌림을 당하는 곳일까요? 이상은 너무 중요한 얘기여서 다시 한번 말씀드리기로 하겠습니다.

기독교는 의인이 구원받는 종교가 아니라 죄인이 구원받는 종교입니다. 율법이나 국법 수준의 의를 행하고 세상이 알아주는 수준의 의를 행하고는 그 때문에 교만해져서 비판을 일삼으면서 회개하지 않는 의인이 구원받는 종교가 아니라, 율법 수준의 잘못을 저지르고 나서 그 때문에 회개하는 죄인이 구원받는 종교입니다. 악한 사람은 좋은 일을 하고 나서도 그 때문에 교만해져서 다른 사람의 잘못을 찾아내서 비판을 일삼고, 잘못을 저지르고서도 모든 잘못을 다른 사람들에게 전가하고 회개하지 않음으로 죄를 짓습니다. 이에 반해 의로운 사람들은 좋은 일을 해도 옥에 티라고 부족한 점이 있었던 것을 깨닫고 회개하고, 잘못을 저질러도 회개합니다. 악한 사람은 남들이 잘한 일을 보고서도 티를 찾아내서 비판하고 잘못을 보아도 침소봉대까지 하면서, 절대로 용서하지 못한다고 하면서 온 세상에 떠벌리고 다닙니다. 이에 반해 의로운 사람은 남의 좋은 점을 보면 마음껏 칭찬해 주고 잘못을 보면 이해해 주고 덮어 주면서 스스로 회개하기를 기다립니다. 바로 이것이 예수님께서 죄인들을 대하시는 방법이었습니다.

정의의 투사 같은 사람들이, 자기 잘못을 모르고 남의 잘못만 보고 격분하고 의분을 금치 못하는 사람이 얼핏 보기에는 가장 의로운 사람 같지만, 그들은 기껏해야 하나님의 말씀에 대한 반감을 일으킬 뿐이고, 기껏해야 형벌을 피하려고 의를 행하게 할 뿐입니다. 이에 반해 남의 잘못을 덮어 주고 끝까지 용서하는 사람은 얼핏 보기에는 죄를 묵인하는 사람 같지만, 정의감이 없는 사람 같지만, 사실은 이 사람만이 죄인들이 스스로 회개하고 하나님께로 돌아오게 하는 의인들입니다.

다시 한번 말씀드립니다. 교회는 회개하고 돌아오는 전과자들만이 구원받는 곳입니다. 그런데 이 전과자는 세상의 법정에서 유죄판결을 받은 전과자가 아니라, 스스로 하나님께로 돌아오는 전과자입니다.

120 '호강 복'(오복)은 세상 복이고 '고생 복'(팔복)은 천국 복입니다

구약시대의 유대교인들은 믿는 사람들에게 호강 복을 주시는 하나님을 믿었습니다. 흥하기만 하고 망하지는 않게 하시고 꾸어주기만 하고 꾸이지는 않게 하시는 하나님을 믿었습니다. 농사지으면 밭고랑에서 복을 받고 살림하면 떡 광주리에서 복을 받고 장사하면 금고에서 복 받게 해 주시는 하나님을 믿었습니다. 그러나 사실은 그 반대였습니다. 이방인들이 주인 노릇 할 때 유대인들은 노예로 살아야 했으며, 이방인들이 자기 나라에 정착해서 안정된 생활을 하고 있을 때 유대인들은 사십 년 동안 먹을 것도 없고 마실 물조차 없는 광야를 헤매야 했습니다. 하나님의 백성인 유대인들은 이방 나라 앗시리아 제국에게도, 바벨론 제국에게도, 페르시아 제국에게도, 로마 제국에게도 점령당했습니다. 그뿐 아닙니다. 이방인들은 조상 전래의 땅에서 수천 년 동안 안락하게 살고 있는 동안에도 하나님의 백성인 유대인들은 고국 땅에서 쫓겨나 1,900여 년 동안을 발붙일 곳 없이 유리 방랑하는 유별나게 피눈물을 많이 흘린 민족이었습니다. 한숨을 쉬고 피를 흘리고 호곡하고 애곡하는 양 떼가 되었습니다.

유대인들은 유별나게 고생 복을 많이 타고난 민족입니다. 그러나 그 고생이 그 땀과 눈물과 피가 이스라엘 백성으로 유별나게 하나님만 생각하고 하나님만 의지하고 하나님만 믿고 사는 백성이 되게 했습니다. 그래서인지 구세주가 되시는 예수님도 그들 가운데서 탄생하신 것이 아닐까요? 이스라엘 민족은 세상의 눈으로 보면 복을 받지 못한 민족이지만, 그러나 믿음의 눈으로 보면 복을 받은 민족입니다. '고생 복'을 받은 민족입니다. 육적으로 보면 고생하지 않고 사는 것이 '호강 복'이지만, 그러나 영적으로 보면 고생 복이 복입니다. 사람의 인격을 의롭게 만들고 사람의 영혼을 구원하는 것은 호강 복이 아니라 고생 복입니다.

그러면 기독교 역사상 가장 믿음이 좋았던 시대는 언제일까요? 고생을 많이 한 시대입니다. 핍박을 수없이 당한 시대입니다. 초대교회같이 피해 다니고 쫓겨 다니고 숨어서 살고 광산으로 끌려가고 사형장으로 끌려가고 했던 때 말입니다. 그 시대가 가장 믿음이 좋았던 시대입니다. 초대교회야말로 빛과 소금의 사명을 감당하던 가장 모범적인 교회였습니다.

그러면 한국의 경우는 어떨까요? 한국의 교회 역시 핍박당하던 초대교회가 가장 모범적인 교회였습니다. 그러면 가장 타락한 교회는 어느 시대의 교회일까요? 부흥을 자랑하고 교회 건물을 자랑하고 교회의 힘을 자랑하던 중세기의 교회입니다. 그러면 유명무실한 교회는 어떤 교회일까요? 있으나 마나 한 교회입니다. 핍박당하는 것도 아니고, 그렇다고 부러움의 대상이 되는 것도 아니고, 세상의 관심 밖으로 밀려난 교회입니다. 국교가 되어 버린 교회입니다. 권력과 금욕의 시녀가 되어 버린 교회입니다. 세상의 들러리가 되어 버린 교회입니다.

그러면 개인적으로는 어떨까요? 오늘날 교인들이 가장 존경하는 신앙계의 위인들은 어떤 사람들일까요? 성공해서 많은 사람의 존경을 받으면서 하나님께 영광을 돌리는 사람일까요, 아니면 핍박당하고 고생을 많이 한 사람일까요? 하나님께 가장 큰 영광을 돌리기 위해서 머리가 되고 부자가 된 사람일까요, 아니면 하나님께 가장 큰 영광을 돌리기 위해서 모든 것을 버리고 나서 빈자가 되고 자진해서 종이 된 사람일까요? 바로 모든 것을 버리고 빈자가 되고 자진해서 종이 된 사람입니다. 그러면 예를 들어 말씀드리기로 하겠습니다. 초대교회 당시로 말하자면 대제사장이나 헤롯 같은 사람이 아니라 발붙일 곳 하나 없이 쫓겨 다니기나 하던 사도들 같은 사람이며, 교황 같은 사람이 아니라 거지 같던 성 프란시스 같은 사람이며 썬다 싱 같은 사람입니다. 영국 왕 같은 사람이 아니라 존 후스 같은 순교자입니다. 영국 왕 제임스 같은 사람이 아니라 제임스 왕이 부러워하던 물방앗간 집 할아버지 같은 사람입니다. 프랑스 왕 같은 사람이 아니라 프랑스 왕이 부러워서 찾아가 만난 부엌데기 청소부 로렌스 형제 같은 사람입니다.

그럼, 여기서 한번 묻겠습니다. 일제 치하에서 친일파가 되어 부귀와 영화를 누린 사람이 애국자일까요, 아니면 조국의 독립을 위해 피해 다니고 쫓겨 다니면서 죽을 고생을 한 독립운동가가 애국자일까요? 똑같은 이치입니다. 하나님 나라의 백성이 세상과 짝해서 부귀와 영화를 누리는 사람이 믿음이 좋은 사람일까요, 아니면 이 땅에 하나님의 나라가 이루어지기 위해서 자진해서 십자가를 지고 믿음의 길을 가는 사람이 믿음이 좋은 사람일까요?

121 잘못된 기복사상

기복사상 자체가 나쁜 것은 아닙니다. 예수님께서도 성도들에게 팔복을 약속하셨습니다. 문제는 잘못된 기복사상입니다. 잘못된 기복사상이란 어떤 것일까요? 팔복을 구하지 않고 오복을 구하는 기복사상입니다. 팔복을 구하지 않고 유대교인들이 구하던 밭고랑의 복과 떡 광주리의 복을 구하는 기복사상입니다. 머리가 될지언정 꼬리는 되지 않게 해 달라고 하는 기복사상입니다. 새해가 돼서 손님들이 복 많이 받으세요 할 때나 돌잔치를 할 때나 회갑 잔치를 할 때 손님들이 복 많이 받으세요 할 때 교인들은 무슨 복을 생각하는 것일까요? 예수님께서 약속하신 팔복을 생각하는 것일까요? 아니면 믿지 않는 사람도 구하는 오복을 생각하는 것일까요? 아니면 예수님 당시의 유대교인들이 구하던 만사형통의 복을 생각하는 것일까요? 예배가 끝나고 목사님께서 축도할 때 교인들은 무슨 복을 생각하고 아멘 아멘을 하는 것일까요? 많은 교인이 모여서 밤을 새워 가며 기도를 드릴 때 그들은 무슨 복을 구하는 것일까요? 가난한 자가 되고 애통하는 자가 되는 팔복일까요? 아니면 세상만사 형통의 복일까요?

문제는 여기에 있습니다. 찬송가를 부를 때만 "존귀 영광 모든 권세 주님 홀로 받으소서 멸시 천대 십자가는 제가 지고 가오리다."라고 하면서 팔복을 구하는 것이 문제입니다. 그러면 기복사상을 전하는 사람들은 근거도 없이 세상만사 형통의 복을 전하는 것일까요? 아닙니다. 여러 가지 말씀들이 있지만 그들이 주로 인용하는 말씀은 "먼저 그의 나라와 그의 의를 구하면 이 모든 것도 더해 주실 것"이라는 말씀과 "영혼이 잘됨같이 범사에 잘되기를 원하노라"고 하신 말씀입니다. 그들은 여기 나오는 '모든 것'과 '범사'를 세상이 줄 수 있는 모든 것과 범사 즉 부귀와 영화 그 밖의 모든 것을 뜻한 것으로 해석합니다. 그런데 여기 나오는 모든 것과 범사는 그런 뜻이 아닙니다. 예수님께서 말씀하신 모든 것과 범사는 공중 나는 새들에게 먹을 것을 주시고 백합화에게 옷을 입혀 주시는 것 정도의 일용할 양식을 뜻할 뿐입니다.

여기서 잠깐 말씀드리겠습니다. 하나님의 말씀을 인용하기만 하면 하나님의 말씀이 되는 것은 아닙니다. 성령의 감동으로 된 하나님의 말씀은 성령의 감동으로 해석할 때만 하나님의 말씀이 됩니다. 아무리 하나님의 말씀도 사람의 뜻대로 사람이 자기의 목적을 달성하기 위한 수단으로 인용해서 해석할 때는 마귀의 말이 됩니다. 마귀의 영을 받은 사람이 해석하면 아무리 하나님의 말씀도 마귀의 말이 됩니다. 순복음 교회에서는 삼박자 구원과 오중 축복의 구원을 전합니다. 구원받으면 영혼만 구원받는 것이 아니고 입학 문제도 시험 문제도 주택 문제도 결혼 문제도 같이 해결된다고 하는 복음입니다. 순복음 교회뿐 아닙니다. 정통 교회의 강단에서도 삼박자 구원의 복음을 전하는 사람들은 얼마든지 있습니다. 세상만사 형통의 복음이며 믿음만 복래의 복음이며 승리만 있고 패배는 없다고 하는 복음입니다.

그럼 성도들도 팔복뿐 아니라 세상 사람들이 받는 세상복도 겸해서 받는다고 합니다. 세상 사람들이 받는 복을 받을 뿐 아니라 그들보다 더 큰 복과 더 많은 축복을 받는다고 합니다. 그것도 힘을 쓰고 노력해서가 아니라 믿기만 하고 구하기만 하면 복을 받는다고 합니다. 꿈같이 기적같이 받는다고 합니다. 큰 꿈을 꾸고 대망을 품고 황홀한 비전을 그리라고 합니다. 이런 설교를 듣는 청중들은 금방이라도 자기 소원이 이루어질 것 같아서 기대에 부풀어서 흥분합니다. 복권을 산 사람이 당첨의 꿈에 설레고 도박장에서 밤을 새우는 사람들이 대박의 꿈에 밤이 깊어지는 줄을 모르듯이 그래서 밤을 새워 가면서 철야기도를 드립니다. 교회는 흥분의 도가니가 되고 사람들은 구름같이 몰려옵니다. 대부흥을 이룹니다. 대부흥의 메머드 교회들이 이런 교회들입니다.

여기 문제가 있습니다. 기복사상을 전하면 교회가 부흥하는데 팔복사상만 전하면 교회가 현상을 유지하기도 어려운 게 문제입니다. 기복사상을 전하면, 복음을 잘못 전하면 교회가 부흥하고 팔복사상을 전하면 교회가 쇠퇴를 하는 것이 조직화하고 제도화한 교회가 직면하는 딜레마입니다.

그럼, 마지막으로 결론 삼아 한 가지만 더 첨가로 말씀드리겠습니다. 기복사상을 전하는 사람들은 믿는 사람들이 영혼 구원뿐 아니라 세상살이에도 특권을 누린다고 가르칩니다. 그런데 이와 같은 가르침은 성경에 근거가 없는 가르침입니다. 이 문제에 대해 예수님께서는 분명히 말씀하셨습니다. 햇빛과 단비를 악인과 의인, 불신자와 신자의 구별 없이 내려 주시는 것같이 세상 복은 세상에서 경제적으로나 사회적으로 잘살고 못사는 것은, 머리가 되거나 종이 되는 것은, 부자가 되거나 빈민이 되는 것은, 합격하거나 낙방하는 것은 악인과 의인의 차별도 없고 불신자와 신자의 차별도 없다고 하셨습니다. 나라가 흥하고 망하는 것도 공산국가나 기독교 국가나 유대나 바벨론이나 차별이 없다고 하셨습니다. 유대인들은 하나님의 백성인지라 망하지도 않고 머리가 될지언정 꼬리는 되지 않는다고 믿었지만, 현실은 그와 달랐습니다. 이스라엘 나라는 망해서 포로가 되어 바벨론으로 끌려갔습니다. 그러나 이방 나라인 바벨론은 망하지도 않고 노예가 되지도 않았습니다.

다시 한번 말씀 드립니다. 하나님의 나라와 신령한 은사는 믿는 사람들만이 받는 복이지만 세상 복은 신자와 불신자의 차별이 없습니다. 전염병이 창궐하면 불신자도 걸리고 신자도 구별 없이 걸립니다. 땅값이 오르면 교인 댁의 땅값만 오르는 게 아니고 불신자의 땅값도 오릅니다. 세상 복에는 차별이 없습니다. 기독교의 하나님은 사람을 차별하는 하나님이 아닙니다. 자기 가족이나 자기 자식들에게 특혜를 주거나 친인척 비리를 저지르거나 고시장이나 채용시험장에서 인사 비리를 저지르는 불의한 하나님이 아니십니다.

그러면 성도들에게는 특혜가 없는 것일까요? 있습니다. 그 특혜는 무엇일까요? 영적인 특혜입니다. 하나님의 나라에서는 영적으로는 머리도 되고 부자도 되고 성공도 하는 특혜입니다. 기복사상을 전하는 사람들은 말합니다. 어찌 하나님 아버지께서 자기의 자녀들이 거지같이 못살고 노예같이 비참하게 살기를 원하겠느냐고 아마도 예수님께서는 가난한 자가 복이 있다고 하시고 머리가 되지 말고 섬기는 자가 되라고 하신 말씀에 대한 항변 같은데, 너무도 모르는 소리입니다. 예수님께서 가난한 자가 되라고 하시는 것은 거지같이 가난한 자가 되라고 하시는 말씀이 아니라 부자들이 부러워하고 우러러보는 성 프란시스같이 성자같이 가난한 자가 되라고 하신 말씀이며, 노예같이 섬기는 자가 되라고 하시는 말씀이 아니라 왕들과 대통령들이 그의 발에 입을 맞추는 예수님같이 베드로같이 섬기는 자가 되라고 하시는 말씀입니다.

122 두 주인을 섬기는 믿음

정통 교회 속에 들어와 있는 이단 아닌 이단, 아무도 이단이라고 생각하지 않는 잘못된 신앙은 두 주인을 한 주인같이 섬기는 신앙입니다. 오직 한 주인을 섬기고 있다는 확신으로 두 주인을 섬기는 신앙입니다. 기복사상이 공공연하게 두 주인을 섬기는 신앙이라면 이 신앙은 두 주인을 섬기는 것을 한 주인을 섬기는 것으로 완벽하게 미화하는 신앙입니다. 기복신앙이 서민층의 교회에서 부흥의 불길을 일으키는 신앙이라면, 두 주인을 섬기는 신앙은 문화 수준이 높은 중상층의 교회에서 대환영을 받는 신앙이며 건전한 신앙의 지도자로 존경받는 목회자들이 가르치는 신앙입니다. 하나님께 영광을 돌리기 위해서 부자가 되고 머리가 되는 것은 조금도 부끄러워할 일이 아니라고 가르치는 신앙이며 부자가 되는 것이 무엇이 나쁘냐고 하는 신앙이며, 하나님의 말씀대로 퍼주기만 했더니 약속대로 백배로 갚아 주셔서 부자가 된 것이 무슨 잘못이냐고 하는 신앙이며, 십자가 다음에 오는 부활은 수치가 아니라 부활 영광이라고 하는 신앙입니다. 하나님의 뜻에 따라 십자가를 지고 예수님의 뒤만 따랐더니 하나님께서 이 땅에서 씌워주신 월계관에 무슨 하자가 있느냐고 하는 신앙입니다.

근데 여기 문제가 되는 것은 무엇일까요? 죽기도 전에 부활한 것이 문제입니다. 하나님 나라에서의 해피엔딩이 아니고 이 땅에서 해피엔딩의 신앙이 되는 것이 문제입니다. 능력이 있는 사람들은 정정당당하게 다 합법적으로 자기 책임을 다하면서 칭찬을 듣고, 상을 받아 가면서 자기의 소원을 이룹니다. 부자도 되고 머리도 됩니다. 그러나 실력이 없는 사람들은 합법적으로는 먹고살기도 어려운 사람들은 범법하고 범죄자가 됩니다. 유능한 사람들은 합법적으로 자기 소원을 이룬 사람들이기 때문에 존경도 받고 높임도 받습니다. 그래서 자기 자신도 모르는 사이에 의인이 됩니다. 이것이 문제입니다.

세상 사람들이 학교에서도 가르치고 집안에서도 가르치고 교회에서도 설교하는 행함이 모두 이와 같은 행함입니다. 사람들에게서 칭찬 듣고 존경받으며 성공하고 출세하는 데 도움이 되는 행함입니다. 그러면 이런 행함 외에 어떤 행함이 있는 것일까요? 예수님께서는 세상에서 상 받고 성공하는 행함을 나팔을 불면서 행하는 행함이라고 하셨습니다. 그리고 예수님께서는 이런 행함을 속 다르고 겉 다른 행함이라고 하셨습니다. 결국은 자기의 소원을 이루기 위한 행함이기 때문입니다. 그러면 무슨 또 다른 행함이 있는 것일까요? 예수님께서 말씀하신 대로 오른손이 하는 일을 왼손도 모르게 하는 행함이며 칭찬 대신 핍박을 당하는 행함입니다. 그러면 어떤 행함이 그런 행함일까요? 조직 속에서 교회 안에서 여러 사람이 모여서 함께 드리는 기도와 함께 행하는 봉사활동과 같은 교회생활이 신앙생활의 전부가 되어 버리는 행함이 아니라 불신 세계에 들어가서 눈총을 맞고 따돌림을 당하면서 불이익을 당하면서 행하는 행함입니다. 예수님 당시에 초대교인들은 유대교의 전통을 무시하고 이방인이나 죄인들과는 상종도 하지 말고 자리도 같이하지 말라고 하는 이방인들과도 형제자매라고 하면서 어울렸고, 유대교인들은 할례받은 사람만이, 교인들이라도 할례를 받은 사람만이 구원받는다고 하는데 이방인들은 할례받을 필요 없이 오직 믿음으로 구원받는다고 했습니다. 그래서 유대교인들에게 배척을 당했습니다. 핍박을 당했습니다. 예수님의 경우는 더더욱 그렇습니다. 예수님은 죽임까지 당하셨습니다. 좋은 일을 하시고 나서 칭찬은커녕 죽임이란 저주까지 당하셨습니다. 왜 그랬을까요? 성경 박사를 자부하는 서기관들에게 맹인이라고 하셨기 때문이며, 거룩한 대제사장들을 보고 너희보다 창기가 먼저 하나님 나라에 들어갈 것이라고 하였기 때문이며, 거룩한 예루살렘 성전을 보고 강도의 굴혈이라고 하셨기 때문이며, 유대인은 하나같이 하나님의 나라는 영원불변한 줄로 믿고 있었는데 예루살렘의 멸망을 예언하셨기 때문이며, 이스라엘 나라의 독립이 유대인들의 하나같은 소원이었는데도 나라의 독립을 위해서는 기도 한번 드리신 일이 없었기 때문입니다. 유대교인들은 하나같이 할례를 받았으므로 구원을 확신하고 있었는데, 하나님의 백성을 자부하고 있었는데, 예수님께서는 그들을 보고 너희보다 배나 더 지옥 자식들을 만들어 내는 곳이라고 하셨기 때문입니다. 그러니 유대인들이 어떻게 분노를 금할 수 있었겠습니까? 이런 것이, 예수님께서 당하신 핍박과 사도들이 당한 핍박과 초대교인들이 당한 핍박이, 바로 핍박을 당하는 행함입니다. 그러니 세상에서 칭찬을 듣고 상을 받는 행함과 얼마나 다릅니까?

이 두 가지 행함은 아는 사람만이 행하는 행함으로 중생을 경험하기 이전의 교인들은 첫 번째 행함만 알고 두 번째 행함은 모르거나 관심이 없거나 알아도 받아들이지를 못합니다. 우리가 흔히 들어온 얘기 중에 두 가지가 있습니다. 하나는 악인은 망하고 의인은 흥한다는 말씀으로 첫 번째 행함에 해당이 되는 말씀이고, 다른 하나는 악인은 흥하고 의인에게는 고난이 많다고 하는 말씀인데 이 말씀은 두 번째 행함을 아는 사람만이 알고 있는 비밀입니다. 첫 번째 의를 행하는 사람은 머리가 되고 부자가 되는 복을 받고, 두 번째 의를 행하는 사람은 팔복을 상으로 받습니다.

얼마 전에 구약시대의 선지자를 방불케 하는 어떤 목사님의 설교를 들었는데 오늘날의 교회의 타락상을 솔직하게 고백하는 목사님의 설교였습니다. 그분의 깊은 학식과 깨끗한 양심에도 불구하고 핍박당하는 행함에 대해서는 아직도 깨닫지를 못하셨는지 "지금은 교회가 핍박을 당하는 시대가 아니다."라고 하시더군요. 만일에 교회가 핍박당하는 시대도 있고 핍박당하지 않는 시대도 있다면 "핍박을 당하는 자는 복이 있다." 하신 말씀이나 "자기를 부인하고 십자가를 지고 나를 따르라." 하신 말씀은 진리가 아닐 것입니다. 왜냐고요? 인간의 지식은 변해서 옛날의 유식이 오늘날의 무식이 될 수는 있어도, 진리는 영원불변해야 하기 때문입니다. 세상의 의는, 국법과 율법 수준의 의는 세상에서 성공하나 하나님 나라의 의는, 새 계명 수준의 의는 세상에서는 핍박당하나 영원한 하나님의 나라가 있습니다. 예수님 당시에 초대교인들을 핍박한 것은 불신자들이 아니라, 헤롯 왕이나 빌라도가 아니라 제사장들과 서기관, 교회의 지도자들이었음을 기억할 필요가 있습니다.

123 믿음과 행함, 행함과 믿음에 대하여

믿음과 행함에 대한 문제는 언제나 계속되고 있는 문제입니다. "믿음으로냐, 행함으로냐" "행함이 더 중요하냐, 믿음이 더 중요하냐" 지금도 열띤 토론의 주제가 되고 있습니다. 결론이 없는 문제에 관한 토론이어서 끝이 없을 것입니다. 그러면 오늘은 이 문제에 대해 끝을 내드리도록 하겠습니다.

이 문제에 대해 끝이 나오지 않는 까닭은 성경이 말하는 믿음과 행함을 모르기 때문입니다. 성경이 말하는 행함은 믿음에서 나오는 행함이고 믿음은 행함에서 나오는 믿음입니다. 문제는 이 사실을 모르는 데 있습니다. 먼저 새 계명이 있고 율법이 있고 그다음에는 몽학선생(초등교사)의 지도를 받아서 하나님의 뜻대로 살려고 하는 노력, 즉 행함이 있고 거기서 자기가 죄인이라는 사실을 깨닫고 회개하고 믿음에 이릅니다. 그래서 성경이 말하는 믿음은 행함에서 나옵니다. 삶에서 나옵니다.

그리고 오직 믿음으로 죄 사함을 받으면 중생과 성화의 역사가 일어납니다. 중생과 성화야말로 믿음의 열매입니다. 그래서 행함은 믿음에서 나옵니다. 따라서 성경이 말하는 믿음과 행함은 둘이 아니라 하나입니다. 행함이 없는 믿음도 없고 믿음이 없는 행함도 없기 때문입니다. 아기를 낳는 데에 여자가 더 중요한가 남자가 더 중요한가, 이런 토론은 말도 안 되는 토론입니다. 여자가 없는 데는 남자가 없고 남자는 있어도 있으나 마나가 되고, 이와는 반대로 남자가 없는 데는 여자도 있으나 마나입니다. 그래서 남자가 더 중요한가 여자가 더 중요한가, 하는 토론이 무의미한 것같이 믿음이 더 중요하냐 행함이 더 중요하냐는 토론은 무의미할 뿐입니다.

그러면 믿음이냐 행함이냐는 문제에 관한 토론은 어찌하여 지금도 계속되고 있는 것일까요? 성경이 말하는 믿음과 행함이 아닌 다른 믿음과 행함, 인조 믿음과 인조 행함을 성령의 감동으로 일어나는 믿음과 행함으로 착각하고 있기 때문입니다. 그러면 인조 믿음과 인조 행함이란 어떤 것일까요? 인조 믿음이란 노력 없이 행함 없이 회개 없이 단지 자기 생각과 일시적인 감정으로 믿는 믿음으로 예수님께서 입술의 종교라고 하신 바로 그 믿음이며, 인조 행함이란 죄 사함을 받고 거듭나지도 않은 옛날 그대로의 생각으로 실천하는 행함입니다.

그러면 이제부터 참믿음과 인간적인 믿음, 참된 행함과 인간적인 행함, 자기 생각에서 나오는 믿음과 마음속에서 우러나오는 믿음, 자기가 결심해서 행하는 행함과 자기 안에 오신 성령님의 감동으로 행하는 행함의 차이에 관해 말씀드리겠습니다. 첫째로 자기 생각으로 자기 결심으로 믿는 믿음에서는 중생의 역사가 일어나지 않고 성령의 감동으로 마음속에서 우러나오는 믿음에서는 중생의 역사가 일어납니다. 둘째 거듭난 사람은 행하면서도 그 행함이 자기 행함이 아니라 자기 안에 오신 예수님의 행함인 줄 믿기 때문에 자랑도 없고 교만하지도 않은 데 반해 거듭나지 못한 사람은 자기 결심과 자기 노력으로 행하는 행함이기 때문에 자랑이 있고 공치사가 있습니다. 셋째로 거듭난 사람은 하나님의 온전하심을 바라보는 사람이기 때문에 행하면서도 교만하지 않고 사도 바울같이 점점 더 큰 죄인이 되어가고 이에 반해 거듭나지 못한 사람은 좋은 일을 하면서 사람들의 칭찬 속에서 자칭 의인이 되어갑니다. 교만한 사람이 되어 비판을 일삼는 사람이 됩니다. 넷째로 거듭난 사람은 예수님을 닮아 가면서도 자기가 행한 작은 의를 내세우지 않고 많은 죄가 용서받은 사실만 기억합니다. 그래서 자기 죄는 점점 더 깊이 회개하면서도 남들의 죄는 덮어 주고 용서하는 사람이 됩니다.

결국, 거듭나지 못한 사람들은 좋은 일을 하면서도 점점 더 교만해지고 점점 더 교만해져서 예수님 당시의 바리새교인같이 죄인들은 사람 취급도 하지 않고 상종도 하지 않고 저주하는 자칭 의인이 됩니다. 그래서 회개하지 못함으로 예수님 당시의 바리새교인같이 구원받지 못합니다. 회개하는 세리들과 창기들도 받는 구원을 받지 못합니다. 예수님께서는 좋은 일을 많이 하고 자칭 의인이 되어 인정사정 볼 것 없이 사람들을 비판하는 살얼음판 같은 의인보다 회개하는 죄인을 받아 주십니다.

마지막으로 한 말씀 더 드리겠습니다. 교회에서 믿음 좋은 체하는 사람들은 누구일까요? 일 많이 하는 체하는 사람들은 누구일까요? 아는 체하는 사람들은 누구일까요? 성령 충만한 체하는 사람들은 누구일까요? 하나같이 거듭나지 못한 사람들입니다. 거듭난 사람들은 믿음 좋은 체하는 법도 없고 앞장서려고 하는 법도 없고 성령 충만한 체하는 법도 없습니다. 무슨 체하는 사람들은 진품이 아닙니다. 아는 체하는 사람들은 아는 사람이 아닙니다. 믿음 좋은 체하는 사람들은 믿음 좋은 사람이 아닙니다. 거룩한 체하는 사람들은 거룩한 사람이 아닙니다. 앞장서기를 좋아하는 사람들은 앞장설 자격이 없는 사람들입니다. 20세기의 석학 아인슈타인은 돈이 어떻게 생겼는지도 모르고 자기가 왜 유명한 사람이 됐는지도 몰랐다고 합니다. 플로리다 어떤 공장에 다니던 분의 얘긴데, 직원들은 중고차라도 고급 차를 몰고 오고 점심도 주문해서 먹는데 사장은 픽업트럭을 몰고 오고 점심도 도시락을 먹는다고 합니다. 없는 사람들은 있는 체하고 있는 사람들은 없는 체를 합니다. 교회에서 큰 소리를 내고 교회를 시끄럽게 하는 사람들은 하나같이 거듭나지 못한 사람들이며 빈 깡통들이며 쭉정이들입니다.

124 거듭나면 한순간에 온전한 사람이 되는 것일까요

옛날이나 지금이나 '중생'은 사람들의 관심사가 아닌 것 같습니다. 거듭나야 한다는 말을 들었을 때 니고데모조차 어떻게 사람이 모태로 들어갔다가 다시 태어날 수 있느냐고 반문하였습니다. 결국 그 말은 중생이란 사실상 불가능한 것이 아니냐고 하는 얘기였습니다. 그러나 이에 대해 예수님께서는 거듭나지 아니하고서는 하나님의 나라를 볼 수 없다고 하셨습니다. 중생은 믿음만큼이나 중요하다고 하신 것입니다. 중생이 없는 믿음은 믿음이 아니라고 하신 것입니다. 그런데도 사람들은 옛날이나 지금이나 믿음만 강조하고 중생은 무시해 버립니다. 그러면 그 결과로 오는 것은 무엇일까요? 신앙의 형식화와 타락입니다. 중생을 무시해 버린 유대교인은 땅에 오신 하나님을 십자가에 못 박아 죽이는 교회로 타락해 버렸고 그와 같이 현대교회도 능력을 잃어버린 교회로 전락해 버렸습니다. 떠도는 말에 의하면 한국교회가 세상을 두 번 놀라게 했는데 너무나도 갑작스러운 부흥과 너무나도 갑작스러운 타락이라고 합니다.

　그러면 그 까닭은 어디 있는 것일까요? 중생이 없는 믿음을 전했기 때문입니다. 그러면 중생이란 어떤 것일까요? 한순간에 생판 딴 사람으로 변해 버리는 것일까요? 초대교회의 경우는 그랬습니다. 불같은 성령이 임했기 때문입니다. 특별한 시대였기 때문입니다. 오순절 날 성령 충만함을 받은 제자들은 생판 딴사람으로 변해 버렸습니다. 죽음이 두려워서 숨어 있던 제자들이 죽음이 기다리고 있는 예루살렘으로 모여들었습니다. 계집종 앞에서도 예수님을 모른다고 했던 베드로가 생사여탈권이 있는 법정에서 "내가 사람의 말을 들으랴, 하나님의 말씀을 들으랴?"라고 했습니다. 그러나 불 성령만 있는 것은 아닙니다. 단비 같은 성령도 있고 이슬 같은 성령도 있고 엘리야가 받은 세미한 음성 같은 성령도 있습니다. 언제 불어왔는지도 모르게 오는 미풍 같은 성령도 있습니다. 언제 임하셨는지는 모르는데 자기가 조금씩 달라지고 있는 것을 보고서야 알게 되는 성령님도 계십니다. 많이 달라져 갈수록 점점 더 확실하게 성령님의 임하심을 깨닫게 됩니다.

그러면 성령님께서는 모든 사람에게 똑같이 임하는 것일까요? 아닙니다. 사람에 따라, 때에 따라서 성령님의 임하심도 다릅니다. 똑같은 단비가 내려도 미루나무는 위로만 올라가고 잔디 풀은 옆으로만 뻗어갑니다. 사과나무는 사과를 맺고 포도나무는 포도를 맺습니다. 그와 같이 똑같은 성령님을 받았다고 해서 똑같이 달라지는 것은 아닙니다. 그러니 다른 사람들같이, 유명한 사람들같이 달라지지 않는다고 해서 성령님의 임하심을 의심하지 마시기 바랍니다. 성령님을 받으면 똑같은 사람으로 변하는 것이 아니고 은사에 따라 각기 다른 사명을 다하게 됩니다. 신앙생활에 가장 경계해야 할 점은 다른 사람들의 신앙과 자기의 신앙을 비교하는 것이며 흉내 내려고 하는 것입니다.

그러면 거듭나면 한순간에 온전한 사람이 되는 것일까요? 어른으로 거듭나는 것일까요? 아닙니다. 육체의 아기가 갓난아기로 태어나서 자라나는 것같이 거듭나는 사람들도 아기로 태어나서 점점 자라납니다. 그것을 성화라고 합니다. 따라서 육체의 아기들이 어렸을 때는 동물들의 새끼나 아무런 다른 것이 없다가도 자라나면서 점점 동물들과는 너무도 다른 본능이나 성격을 지니게 되는 것같이 거듭난 아기들도 처음에는 불신자와 아무것도 다른 것이 없다가도 자라나면서 점점 조금씩 조금씩 예수님을 닮아 갑니다. 따라서 거듭난 사람도 처음에는 불신자와 똑같고 아무것도 다른 것이 없을 수 있습니다. 그때부터 조금씩 조금씩 달라져 가는 것이 성화입니다. 이 사실을 몰라서 거듭났 는데도 중생을 의심하고, 이 사실을 몰라서 사람들은 거듭난 사 람이 어찌하여 그 모양 그 꼴이냐고 비난합니다. 사람이 달라지 는 것은 공장에서 제품을 만들어 내듯이 한순간에 달라지는 것 이 아니고 나무가 자라듯이 아니 그보다도 더 더디게 달라질 뿐 입니다.

그런데 한 가지 첨가해서 말씀드릴 것은 이것도 한순간에는 아니지만 완전히 달라지는 것이 하나 있습니다. 그것이 무엇일 까요? 소원입니다. 욕심입니다. 사람에게는 동물에게는 없는 욕 심이 있습니다. 물욕이 있고 권세욕이 있고 명예욕이 있습니다. 산 사람에게는 누구에게나 이와 같은 욕심이 있고 소원이 있습 니다. 똑같은 이치로 거듭난 사람에게도 새로운 욕심과 새로운 소원이 생깁니다. 이 새 욕심이 생기면서 옛날의 욕심은 힘을 잃어갑니다. 그래서 조금씩 자기를 이기고 자기의 옛 소원을 이 기고 새 소원을 따라가게 됩니다. 만약에 이 새로운 소원이 생 기지 않는다면 옛 소원이 그대로 있다면 그 사람은 거듭난 사람 이 아닙니다. 육체의 소원도 다 이룬 사람은 없습니다. 자나 깨 나 돈돈 한다고 모두가 부자가 되는 것은 아닙니다. 자나 깨나 은메달 금메달 한다고 모두가 금메달리스트가 되는 것도 아닙 니다. 그런데도 살아있는 사람에게는 욕심이 있고 소원이 있습 니다. 욕심이 없어지고 소원이 없어지면 죽은 사람입니다. 거듭 난 사람들도 마찬가지입니다. 예수님 그리스도의 완전한 인격 을 이루기를 원하고 이웃을 내 몸과 같이 사랑하기를 원한다고 해서 그 소원이 이루어지는 것은 아닙니다. 그런데도 육의 사람들이 부자는 되지 못해도 자나 깨나 돈돈 하는 것처럼 거듭난 사람들도 이웃 사랑을 실천하지는 못해도 자나 깨나 소원은 예수 닮기를 원합니다. 거기서 나오는 것이 참된 회개와 믿음입니다. 이것이 거듭난 사람들의 생활이요 실상입니다.

그런데 육의 사람들은 아무리 공부 공부해도 성적이 나쁘면 낙제하고 아무리 돈돈 해도 돈이 굴러들어오지 않으면 가난을 면치 못하지만, 거듭난 사람들은 아무리 십자가를 지고 예수님을 따르지는 못해도 자나 깨나 소원은 예수 닮기를 원하기만 하면 회개만 하면 구원을 받습니다. 결국 문제는 사람이 변했느냐 변치 않았느냐 소원이 변했느냐 변치 않았느냐에 달려 있습니다.

거듭났다고 해서 매스컴에 등장하는 사람들같이 갑자기 놀라운 일을 하는 사람으로 변해야 하는 것은 아닙니다. 소원은 하나님의 온전하심같이 온전함이지만, 변화는 조금씩 조금씩입니다. 갑자기 큰 변화가 일어나지 않는다고 해서 중생을 의심하지 말고 내가 지금 하는 일과 지금 하는 말과 지금 하는 생각들이 조금씩 달라져 가면 됩니다. 조금씩 달라지고 있기만 하면 언제나 그 모습 그대로 구원을 받을 것입니다. 그러나 아무것도 달라진 것 없이 소원조차 달라지지 않고 옛날 그 모습 그대로 사는 사람들은 구원받지 못할 것입니다.

거듭나지 않은 사람들이 고백하는 '오직 믿음'과 '오직 하나님의 은혜로 말미암는 구원'은 잘못된 신앙입니다. 그러나 거듭난 성도들이 고백하는 '오직 믿음'과 '오직 하나님의 은혜로 말미암는 구원'은 바른 신앙입니다. 아무것도 달라진 것이 없는 사람들이 고백하는 그 모습 그대로 받는 구원 역시 이단 신앙입니다.

125 흠 없는 은이냐, 흠 있는 금이냐

걸레가 깨끗하게 닦아놓은 마룻바닥이 깨끗할까요? 아니면 마룻바닥을 깨끗하게 닦아놓은 걸레가 깨끗할까요? 손이 닦아주어서 언제나 깨끗한 얼굴이 깨끗할까요? 언제나 더러운 것을 씻어내는 손이 깨끗할까요? 세상의 방식으로 하면 깨끗한 마룻바닥이 깨끗하고 깨끗한 얼굴이 깨끗할 뿐입니다. 걸레와 손은 더러울 뿐입니다. 그 모습 그대로입니다. 유교 윤리의 핵심인 남이 너에게 해 주기를 원치 않는 일은 너부터 하지 말라고 하는 원리에 따라 나쁜 짓만 하지 않으면 좋은 사람이 됩니다. 그러나 "남이 너에게 해 주기를 원하는 일은 너부터 먼저 행하라"고 하신 예수님의 말씀에 의하면 좋은 일을 하지 않는 사람이 나쁜 사람입니다. 유교 윤리에 의하면 나쁜 짓만 하지 않으면 좋은 사람이 되고 기독교윤리에 의하면 좋은 일을 하지 않는 것이 죄가 됩니다. 나쁜 짓을 해야 죄가 되는 것이 아니라 (국법의 경우같이) 좋은 일을 하지 않아도 죄가 됩니다. 마룻바닥같이 좋은 일을 하지 않아도 깨끗하기만 하면 의로운 사람이 되는 것이 아니라 걸레같이 좋은 일을 해야 의로운 사람이 됩니다. 좋은 일을 하다가 흠이 있을지라도 실수가 있을지라도 흠이 있는 금이 흠이 없는 은보다 더 귀합니다.

악한 사람들도 육에 속한 사람들도 벌 받는 일은 하지 않습니다. 악한 사람들도 칭찬을 듣고 상을 받고 성공하는 데 도움이 되는 일만 합니다. 자기에게 해가 되거나 처벌받는 일은 하지 않습니다. 나쁜 일도 자기 이익이 되면 하고 좋은 일도 자기에게 해가 되면 하지 않습니다. 악한 사람들일수록 세상을 사는 요령이 뛰어납니다. 처세술에 능합니다. 그래서 외모만 보는 사람들이 눈으로 볼 때는 남들에게 비난을 듣거나 자기에게 손해가 나는 일을 하지 않기 때문에 악한 사람이 허물이 없는 사람 같습니다. 이에 반해 의로운 사람들은 특히 거듭난 성도들은 세상을 사는 요령이 없습니다. 자기 하는 일이 사람들에게 환영받을는지 배척당할는지 이익이 될는지 해가 될는지 그런 것을 따지기 전에 그 일이 하나님 뜻일까를 생각합니다. 그러다가 실수를 범하기도 합니다. 본의 아니게 오해도 받고 핍박도 받습니다.

베드로는 오직 예수님을 믿고 사랑해서 모든 것을 버리고 예수님을 따라나섬으로 십자가 현장에서 도망질치는 비겁한 실수를 범할 수밖에 없었습니다. 그리고 법정 깊이 들어가지만 않았으면 계집종에게 예수님을 세 번씩이나 부인하는 비겁을 추태를 보여줄 필요도 없었을 것입니다. 예수님을 따라나서지만 않았으면 배신이니 비겁자이니 하는 누명을 세세토록 쓰고 살지 않아도 됐을 것입니다. 이 세상에는 요령껏 재치 있게 살아서 실수 한번 없이 비난 한번 듣지 않고 사는 사람들도 많이 있습니다. 그러나 베드로에게는 실수도 있고 잘못도 있었습니다.

베드로는 흠이 있는 금이었습니다. 그런데 물결 따라 바람 따라 요령 있게 사는 사람들은 티 없는 은같이 한평생을 삽니다.

그러면 티 없는 은이 세상을 잘 산 사람일까요? 티 있는 금이 세상을 잘 산 사람일까요?

126 사람이 달라지기 전에는 백약이 무효입니다

요즘 설교를 들으면서 느끼는 것이 있습니다. 설교가 많이 유식해졌다는 사실입니다. 사오십 년 전의 설교와 비교해도 오늘날의 설교는 훨씬 더 다양해졌습니다. 신학자들의 학설도 더 많이 인용하고 원어 풀이도 더 전문화되고 인터넷 시대가 되어 그런지 예화도 훨씬 더 다양해졌습니다. 문학작품에 나오는 얘기라든지 영화의 장면이라든지 연구논문 발표라든지 설교가 점점 다양해졌습니다. 그런데 문제는 어디에 있는 것일까요? 무식한 설교, 사랑방이나 길거리에서 주고받는 얘기 같은 설교를 하던 시대보다 믿음과 신앙생활이 땅에 떨어지고 말았다는 데 있습니다. 무식한 설교를 듣던 초대교회 당시의 교인들은 세상 사람들과는 전혀 다른 교인들이었는데, 유식한 설교를 듣고 있는 현대의 교인들은 세상 사람들과 별로 다른 것이 없는 맛을 잃어버린 소금 같은 교인이기 때문입니다.

초대교회 당시의 교인들은 그 말 그대로 모든 것을 버리고 십자가를 지고 예수님의 뒤를 따른 교인들이었습니다. 그러나 유식한 설교를 듣고 있는 오늘날의 교인들은 믿기 전과 별로 달라진 것이 없는 생활을 하면서, 도리어 세상을 부러워하기까지 하면서 예수님의 뒤를 따르고 있는 교인들이기 때문입니다. 초대교회 교인들은 모두 가난했습니다. 그런데도 그들은 부자를 부러워하지 않았습니다. 도리어 부자들이 가난 속에서도 자기네들보다 더 행복하게 사는 교인들을 부러워했습니다. 초대교회 당시의 교인들은 피해 다니고 쫓겨 다니고 숨어 다니는 교인들이었습니다. 그런데도 세상의 벼슬아치들을 부러워하지 않았습니다. 도리어 세상의 벼슬아치들이 자기네들보다 더 큰 긍지를 가지고 사는 교인들을 부러워했습니다. 초대교회 교인들은 핍박당하는 교인이요 화형장으로 원형극장으로 끌려가는 교인들이었습니다. 그들은 죄도 없이 무자비하게 떼죽음을 당했습니다. 그런데도 그들은 기뻐했습니다. 비명을 지르지 않고 웃었습니다. 짐승들의 먹이가 되면서도 하나님께 영광을 돌렸습니다. 그 장면이 너무나도 감동적이었습니다. 그 장면을 지켜보고 있던 황제가 두려움에 떨면서 소리를 질렀습니다. "저놈들이 웃고 있지 않으냐!" 그 장면을 보고 있던 많은 불신자가 감동해서 한 사람이 순교할 때마다 평균 20명이나 되는 사람들이 교회로 몰려들어 초대교회가 부흥을 이룰 수 있었다고 합니다. 오늘날의 교회와는 너무나도 다른 교회가 아닙니까? 그들은 유식하고 박식한 설교를 듣던 교인들이 아니라 무식한 설교를 듣던 교인들이었습니다.

그러면 오늘날의 교인들은 성경 공부도 하지 않고 찬양예배도 드리지 않고 기도도 드리지 않고 십일조도 드리지 않는 교인일까요? 아닙니다. 성경 공부도 옛날보다 더 많이 하고 찬양도 옛날보다 더 감동적으로 부르고 기도도 옛날 교인들보다 더 유창하게 합니다. 예배도 옛날 교인보다 훨씬 더 엄숙하고 은혜 충만하게 드립니다. 그런데도 신앙생활은 예배당 건물 하나 없이 성경책 한 권 없이 신앙생활 하던 초대교인들에게 배워야 하는 것일까요? 바로 여기에 문제가 있습니다.

다시 한번 말씀드리겠습니다. 사람이 달라지지 않고는 백약이 무효입니다. 그러면 초대교회와 오늘날의 차이점은 어디에 있는 것일까요? 초대교인들은 하나님의 말씀을 먹고 살았는데, 예수님의 피와 살을 먹고 살았는데, 하나님의 말씀을 영의 양식으로 먹고 살았는데, 오늘날의 교인들은 하나님의 말씀을 먹지 않고 공부만 하기 때문입니다. 일시적으로 종교 감정만 충만한 신앙생활을 하기 때문입니다. 그래서 유식해지기만 하고 종교 감정만 풍성해져서 믿음 좋은 체만 하게 되는 것이 아니겠습니까? 문제는 예수님의 말씀같이 내 살을 먹고 내 피를 마시지 않는 자에게는 생명이 없다고 하신 대로 하나님의 말씀을 먹지는 않고 공부만 하는 데 있습니다. 그래서 사람은 변하지 않은 채로 유식해지기만 해서 아는 체만 하게 됩니다. 믿음 좋은 체만 하게 됩니다.

그러면 하나님의 말씀을 먹고 사는 사람은 누구일까요? 육체가 먹지 않고는, 물을 마시지 않고는, 숨을 쉬지 않고는 살 수 없는 것같이 그 영혼이 하나님의 말씀 없이는 살 수 없이 된 사람입니다. 목마른 사슴이 시냇물을 갈급하듯이 하나님의 말씀에 갈급한 사람입니다. 그러면 하나님의 말씀을 먹지 않고서는 살 수가 없는 사람이 되는 길은 어디에 있는 걸까요? 그 비밀은 어디에 있는 것일까요? 우리가 다 알고 있는 사실입니다. '회개와 중생'에 있습니다. 회개와 중생에 비밀이 있습니다.

다시 한번 말씀드립니다. 하나님의 말씀은 공부하는 사람이 아니라 먹는 사람에게만 생명의 양식이 됩니다. 약학을 공부만 하고 약을 먹지 않는 사람은 병을 고치지 못하고 약학을 공부하지는 않았으나 약을 먹는 사람은 병을 고칩니다. 영양학을 공부만 하고 먹지는 않는 사람은 굶어서 죽고 영양학은 몰라도 잘 먹고 잘 마시는 사람은 건강하게 삽니다. 똑같은 이치입니다. 하나님의 말씀을 공부해서 가르치기만 하는 사람은 구원받지 못하고 신학은 몰라도 하나님의 말씀을 먹는 사람은 구원받습니다. 그런데 거듭나기 전에는 그 영혼이 살았다 하나 죽은 자와 같아서 식욕이 없습니다. 그래서 하나님의 말씀을 먹고 싶어도 먹지를 못하고 공부만 하게 됩니다. 그러나 거듭난 사람은 영혼이 살아 있는 사람이기에 식욕이 왕성합니다. 그래서 하나님의 말씀을 먹습니다. 하나님의 말씀을 먹는 것을 예수님의 살과 피를 마신다고 합니다.

그런데 하나님의 말씀을 먹지는 않고 듣기만 하는 사람은, 공부만 하는 사람은, 실제 먹을 것은 없는데 영양학 공부만 하는 사람같이 마침내 하나님의 말씀에 짜증을 내게 됩니다. 설교 시간이 졸음을 참는 시간이 되어버리고 맙니다. "전에 들은 예화와 똑같은 예화 아니야?"라면서 짜증을 내는 사람들이 바로 이런 사람들입니다. 이에 반해 하나님의 말씀을 먹는 사람들은 아무리 똑같은 하나님의 말씀을 반복해서 들어도 은혜를 받습니다. 육체가 똑같은 음식을 먹으면서도 언제나 똑같은 밥을 먹고 김치와 깍두기를 먹으면서도 맛있게 먹는 것같이 성경에는 되풀이해서 똑같은 말씀들이 많은데 그만큼 그 말씀들은 되풀이해서 들어야 할 만큼 중요하기 때문입니다. 하나님의 말씀을 먹지 않아도 영양가 있는 육체의 음식만 먹으면 얼마든지 건강하고 행복하게 살 수 있는 사람은 거듭난 사람이 아닙니다.

그런데 죄 사함을 받고 거듭나는 시간은 놀라운 경험을 하는 시간입니다. 중생의 체험은 신비체험입니다. 말로는 다 형언할 수 없는 신비체험입니다. 그럼, 여기서 한번 묻겠습니다. 죄를 사해 주시는 분은 누구일까요 하나님입니다. 따라서 죄 사함을 받는 시간은 하나님을 만나는 시간입니다. 그러니 하나님을 만나는 시간보다 더 감격스럽고 행복한 시간이 어디 있겠습니까? 사람이 이 세상에 태어나서 체험할 수 있는 가장 경이롭고, 가장 행복하고, 가장 보람찬 시간이 바로 죄 사함을 받는 시간입니다. 하나님을 만나는 시간이기 때문입니다. 어떤 사람들은 말합니다. "한번 모든 죄가 사함을 받으면 그만이지 언제까지 따분하게 회개 회개하느냐!"라고. 이런 사람들은 회개가 뭔지도 모르는 사람입니다. 다시 한번 말씀드립니다. 회개하고 죄 사함을 받는 시간은 하나님을 만나는 시간입니다. 말로는 다 형언할 수 없이 환희에 넘치는 시간입니다. 그 말 그대로 샘솟는 기쁨과 강같이 흐르는 평안을 경험하는 시간입니다. 기다리고 기다리던 사람을 만나도 행복한데 하나님을 만나는 시간의 행복을 무슨 말로 다 할 수 있겠습니까. 여기서 유혹을 이기고 시험을 이기는 힘도 얻고 환란 중에도 기뻐하는 능력도 받습니다.

이와 같은 중생의 체험, 하나님을 만나는 체험을 하는 사람은 더는 이 세상에 부러워할 것도 없고 구할 것도 없이 됩니다. 찬송가의 가사처럼 초막이나 궁궐이나 그 어디나 내 주 예수 모신 곳이 하나님의 나라가 됩니다. 그 얘기가, 그 찬송이, 그 찬송가의 가사가 가사가 아니라 사실이 됩니다.

다시 한번 말씀드립니다. 하나님을 만나면 하나님의 존재가 확실해지고 다음은 하나님의 나라가 확실해지고 부활이 확실해지고 영생이 확실해집니다. 그런데 하나님을 만나기 전에는 육체만 확실하고 세상만 확실하게 보입니다. 하나님의 나라는 막연해 보입니다. 어떤 교인들의 말같이 "누가 죽어 봤나?" "죽어 봐야 알지!" 그런 생각을 할 수밖에 없습니다. 그래서 아무리 성경이 이 세상의 부귀영화가 헛되고 헛되다고 해도, 아무리 인생이 일장춘몽 같다고 해도, 아무리 사람의 생명이 아침이슬 같다고 해도, 머리로만 그렇게 생각하고 말로만 그렇다고 하지 실제는 세상이 전부이고 세상밖에 없습니다. 아무리 욕심을 버리라고 해도 욕심밖에 없고, 아무리 돈을 사랑하지 말라고 해도 눈에 보이는 것은 돈밖에 없습니다. 부자가 부럽고 석·박사가 올려다보이고 고관대작들이 높아 보입니다. 거듭나기 전에는, 하나님을 만나기 전에는, 하나님의 나라를 확실하게 영의 눈으로 보기 전에는 그럴 수밖에 없습니다. 결국 인생 문제에 종지부를 찍는 것은 회개와 중생입니다.

그러면 여기서 한 가지만 더 첨가해서 말씀드리기로 하겠습니다. 회개하고 죄 사함을 받고 거듭나면 단번에 성자가 되는 것일까요? 그건 아닙니다. 육체가 태어날 때 어린아이로 태어나는 것같이 영혼도 거듭날 때 어린아이로 거듭납니다. 그리고 육체가 자라나면서 점점 아버지와 어머니를 닮아 가는 것처럼 거듭난 영혼도 자라 가면서 점점 더 하나님 아버지를 닮아갑니다. 조금씩 눈에 보이지 않게. 그리고 한 가지 확실한 것은 끝까지 하나님 아버지의 온전하심에 이르지는 못하고 불완전한 그대로, 많이 달라지긴 했지만 죄인인 그대로 영화의 구원을 받게 됩니다. 한 가지 확실한 것은, 세상 사람들이 모두가 다 부자가 되지는 못해도 자나 깨나 돈 돈 돈 생각만 하는 것같이, 거듭난 성도들은 모두가 다 성자가 되지는 못해도 자나 깨나 예수님 닮아가기를 원합니다.

그러면 하나님의 말씀을 공부만 하는 교회가 되지 않고 하나님의 말씀을 먹고 사는 교회가 되기 위해서 우리가 할 일은 무엇일까요 한마디로 초대교회와 같은 교회가 되는 것입니다. 부자를 부러워하고 높은 사람들을 우러러보는 교회가 아니라 모든 것을 버리고 쫓겨 다니고 숨어 다니면서도 남부러운 것 없이 기쁨에 넘치는 생활을 함으로써 도리어 세상의 고관대작들이 부러워하고 우러러보는 교회가 되는 것이며, 자기 소원을 이루고 나서 집 한 칸을 마련하거나 좋은 직장을 얻고 나서 좋으신 하나님을 찬양하는 교회가 아니라, 핍박당하고 죽임당하면서도 좋으신 하나님을 찬양하는 교회가 되는 것입니다. 그러면 신학교는 어떤 신학교가 되어야 하는 것일까요? 예수님께서 3년 동안 제자들을 양성하신 것 같은 신학교가 되는 것입니다. 학교같이 공부만 하는 신학교가 아니라, 강의실 같고 교실 같은 신학교가 아니라, 예수님과 생사고락을 같이하면서 예수님과 같이 머리 둘 곳 하나 없이 핍박당하기도 하고 쫓겨 다니기도 하는 생활 전체가 교과과정이 되는 신학교입니다. 공부를 잘하는 사람이 수석으로 졸업하는 학교가 아니라 베드로같이 무식한 사람이 수석 졸업하고 수제자가 되는 신학교입니다.

127 이웃 사랑과 원수 사랑만이 사랑입니다

예수님께서 말씀하신 그대로입니다. 예수님께서는 말씀하셨습니다. 자기를 사랑하는 사람을 사랑하는 것은 이방인들도 한다고, 악한 사람들도 한다고 말입니다. 악한 사람도 자기는 사랑합니다. 물론 나와 가족 사이의 관계에서는 가족 사랑도 이웃 사랑이 되기 때문에 사랑입니다. 그러나 내 가족과 이웃 가족 사이의 관계에서는 내 가족만 사랑하는 것도 사랑이 아닙니다. 죄가 됩니다. 왜 그럴까요? 이웃 가족은 사랑하지 않은 것이 되기 때문입니다. 내 편과 네 편, 내 당과 반대 당의 경우 역시 마찬가지입니다. 나와 교회 사이의 관계에서는 교회를 사랑하는 것도 이웃 사랑이 되기 때문에 사랑입니다. 그러나 내 교회와 이웃 교회 사이의 관계에서는 내 교회만 사랑하는 것은 이웃 교회는 사랑하지 않은 것이 되기 때문에 사랑이 아닙니다. 죄가 됩니다. 내 당과 반대 당, 내 나라와 적국 사이의 관계에서도 내 나라를 사랑하는 것은 이웃 사랑이 되기 때문에 사랑입니다. 그러나 내 나라와 적국 사이의 관계에 있어서는 내 나라만 사랑하는 것도, 애국도 죄가 됩니다. 왜냐고요? 적국은 사랑하지 않은 것이 되기 때문입니다. 적국은 망하기를 바라는 것이 되기 때문입니다. 그런데 악한 사람들은 남의 집이야 망하든 말든 자기 집만 사랑하고, 반대편이야 망하든 말든 내 편만 승리하길 바라고, 반대 당이야 망하든 말든 아니 숫제 망하기를 바라면서 자기 당만 거대해지기를 바라고, 이웃 교회야 문을 닫든 말든 자기 교회만 부흥 발전하길 바라고, 남의 나라야 망하든 말든 숫제 망하기를 바라면서 자기 나라만 잘되기를 바랍니다. 그런데 내 편이나 내 팀이나 내 당파나 내 나라 가운데서 무조건 자기 편만 사랑하고 무조건 자기편만 들고 무조건 자기 나라만 사랑하고 무조건 반대편이나 반대파나 적국이 하는 말은 반대하고 미워하는 사람들이 사랑받고 존경받습니다. 성공합니다.

이에 반해 내 가족뿐 아니라 남의 가족도, 내 교회뿐 아니라 이웃 교회도, 내 나라뿐 아니라 이웃 나라도 다 같이 잘살고 다 같이 잘되기를 바라는 의인은, 그 말 그대로 이웃 사랑과 원수 사랑을 실천하는 의인은, 내 파가 하는 말뿐 아니라 반대파가 하는 말도 옳은 말은 옳다고 하고, 내 나라뿐 아니라 적국이 하는 일도 잘하는 일은 잘한다고 하는 의인은, 백발백중 기회주의자로 회색분자로 몰리거나 반동으로 몰리거나 매국노로 몰립니다. 성공은 그만두고 반역자가 되고 맙니다. 그래서 이 세상에서 성공하는 사람들은 의인들이 아니라 악인들입니다.

그러나 성공하는 악인들은 조직 속에서 범법하고 나서 처형을 당하는 악인들이 아니라, 조직의 법을 철저하게 지키면서 조직의 절대적인 성원 아래, 조직을 위해서 조직의 이름으로 애당과 애국의 이름으로 죄를 범하는 악인입니다. 이 세상에서 어떤 의보다도 사랑받고 존경받는 것은 조직 속에서 감쪽같이 의로 둔갑을 한 조직 악입니다.

　세상의 모든 나라들과 단체들이 길이길이 추앙하는 사람들은 누구일까요? 자기 나라를 잘살게 만들기 위해서 이웃 나라를 못살게 만든 사람이며, 자기 나라 사람들을 살리기 위해서 이웃 나라 사람들을 많이 죽인 사람들입니다. 공산당에서는 가난한 사람들을 잘살게 해 주기 위해서 부자들의 눈에서 피눈물이 나게 한 사람들입니다. 세상의 모든 사람이 영웅으로 혹은 애국자로 혹은 위대한 지도자로 추앙하는 사람들이 모두 이런 사람들입니다. 이 세상에 조직 악을 악이라고 생각하는 사람은 거의 없습니다. 그러나 하나님을 사랑하는 사람은 '조직 악'도 조직 속에서 완전히 '성형 수술한 악'이라는 사실을 압니다. 많은 사람이 걸핏하면 '위선자'라고 하면서 의분을 금하지 못합니다. 그러나 위선자는, 완벽하게 위장한 위선자는 위선자라는 말을 듣는 법이 없습니다. 위선자라고 말을 듣는 위선자는 실패한 위선자입니다. 진짜 위선자는 길이길이 참 지도자로 추앙받습니다. 이런 사람이 위선자인 것을 아는 사람은 하나님 한 분밖에 없을 것입니다. 그리고 하나님의 영을 받은 사람들, 사실 이 세상에서 위선자로 몰려서 처벌받은 사람들은 위선자가 아니라 참 선지자들이었습니다. 위선자인 대제사장이 참 선지자인 예수님과 그의 제자들을 십자가에 못 박아 죽였고, 위선자인 로마 교황이 참 선지자인 종교개혁자들을 불에 태워 죽였습니다.

128 세상에서 환영받으면서 부흥하는 교회

세상에서 핍박당하지 않고 환영받으면서 목회에 성공하는 사람들과 부흥하는 교회는 어떤 교회일까요?

첫째는 초보적 수준의 의, 세상에서도 환영받는 의, 곧 구제 사업 수준의 의와 자선사업 수준의 의를 행하는 교회입니다. 그렇지만 핍박당하는 의까지는 행하지 못하고 있는 교회입니다. 초보적이고도 율법이나 국법이나 상식 수준 윤리 수준의 의를 행하고 있는 교회입니다. 초보적이고도 율법이나 국법이나 상식 수준 윤리 수준의 의를 행하고 그 수준의 불의를 멀리하는 교회입니다. 세상 사람들에게 사랑받고 존경받고 칭찬받는 의만 행하는 교회입니다.

둘째는 예수님께서 하나님과 재물(맘몬)을 겸해서 섬기는 신앙, 두 주인을 섬기는 신앙을 해서는 안 된다고 하셨는데도, 하나님의 영광을 위해서라고 하면서 하나님의 영광을 위해서 돈을 버는 것은, 하나님의 영광을 위해서 출세하는 것은 사리사욕을 충족시키기 위해서 돈을 버는 것이나 출세하는 것과는 전혀 다르니 조금도 양심의 가책을 받지 말고 당당하게 떳떳하게 돈벌이라도 하라고 하면서, 십자가 다음에 오는 부활은 부끄러운 일이 아니라 영광인데 열심히 일해서 고생 끝에 부자가 되는 것이 무슨 잘못이냐고 하면서, 두 주인을 섬기는 신앙으로 하나님의 나라도 얻고 세상도 얻으려고 하는 신앙을 오직 하나님만을 섬기는 신앙으로 교묘하고도 은밀하게 정당화시켜 주는 교회입니다. 사람이란 거듭나기 전에는 어쩔 수 없이 마음으로는 원이나 육신이 약해서 아무리 욕심을 버리자 해도 욕심을 버릴 수가 없고, 아무리 세상을 사랑하지 말라고 해도 세상을 사랑할 수밖에 없고, 아무리 인간의 생명은 해가 돋으면 사라지는 풀에 맺힌 아침 이슬과 같다고 해도 육체가 전부일 수밖에 없습니다.

교회에서 가장 뜨겁게 마음과 뜻과 정성을 다해서 밤을 새워가며 기도를 드리는 사람들은 누구일까요? 하나님의 뜻을 이루어달라고 기도를 드리는 사람일까요, 아니면 자기의 소원을 이루어 달라고 기도를 드리는 사람일까요? 신앙생활을 가장 열심히 하는 교인들은 누구일까요? 팔복을 받기를 원하는 사람일까요, 오직 그의 나라와 그의 의를 구하는 사람일까요, 아니면 오복 받기를 원하는 사람일까요, 세상 복도 받기를 원하는 사람일까요?

129 어찌하여 의인에게 이런 고난이 오는 것일까요?

의인이 왜 고난을 당하는 것일까요? 이런 질문은 수천 년 동안 계속해서, 그리고 지금도 많은 사람이 쉴 새 없이 되풀이해서 던지는 질문입니다. 그럼, 먼저 단도직입적으로 답변부터 드리기로 하겠습니다. 그런 질문은 의인들이 하는 질문이 아니라 악인들이 하는 질문입니다. 악인들은 의인들의 고난을 보면서 '의인들이 왜 고난을 당하는가? 의인은 고난을 당하지 않는다.

죄를 짓고 악을 행했으니 고난을 당한다.'며 비난하고 정죄하고 조롱합니다. 물론 구약시대에는, 율법시대에는 국법이나 상식 수준의 율법을 지키는 사람은 복을 받고 고난을 당하지 않지만, 상식 수준의 율법을 범하는 사람은, 도적질하거나 사람을 죽인 사람은 처벌받아서 감옥살이했습니다. 고난을 당합니다. 그래서 의인은 흥하고 악인은 망한다는 말이 유통됐을 것입니다. 그러나 지금은 다릅니다. 신약시대는 다릅니다. 새 계명의 시대인 신약시대에는 이웃을 자기 자신같이 사랑하고 원수를 자기 자식같이 사랑하는 사람만이 의인입니다. 그런데 그런 사람은 한 사람도 없습니다. 의인은 없으니 하나도 없다고 하신 말씀 그대로입니다. 새 계명 하에서는 모든 사람이 다 죄인입니다. 다만 죄 사함을 받은 그리스도인만이 의롭다고 하심을 받습니다.

그러면 이제부터는 의롭다고 하심을 받은 죄인을 의인이라고 부르기로 하겠습니다. 그런데 이런 의인은, '어찌해서 의인에게도 고난이 오는가?'를 절대로 질문하는 법이 없습니다. 의롭다고 함을 받기는 했지만, 그리스도인은 언제나 회개하고 있는 죄인이기 때문입니다.

그리스도인인데, 의인인데 왜 고난을 당하는가? 하는 질문에 네 가지 측면에서 생각해 답을 해 보겠습니다. 첫째로, 누구나 다 알고 있는 바와 같이 이 세상은 죄악 세상입니다. 이 세상은 의인들은 고난을 당하고 죄인들이 잘사는 세상입니다. 따라서 어쩔 수 없이 의인들은 이런 세상에 살고는 있지만, 이 세상에서는 나그네 인생을 사는 사람일 뿐입니다. 그러니, 하나님의 나라가 고향인 사람들이, 나그네들이, 본토박이들같이 잘살 수 있겠습니까? 어떻게 공산 치하에서 민주투사들이 잘살 수 있고 어떻게 일제 치하에서 독립투사들이 잘살 수 있겠습니까? 일제 치하에서 잘살 수 있었던 사람들은 친일파 매국노들뿐이었습니다. 똑같은 이치입니다. 어떻게 하나님 나라의 백성들이 죄악 세상에서 잘살 수 있겠습니까? 죄악 세상에서 의인들이 고난을 당하는 것은 너무나도 당연한 일입니다.

둘째로, 이 세상은 하나님의 나라가 아니라, 영체들이 사는 나라가 아니라, 육체들이 사는 나라입니다. 따라서 먼저 그의 나라와 그의 의를 구하는 사람이 아니라, 먼저 세상과 육체, 돈과 감투와 명예를 먼저 구하는 사람이 성공합니다. 예수님의 말씀같이 먼저 그의 나라와 의를 구하는 사람은 성공할 수 없습니다. 하나님보다도 육체와 돈을, 성공과 출세를 하나님보다도 더 사랑하는 사람만이 잘 살 수 있습니다. 자나 깨나 건강 건강, 돈 돈, 집 집 하는 사람들이 부귀영화를 누립니다. 진짜로 먼저 그의 나라와 그의 의를 구하는 사람은 세상을 얻을 수 없습니다. 어떻게 예수님의 말씀대로 모든 것을 버리고 십자가를 지고 예수님의 뒤를 따르는 사람이 부자가 될 수 있으며, 어떻게 예수님의 말씀대로 일편단심으로 섬기는 자가 되기를 원하는 사람이 머리가 될 수 있겠습니까? 자진해서 성자가 되고 자원해서 섬기는 자가 된 사람이, 빈자가 된 것을 영광으로 알고 섬기는 자가 된 것을 축복으로 아는 사람이 어떻게 부자가 되고 머리가 될 수 있겠습니까? 그러니 의인들이 고난을 당하는 건 당연한 이치입니다.

셋째로 이 세상은 죄악 세상이어서 반듯하게 사는 사람은 목적지에 도착할 수 없고 꼬불꼬불 돌아서 가는 사람만이 자기 소원을 이룰 수 있습니다. 돌아서 가는 길이 가장 가까운 길이란 속담도 있지 않던가요. 반듯하게만 가는 사람은 곧바로 벽에 부딪히고 전봇대에 부딪치고 도랑에 빠지고 달리는 차에 부딪혀서 죽을 수밖에 없을 것입니다. 이 세상에 반듯하기만 한 길은, 돌아서 가지 않는 길은 하나도 없기 때문입니다. 따라서 반듯하게만 가는 사람은 아무 데도 갈 수 없고 돌아서 가는 사람만이 세상 어느 구석이라도 찾아갈 수가 있습니다. 이 세상은 그때그때 상황에 따라 사정에 따라 변하기를 잘하는 사람만이 자기 소원을 이룰 수 있습니다. 그런데 성경은 세상을 본받지 말고, 많은 사람이 가는 길로도 가지 말고, 하나님의 말씀을 따라 반듯하게만 가라고 합니다. 많은 사람이 몰려드는 넓은 문으로 들어가지 말고 협소하고 협착하기 짝이 없는 좁은 문으로 들어가라고 합니다. 많은 사람에게 환영받으면, 칭찬받으면 화가 있을 것이라고 합니다. 그러니 어떻게 그리스도인들이, 의인들이 이 세상에서 성공할 수 있으며 운수 대통할 수 있겠습니까? 어떻게 고난을 당하지 않을 수 있겠습니까? 이 세상은 돌아서 가는 사람들만이 때에 따라, 상황에 따라, 사정에 따라 변모를 잘하는 사람들만이 성공하는 곳입니다.

그러면 십자가를 지고 예수님의 뒤를 따른다고 하는 교인들이, 그의 나라와 그의 의를 먼저 구한다고 하는 교인들이, 이 전에 좋아하던 모든 것 주를 믿는 내게는 분토만도 못하다고 하는 교인들이 세상을 돌아서 가는 방법은 무엇일까요. 불공을 드리면서도 마음은 잿밥에만 있다는 속담같이 오직 그의 나라와 그의 의만 구하고 먼저 그의 나라와 그의 의를 구한다고 하면서, 십자가를 지고 예수님의 뒤를 따른다고 하면서 세상도 얻기를 바라는 신앙생활이 바로 그것입니다. 그러면 모든 것을 버리고 예수님의 뒤를 따른다면서도 부자도 되고 정승판서도 되고 석·박사도 되려고 하는 사람들이 하는 말은 무엇일까요? "하나님께 영광을 돌리기 위해서" "많은 사람을 섬기기 위해서"입니다. 절대로 부자가 되기 위해 돈을 벌고, 세도를 부리기 위해서 정승판서가 되고, 자랑하기 위해서 석·박사가 되는 것은 아니라고 합니다. 절대로 두 주인을 섬기는 것이 아니라고 합니다. 이것이 악인들이 세상을 돌아서 가는 방법입니다. 감쪽같이 세상 사람과 육체 사랑과 돈 사랑을 욕심도 아니고 세상 사랑도 아니고 육체 사랑도 아니고 돈 사랑도 아닌 오직 하나님께 영광을 돌리기 위한 일편단심, 오직 그의 나라와 그의 의를 구하는 일편단심이라고 합니다. 바로 이것이 목회에 성공하는 전도자들이 교인들을 흥분시키고 열광시켜서 교회를 부흥시키는 소망이 넘치는 메시지이고, 바로 이것이 마음껏 실력껏 돈벌이도 하고 출세도 해서 여봐란듯이 사는 교인들이 사용하는 변장술입니다. 연막입니다.

그런데 욕심을, 죄를 감쪽같이 희생과 헌신과 의로 변장시켜 주는 곳, 성형 수술해 주는 곳이 어디일까요? 조직입니다. 단체입니다. 조직이 크면 클수록 완벽하게 악을 의로 성형 수술을 해 놓습니다. 그 대표적인 예가 국가라고 하는 조직입니다. 나라의 발전이나 나라를 지키기 위해서는 무슨 짓을 해도 다 의가 되고, 나라를 해치는 일이나 나라를 망하게 한 사람은 무슨 좋은 일을 해도, 원수를 사랑해도 역적이 됩니다. 전쟁이 일어나면 자기 나라를 지키기 위해서나 자기 나라 사람을 살리기 위해서는 무슨 짓을 해도 애국이 됩니다. 사람을 많이 죽인 사람이 영웅이 됩니다. 남의 나라를 쫄딱 망하게 하는 사람이 개선장군이 됩니다. 이에 반해 적국에 도움을 준 사람은 민족 반역자가 됩니다.

하늘의 이치라도 아는 것같이 많은 사람이 말합니다. 적은 돈은 노력해서 벌 수가 있어도 큰돈은, 큰 부자는 사람의 노력으로 되지 않고 하늘이 낸다고. 그리고 작은 감투는 사람의 힘으로도 얻을 수가 있어도 큰 권력은 큰 감투는 하늘이 내려 주어야 한다고 말입니다. 그러나 이런 말은 유식한 것같이 보이기는 해도 세상을 모르는 사람들이 하는 소리입니다. 가난한 자가 복이 있다고 하신 하나님이 어찌 부자를 만들어 내시겠으며, 머리가 되지 말고 섬기는 자가 되라고 하신 하나님이 어찌 큰 권력을 주시겠습니까. 그런데도 교인 중에는, 율법시대의 유대교인들은 하나님의 큰 종인 왕이나 제사장은 하나님께서 기름 부어 세우신 종인 줄 알았습니다. 그러나 사실은 그게 아닙니다. 예수님 당시에 예수님과 예수님의 제자들을 이단으로 몰아서 핍박하고 십자가에 못 박아 죽인 사람들은 바로 하나님께서 기름을 부어 세웠다는 헤롯 왕과 대제사장들이었습니다. 그리고 종교개혁 시대에 종교개혁자들을 이단으로 몰아 처형한 사람들은 누구였을까요. 하나님께서 기름 부어 세웠다고 하는 세상의 왕들과 교황들이었습니다.

이미 말씀드린 바와 같이 모든 조직의 중심에는 조직 악이 있습니다. 조직의 이름으로 완벽하게 의는 악으로 분장시키고 악은 의로 성형 수술하는 것이 바로 조직 악입니다. 그러면 조직 속에서 이런 성형 수술을 완벽하게 해내는 장본인은 누구일까요? 사탄입니다. 이런 의미에서 보면 큰 부자나 큰 권력은 하늘이 낸다고 하는 말이 맞기는 맞는데 그러나 이때의 하늘은 창조주 하나님이 아니라 하나님으로 분장한 사탄입니다. 모든 큰 조직에는 조직 악이 있고 조직 악의 중심부에는 사탄이 있습니다. 교회에서는, 땅에 있는 교회 조직이 되어 버린 교회에서는, 그 교회를 하나님의 나라와 밀착시키고, 성직자들을 하나님께서 기름 부어 세우신 종이라고 하면서 하나님과 일치시키고, 교황은 베드로에게 주신 천국열쇠를 이어받은 종이라고 숭상하지만, 그런 것이 바로 조직 악의 뭉치가 되어 버린 땅의 교회를 우상화하고 세상의 조직이 선출하고 임명한 사람을 하나님이 보낸 사람으로 신격화하는 것이 아니고 무엇이겠습니까. 그런데 이처럼 이치에도 맞지 않고 말도 되지 않는 소리가 통하도록 만든 것이 무엇일까요. 그것이 바로 조직이요 조직 악입니다. 개인적으로는 통하지 않는 말이나 작은 모임에서는 통하지 않는 말이라도 큰 조직으로 들어가면 많은 사람이 사랑받고 존경받는 진리, 많은 사람이 충성을 다하고 순교까지 하는 진리가 됩니다.

넷째로, 의인들은, 자진해서 가난한 사람이 되고 자원해서 섬기는 사람이 된 그리스도인들은 가난이나 비천을 부끄럽게 생각하기는커녕 영광으로 압니다. 실제로 사도 바울은 세상 사람들이 자랑스럽게 여기는 부귀와 영화를 배설물같이 여기고 만물의 찌꺼기가 된 것을 자랑하지 않았던가요? 옥중에서도 노래를 부르고 쇠고랑을 차고서도 재판석에 앉아 있는 왕과 총독을 불쌍히 여기지 않았던가요? 그리고 세상의 왕후 귀족들은 그런 초대교인들을 보고 감탄하면서 부러워하지 않았던가요? 따라서 어찌하여 의인에게도 이런 고난이 있는가, 하며 하나님을 원망하는 사람은 의인들이 아니라 욕심 덩어리인 악인들입니다.

다섯째로 의인들은, 거듭난 그리스도인들은 하나님을 기쁘시게 해드리는 것, 그것이 소원의 전부입니다. 하나님의 나라를 유업으로 받은 것만으로도 넘치고 넘쳐서 좋은 일을 하면서도 더는 대가를 바라지 않습니다. 도리어 우리의 죄를 사해 주시려고 온갖 수모와 온갖 고생을 당하신 예수님을 위해 작은 십자가라도 짊어지고 예수님의 뒤를 따라가기를 원합니다. 그런 의인에게서 어떻게 고난에 대한 불평이 나올 수 있겠습니까. 그러면 고난에 대한 원망은 누구 입에서 나오는 것일까요? 고난을 당해야 마땅한 악인들의 입에서 나옵니다.

그러면 악한 사람들이란 어떤 사람일까요. 무슨 일을 해도 악한 일일 뿐 아니라 좋은 일을 해도, 희생 봉사를 해도 자기 자신을 위해서 하는 사람들입니다. 복을 받기 위해서 하는 사람들이며, 칭찬을 듣기 위해서 하는 사람들이며, 열 배로 백배로 거두기 위해서 하는 사람들이며, 자기 성공을 위해서 하는 사람들이며, 심지어 헌신하고 순국해도 자기 이름을 역사에 남기기 위해서 하는 사람들입니다. 자선사업을 해도 대통령이 되기 위해서 하고, 겸손하게 무릎을 꿇어도 국회의원이 되기 위해 하는 사람들이며, 후하게 손님을 대접하고 값비싼 선물을 해도 공무원을 매수하기 위해서 하는 사람입니다. 이 세상에서 가장 정직하고 가장 신용이 있고 가장 순종 잘하고 가장 예의 바르고 가장 희생적이고 가장 목숨까지도 아까워하지 않고 충성을 다하는 사람은 누구일까요? 자기 소원을 이루기 위해서 자기 목적을 달성하기 위해서 원대한 꿈을 품고 사는 야심만만한 사람입니다. 악한 사람들이란 나쁜 말만 하고 나쁜 일만 하는 사람들이 아닙니다. 나쁜 사람들이 의로운 사람들보다 좋은 말도 더 많이 하고 좋은 일도 더 많이 합니다. 왜 그럴까요? 자기의 정체를 숨기고 의로운 사람으로 보이기 위해서입니다. 악한 사람들은 좋은 일을 해도 남을 위해서나 이웃을 위해서 하지 않고 자기 자신을 위해서 합니다. 자기에게 유익이 되고 자기 출세에 도움이 되는 좋은 일만 합니다. 자기에게 꼭 필요한 사람에게는 악인들이 의인들보다 더 정성을 다합니다. 밤을 새워 가며 힘을 다해서 기도를 드리는 사람들은 누구일까요? 하나님의 뜻을 이루어달라고 기도를 드리는 사람일까요, 아니면 자기 소원을 이루어 달라고 기도를 드리는 사람일까요? 신앙생활도 자기 소원을 이루기 위해서 하는 사람들이 기도도 더 많이 하고 헌금도 더 많이 합니다. 그러면 신문 지상이나 매스컴에 대대적으로 보도가 되는 의인들은 누구일까요? 대답은 여러분들에게 맡깁니다.

결론적으로 말씀드립니다. 악한 사람들은 좋은 일을 해도, 인류를 위해서 일을 해도, 하나님의 영광을 위해 일을 해도, 자기의 소원을 이루기 위해서 하는 사람들이기에 세상만사가 자기 마음대로 되지 않으면 "어찌하여 의인에게도 이런 고난이 있는가!" 합니다.

여섯째로 의인들은 자기 잘못을 보고 회개하는 선수이고, 그래서 남의 잘못은 이해하고 덮어 주는 선수입니다. 그래서 의인의 눈에는 죽일 놈이 없습니다. 이에 반해 악인은 자기 잘못은 온갖 변명과 구실로 잘못이 아닌 것으로 만들어 버리고, 그 대신 남의 잘못은 작은 잘못이라도 발견하면 침소봉대해서 온 세상에 떠벌리고 다닙니다. 잘못이 없을 때는 자기 잘못을 뒤집어씌우기까지 하고, 없는 잘못도 만들어 내서 사람 같은 놈은 단 한 사람도 없고 죽일 놈들뿐이라고 분을 금하지 못합니다. 의인은 자칭 죄인이 되고, 악인은 자칭 의인이 됩니다. 그래서 "어찌하여 의인에게 이런 고난이 있는가?"라며 억울해하는 것은 의인이 아니라 악인입니다.

130 입술의 신앙과 마음의 신앙

"네가 만일 네 입으로 예수를 주로 시인하며 또 하나님께서 그를 죽은 자 가운데서 살리신 것을 네 마음에 믿으면 구원을 받으리라"(롬 10:9). 로마서의 이 말씀은, 마음으로 믿어서 의에 이르고 입으로 시인하여 구원을 받음으로써만 구원이 완성된다는 얘기입니다. 그런데 이사야 선지자는 다음과 같이 하나님의 마음을 전했습니다. "이 백성이 입술로는 나를 공경하되 마음은 내게서 멀도다"(마 15:8). 이 말씀은 마음에는 없는 믿음은, 입술로만 "믿습니다!"라고 고백하는 것은 헛되단 말씀입니다. 말로만 하는 믿음이나 자기 생각으로만 하는 믿음은 헛된 믿음이라는 말씀입니다. 사람 보기에만 믿음이지 하나님 보기에는 믿음이 아니란 말씀입니다.

예수님께서 유식하고 박식한 서기관을 보시고 "들어도 듣지 못하고 보아도 보지 못하며 깨닫지 못한다." 하신 말씀이나 "맹인이 맹인을 인도한다."라고 하신 말씀이 뜻하는 것이 바로 이것입니다. 하나님의 말씀을 단지 머리로 공부해서 아는 것은, 단순한 지식은, 아는 것이 아니란 말씀입니다. '입술의 신앙'이란 단지 머리로 공부해서 지식으로 알고 나서 고백하는 신앙이고, '마음의 신앙'이란 성령의 감동으로 마음속에서 우러나와 고백하는 신앙입니다. 따라서 입술의 신앙에서는 생각이 달라질 뿐, 하는 말이 달라질 뿐, 중생의 역사가 일어나지 않고 마음의 신앙에서는 중생의 역사가 일어납니다.

예수님께서도 두 가지 신앙이 있는 것을 분명하게 말씀하신 바 있습니다. 똑같이 "주여! 주여!" 하는 교인 중에도 넓은 문으로 들어가는 교인과 좁은 문으로 들어가는 교인도 있고, 가라지 교인과 곡식 교인도 있고, 쭉정이 교인과 알곡 교인도 있다고 하시면서 좁은 문으로 들어가라고 하셨습니다. 그리고 심판의 날까지는 가라지를 뽑아 내려 하지 말라고 하지 않으셨던가요? 비판도 하지 말고.

그러면 어찌하여 교회는 교인들에게 이런 사실을 확실하고도 분명하게 가르치지 못하는 것일까요? 그 까닭은 너무나도 신비한 효력이 있는 특효약이기는 하지만, 그만큼 잘못 사용하면 무서운 치사약이 되기 때문입니다. 약을 사용하면 거듭난 성도들은 바로 깨닫고 남들의 신앙을 비판하거나 정죄하지 않고, 가라지를 뽑아 내려고 하지 않고 자기 자신에게 비판과 정죄를 가할 뿐이지만, 그러나 이 말씀을 바로 이해하지 못하고 오해하고 곡해하는 가라지 교인들은 서로 비판하고 정죄하면서 교회 안에 분쟁과 분열을 일으키기 때문입니다. 그래서 예수님의 말씀대로 진주를 돼지에게는 주지 않고 들을 귀가 있는 사람에게만 전하게 됩니다.

그럼, 여기서 한번 말씀드리기로 하겠습니다. 복음을 전해서 사람이 많이 모이면 조직을 만들게 됩니다. 조직을 만들지 않으면 교인들이 다 뿔뿔이 흩어져 버릴 수밖에 없기 때문입니다. 마당에 널려 있는 곡식을 자루에 담지 않으면 어찌 되고, 바람에 날려 다니는 지폐를 붙잡아서 금고에 보관하지 않고 그대로 내버려 두면 보관할 수가 없는 것같이, 그래서 사람이 많이 모이면 조직을 만들게 됩니다. 사람이 많아지면 조직을 그만큼 더 확대하고 강화하게 마련입니다. 그런데 사람에게 본능이 있는 것같이, 육체가 건강하게 오래오래 남보다도 잘살고자 하는 본능이 있는 것같이 조직에도 본능이 있습니다. 강대하게 되고 거대하게 되고 조직의 발전을 위해서 조직원들을 최대한으로 활용하려고 하는 본능입니다. 소위 말하는 사각지대가 없는 목회를 하려고 합니다. 거기서 나오는 것이 조직 악입니다.

나라마다 자국의 발전을 위해서, 잘사는 나라를 만들기 위해서라고 하면서, 백성들을 섬기기 위해서라고 하면서 독재 정치를 하는 것같이, 교회도 조직이 되면 교회의 부흥과 발전을 위해서 할 수 있는 대로 많은 교인을 모으려 합니다. 그런데 교회가 많은 사람에게 환영받으려고 하면 신앙의 수준을 낮추어 제시해야 합니다. 교회의 문턱이 너무 높으면, 자기를 부인하고 모든 것을 버리고 십자가를 지고 예수님의 뒤를 따르라고만 하면, 좁은 문으로 들어가라고 하면 몇 사람이나 그 뒤를 따르겠습니까? 그래서 교회의 부흥과 발전을 위하여 나온 것이 상황윤리이며 이중 윤리입니다. 예를 들어 천주교회는 땅에 있는 교회 조직을 우상화하여 하나님 나라라고 하고, 사람들이 선출하고 임명한 성직자들을 우상화하여 하나님께서 기름을 부어서 세우신 종이라고 합니다. 성전 건물을 우상화하고 성례 즉 성만찬과 영세를 우상화하여 성만찬의 떡을 먹는 사람은 예수님의 살을 먹는 사람이라고 하고 성만찬의 포도주를 마시는 사람은 예수님의 피를 마시는 사람이라고 합니다. 그래서 교회에 소속해서 성만찬의 떡과 포도주를 마시기만 하면 구원받는다고 합니다.

개신교회 역시 경우의 차이는 있지만 교회와 성직과 성례를 우상화하기는 마찬가지입니다. 개신교회의 다른 점은 천주교회가 특별히 조직을 우상화하는 데 반해 개신교회는 말씀을 우상화합니다. 그래서 이미 말씀드린 바와 같이 말로만 자기 생각으로만 감정으로만 "믿습니다. 믿습니다."라고만 해도 구원을 받은 줄로 압니다. 그렇게 하여 중세기에는 천주교회가 교회를 부흥시키고 근세에 이르러서는 개신교회가 교회를 부흥시켰습니다. 그래서 교회가 부흥한 것은 사실이지만, 조직이 커진 것도 사실이지만, 교인 수가 많아진 것도 사실이지만, 그만큼 교회가 세속화된 것도 사실입니다. 조직이 교회를 부흥시키는 것도 사실이지만, 조직이 교회를 타락시키는 것도 사실입니다. 그래서 조직이 되어 버린 유대교회는 예수님과 그의 제자들과 초대교회 교인들을 핍박하는 교회가 되어 버렸고, 조직이 되어 버린 천주교회는 종교개혁자들을 핍박하는 교회가 될 수밖에 없었습니다. 언제나 기독교를 핍박하는 데 앞장을 선 사람들은 불신자가 아니라 타락한 교인들이었습니다. 제사장들과 서기관들과 바리새교인들이었습니다.

입술의 신앙과 마음의 신앙의 차이가 여기 있습니다. 입술의 신앙이란 자기 소원을 이루기 위해서 하나님을 이용하는 신앙이고, 마음의 신앙이란 거듭나서 하나님을 주인으로 섬기는 신앙입니다. 순종하는 신앙입니다.

그러면 결론 삼아 몇 말씀만 더 드리기로 하겠습니다.

거듭난 성도들은 많은 죄가 사함을 받은 것만으로도 넘쳐서 늘 감사하며 하나님의 뜻을 이루어 나가는 데서, 조금씩이라도 예수님을 닮아가는 데서 행복을 찾고 보람을 찾습니다. 그것이 신앙생활의 전부입니다. 더는 이전에 구하던 것들을 구하지 않습니다. 그리고 너무도 많은 죄가 사함을 받은 것을 알기 때문에 남들의 죄를 날카롭게 비판하지 못하고 너그럽게 용서하고 덮어 주면서 자기의 죄만 가차 없이 회개합니다. 그리고 회개하고 죄 사함을 받을 때마다 새로운 기쁨을 얻으면서 그 감격 속에서 조금씩 예수님을 닮아갑니다. 이것이 성화입니다. 이에 반해 입술의 신앙생활을 하는 사람들은, 자기 생각과 말과 감정으로만 신앙생활을 하는 사람들은 거듭나지를 못해서 내적인 증거도 없고 샘솟는 기쁨도 모릅니다. 그래서 말과 감정과 종교의식과 교회 활동 같은 것이 신앙생활의 전부가 되어 버립니다.

그래서 늘 회개하고 죄 사함을 받는 감격 속에서 성화되어 가는 내적인 증거와 기쁨을 몰라서 입술로 하는 신앙생활, 여럿이 모여서 드리는 예배와 기도와 찬양과 각종 행사와 각종 회의가 신앙생활의 전부인 줄 알고 입술의 신앙에만 전념합니다. 주일을 성수하고 성경 공부를 많이 하고 기도를 오래 드리고 교회 일에 열중합니다.

예수님께서는 선한 일을 할 때나 기도를 드릴 때 나팔을 불지 말라고 하셨는데도, 하나님만이 아시는 은밀한 가운데서 오른손이 하는 일을 왼손도 모르게 좋은 일을 하고 아무도 보지 못하는 골방에 들어가서 기도를 드리라고 하셨는데도 나팔을 불고 광고를 하고 여럿이 모여서 기도를 드리고, 나팔을 불어가면서 좋은 일을 합니다. 나팔을 불고 시간을 정해 놓고 할 수 있는 대로 많이 모여서 예배를 드리고 기도를 드립니다. 중언부언하는 기도를 드리지 말라고 하셨는데도 밤을 새워 가면서 중언부언하며 기도를 드리는 사람이 기도왕이 됩니다. 예수님과 예수님의 제자들은, 초대교인들은 시간을 정해 놓고 많은 사람이 모여서 예배를 드리고 기도를 드리지는 않았습니다. 오죽하면 어찌하여 당신의 제자들은 안식일도 지키지 않고 기도도 드리지 않느냐고 하는 비난까지 들으셨겠습니까.

그런데 형식화되어 버리고 입술의 신앙이 되어 버린 교회에서는 자기를 부인하고 십자가를 지고 예수님의 뒤를 따르든 말든, 신앙생활이야 하든 말든, 성경 공부를 많이 한 사람들과 설교를 잘하는 사람들과 기도를 많이 드리는 사람들과 교회에서 중책을 맡은 사람들과 헌금을 많이 드리는 사람들이 신앙 좋은 사람으로 인정받고 존경도 받습니다. 신앙의 지도자가 됩니다. 그래서 이 사람들이 믿음 좋은 체하면서 서로 앞자리를 다투는 바람에 교회에 분쟁이 생깁니다. 이런 사람들이 교만에 빠져서 의인 행세를 하고, 신앙의 지도자 행세를 하면서 비판을 일삼고 자기는 행하지 않으면서 가르치려고만 합니다. 교회 안에서 가라지를 뽑아 내겠다고 나서는 사람들은, 교회가 타락했다고 나서는 사람들은 말없이 예수님의 뒤만 따르는 곡식 교인들이 아니라 가라지 교인들입니다. 가라지 교인들끼리 비판하고 개탄하면서 서로 앞장서려고 하고 서로 뽑아 내려고 하는 가운데서 교회는 분열하고 분쟁과 논쟁에 휘말려 들어갑니다.

그러면 마지막으로 나의 간증을 짧막하게 말씀드리겠습니다. 나의 신앙생활에 있어서 가장 중요한 것은 회개입니다. 나에게 회개는 신앙생활의 핵심이요 중심입니다. 심장입니다. 나는 언제나 쉬지 않고 회개합니다. 어떻게 쉬지 않고 회개하느냐고요? 그러면 어떻게 쉬지 않고 기도는 드리나요? 예수님께서는 왜 쉬지 말고 기도하라고 하셨을까요? 옛날의 어머니들은 자식들을 쉬지 않고 사랑했습니다. 이쁜 짓을 할 때만 사랑한 것이 아니고 미운 짓을 할 때도 사랑했습니다. 예쁜 짓을 할 때는 안아 주면서 사랑하고 미운 짓을 할 때는 미워하면서 차라리 없어져 버리라고 하면서 사랑했습니다. 사랑할 때만 사랑한 것이 아니고, 미워할 때는 일시적인 감정으로는 미워하면서도 그때도 마음속에 있는 사랑은 변하지 않았습니다. 그래서 사랑은 영원하다고 하는 것이 아니겠습니까? 의식적으로 사랑할 때만 사랑하는 것이 아니고 무의식중에도 마음은 변치 않고 일편단심 사랑하는 것입니다. 똑같은 이치입니다. 의식적으로는 쉬지 않고 기도를 드릴 수가 없어도 마음속 깊은 곳에서는 쉬지 않고 기도를 드릴 수가 있습니다. 믿음 역시 마찬가지입니다. 의식적으로 믿는다고 신앙고백을 할 때만 믿는 사람이 아니라 잠을 자고 있을 때도 마음속 깊은 곳에 있는 신앙은 영원합니다.

그런데 회개는 어떤 사람들 말같이 처음 구원받을 때 한 번 하는 것으로 끝나는 것이 아닙니다. 예수님을 닮아갈수록, 예수님에게 가까이 갈수록, 빛으로 가까이 가면 갈수록 그림자가 점점 더 커지는 것같이 점점 더 많은 죄를 깨닫게 됩니다. 그래서 믿음이 제일 좋았던 사도 바울은 죄인의 괴수가 될 수밖에 없었던 것이 아니겠습니까. 나 역시 회개하고 죄 사함을 받고 거듭난 후에 점점 더 많은 잘못과 죄를 깨닫게 되었습니다. 점점 더 깊은 회개를 했습니다. 그만큼 더 큰 죄 사함을 받게 되었습니다. 그만큼 더 큰 하나님의 사랑을 경험하게 되었습니다. 그만큼 더 깊은 곳에서 솟아 나오는 생수를 마시게 되었습니다. 그만큼 더 큰 평안을 경험하게 되었습니다. 더 많이 회개할수록 더 큰 죄가 사함을 받고 더 큰 하나님의 사랑을 경험하고 더 큰 기쁨과 더 큰 하나님의 능력을 경험하게 됩니다.

나는 회개하고 죄 사함을 받는 가운데서 첫째는 하나님을 만납니다. 죄를 사해 주실 수 있는 분은 하나님 한 분밖에 없습니다. 따라서 죄 사함을 받는 시간은 하나님을 만나는 시간입니다. 그러니 어찌 감격스럽지 않고 어찌 놀랍지 않고 어찌 신비롭지 않겠습니까? 머리로 공부해서 만나는 하나님은 하나님이 아니라 하나님 지식입니다. 환상 중에 만나는 하나님은 귀신인지도 모르는 정체불명의 하나님입니다. 그때뿐인 하나님입니다. 꿈을 꾼 것이나 마찬가지입니다. 달라지는 것이 아무것도 없습니다. 공부해서 만나는 하나님 역시 달라지는 것이 아무것도 없습니다. 유식해질 뿐입니다. 그러나 죄 사함을 받을 때 만나는 하나님은, 성경이 말하는 하나님은 다릅니다. 무엇이 다르냐고요? 사람이 달라지는 것이 다릅니다. 번지수가 없는 감사와 기쁨과 능력이 그 증거입니다.

하나님은 능력으로 나타나십니다. 하나님의 나라는 말에 있지 않고 능력에 있다고 하신 말씀 그대로입니다. 나는 회개하고 죄 사함을 받을 때마다 하나님의 능력을 체험합니다. 지금의 나는 기쁨과 평안뿐 아니라 세상을 사는 보람도 위로도 소망도 긍지도 환란을 이겨 내는 인내도 모든 것을 회개하고 죄 사함을 받을 때마다 경험합니다. 그리고 나는 언제나 회개하고 언제나 죄 사함을 받고 살았기에 항상 기뻐하고 범사에 감사하며 살 수가 있습니다. 언제나 하나님과 같이 삽니다. 로마서 8장 16절에 "성령이 친히 우리의 영과 더불어 우리가 하나님의 자녀인 것을 증언하시나니"라고 하신 말씀 그대로, 이런 변화가 곧 내가 하나님의 자녀가 된 증거입니다.

그런데 한 가지 문제가 있습니다. 머리와 말로 입술로 감정으로 종교의식으로 신앙생활 하는 사람들도 하나같이 자기도 거듭났다고, 하나님을 만났다고, 욕심을 비운 지는 이미 오래라고 더 크게 소리치면서 이 사람 저 사람에게 거듭나야 한다고, 능력을 받아야 한다고, 성령 충만해야 한다고 입신하고 방언하는 데 있습니다. 그러나 참으로 거듭난 사람들은 말이 없습니다.

결론 삼아 마음속 깊이 새겨지도록 다시 한번 말씀드리겠습니다. 악한 사람들은 자기 잘못을 보지 못하고 남의 잘못만 보고 비판과 판단을 일삼다가 자칭 의인이 되고, 이에 반해 의인들은 남의 잘못을 덮어 주면서 자기 잘못만 뼈아프게 회개함으로 자칭 죄인이 됩니다. 그런데 하나님께서는 자칭 의인(악인)은 심판하시고, 이에 반해 죄만 회개하다가 죄인 중에 괴수가 된 자칭 죄인들을 구원하십니다. 그러면 가장 악한 사람은 누구일까요? 단번에 모든 죄가 사함을 받았기 때문에, 단번에 모든 죄가 사함을 받은 사람은 죄를 지어도 죄가 되지 않기 때문에, 두 번 다시는 회개할 필요도 없고, 우리의 죄는 예수님의 죄가 되고 예수님의 의는 우리의 의가 됐기 때문에 한 번 죄 사함을 받은 사람은 영원히 의인이라고 하는 사람입니다. 그러면 이런 말을 하는 것은 구원파 이단뿐일까요? 아닙니다. 단 한 번의 회개로 모든 죄가 사함을 받았다고 믿는 구원파 이단들과 똑같이, 계속해서 발을 씻는 회개도 하지 않으면서 구원받은 줄로 알고 어영부영 살아가는 교인들 역시 같은 종류입니다. 아니 단 한 번의 회개와 중생의 경험도 없이 어영부영 교회 다니는 교인들 역시 마찬가지입니다.

그런데 참으로 회개하고 죄 사함을 받은 교인들은 점점 자기의 죄를 더 깊이 깨달으면서 점점 더 깊은 회개를 함으로써 죄인 중에 괴수가 됩니다. 한 번으로 끝나는 결혼이 사기 결혼이고 한 번으로 끝나는 사랑이 불장난인 것같이, 한 번 죄 사함을 받음으로써 끝나는 구원은 사기 구원입니다. 첫 번째 회개에서 중생의 역사가 일어나는 것같이 거듭난 후에도 계속되는 회개에서 성화의 역사가 일어납니다.

131 한두 가지면 족합니다

예수님께서 십자가를 지시려고 예루살렘으로 올라가는 길에 마르다와 마리아의 집에 들르셨습니다. 그때 마르다는 많은 음식을 준비하느라 여념이 없었습니다. 그때 예수님께서 하신 말씀이 한두 가지면 족하다는 것이었습니다. 예수님께서는 죽임을 당하시기 위해 예루살렘으로 올라가는 길이었으니 식욕이 있을 리 없었습니다. 한두 가지면 족하셨습니다. 사실 우리도 매일 밥상에 한두 가지 혹은 서너 가지씩 올려놓고 식사하지 않나요? 진수성찬을 차려놓아도 사람마다 자기 식성에 따라 몇 가지 음식을 먹을 뿐입니다. 뷔페 집에 음식이 많다고 그 음식을 골고루 다 먹는 사람이 어디 있겠습니까. 백화점에 가면 상품들이 산더미같이 쌓여 있습니다. 그렇다고 해서 그 상품들을 모두 사 가는 사람들이 어디 있겠습니까. 한두 가지면 족합니다. 약국에 가면 약이 수백 가지 수천 가지입니다. 그렇다고 해서 그 약들을 모두 사 가는 사람들이 어디 있습니까. 약장사를 할 사람이라면 몰라도 말이지요. 사실 알고 보면 그렇게 많은 것이 필요한 것은 아닙니다. 돈이 있는 사람들은 이것저것 많은 것을 사들이지만, 사람이 행복하게 사는 데 필요한 것은 그렇게 많은 것이 아닙니다. 많은 사람이 필요하지도 않은 것들을 모아들이고 사들이고 장만하느라고 욕심은 한이 없고 끝이 없지만, 돈은 아무리 많이 벌어도 더 많이 벌고 싶은 것이 사람의 욕심이지만, 한 사람이 행복하게 사는 데에 그렇게 많은 돈이 필요한 것은 아닙니다. 부자들은 자기가 번 돈의 만분의 일도 십만분의 일도 쓰지 못하고 빈손 들고 갑니다.

한번 우리 주변을 돌아봅시다. 한 번도 입어 보지도 않은 옷이 얼마나 많으며, 한 번도 매 보지도 않은 넥타이가 얼마나 많으며, 한 번도 신어 보지도 못한 신발은 얼마나 많습니까. 한 번도 읽어 보지도 않은 책은 얼마나 많습니까. 집집이 책꽂이에 가득한 책들은 장식용일 때가 얼마나 많습니까. 사실 공부도 그렇게 많이 할 필요가 없는 것들입니다. 우리가 학교서 공부한 것 중 몇분의 일이나 활용하고 있는지요. 똑같은 이치입니다. 신앙생활을 하는 데도 그렇게 많은 성경 지식이 필요한 것이 아닙니다. 신구약 장사를 할 사람이라면 몰라도 마틴 루터는 "의인은 오직 믿음으로 말미암아 살리라." 하신 한마디 말씀에 구원을 받았습니다. 간음 현장에서 붙잡혀 온 여자는 "네 죄 사함을 받았느니라." 하신 한마디 말씀에, 빌립보 감옥의 간수장은 "주 예수를 믿으라 그리하면 너와 네 집이 구원을 받으리라." 하신 한마디 말씀에 구원을 받았습니다.

초대교회 시대에는 오늘날 같은 성경책도 없었고 오늘날과 같은 성경 공부도 없었습니다. 그들은 모두 한두 가지 말씀을 먹고 구원받은 성도들이었습니다. 그들의 믿음은 모든 교회의 모범이 되는 믿음이었고, 세상을 놀라게 하고 세상을 변화시키는 믿음이었습니다. 음식이 한두 가지 혹은 서너 가지면 족한 것같이 하나님의 말씀도 필요한 것만큼이면 족합니다. 기도도 필요한 것만큼이면 족합니다. 그래서 예수님께서 말씀하신 것이 아니겠습니까? 필요도 없는데 사람들 보라고 나팔을 불면서 기도를 드리지도 말고, 하나님께서는 별로 들을 말씀이 없는데 사람들에게 칭찬을 들을 속셈으로 사람들 들으라고 유창한 말로 중언부언 기도하지 말라고 말입니다. 예수님과 예수님의 제자들은 시간을 정해 놓고 여럿이 모여서 기도도 드리지 않았고 예배도 보지 않았습니다. 그래서 바리새교인들에게 어찌하여 당신과 당신의 제자들은 안식일도 지키지 않고 일주일에 두 번씩 금식기도도 드리지 않느냐고, 어찌하여 기도도 드리지 않느냐고, 어찌하여 성경 공부도 하지 않느냐는 비난을 들었습니다. 예수님과 제자들의 예배와 기도와 설교는 따로 시간을 정해 놓고 장소를 정해 놓고 하는 종교의식이 아니라 삶 속에 있는 예배와 기도와 설교였습니다.

그러면 시간을 정해 놓고 모여서 성경 공부하고 중언부언 기도를 드리고 나팔을 불어 가면서 좋은 일을 하는 것이 신앙생활의 전부인 줄 아는 사람들은 그렇게 하고 싶어서 그런 생활을 하는 것일까요? 아닙니다. 그럴 수밖에 없어서 그런 생활을 하게 되는 것입니다. 우선 아직도 거듭나지 못한 교인들은 영적으로는 죽은 사람이나 마찬가지입니다. 그래서 하나님의 말씀을 식욕이 없어서 먹지는 못하고, 기도를 드리지 않아도 육체가 사는 데 필요한 모든 조건만 갖추면 얼마든지 행복하게 살 수 있어서 목마른 사슴이 물에 갈급하듯이 기도를 드릴 수는 없고, 선한 일을 하지 않아도 자기 소원만 이루면 얼마든지 잘살 수 있어서, 영혼이 잘살기 위해서 자기가 살기 위해서 좋은 일을 하는 것이 아니어서 나팔을 불 수밖에 없습니다.

그런데 이런 사람들은 그대로 내버려 두면 성경 공부도 하지 않고 기도도 드리지 않고 힘을 쓰지 않을 것이 뻔해서 우선 성경 공부라도 하도록 훈련하고 교육하는 곳이 교회입니다. 하나님의 말씀을 공부해서 유식한 사람을 만들어 내려는 것이 아니고 참으로 거듭난 그리스도인이 되기를 바라면서 말입니다. 중언부언하는 기도나 사람들 들으라고 하는 기도를 드리지 않고, 축복받고 칭찬을 듣기 위해서 좋은 일을 하지 않고, 굶주린 사람이 허겁지겁 밥을 먹듯이 영혼이 죽지 않고 살기 위해서 기도를 드리고, 이미 하나님께 받은 은혜가 차고도 넘쳐서 보답하는 마음으로 좋은 일을 하는 그리스도인, 그런 거듭난 그리스도인이 되기를 바라면서 훈련하고 교육하는 곳이 교회입니다.

그러면 거듭난 그리스도인은 어떤 사람일까요?

첫째로, 하나님의 말씀을, 예수님의 피와 살을 영혼의 양식으로 먹고 사는 사람입니다. 하나님 말씀을 공부만 해서 유식한 사람이 되는 것이 아니라, 굶주리고 목마른 사람이 먹을 것과 마실 물을 먹고 마시듯이 하는 사람입니다. 그래서 약국에 있는 약을 모두 사들이고 백화점에 있는 상품들을 사들이고 나서 부자가 된 것을 자랑하듯 유식한 사람이 되기 위해서 성경을 공부해서 아무 쓸모없는 성경 지식을 자랑하는 것이 아니라, 꼭 필요한 약만 사서 먹고 병을 치료하고 꼭 필요한 상품만 사서 요긴하게 쓰는 사람입니다.

둘째로, 기도는 영혼의 호흡이라는 말같이 쉬지 않고 기도를 드리는 사람입니다. "쉬지 말고 기도하라!" 내가 죽지 않고 살기 위해 기도를 드리는 사람입니다. 숨이 끊어지면 육체가 죽는 것 같이 기도가 끊어지면 영혼이 죽습니다. 그러면 어떻게 할 일도 많고 할 말도 많은데 쉬지 않고 기도를 드릴 수 있는 것일까요. 물론 입술로 드리는 기도는 쉬지 않고 드릴 수가 없습니다. 그러나 마음속으로 드리는 기도는 모두가 쉼이 없는 기도입니다. 의식적으로 기도를 드리지 않을 때는 무의식중에 맘속에서 기도를 드립니다.

예를 들어서 말씀드리겠습니다. 한 사람이 어떤 사람을 사랑하게 되면 말로나 행동으로 사랑으로 고백할 때만 사랑하는 것이 아니고 의식적으로 이런 생각 저런 생각, 이런 말 저런 말, 이런 일 저런 일을 할 때도 무의식중에는 영원히 사랑하는 것같이 믿음 역시 마찬가지입니다. 말로 믿음을 고백할 때만 믿는 사람이 아니라 의식적으로는 다른 얘기를 하고 있을 때라도 무의식중에는, 마음속에는, 믿음이 그대로 살아 있습니다. 거듭난 사람들은 죽지 않고 살기 위해서 늘 기도를 드립니다. 늘 회개합니다. 늘 죄 사함을 받는 감격과 기쁨 속에서 삽니다. 따라서 기도를 숨 쉬듯이 하는 거듭난 그리스도인은, 자기가 살기 위해서 숨 쉬는 것을 자랑하는 사람이 없는 것같이 기도를 자랑하지도 않고 광고하지도 않습니다. 예수님 말씀같이 거듭난 그리스도인은 골방에 들어가서 은밀한 가운데 계시는 하나님께 기도를 드립니다. 많은 사람이 모인 데서만 청산유수 같은 기도를 하고 계속해서 기도의 신기록을 경신해 나가면서 기도왕의 명예를 누리는 사람들은 다른 사람들이 들으라고 기도를 드리는 사람들이고 중언부언하는 기도를 드리는 사람들입니다.

셋째로, 거듭난 그리스도인은 역시 자기가 살기 위해서 좋은 일을 합니다. 큰 죄를 용서해 주신 하나님의 은혜에 만분의 일이라도 갚기 위해서 좋은 일을 하고, 하나님을 기쁘시게 해 드리기 위해서 좋은 일을 하고, 하나님의 말씀에 순종하기 위해서 좋은 일을 합니다. 거듭나기 이전의 교인들같이 복을 받기 위해서나, 상을 받기 위해서나, 구원받기 위해서 좋은 일을 하지 않습니다. 구원은 이미 받았는데 또다시 무슨 구원을 또 받으며, 이미 받은 축복만 해도 감사가 넘치는데, 하나님의 나라를 유업으로 받은 것만 해도 넘치고 넘치는데 더는 받을 축복이 무엇이 있겠습니까. 그래서 거듭난 그리스도인들은 좋은 일을 하고 나서도 자랑하지 않고 칭찬을 들으려고도 하지 않고 의인 행세를 하지도 않고 남을 비판하지도 않습니다.

그러면 우리는 바른 신앙생활을 하기 위해서 어떻게 살아야 할까요? 성경을 읽어 보든지 설교를 들어 보든지 신앙 간증을 들어 보든지 책을 읽어 보면 신앙의 위인들이 너무 많습니다. 정말 까마득하게 올려다보이는 신앙의 위인들도 있고, 정말 큰 감동을 주는 신앙의 선배들도 많고, 부러워 보이는 믿음의 스승들도 많습니다. 이루 말로는 다 형언할 수가 없습니다. 안정된 생활 터전이 있는 고향 땅을 버리고 하나님의 명령에 따라 정처 없는 나그넷길을 떠난 아브라함의 이야기도 있고, 팥죽 한 그릇으로 형 에서에게서 장자권을 탈취한 다음 집에서 도망 나와 돌베개를 베고 잠을 자다가 하늘에 닿는 사다리를 보고 하나님의 음성을 들은 야곱의 얘기도 있고, 팔십 고령에 지팡이 하나를 집고 애굽으로 내려가서 출애굽의 역사를 이루어 놓은 모세의 얘기도 있고, 풀무불 속에서 머리털 하나 타지 않고 살아 나온 다니엘의 얘기도 있고, 노예로 팔려 가서 애굽의 총리가 된 요셉의 얘기도 있고, 성전 뜰에서 나면서부터 못 걷는 이를 일으킨 베드로의 얘기도 있고⋯⋯, 한도 끝도 없습니다. 그러면 우리는 그런 분들의 얘기를 듣고 있노라면 그 어른들같이 살아 보고도 싶고 그분들처럼 이런 일도 해 보고 싶고 저런 일도 해 보고 싶습니다.

그러나 어찌 한 사람이 그 많은 일을 다 해 볼 수 있겠습니까. 어찌 한 사람이 열 사람도 되고 백 사람도 될 수 있겠습니까. 한 사람은 한 사람일 뿐입니다. 그러면 우리가 현실적으로 할 수 있는 일은 어떤 일일까요? 지금 당장 할 수 있는 일입니다. 지금 당장 우리가 하는 일입니다. 기회가 오면 하겠다는 사람이나 어른이 되면 하겠다고 하는 사람은 하지 못할 사람입니다. 내일로 미루는 사람은 아무 일도 못 할 사람입니다. 우리가 일할 수 있는 시간은 현재밖에 없기 때문입니다. 언제나 그때 그날의 현재 말입니다. 지금 사람을 만나고 있으면 지금 예수님의 마음을 가지고 대화를 나누는 것이며, 지금 밥을 짓고 있으면 옛날 마르다가 예수님을 위해서 음식을 준비하던 마음으로 음식을 준비하는 것입니다. 그 일이 큰일이든 작은 일이든 교회 일이든 집안일이든 예수님의 마음으로 하면 하나님의 일을 하는 것이 됩니다. 교회에서 하는 일은 하나님의 일이고 집안에서 하는 일은 세상일이라고 생각하는 것은 세상의 생각입니다. 교회 일도 솜씨를 자랑하기 위해서 사심으로 하면 세상일이 되고 이웃집에 일손을 도와주는 일도 예수님의 마음으로 하면 하나님의 일이 됩니다. 많은 사람이 생각하기를 성직은, 교회에서 하는 일은 하나님의 일이고 농장이나 공장에서 하는 일은 세상일이라고 생각하지만, 그것은 사람들의 생각일 뿐입니다.

예수님께서는 성과 속의 차별을 철폐하셨습니다. 하나님 앞에는 성과 속의 차별도 없고 신분의 차별도 없고 계급의 차별도 없습니다. 세상에 있는 계급은 심지어 교회 안에 있는 계급까지도 평등이요 높고 낮음이 없습니다. 이에 대해 사도 바울은 한 몸 속에 있는 지체들을 비유로 들어 설명하셨습니다. 몸속에는 여러 가지 지체들이 있습니다. 머리도 있고 팔다리도 있고 발도 있습니다. 그런데 그 지체들은 역할이 다를 뿐 그들 사이에는 계급 차별이나 신분 차별이 없습니다. 머리가 발바닥을 멸시하는 일도 없고 발바닥이 머리 앞에서 비굴하지도 않습니다. 이것이 세상 직업에 대한 하나님 나라의 평가입니다. 만인 평등입니다. 이것이 바로 사람 위에 사람 없고 사람 밑에 사람 없다는 말이 뜻하는 것입니다. 따라서 직업의 귀천이나 직업에 따라서 사람을 차별하는 사람은 믿음으로 사는 사람이 아닙니다. 물론 하는 일의 차이는 인정해야 하겠지만 말입니다.

기독교인은 어떤 사람일까요? 세상 사람들이 각자 자기의 형편에 따라 사정에 따라 성격에 따라 능력에 따라 헤아릴 수 없이 많은 직업에 종사하는 것같이 믿는 사람들도 체질에 따라 성질에 따라 여러 가지 일을 통해서 하나님을 섬기고 이웃을 섬기면 됩니다. 믿는 사람들에게는 거룩한 일도 속된 일도 큰일도 작은 일도 귀한 일도 천한 일도 없습니다. 사람이 평등한 것같이 직업도 평등합니다. 직업의 귀천과 고하를 만들어 놓은 것은 세상이지 하나님의 나라가 아닙니다. 따라서 그리스도인들은 큰일 작은 일, 귀한 일 천한 일을 구별하지 않고 지금 자기가 하는 일이 귀한 일이요 큰일인 줄 알고 작은 일에도 큰 뜻을 심습니다. 큰일을 작은 뜻을 가지고 하는 사람을 소인이라고 하고, 작은 일을 큰 뜻을 가지고 하는 사람은 대인이라고 합니다. 그리스도인들은 큰 사람입니다. 자기 성공을 위해서 큰 것을 바라지 않고 하나님의 영광을 위해서 큰 뜻을 품고 작은 일에 충성을 다하는 사람입니다. 따라서 거듭난 사람들은 하나님께 영광을 돌리기 위해서라고 하면서 큰 자리와 높은 자리를 구하지 않습니다. 예수님께서 머리가 되지 말라고 하신 말씀이 뜻하는 것이 바로 이것입니다. 큰일을 하지 말라는 것이 아니라 큰일을 하기 위해서 큰 자리를 탐하지 말고, 큰일을 하기 위해서 작은 자리로 내려가라는 말씀입니다.

사실 예수님 당시에 하나님께 가장 큰 영광을 돌린 사람은 누구였을까요? 큰 자리에 앉아 있던 헤롯 대왕이나 대제사장 안나스였을까요, 아니면 가장자리에 앉아 있던 마리아, 예수님의 발에 향유를 쏟아부은 마리아였을까요? 일만 달란트의 헌금을 한 부자였을까요, 아니면 한 데나리온을 헌금한 과부였을까요? 물론 세상에서는 큰돈이 있어야 큰일을 할 수 있습니다. 그러나 하나님의 나라는 전혀 다릅니다. 한 데나리온의 적은 돈을 가진 과부가 일만 달란트 가진 부자보다 더 큰 일을 해 낼 수 있는 곳이 하나님의 나라입니다. 그래서 가진 것이 없는 사람이나 낮은 자리에 있는 사람들도 한번 살아 볼 만한 곳 아니겠습니까. 그래서인지 예수님께서는 사람들의 신분이나 계급이나 지위를 높여 주기 위해서 노예해방 운동이나 프롤레타리아 운동 같은 것을 벌이지 않으시고 각자 지금 처해 있는 그 자리에서 새사람이 됨으로써 내가 달라지도록, 하나님께 가장 큰 영광을 돌리도록 기회를 주신 것이 아니겠습니까.

우리는 언제나 어디서나 그 모양 그대로 오직 믿음으로 구원받을 뿐 아니라, 신앙생활 역시 언제나 그 모양대로 예수님의 마음을 가지고 예수님의 뒤를 따름으로 하나님께 영광을 돌립니다. 무엇이 달라져야 하나님께 영광을 돌릴 수 있다고 하는 사람은 영원히 하나님의 일을 할 수 없을 것입니다. 얼굴은 얼굴대로 뛰어다니는 다리를 부러워하지 않고, 다리는 다리대로 부지런히 심부름만 하는 자기를 감탄하면서 머리가 되려 하지 않고, 그 모양 그대로 지금 자기가 하는 일을 사명으로 알고 사는 것이 그리스도인의 생활입니다. 머리가 다리가 되려고 해서도 안 되고 다리가 머리가 되려고 해서도 안 됩니다. 머리가 다리가 되는 날도 다리가 머리가 되는 날도 끝장이 나는 날입니다. 물론 예외가 있지만, 강도단이나 살인단체에서 먹고살던 사람이 하나님의 일을 하려고 하면 직업을 바꾸어야 하겠지만……, 그 밖의 경우는 하나님의 일을 하기 위해서 직업을 바꾸거나 자리를 바꿀 필요가 없습니다. 내가 지금 하는 일이 하나님께서 주신 일로 알고 사는 것이 신앙생활입니다.

다음은 사도 바울의 말입니다. "나는 비천에 처할 줄도 알고 풍부에 처할 줄도 알아 모든 일 곧 배부름과 배고픔과 풍부와 궁핍에도 처할 줄 아는 일체의 비결을 배웠노라." 무슨 뜻일까요? 언제든지 어디서든지 어떤 형편에서든지 어떤 조건에서든지 어떤 환경에서든지 행복하게 살 수도 있고 하나님의 일도 할 수가 있게 됐다는 뜻입니다. 그리고 이런 경지야말로 모든 그리스도인의 소원이며 동시에 목표입니다. 세상 사람들은, 교회 다니는 사람이라도 거듭나기 전에는, 이런저런 조건을 갖춤으로써 행복하게 살려고 하고 이런저런 조건을 갖춤으로써 성공도 하고 위대한 인물도 되려고 합니다. 학위라든지 자격증이라든지 계급장이라든지 금메달이라든지 노벨상 같은 조건들 말입니다. 그리고 사람들도 그런 조건을 갖춘 사람이라야 잘 살고 있다고 하고 성공했다고도 하고 위대한 인물이라고도 합니다.

그러나 그리스도인들은 다릅니다. 그래서 거듭났다고 하는 것이 아니겠습니까. 그러면 그리스도인들이란 어떤 사람들일까요? 조건을 초월해서, 조건과는 상관없이, 어떤 형편에서든지 누구보다 더 행복하게 사는 사람들이고, 아무도 인정해 주는 사람이 없어도 하나님께서 인정해 주시는 사람들입니다. 가난 속에서도 궁궐에 사는 사람들보다도 더 행복하고 옥중에서도 대궐에 사는 대왕들보다도 더 위대한 사람들입니다. 세상의 부자들은 행복의 조건들을 모두 갖추고서야 모든 사람에게 행복하게 사는 사람으로 인정은 받지만, 자기 자신은 행복한 사람이 아니어서 불행합니다. 세상의 제왕들은 많은 신하를 거느리고 있어서 위대해 보이지만, 그러나 본인은 권력에 의존하고 있는 속인이어서 소인배입니다. 이에 반해 그리스도인은 행복의 조건을 갖추고 있지 않지만, 스스로가 행복한 사람이어서 그 사람의 행복을 빼앗아 갈 수 없습니다. 그리고 세상의 위인들은 여러 가지 조건을 갖추고 있는 동안만 위인이어서 그 조건들을 빼앗겨 버리면 속인에 불과하지만, 그러나 그리스도인은 계급장이나 자격증과는 상관없이 스스로 위대한 사람이므로 참으로 위대한 사람이고 영원히 위대한 사람입니다. 역사에 이름을 남기고 있는 위인들 제왕들과 석·박사들이 존경하는 위인들 역시 이런 사람들입니다. 예를 들어서 얘기하자면, 네로 황제나 헤롯 대왕이나 대제사장 안나스를 지금까지 경배하는 사람은 없지만, 그러나 살아생전에 아무것도 가진 것이 없이 쫓겨 다니고 피해 다니다가 이름 없이 처형당해 죽은 베드로나 바울 같은 인물은 왕후장상들에게까지 세세토록 존경받고 있습니다.

그리스도인이란 어떤 사람들일까요? 모든 것을 버리고 가난하기만 하고 낮아지기만 하면 그리스도인이 되는 것일까요. 아닙니다. 그러면 어떤 사람이 그리스도인일까요? 초막에서도 대궐에 사는 사람들보다도 더 행복하게 살고 밑바닥에서도 제왕들보다도 더 위대한 인물이 되는 사람들입니다. 거듭난 사람들입니다. 환경을 초월해서 사는 사람들입니다. 사도 바울의 말씀 그대로 어떤 형편에서든지 자족하기를 배운 사람입니다. 예수님께서 섬기는 자가 되라고 하시고 가난한 자가 복이 있다고 하셨다고 해서 어찌 하나님께서 자기의 자녀들이 밑바닥에 깔려서 거지같이 살기를 원하시겠느냐고 하면서 믿는 사람일수록 더 잘살아야 한다고 하는 이들이여 이제는 좀 깨닫는 바가 있으신지요?

결론적으로 말씀드리겠습니다. 참으로 위대한 사람은 자리보다 더 크고, 소품들은 자리보다 작습니다. 그래서 큰 사람들은 자리를 탐하지도 않고, 자리에 앉게 됐다고 해서 목에 힘을 주지도 않고, 자리를 자랑하지도 않습니다. 그러나 자리보다 작은 사람들은 자리를 탐하기도 하고, 자리를 얻기 위해서 턱걸이하기도 하고, 자리에 앉으면 목에 힘을 주고, 자리에서 밀려나면 기가 죽어 버립니다. 소인배들은 자리 덕을 보고, 자리와 계급장 덕분에 특별대우도 받고, 존경도 받고 위세도 떨칩니다. 이에 반해 큰 사람들은, 사람이 자리 덕을 보는 것이 아니라 자리가 사람 덕을 봅니다. 이름도 없던 자리를 큰 사람들은 명승지가 되게 하고, 이름도 없던 이스라엘 나라를 예수님께서 명승지가 되게 하셨습니다. 어떤 사람은 하버드대학의 덕을 보고 박사학위의 덕을 보고 하버드대학 나온 것을 자랑하고 박사학위를 자랑하고 다닙니다. 그러나 참으로 위대한 인물은 하버드대학이나 박사학위가 그 사람의 덕을 봅니다.

물론 세상이 조직화 되고 모든 일이 직업화되고 전문화된 세상에서 조직에 소속하지 않고서는 살 수가 없고, 직업을 가지지 않고서는 일할 수가 없고, 일하지 않고서는 먹고살 수가 없는 세상에서 어찌 직업이 중요하지 않다고 할 수 있겠습니까. 그리고 직장에 들어가서 승진하고 영전하지 않고서는 성공도 할 수가 없고 잘살 수도 없는 세상에서 어찌 직장에서 주는 직함이나 계급장이 중요하지 않겠습니까. 그리고 계급이 높아지고 지위가 높아져야 많은 연봉을 받을 수 있는 세상에서, 그래야만 여봐란듯이 남부럽지 않게 잘살 수 있는 세상에서, 직장에서 주는 계급장이 어찌 중요하지 않겠습니까. 직장에서 연봉을 많이 받는 고위층 인사가 되려고 하면 높은 학위와 자격증이 있어야 하는데 어찌 학위와 학벌을 무시할 수 있겠습니까. 종신토록 생활이 보장되는 전문직을 가지려고 하면 면허증과 자격증이 필수 조건인데 어찌 세상 사람들이 학벌 학벌, 명문대학 명문대학 하지 않겠습니까. 그래서 세상 사람들은 너 나 할 것 없이 높은 학위와 각 분야에서 고위층 인사가 되기 위해 치열한 앞자리 다툼을 벌이고 있는 것이 아니겠습니까. 학벌에 따라 계급장에 따라 진급하느냐 좌천당하느냐, 합격하느냐 낙방하느냐, 승자가 되느냐 패자가 되느냐, 신분이 달라지고 운명이 뒤바뀌는 세상에서 어찌 세상 사람들이 학위나 계급에 운명을 걸지 않을 수 있겠습니까. 모든 것을 바칠 수밖에 없지 않겠습니까. 현대사회는 그 자체가 승자가 되느냐 낙오자가 되느냐, 고위층 인사가 되느냐 이름 없는 성인으로 죽느냐, 고용주가 되느냐 고용인이 되느냐, 네가 사느냐 내가 사느냐를 놓고 한 치도 양보가 없는 생존경쟁을 벌이고 있는 싸움터입니다.

거듭나기 이전의 교인들 역시 육에 속한 사람들이어서 세상 사람들과 별로 다를 것이 없습니다. 세상이 전부이고 내세를 믿지 않는 것은 아니지만, 세상에서도 남부럽지 않게 잘살아 보고 싶습니다. 그러나 거듭난 그리스도인들은 새로운 피조물입니다. 이미 말씀드린 바대로 거듭나기 이전의 교인들은 심은 것을 세상에서도 거두기를 원하고 세상 복도 받기를 원하지만, 거듭난 그리스도인들은 심은 것을 세상에서도 거둘 생각은 하지 않고 하나님 나라에서만 거두려고 합니다. 사도 바울같이 만물의 찌꺼기가 된 것을 영광으로 압니다. "자기의 육체를 위하여 심는 자는 육체로부터 썩어질 것을 거두고 성령을 위하여 심는 자는 성령으로부터 영생을 거두리라" 하신 말씀 그대로입니다.

물론 거듭난 그리스도인도 일도 하고 직업도 갖습니다. 그러나 세상 사람들같이 부자가 되기 위해서 돈을 벌거나 머리가 되기 위해서 직장생활은 하지 않습니다. 일용할 양식이 있는 것으로 족한 줄을 압니다. 일이야 큰일이든 작은 일이든 지위가 높은 자리든 낮은 자리든 자기가 하는 작은 일에 큰 뜻을 심습니다. 육에 속한 사람들은 성직이냐 세속직이냐의 경우같이 직업을 통해서 하나님의 일을 하려고 하고, 큰일이냐 작은 일이냐를 통해서 하나님의 일을 하려고 합니다. 그리고 나서 성직에 종사하는 것은 하나님의 일을 하는 것이고 세속직에 종사하는 것은 세상일을 하는 것으로 생각합니다. 큰일을 하는 것은 하나님께 큰 영광을 돌리는 것이고 작은 일을 하는 것은 하나님께 작은 영광을 돌리는 것으로 생각합니다. 그러나 거듭난 그리스도인들은 하나님 앞에서 성직과 세속직의 구별도 없고, 큰일과 작은 일의 구별도 없습니다. 모든 일이 하나님의 일이어서 일의 크고 작은 것을 초월하여 자기가 하는 모든 일을 예수님의 마음을 가지고 합니다. 그래서 작은 일에도 큰 뜻을 심어서 합니다. 사람들에게 칭찬받기 위해서 큰일을 하는 대신, 작은 마음을 가지고 큰일을 하는 대신 하나님만이 아시는 작은 일에도 큰 뜻을 심음으로 큰일을 하려고 합니다. 이것이 세상 사람들과 거듭난 그리스도인의 다른 점입니다.

세상 사람들은 마음은 가난해도 돈은 많은 부자가 되려 하지만, 그리스도인들은 가진 것은 없어도 마음은 부자가 되려고 하고, 세상 사람들은 소인배이면서도 계급은 높은 사람이 되려 하지만, 그리스도인들은 하나님의 나라를 유업으로 받은 큰 인물이기에 낮은 자리에서 만족합니다. 그러면 우리는 실제로 하나님께 영광을 돌리기 위해서 어떤 일을 해야 할까요. 우리 여생을 어떤 일로 하나님께 영광을 돌려야 할까요? 설교 예화를 듣거나 감동적인 신앙 간증을 경청하거나 위대한 신앙 위인들의 전기를 읽어 보면 감동을 주는 사람들도 많고 본받고 싶은 사람들도 많습니다. 한두 사람이 아닙니다. 그래서 결국은 지나간 남들의 얘기로 끝이 나고 맙니다. 어찌 한 사람이 그 수많은 사람을 본받을 수 있겠습니까. 어떻게 한 사람이 역할을 다할 수 있겠습니까. 좋은 일도 하나님의 일도 욕심은 욕심이고 교만은 교만입니다. 하나님의 일도 분수에 넘치는 일을 하는 것은 욕심이고 남들보다 더 많은 일을 하거나 남들보다 더 큰 일을 하려는 것은 교만입니다.

어떤 사람들은 아무도 드리지 못한 영광을 하나님께 드리겠다고 합니다. 정말 큰 믿음 같습니다. 어떤 사람은 아무도 해 보지 못한 큰 희생을 하겠다고 합니다. 큰 것을 바라는 사람과 비교해서 얼마나 큰 믿음입니까. 그러나 하나님의 일을 하는 데 있어도 남보다 더 앞장을 서겠다고 하거나 남보다 더 큰 일을 하겠다고 하는 것은 교만입니다. 야심입니다. 그것이 바로 사탄의 마음입니다. 그러므로 하나님의 일도 누구를 본받으려 하거나 누구를 흉내 내려고 하면 안 됩니다. 남보다 더 앞장을 서려고 해서는 안 됩니다. 낮아지는 것도 제일 낮아지려고 하면 교만입니다. 많은 사람이 가는 길로 가셔도 안 됩니다. 그게 바로 멸망의 넓은 문입니다.

그러면 그리스도인들은 어찌할까요? 세상에서도 돈벌이한다고 모두가 다 부자가 되는 것은 아니고, 정치한다고 모두가 대통령이 되는 것도 아니고, 달음질한다고 모두가 금메달리스트가 되는 것은 아니고, 공부한다고 모두가 수석 졸업하는 것은 아닌 것같이, 신앙생활도 하나님께서 나눠주신 달란트에 따라 분수대로 자기가 할 수 있는 일부터, 자기가 지금 하고 있는 일부터 예수님의 큰마음을 가지고 시작하시기를 바랍니다. 하나님의 일에는 크고 작은 것도 없고 더 귀하고 덜 귀한 것도 없습니다. 큰일도 작은 마음으로 하면 작은 일이 되고 작은 일도 예수님의 마음으로 하면 큰일이 됩니다. 믿음이 좋은 사람이 있다고 흉내를 내려고 하다가는 파산을 면할 수 없을 것입니다. 참새가 황새를 따라가려다가는 가랑이가 찢어진다는 속담도 있지 않던가요? 종달새가 아침 하늘을 뚫고 올라가는 것을 보면 부러울 수밖에 없겠지만, 아무리 답답해도 굴뚝새는 굴뚝을 지켜야 할 것입니다. 마지막 날, 굴뚝새는 종달새가 받는 것과 똑같은 생명의 면류관을 받을 것입니다. 성 프란시스는 거지 대장 노릇을 잘한 것뿐인데 기독교 박해시대의 종지부를 찍고 기독교를 공인한 콘스탄틴 황제나 유럽 천지를 기독교화한 샤를마뉴 대제보다 더 큰 영광을 하나님께 돌리지 않았던가요?

132 죽은 문자가 하나님의 말씀이 아니라 그 말씀 속에 살아 계시는 하나님이 하나님의 말씀입니다

아무것도 염려하지 말라고 하신 예수님이, 무엇을 먹을까 무엇을 입을까 염려하지 말라고 하신 예수님이, 살고자 하는 사람은 죽고 죽고자 하는 사람은 산다고 하신 예수님이, 밀알 하나가 땅에 떨어져서 죽음으로 새싹이 나는 것같이 밀알 하나가 되어 죽으라고 하신 예수님이, 욕심을 버리라고 하신 예수님이, 일용할 양식을 위해서는 기도를 드리라고 하시고 병자를 위해서는 기도를 드리라고 하셨습니다. 일곱 번씩 일흔 번이라도 용서하라고 하신 예수님이 징계가 없으면 사생아라고도 하시고, 권면을 듣지 않거든 이방인과 같이 여기라고도 하셨습니다.

　그러면 이처럼 상반되고 모순이 되는 것같이 보이는 두 가지 말씀 중에 어느 말씀이 진리일까요? 하나님의 말씀은 고정된 문자가 아니라 고정된 말씀들 가운데, 상반되는 것같이 보이는 말씀들 가운데 살아 계신 예수님이 하나님의 말씀입니다. 그리고 그 살아계신 하나님의 말씀은 공부만 하고 문자 풀이를 해서, 성경박사가 된다고 해서 알 수 있는 것이 아닙니다. 예수님을 만나서 그때그때 설명을 듣는 사람만이 깨달을 수 있는 진리입니다. 늘 예수님과 함께 살고, 늘 예수님의 영감과 성령의 조명을 받는 사람만이 깨달을 수 있는 진리입니다. 그래서 성경은 죽은 문자가 아니라, 추상적인 지식이 아니라, 살아 있는 하나님의 말씀입니다.

　살아 있는 하나님의 말씀은 공부해서 깨달을 수 있는 지식이 아니라, 예수님의 뜻을 따라서 사는 마음속에 살아 있는 진리입니다.

133 말년은 인내를 배우고 인생을 배우는 학교입니다

말년에 이르면 자기 자신은 옛날 그대로의 사람이라서 아무 것도 달라진 것이 없는 것 같지만, 사실은 많은 것이 달라집니다. 그러면 어떻게 달라지는 것일까요? 누구의 도움을 받지 않고서는 살 수가 없는 사람으로 변해 버립니다. 더군다나 보지도 못하고 듣지도 못하고 기도도 마음대로 하지 못할 정도로 노약자가 되어 버리면, 그래서 남의 도움을 받지 않고서는 식사도 필요한 물건을 사는 것도 외출도 할 수 없이 돼서 하나부터 열까지 매사를 남의 손에 의지하게 되면, 그때는 더구나 모든 것이 달라집니다. 남의 도움 없이도 자유롭게 살던 사람이 매사를 남의 손에 의지하게 되면 다른 사람들이 자기를 대하는 태도까지도 달라질 수밖에 없습니다. 가까운 사람이나 먼 사람이나 만나는 사람마다 자기를 대하는 태도가 달라지는 것을 실감하게 됩니다. 아무리 성자라도 자기에게 도움을 주는 사람과 자기에게 짐이 되는 사람, 자기에게 기쁨을 주는 사람과 자기에게 고통을 주는 사람을 어떻게 똑같이 대할 수 있겠습니까. 그래서 어딜 가도 누구를 만나도 상상하지도 못하던 냉대와 푸대접과 무시를 당하게 될 것입니다. 말을 해도 대꾸도 해 주지 않는 사람도 있고, 물어도 대답도 해 주지 않는 사람도 있을 것입니다. 병원에 가도 동행한 사람만 상대해 주고 정작 본인은 상대도 해 주지 않는 간호사도 있을 것입니다. 사람들이 달라져서가 아니라 내가 노인이 되어 남에게 불편을 주고 짐이 되는 사람으로 변해 버렸기 때문입니다. 늙어 버리면 밥상에도 자기가 좋아하는 음식이 올라오지 않고 식사도 자기가 원할 때 먹을 수가 없고 어딜 가도 예고 없이 보따리같이 끌려 나가야 할 것입니다. 에어컨도 히터도 본인의 의사와는 상관없이 들어오기도 나가기도 할 것입니다. 왜 이렇게 된 것일까요? 주변 사람들이 달라진 것이 아니라 내가 달라졌기 때문입니다. 하루에도 열 번 스무번 물어보아야 하는데 누가 그걸 당해 낼 수 있겠습니까. 그래서 내가 두통거리로 달라지니 주변 사람들도 달라진 것입니다.

그래서 다시 한번 말씀드리거니와 말년은 인내를 배우고 인생을 배우는 학교입니다. 인생 자체가 참아야 하는 것이지만, 말년은 더더욱 참지 않고서는 살 수 없는 곳입니다. 백발이 성성한 노인이 돼서 불평이나 하고 짜증이나 내고 화풀이나 하고 앉았으면 젊은이들에게도 본이 되지 않지만, 하나님 보시기에도 그 꼴이 얼마나 비참하겠습니까. 말년은 접시병을 고치고 냄비병을 고치는 병원입니다. 이것이 인생의 끝자락을 사는 노인이 부끄럽지 않게 인생을 끝낼 수 있는 비결입니다.

그러면 그 방법은 무엇일까요. 이미 거듭난 성도들은 말년의 문제들을 해결하는 비밀을 다 잘 알고 있을 것입니다. 그러면 그 비밀이 무엇일까요? "나는 비천에 처할 줄도 알고 풍부에 처할 줄도 알아 모든 일 곧 배부름과 배고픔과 풍부와 궁핍에도 처할 줄 아는 일체의 비결을 배웠노라." 어떠한 형편에서든지 자족하고 사는 사람이 되는 길은 한 가지밖에 없습니다. 한마디로 하면 거듭나는 것입니다. 거듭나기 전에는 아무리 힘을 쓰고 노력해도 어떤 형편에서든지 자족하고 사는 사람이 될 수 없습니다.

　다시 한번 말씀드리거니와 거듭난 사람이란 어떤 사람일까요? 가난 속에서도 부자보다 더 풍요로운 인생을 사는 사람이고 초막에서도 궁궐에 사는 사람보다 더 행복하게 사는 사람입니다. 낮은 자리에서도 황제보다 더 위대하게 사는 사람입니다. 예수님께서 가난한 자가 복이 있다고 하신 말씀이나 머리가 되지 말고 섬기는 자가 되라고 하신 말씀이 뜻하는 것이 바로 이것입니다. 핍박당하면서도 많은 군중에게 환영받는 개선장군보다 더 기뻐하는 것이 그리스도인입니다. 박해받으면 기뻐하라고 하신 말씀이나 많은 사람에게 칭찬받으면 화가 있을 것이라고 하는 예수님 말씀의 뜻이 바로 이것입니다. 이런 예수님의 말씀을 목표로 사는 것이 그리스도인입니다.

　이에 반해 부자가 돼서 행복하게 살고, 머리가 돼서 위대하게 살고, 많은 팬에게 환영받고 박수를 받음으로 신바람 나게 살려고 하는 것은 육에 속한 세상 사람들의 소원입니다. 아무리 교회 다니는 사람이라도 세상 사람들과 똑같은 소원을 가지고 사는 사람은 거듭난 그리스도인이 아닙니다. 따라서 그런 믿음으로는 인생 문제도 해결할 수 없고 말년의 문제도 해결할 수 없습니다. 아무것도 해결할 수 없을 것입니다. 순경 속에서 기뻐하는 것은 육에 속한 사람들이고 역경 중에서도 기뻐하는 것은 거듭난 그리스도인입니다. 성경에 보면 역경 중에서 기뻐한 사람들의 얘기뿐입니다. 순경 중에서 기뻐한 사람들의 얘기는 성경에서 찾아볼 수 없습니다. 사도 바울은 옥중에서도 기뻐했고, 예수님의 제자 사도들은 박해당하면서도 기뻐했고 예수님께서는 십자가 위에서 "다 이루었다!" 하시며 성공을 자축하셨습니다. 이런 것이 신앙생활이고 이런 것이 인생 문제와 말년의 문제를 해결하는 비결입니다.

134 현대 교인들의 지성소

사랑도 머릿속에만 있고 생활 속에만 있고 상상 속에만 있을 때는, 영화나 소설에나 노래 속에만 있을 때는 아름답기만 하고 행복하기만 하고 황홀하기만 합니다. 그러나 생각 속에만 있고 감정 속에만 있는 사랑은 사랑이 아닙니다. 생각에만 있던 사랑이 현실이 될 때만, 결혼 생활이 될 때만 비로소 사랑은 생명이 있는 사랑이 됩니다. 연애 감정 속에만 있던 사랑이 육체 속으로 들어와서 결혼생활이 될 때만 사랑은 생명이 있는 사랑이 됩니다. 생각 속에만 있던 사랑은 아름답기는 하지만, 살아 있는 사랑이 아닙니다. 제목 속에만 있던 사랑이 결혼해서 삶 속으로 들어올 때만 비로소 사랑은 참사랑이 됩니다. 믿음 역시 말로만 믿고, 예배를 드리는 동안에만 믿고, 설교를 듣고 감동할 때만 믿고, 찬양예배를 드릴 때만 은혜 충만한 믿음은 아직도 말 속에만 있고 생각 속에만 있는 믿음이어서 참믿음이 아닙니다. 그 믿음이 삶 속으로 들어와서 생활이 될 때만 믿음은 참믿음이 됩니다.

그런데 사랑이 머릿속에만 있고 생각 속에만 있을 때는 아름답기만 하고 행복하기는 하지만, 그 사랑이 삶 속으로 들어와서 결혼 생활이 되면 똑같은 사랑이지만, 행복하지도 않고 아름답기만 하지도 않은 문제투성이와 근심과 걱정이 떠나지 않는 괴로운 것이 됩니다. 오늘날 얼마나 많은 문제가, 얼마나 많은 불행한 일들이 행복을 꿈꾸면서 들어간 가정에 넘치고 있는지요. 똑같은 이치입니다. 믿음도 머릿속에만 있고, 말 속에만 있고, 감정 속에만 있고, 교회 생활 속에만 있을 때는, 깊은 사색과 황홀한 신비체험에만 있을 때는 그야말로 신선놀음 같습니다. 그러나 그 믿음이 삶의 현장으로 내려오면 말뿐인 믿음이 생활이 되고 사실이 되는 것은 틀림없지만, 거기서 만나게 되는 것은 죄악 세상입니다. 육체와 세상과 사탄에게서 오는 온갖 유혹과 시험과 저항입니다. 여기서 말로만 믿을 때는 은혜 충만하기만 하던 믿음이 가시밭길을 만나게 됩니다. 십자가를 지고 자기를 부인하지 않고서는 예수님의 뒤를 따를 수 없는 죄악 세상의 현장입니다.

예수님께서도 사명을 받아 하나님의 일을 시작하려고 하실 때 광야에서 사탄의 시험을 받지 않으셨던가요? 그러면 그 시험은 어떤 시험이었을까요? 하나님의 나라를 건설하려면 사탄에게 굴복해서 사탄이 보여주는 법을, 세상의 법을 따르라고 하는 시험이었습니다. 십자가를 통해서가 아니라 대성공을 통해서 하나님의 나라를 건설하라고 하는 시험이었습니다. 그 후에도 예수님에게 온 시험은 하나같이 세상의 방법대로 대성공을 통해서 하나님의 나라를 이루라고 하는 시험이었습니다. 예수님께서는 그 시험을 물리치셨는데, 그다음에 예수님에게 온 것은 처음부터 끝까지 십자가였습니다.

머릿속에만 있고 예배 시간에만 은혜 충만 성령 충만한 믿음이 삶의 현장으로 내려오면 거기 기다리고 있는 것은 십자가뿐입니다. 여기서 두 종류의 교인들이 나옵니다. 예수님의 명령을 따라 십자가를 지고 예수님의 뒤를 따르는 그리스도인들과 십자가를 지고 예수님의 뒤를 따르는 길이 너무도 어려워서 예수님께서 거절한 사탄의 길을 따르면서도, 세상에서 성공하는 길을 따르면서도 하나님께 영광을 돌리는 교인들입니다.

그런데 많은 교인이 모여서 조직이 생기면 조직이 생리에 따라 조직의 발전을 도모하게 됩니다. 육체가 건강 장수하기를 바라는 것같이, 육체가 자손만대에 복 받기를 바라는 것같이 조직도 부흥 발전하기를 바랍니다. 그런데 많은 사람을 교회에 모아서 부흥 발전하기를 바라면 너무 높은 자격과 수준을 요구해서는 안 됩니다. 평신도들에게까지 예수님의 산상수훈과 예수님의 새 계명 그대로 강요하면 몇 사람이나 그 관문을 통과해서 교인이 될 수 있겠습니까. 거기서 나온 것이 이중 윤리입니다. 산상수훈은 성직자들에게만 요구하고 평신도들에게는 요구하지 않는 것입니다. 이것이 모든 종교단체가 부흥 발전하는 비법입니다. 그 결과로 온 것이 셀 수 없이 많은 오늘날의 종파와 교파들입니다. 그 결과 종파와 교파를 초월해서 종파에 속하는 평신도들의 신앙은, 공식적으로는 아니지만, 단지 종파나 교파에 소속하여 종교의식을 거행하고 성경을 공부하고 신앙을 고백하고 기도를 드리는 것이, 신앙생활의 전부가 되어 버립니다. 교회생활이 신앙생활의 전부가 되어 버립니다.

따라서 세상에 나가서는 불신자들이나 아무것도 다를 것 없이 학교 다니는 자녀를 둔 부모들은 자녀의 명문대학 진학이 소원이고, 장사하는 사람들은 부자 되는 것이 소원이고, 직장생활을 하는 사람들은 머리가 되는 것이 소원이 됩니다. 세상에서 성공하고 출세하려면 세상 사람들이 각 분야에서 성공하는 것과 똑같은 세상의 처세술을 따라야 합니다. 돌아서 갈 줄을 알아야 합니다. 죄악 세상에서 바르게만 사는 사람은 성공할 수 없습니다. 세상의 모든 길은 꼬불꼬불 돌아서 목적지에 도달하는데, 반듯하게만 가는 사람은 성공할 수가 없습니다. 그래서 교인들도 세상에 나가서는 불신자들이 사는 세상의 유행을 따를 수밖에 없습니다. 그러면 이런 생활을 하는 교인들이 하는 변명이 무엇일까요? 자기 욕심이나 자기 소원이나 자기 뜻을 이루기 위해서가 아니라 하나님의 뜻을 이루기 위해서 하나님께 영광을 돌리기 위해서 부자도 되고 머리도 되려고 한다는 대의 명분입니다.

그러면 거듭난 사람들은 죄악 세상에서 어떻게 신앙생활을 하는 것일까요? 거듭난 사람들은 죄악 세상에서, 욕심과 이기주의와 성공주의가 판을 치고 있는 세상에서, 죄악 세상과의 싸움에서 믿음으로 모든 시험과 유혹을 물리치고 승리만 거두고 있을까요? 아닙니다. 깨닫기 쉽게 설명해 드리기 위해 예수님의 일생을 예로 들어 말씀드리려 합니다. 예수님은 모든 성도의 신앙의 귀감이기 때문입니다. 예수님의 일생은 통쾌한 승리가 아닌 너무나도 비참한 실패였습니다. 십자가였습니다. 그보다 더 완벽한 실패는 또다시 없을 것입니다. 그런데 그 실패는 세상의 그 어떤 성공보다 더 큰 성공이었습니다. 사도들의 일생 역시 피해 다니고 쫓겨 다니기만 하다가 순교로 끝난 일생이었습니다. 그러나 그들의 실패보다 더 큰 성공은 세상에 없었습니다. 세상을 주전과 주후로 바꾸어놓았기 때문입니다. 그리스도인들의 성공은 세상 사람들이 말하는 것 같은 머리가 되는 성공이 아니라, 모든 사람에게 존경받는 성공이 아니라 바울의 말같이 만물의 찌꺼기가 되는 성공입니다. 실패 같은 성공입니다.

그러면 거듭난 사람들은 어떻게 모두가 똑같이 사도들이나 초대교인들같이 온전한 그리스도인이 되는 것일까요? 예수님의 말씀을 따라 모든 것을 버리고 십자가를 지고 예수님의 뒤를 따르는 것입니다. 예수님의 명령같이 부자가 되는 길도 버리고, 머리가 되는 길도 버리고, 유명 인사가 되는 길도 버리는 것입니다. 다음은 예수님의 말씀입니다. "모든 사람에게 환영을 받으면 화 있을진저." 예수님같이 사도들같이 초대교인들같이 사는 것입니다. 세상의 눈으로 보면 완전한 실패지만 믿음의 눈으로 보면 세상을 변화시킨 완전한 성공의 길을 가는 것입니다. 예수님같이 십자가의 길을, 실패의 길을 통과해서 부활에 이르는 대성공의 길을 택하는 것입니다.

거듭난 사람들은 누구일까요? 계속해서 회개하는 사람입니다. 죄 사함을 받을 때마다 점점 더 깊이 회개하면서 그만큼 예수님을 닮아갑니다. 점점 더 예수님을 닮아갈수록 점점 더 크게 회개하면서 그만큼 더 예수님을 닮아갑니다. 점점 더 예수님을 닮아갈수록 점점 더 크게 회개하면서 점점 더 깊이 성화해 갑니다. 성자가 될수록 더 깊은 회개를 하면서 예수님을 닮아갑니다. 거듭난 사람들은 계속해서 회개하면서 예수님을 닮아가는 사람들인 데 반해 거듭나지 못한 교인들에게서는 회개가 자취를 감추어 버립니다. 때때로 설교를 듣거나 찬양예배를 드릴 때, 자기 생각이나 일시적인 감정에서 나오는 회개를 하지 않는 것은 아니지만, 마음속에서 우러나오는 애절하고 간절한 회개는 없습니다.

거듭난 사람들은 회개하는 데 반해 거듭나지 못한 교인들은 회개하지 않아도 얼마든지 세상일만 잘 돌아가면 신바람 나게 잘 살 수 있습니다. 거듭난 사람들에게 있어서 회개는 영혼의 호흡입니다. 회개 없이는 마음 편하게 살 수도 없고 행복하게 살 수도 없습니다. 거듭난 사람들에게 있어서 회개하는 시간은 하나님을 만나는 시간입니다. 마음속에서 회개하는 마음이 일어날 때는 목이 마를 때입니다. 영혼이 갈증을 느낄 때입니다. 그리고 영혼이 회개하는 바로 그 시간은 죄 사함을 받을 때입니다. 살아계신 하나님을 만날 때입니다. 죄를 사해 주시는 분이 하나님이신데 죄 사함을 받는 사람이 어떻게 하나님을 만나지 않을 수가 있겠습니까.

거듭난 성도들에게 죄 사함을 받는 시간은 목마른 사람이 물을 마시는 시간같이 샘솟는 기쁨과, 세상이 주지 못하는 평안과, 시험을 이기는 능력과, 긍지와 보람, 그 모든 것을 다 한꺼번에 아는 시간입니다. 거듭난 성도들에게 회개하고 죄 사함을 받는 시간보다 더 행복한 시간은 없습니다. 한 번 죄 사함을 받는 기쁨을 경험한 사람은, 하나님을 만난 사람은 하나님의 나라를 유업으로 받은 사람입니다. 그래서 구원받은 것이 확실하면 하나님의 나라가 확실해집니다. 영생도 확실해지고 부활도 확실해집니다. 하나님의 나라가 확실해지면 세상은 일장춘몽이 되어 버립니다. 그러나 하나님의 나라가 불확실할 때는 아무리 세상이 꿈같은 세상이라 해도 세상밖에 없습니다. 세상이 전부입니다. 아무리 그런 사람들에게 욕심을 버리라고 해도 그것이 전부인데, 세상이 전부인데 어떻게 그것을 버릴 수 있겠습니까. 그래서 백약이 무효입니다.

그런데 하나님의 나라가 확실해지면 사도 바울의 신앙고백같이 이전에 좋아하던 모든 것은 배설물로 여기게 됩니다. 그런데 거듭나지 못한 교인들은 죄 사함을 받은 확신이 없어서, 하나님의 나라에 대한 확신이 없어서, 세상의 그 무엇보다도 바꿀 수 없는 회개가 없어서, 회개하고 죄 사함을 받은 황홀함을 경험하지 못해서 회개하고 죄 사함을 받은 신비체험을 모릅니다. 그래서 신앙생활에서 회개가 빠져 버립니다. 회개라는 말이 남아 있을 뿐입니다. 어떤 사람들은 말합니다. 따분하게 언제까지나 회개 회개하느냐고, 한 번 모든 죄가 사함을 받으면 두 번 다시는 회개할 필요가 없다고 말입니다. 그리고 또 말합니다. 한 번 죄 사함을 받으면 우리의 죄는 모두 예수님의 죄가 되고 예수님의 의는 우리의 의가 되고, 더는 우리는 죄인이 아니고 의인이라고, 우리가 의로워서 성도가 아니라 예수님께서 의로워서 우리가 성도가 됐다고 말입니다. 그러나 이렇게 해서 죄인들은 죄 사함도 받지 않은 채로 회개와는 거리가 먼 자칭 의인이 됩니다. 하나님께서 가장 가증이 여기시는 자칭 의인이 됩니다.